Raum – Zeit – Medialität

Christiane Funken · Martina Löw
(Hrsg.)

Raum – Zeit – Medialität
Interdisziplinäre Studien zu neuen
Kommunikationstechnologien

Leske + Budrich, Opladen 2003

Gedruckt auf alterungsbeständigem und säurefreiem Papier

Die Deutsche Bibliothek – CIP-Einheitsaufnahme
Ein Titeldatensatz für die Publikation ist bei
Der Deutschen Bibliothek erhältlich

ISBN 3-8100-3919-5

© 2003 Leske + Budrich, Opladen

Das Werk einschließlich aller seiner Teile ist urheberrechtlich geschützt. Jede Verwertung außerhalb der engen Grenzen des Urheberrechtsgesetzes ist ohne Zustimmung des Verlages unzulässig und strafbar. Das gilt insbesondere für Vervielfältigungen, Übersetzungen, Mikroverfilmungen und die Einspeicherung und Verarbeitung in elektronischen Systemen.

Satz: Verlag Leske + Budrich, Opladen
Druck: DruckPartner Rübelmann, Hemsbach
Printed in Germany

Inhalt

Christiane Funken, Martina Löw
Einleitung 7

1. Zeit als kommunikatives Erzeugnis

Götz Großklaus
Zeitbewusstsein und Medien 23

Lutz Ellrich
Cyber-Zeit
Bemerkungen zur Veränderungen des Zeitbegriffs durch
die Computertechnik.. 39

Manfred E. A. Schmutzer
Zeitgemäße Zeiträume – Stellwerk und Spielraum 71

2. Raum als kommunikatives Erzeugnis

Klaus Kuhm
Telekommunikative Medien und Raumstrukturen
der Kommunikation 97

Klaus Beck
No sense of place? Das Internet und der Wandel von
Kommunikationsräumen 119

Johannes Wirths
Über einen Ort des Raumes. Vorbereitende Bemerkungen im Blick auf
aktuelle raumbegriffliche Konjunkturen 139

3. Das Internet als soziokultureller Raum

Daniela Ahrens
Die Ausbildung hybrider Raumstrukturen am Beispiel technosozialer
Zusatzräume 173

Michael Paetau
Raum und soziale Ordnung –
Die Herausforderung der digitalen Medien 191

Markus Schroer
Raumgrenzen in Bewegung. Zur Interpenetration realer und virtueller
Räume 217

Gabriele Sturm
Der virtuelle Raum als Double – oder:
Zur Persistenz hierarchischer Gesellschaftsstruktur im Netz 237

4. Der Raum der Technik

Christoph Schlieder
Euclide moralisé. Kognitive Räume in informatischen
Verarbeitungszusammenhängen 257

Brigitte Schulte-Fortkamp
Wie der Schall soziale Räume schafft 271

Christiane Funken/Martina Löw

Einleitung[1]

Die theoretischen Annahmen einer Sozialtheorie des Raumes und – schon früher – der Zeit haben sich grundlegend geändert. Der lebendige und häufig kontroverse Diskurs der letzten Jahre hat vor allem die soziale Konstituiertheit der Räume hervorgehoben. Das scheinbar sichere Wissen um einen an sich existierenden, immerwährend gleichen und starren Raum geriet – nicht zuletzt durch Erfahrungen mit neuen Technologien wie dem Internet – in die Krise. Aber auch die Theorien über Zeit, die in der Regel sozialkonstruktivistisch argumentieren, wurden durch die technologischen Neuerungen irritiert. Immer häufiger drängt sich die Frage auf, ob die elektronischen Netze nicht nur physische Orte und leibliche Anwesenheit in (städtischen) Räumen (z.B. Bott u.a. 2000; Helten/Fischer 2001) obsolet werden lassen, sondern auch Zeitmanagement und Zeitabfolgen durch Simultanität (Castells 2001) zerstören.

Auf der interdisziplinären Tagung der Sektion Technik- und Wissenschaftssoziologie, die in Kooperation mit der Stadt- und Regionalsoziologie stattfand, wurde die umgekehrte Perspektive eingenommen. Diesmal fungierte das Internet nicht (nur) – wie üblich – als Provokateur neuer Raum- und Zeitideen, sondern als expliziter Fokus der mittlerweile avancierten Raum- und Zeittheorien. Damit wurde die gegenseitige Bedingtheit von sozio-technischem Fortschritt und raum-zeitlichen Vorstellungen in den Blick genommen und als Prämisse für die Entwicklung einer adäquaten „Raum/Zeit-Theorie des Internet" anerkannt. Im vorliegenden Band – der im wesentlichen die Beiträge der Tagung enthält – wird dokumentiert, welche Perspektiven auf elektronische Netze und Telekommunikationstechnologien sich öffnen, wenn handlungs- oder systemtheoretische Raum- bzw. Zeitbegriffe herangezogen werden, wenn also Raum und Zeit als Struktur-Handlungs-Elemente bzw. als kommunikative Erzeugnisse gelten.

Eine solche Betrachtung verändert die Vorzeichen der bisherigen Diskussion. In früheren Arbeiten wurde untersucht, wie sich Wahrnehmungs-

---

1 Wir danken Martin Hofmann und Alexander Stoll für die redaktionelle Fertigstellung des Manuskriptes.

und Erlebnisqualitäten von Räumen und Zeiten durch neue Technologien verändern. Das kürzlich auf Deutsch erschiene Werk von Manuel Castells (2001) „Die Netzwerkgesellschaft" verdeutlicht dies exemplarisch. In der Netzwerkgesellschaft, so die Argumentation von Castells, entstehe eine neue räumliche Form, welche er als Raum der Ströme bezeichnet. Die Entwicklung elektronischer Kommunikations- und Informationssysteme ermögliche es, die wesentlichen Tätigkeiten des Lebens wie Arbeiten, Einkaufen, Unterhalten von räumlicher Nähe abzukoppeln. Durch die Ströme von Information, Kapital, Technologie etc. wandle sich die materielle Grundlage der Gesellschaft zu einem „Ensemble der Elemente (...), die diesen Strömen zugrunde liegen und ihre Verbindung in simultaner Zeit materiell möglich machen" (ebd.: 467). Aus den gesellschaftlichen Veränderungen schließt Castells auf den Raumbegriff: Raum bringe „diejenigen Praxen zusammen, die zeitlich simultan sind. Es ist die materielle Verbindung dieser Gleichzeitigkeit, die dem Raum gegenüber der Gesellschaft Sinn verleiht." (ebd.: 467) Castells, der hier Raum erstens über die Materialität und zweitens über die Verknüpfung zeitgleicher Ereignisse und Positionierungen definiert (vgl. dazu auch Löw 2001: 152ff), hebt hervor, dass dieser Vorgang traditionell mit Nähe in Beziehung gebracht werde. In der Netzwerkgesellschaft lasse sich Raum nicht mehr allgemein über Nähe bestimmen. Bewegung und einander entfernte, aber über Raumrelationen verbundene Elemente rückten in den Vordergrund des Denkens.

Im Unterschied zum Raum haftete der Zeit schon lange nicht mehr in gleichem Maße der Schein der Natürlichkeit an, welche die traditionelle Vorstellung vom Raum als materieller, Nähe produzierender Untergrund transportiert. Schon früh zeigte Thompson (1967) die Bedeutung der mechanisch-kategorialen Entdeckung für den Kapitalismus auf. Zarubavel (1985) arbeitete die historischen und kulturellen Varianten im Umgang mit Zeit heraus. Zeit wurde zunehmend als kontextuell und damit lokal different begriffen (vgl. Adam 1990). Neu ist es nun, eine weitere Veränderung der sozialen Konstruktion des Zeitverständnisses im Kontext der elektronischen Netze zu diskutieren. Castells schreibt: „Diese lineare, irreversible, messbare, vorhersagbare Zeit wird in der Netzwerkgesellschaft in einem Vorgang von außerordentlicher historischer Bedeutung zerschlagen." (Castells 2001: 489) Eine Software-Industrie, die unfertige Produkte auf den Markt werfe, um immer schneller zu produzieren; ein flexibles Zeitmanagement, welches von den Telearbeitern zunehmend erwartet werde etc. seien Indizien für den Versuch, Zeit zunehmend zu raffen. Elektronische Netze und Multimedia-Systeme transformieren – so Castells – Zeit in Gleichzeitigkeit und in Zeitlosigkeit. Berichterstattung in Echtzeit sowie unmittelbare Erreichbarkeit komprimierten Zeit. Im Prinzip können alle Zeitfragmente, die jemand hinter sich lässt oder noch erleben wird, nebeneinander oder im gleichen Augenblick existieren. Simulationen erlauben die Vergegenwärtigung des Vergangenen und des Zukünftigen. Ereignisse, Abläufe und Objekte sind – unabhängig von der Re-

Einleitung

alzeit und dem Realraum – gleichzeitig abrufbar. Intervalle (als Leerstellen) der realen Zeit und Distanzen der realen Räume sind in der virtuellen Welt gelöscht. Die virtuelle Zeit ist referenzlos zur realen Zeit, sie ist vergangenheitslos und zukunftslos und deshalb im Prinzip auch gegenwartslos. Zeitlose Räume sind gleichzeitig vielfältige, unendliche, offene Räume. Raum erscheint im elektronischen Netz als virtuell und vielfältig verknüpfbar. Ähnlich wie in der Raumtheorie, in der die Relationalität des Raumes hervorgehoben wird (z.B. Läpple 1991; Sturm 2000), stellt Castells (2001: 520) aufbauend auf den oben genannten Beobachtungen die relativistische Idee einer zeitlosen Zeit zur Diskussion, welche sowohl auf Zeitraffungen als auch auf zufallsabhängen Diskontinuitäten basiere.

Glaubt man Claude Lévi-Strauss (1996), dem zufolge sich die Wissenschaft immer dann sozialen Phänomenen zuwendet, wenn sich die gesellschaftliche Praxis längst verändert hat, dann ist der Wandel des begrifflichen Instrumentariums als Effekt der gesellschaftlichen Veränderung zu betrachten. In der Fachliteratur (besonders in diesem Band) wird das Ausmaß, in dem elektronische Netze Wahrnehmungen beeinflussen und Erfahrungen befördern, die mit tradierten Raum- und Zeitvorstellung brechen, nicht immer einhellig interpretiert. Manche heben hervor, dass die elektronischen Netze keine qualitativ anderen Umgangsformen ermöglichen, als es durch die Schrift bereits vorgegeben wird, andere sehen in den Netzen weniger die Innovations- als vielmehr die Verharrungskraft.

Relativ gesichert ist, dass Ursachen für Veränderungen vielfältig sind und dass Irritationen im Alltag und in der Wissenschaft sich derzeit stärker auf den Raum und weniger auf die Zeit beziehen. Im Unterschied zur Zeit, welche im Alltag zwar als immer knapper werdend, aber gerade deshalb doch als nach wie vor linear verlaufend erfahren wird, nimmt man Raum mehr und mehr als fragmentiert und uneinheitlich war. Letzteres basiert auf vielfältigen Alltagserfahrungen: Schon die kindliche Raumsozialisation verläuft heute idealtypisch gesehen in einer Weise, dass Kinder nicht länger Raum als etwas einheitlich sie Umgebendes kennenlernen, das sie mit zunehmendem Alter mehr und mehr entdecken, sondern dass Kinder sich auf einzelne Räume beziehen, die wie Inseln über die Stadt verteilt liegen, und die nur durch die eigene biographische Erfahrung einen Zusammenhang erfahren. Auf der Basis vergleichender Fallstudien mit Kindern verschiedener Stadtviertel zeigen Helga Zeiher und Hartmut J. Zeiher, dass Raum derzeit von Kindern als aus einzelnen separaten Stücken bestehend beschrieben wird (vgl. Zeiher/Zeiher 1994: 27). Kinder wachsen in funktionsgebundenen, über die Stadt verteilten Kinderorten auf. Eltern fällt die Aufgabe zu, Kinder von einer Insel zur anderen zu transportieren. Kinder wählen und verknüpfen Orte, das Wohnumfeld jedoch bleibt ihnen fremd. Erst im Alter von neun oder zehn Jahren beginnen sie, eigenständig ihre Orte aufzusuchen und ihre Umgebung zu erkunden (Ahrend 1997). Auch Reisen mit schnellen Verkehrsmitteln, die einzelne Räume erfahrbar machen, aber „das Ganze" aus der Erlebniswelt verbannen, sind zur Gewohnheit geworden.

Für eine Reise von der Ostküste zur Westküste der USA brauchte man zunächst zu Fuß zwei Jahre, zu Pferd ging es schon in acht Monaten. Mit der Postkutsche benötigte man immer noch vier Monate, mit der Eisenbahn im Jahre 1910 vier Tage, mit dem Auto heute zweieinhalb Tage, mit dem Linienflugzeug fünf Stunden, mit dem schnellsten Düsenflugzeug etwas mehr als zwei Stunden, mit der Raumfähre einige Minuten (vgl. zum Beispiel Carlstein u.a. 1978). Beschleunigung der Verkehrsmittel und die Veränderung in den Vergesellschaftungsbedingungen werden ergänzt durch einen Wandel der bildlichen Präsentationen. Im Kubismus und Expressionismus, im absurden Theater und in der dadaistischen Literatur werden Vorstellungen vom einheitlich umgebenden Raum zumindest irritiert. Der scheinbar einheitliche Raum wird zerstört, so dass mehrere Ansichten auf einen Gegenstand in einem Bild möglich werden. In der durch Replikationen zur Massenware gewordenen modernen Kunst gewöhnt sich das Auge an den zerstückelten Raum.

Insofern kann man davon ausgehen, dass gerade auch die technologische Innovation des Internets neue Raumerfahrungen schafft und eine theoretische Debatte eröffnet, die der Reichweite raumübergreifender und zeitüberwindender Implikationen gerecht wird. Bemerkenswert ist jedoch, dass der internetbasierte Wandel der raum/zeitlichen Erfahrungen nicht auf die – zumindest als originär und einzigartig propagierten – Computerräume zurückgeführt wird, sondern auf das Vernetzungsmoment selbst, das zum bildlichen Inbegriff der neuen Raumerfahrungen avancierte. Die rege raum/zeit-theoretische Diskussion konzentriert sich auf die offenen, interaktiven Datennetze und die damit verbundenen virtuellen Raummuster, so dass z.B. der Verlust der materiell-gegenständlichen Referentialität und deren Bedeutung für die virtuellen und realweltlichen Raumkonstruktionen marginal bleibt. Der Mainstream der raumzeitlichen Internetdebatten bezieht sich also auf die Computernetzwerke, die einen globalen, dezentralisierten Kommunikationsraum strukturieren, ohne auf die vielfältigen computerbasierten Raumkonstruktionen einzugehen, wie sie etwa in den unterschiedlichen Diensten des digitalen Netzes zu Tage treten (vgl. Funken/Löw 2002).

Mithin sind Netz und Raum in vielfältiger Weise verknüpft. Räumliche Realitäten verändern sich über das Netz, da es Möglichkeiten bietet, räumliche Entfernungen zu überwinden und zeitgleiche, schriftliche Kommunikation ohne Nähe zu praktizieren. Darüber hinaus und insbesondere bietet das Internet jedoch eine materiale Gestalt, die einen nicht-homogenen, bewegten Raum vorstellbar macht. Gerade deshalb werden elektronische Netze im Zuge sozialer Veränderungen selbst als Räume wahrgenommen.

Um so interessanter ist es daher, den Blick zurückzuwenden. Auf der Basis entnaturalisierter Raum- und Zeitbegriffe, seien sie systemtheoretischer oder handlungstheoretischer Provenienz, werden die elektronischen Netze, z.T. auch allgemeiner die Telekommunikationstechnologien, im vorliegenden Band in ihren Raum- und Zeitdimensionen interpretiert. Welche Räume und welche Zeitformationen erschließt das Internet?

Einleitung

Das kann selbstverständlich nicht bedeuten, elektronische Netze als isolierte Phänomene zu betrachten. Netze sind als technologische Errungenschaften keine aus dem gesamtgesellschaftlichen Geschehen herauszulösende Erscheinungen. Ein raum- und zeittheoretischer Blick auf die Netze muss die Raum- und Zeitdimension in Relation zu anderen Dimensionen betrachten. Aber die analytische Kraft verändert sich: Nicht die Gesellschaftsveränderung durch Netze, sondern die Netze als Räume (oder die Erkenntnis, dass Netze keine Räume sind) und die Räume und Zeitorganisationen im Netz stehen im Mittelpunkt des Bandes.

Das Internet als Heterotopie

Ein solches Projekt kann jedoch nur gelingen, wenn gleichzeitig die Zeit- und ganz besonders die Raummythen um das Internet diskutiert werden. Insofern geht es im vorliegenden Band auch darum, den Mythos vom Internet als „Raum" und vom Internet als „Zeitmaschine" zu demontieren. Christine Hine (2000) kritisiert den kulturskeptischen Tenor, mit dem in der Fachliteratur das Internet als unstrukturierte Zeitcollage und als offener, unbegrenzter Raum beschrieben werde, indem sie betont, dass die User diese konflikthaften Raum-Zeit-Strukturen aktiv interpretieren und insofern kompetent agieren. Die Ausgangsdiagnose wird dabei nicht in Frage gestellt. Das Internet bleibt der Inbegriff des Neuen.

Das elektronische Netz als „virtueller Raum" hat die Phantasien beflügelt. Menschen träumen davon, dem Gefängnis Erde entfliehen, körperliche Begrenzungen überwinden und Zeit überspringen zu können. Zahlreiche Romane zeugen von dem Traum, im Virtuellen einen neuen, einen anderen, einen zeitlosen Raum zu finden. In einer Zeit, in der mittels Weltraumkameras jedes Fleckchen Erde kartographiert ist, in der es mittels GPS (*Global Positioning System*) und Armbanduhr möglich ist, eine Position auf der Erde und einen Zeitpunkt immer genau zu bestimmen, entdeckt die Welt das elektronische Netz als entmaterialisierten und unendlichen Raum.

Das elektronische Netz wird zum „Substitutionsraum", wie Paul Virilio es ausdrückt (2000: 117). Von Anbeginn an wird das Netz unter Bezugnahme auf räumliche Metaphern konstituiert. Es ist die Rede vom „*global village*" oder von der „Datenautobahn", vom „Datenmeer" und vom „Surfen". Tatsächlich existiert kein zwingender Grund, das elektronische Netz als Ganzes umstandslos als Raum wahrzunehmen. Erst die kulturelle Konstruktion macht aus der technischen Neuerung einen Raum. Dabei ist es weder zufällig noch willkürlich, dass das elektronische Netz als „virtueller Raum" bezeichnet wird. Der Raum ist kulturgeschichtlich der Garant für das Materielle und damit für das Reale (vgl. z.B. Rose 1993). Indem das elektronische Netz unter Bezugnahme auf räumliche Metaphern konstituiert wird, lässt sich das

Virtuelle „erden". „Virtueller Raum" ist somit eine Bezeichnung für eine Spannung zwischen zwei Polen: dem Neuen und dem Tradierten. Die Fantasien vom Netz als virtuellen Raum ermöglichen es gleichermaßen, die technische Innovation durch die Raummetapher in den Bereich des Bekannten zu rücken und die Erfahrung mit den sich verändernden Raumbezügen des Alltags durch das Netz bildlich fassbar werden zu lassen. Der Alltagsraum wird als Vernetzung von Orten erfahren. Das elektronische Medium wird zum Sinnbild des vernetzten Raums, zum „Netz" schlechthin. Es wird zur Heterotopie einer Kultur.

Der französische Theoretiker Henri Lefèbvre (1972: 138ff) schlägt vor, in der Raumkonstitution zwischen Isotopien, Heterotopien und U-Topien zu unterscheiden. Isotopien sind ihm zufolge gleiche Orte, z.B. die sich gleichenden Bürogebäude, die innerstädtischen Raum konstituieren. U-Topien sind Nicht-Orte, das bedeutet bei Lefèbvre Orte des Bewusstseins wie sie zum Beispiel Planungsprozessen vorangehen. Heterotopien schließlich sind Orte des Anderen, das gleichzeitig ausgeschlossen und einbezogen wird. Lefèbvre erläutert die Bedeutung von Heterotopien an historischen Beispielen: „Im Vergleich zum ländlichen Raum war der gesamte Stadtraum heterotopisch, bis im 16. Jahrhundert in Europa eine Umkehrung einsetzte und das städtische Gewebe das Land zu überwuchern begann. Während dieser Zeit sind die Vorstädte weiterhin stark von der Heterotopie geprägt. Bevölkerungen unterschiedlicher Herkunft, Fuhrleute, Handelsgehilfen, Halbnomaden, die nur außerhalb der Stadtmauer wohnen durften, als suspekt galten und im Kriegsfall im Stich gelassen wurden – lange schlechte Straßen, vieldeutige Räume." (Lefèbvre 1972: 139) Was als Heterotopie angesehen wird, ist abhängig von den Normalitätskonstruktionen und den Fantasien einer Gesellschaft. Die Heterotopie birgt nach Lefèbvre ausgelagerte Bestandteile der Gesellschaft.

Auch Michel Foucault benutzt den Begriff der Heterotopie in einer 1967 vor Architekten gehaltenen Vorlesung „*Des Espaces Autres*" (1987), um die „Gegenplazierungen und Widerlager, tatsächlich realisierte Utopien, in denen die wirklichen Plätze innerhalb der Kultur gleichzeitig repräsentiert, bestritten und gewendet sind" (Foucault 1987: 338) zu verdeutlichen. Foucault wendet sich gegen die Vorstellung, Zeit sei Reichtum, Fruchtbarkeit, Leben und Dialektik, wohingegen der Raum als tot und fixiert, undialektisch sowie unbeweglich erklärt werde (vgl. auch Foucault 1980a: 70; Foucault 1980b: 150). In Abgrenzung zu diesem fixierten, unbeweglichen Behälter beschäftigt Foucault sich mit Raum als „Ensemble von Relationen" (Foucault 1991: 66). Raum geht aus der Beziehung zwischen Orten, bzw. zwischen den Lagerungen und Platzierungen an Orten hervor. Dabei entstehen Platzierungen, die die besondere Eigenschaft besitzen, normalisierte Platzierungen zu reflektieren bzw. – so Foucault – von ihnen zu sprechen: Heterotopien. Sie stehen mit anderen Platzierungen in Verbindung und dennoch widersprechen sie ihnen. Im Unterschied zur Utopie, die nicht wirklich existiert, ist die Heterotopie lo-

Einleitung

kalisierbar. Nur in wenigen Fällen existieren Formationen, die gleichzeitig Heterotopie und Utopie sind. Ein Beispiel für eine Mischform zwischen beiden ist der Spiegel. „Der Spiegel ist nämlich eine Utopie, sofern er ein Ort ohne Ort ist. Im Spiegel sehe ich mich da, wo ich nicht bin (...) Aber der Spiegel ist auch eine Heterotopie, insofern er wirklich existiert und insofern er mich auf den Platz zurückschickt, den ich wirklich einnehme; vom Spiegel aus entdecke ich mich als abwesend auf dem Platz, wo ich bin, da ich mich dort sehe; von diesem Blick aus, der sich auf mich richtet, und aus der Tiefe dieses virtuellen Raumes hinter dem Glas kehre ich zu mir zurück und beginne meine Augen wieder auf mich zu richten und mich wieder da einzufinden, wo ich bin." (Foucault 1987: 338)

Das elektronische Netz ist, so kann man nun schlussfolgern, eine moderne Heterotopie. Im Netz surfend scheint es uns wirklicher Raum zu sein. Man kann sich als Teil einer imaginären *Community* wahrnehmen, die zum eigenen Raum wird. Gleichzeitig haftet diesen Begegnungen und Bewegungen etwas Unwirkliches an. Eine im Netz geknüpfte Freundschaft braucht sehr bald die Realitätskontrolle in der Alltagsbegegnung. Als anderer/unwirklicher Ort wirft die Heterotopie das „Spiegelbild" auf die erdenschweren Räume zurück. Sie bietet die Folie vor der der eigene Raum als vernetzter, vielfältiger Raum wahrnehmbar wird. In der Spiegelung kann diese Wahrnehmung nicht deckungsgleich sein. Sie ist verzerrt, unscharf und eben spiegelverkehrt, aber sie ermöglicht einen Zugang zu Alltagsräumen, die nur über die Brechung möglich sind.

Die Heterotopie, schreibt Foucault, „erreicht ihr volles Funktionieren, wenn die Menschen mit ihrer herkömmlichen Zeit brechen" (Foucault 1987: 339). Das elektronische Netz soll ein Ort sein, an dem Zeit akkumuliert wird. Alles soll gleichzeitig zugänglich und nebeneinander existent sein. Dokumente aller Epochen, Informationen über die Zeitfolgen hinweg, Synchronisierung von Kommunikation, all dies will und soll das Netz leisten. Als vernetzter Raum und synchronisierte Zeit ist das Netz wie die Heterotopie im Foucault'schen Sinne gleichzeitig Illusions- und Kompensationsraum. Es schafft die Illusion, die Schwerkraft zu überwinden, dem Identitätszwang zu entfliehen, dem Körper zu entkommen und die Zeit hinter sich zu lassen. Gleichzeitig kompensiert die Konfrontation mit dem Internet die Verunsicherung über die Veränderungen im sogenannten realen Raum.

Diese Illusions- und Kompensationsfunktion zeigt sich bei Computerspielen besonders deutlich. Die Spiele werden so gestaltet, dass die bespielten Räume möglichst realitätsnah wirken. Dies soll über Detailtreue erreicht werden. Man findet Munitionshülsen auf dem Boden, sieht Einschüsse in den Wänden sowie Blutlachen auf dem Boden. Die Hersteller arbeiten mit dynamischen Lichteffekten wie Echtzeitschatten. Auch die Figuren sind insofern so wirklichkeitsgetreu wie möglich konzipiert: Bei einem Kopfschuss stirbt der Teilnehmer, bei einem Treffer im Bein beginnt der Betreffende zu humpeln. Beim Laufen oder Springen sind Geräusche zu vernehmen. In vielen

Spielen sind auch die Waffen in Formgebung, Durchschlagskraft und Genauigkeit existierenden Waffen nachmodelliert.

Es gibt in den meisten Computerspielen nahezu keine offenen Räume. Der Spieler muss sich rasend schnell einen Überblick verschaffen können. Dazu werden umschließende Räume abgebildet, die wenige Ausgänge zulassen. Da eine Spielrunde schnell vergeht (1 bis 10 Minuten), ist die Anzahl der Räume begrenzt, damit sich die Mitspielerinnen überhaupt finden. Auch auf Sackgassen wird weitgehend verzichtet. Die Geschwindigkeit, in der ein Ereignis auf das andere folgt, wird möglichst stetig erhöht. Ein Spiel mit 25 *frames per second* (fps) erscheint einem Laien spielbar und flüssig; Profis spielen mit über 300 fps. Obwohl alle Räume im „Geh-Modus" zu erreichen sind, nutzen die Spielenden gern „*Jumppads*", die helfen, eine Spielfigur an eine andere Stelle oder ohne Aufzug in ein anderes Level zu transportieren. Viele Spieler schalten Details aus, um größere Geschwindigkeit zu erzielen. Im Geschwindigkeitsrausch können Raumgrenzen spielend überwunden werden. Dazu müssen allerdings störende Details abgestellt werden, Räume wie Kisten überschaubar und fast prinzipiell als Innenräume konzipiert sein. Obwohl Räume damit rudimentär auf umschließende Behälter reduziert werden, kommt ihnen eine klar strukturierende Funktion zu. Wo ein Raum endet, fängt ein neuer an und damit hat der Spieler sich auf eine neue Situation einzustellen. Räume überlappen sich in den Spielen nie. Zeitgewinn wird angestrebt. Räume sind da, um Ordnung zu schaffen und um Wechsel zu organisieren. Im zeitlichen Verlauf werden sie überwunden. Nie ist es das Ziel, zu verweilen.

Der rein strukturierende, äußerliche Charakter der Räume wird in einem Punkt unterbrochen: Die Räume sind häufig überdimensional groß oder bedrückend klein. Wie in einem Barockschloss oder in der faschistischen Architektur wirken die überdimensionalen Räume auf die Spielenden verängstigend und bedrohlich. Die Räume nehmen gefangen, beunruhigen und bedrängen. So wird der Feind feindlicher und die Notwendigkeit, dem Raum zu entfliehen, dringlicher. Doch immer wieder landet der Spielende in einem neuen, hohe Gefahr signalisierenden Raum. Oder es wird mit eng umschließenden Räumen als Bedrohung gearbeitet: Schmale Gänge, dunkle Treppenhäuser, Lüftungskanäle, die nur kriechend durchquert werden können. Wie im „wirklichen Leben" so ist auch im Spiel der Raum Träger von Atmosphären. Dazu und um möglichst realistisch zu wirken, machen sich die Programmierer die Mühe, durch ein Graffiti, ein Werbeplakat oder durch herumliegende Zeitschriften, die Räume auszugestalten.

Die HerstellerInnen von Spielen versuchen immer wieder neu, durch Verbesserungen der Grafik die Realitätsnähe zu erhöhen, indem sie wechselnde Wetterbedingungen, Tag- und Nachtzyklen, Wasserspiegelungen etc. einbauen. Ein gutes Spiel ist ein Spiel, dass an die Qualität eines Fernsehfilms möglichst nahe heran reicht.

Das heißt, die Räume in Computerspielen sind – ganz entgegen dem Internet-Mythos – als Container für das Spielgeschehen konzipiert. Die Räume

Einleitung

sind demnach in den Computerspielen nicht Gegenstand der Auseinandersetzung, sondern strukturierende Kisten. Entgegen dem innovativen Flair der modernen Technologie sind viele der Raumkonstruktionen, denen man im Netz tatsächlich begegnen kann, traditionelle Containerbilder. Anders als in der Alltagswelt, in der sich verschiedene Räume überlappen können und unterschiedliche Perspektiven auch differente Syntheseleistungen nach sich ziehen, lebt im Spiel die antike Vorstellung vom nach außen begrenzten, innen gefüllten Raum fort. Der Umgang mit neuester Technik vermittelt dabei den Eindruck von Innovation trotz simplifizierender, starrer Raumbilder. Das repetitive Spiel in einfachen Raumstrukturen wirkt kompensatorisch und bleibt illusionär. Die komplexen räumlichen Anforderungen werden zurückgedrängt zugunsten einfacher Handlungsmuster, die klar durch Sieg oder Niederlage geregelt werden.

Eine andere Dimension der Illusions- und Kompensationsfunktion ist das „Besuchen" realer Orte im Netz. Shaindy Rudoff (2001) diskutiert die Pilgerfahrt im Zeitalter digitaler Reproduktion. Unter www.westernwall.org findet der Betrachter/die Betrachterin eine Echtzeitübertragung von der sogenannten Klagemauer (Kotel) in Jerusalem. Über die Auswahl der angebotenen Hintergrundmusik kann man selbst eine spezifische Atmosphäre provozieren. Es besteht die Möglichkeit per Email ein Gebet zu verschicken, dass ein Jeschiwa-Student in eine Mauerritze steckt. Immer mehr Städte und Orte, auch private Wohnungen oder Schiffe können per Mausclick besucht werden.

Für das Judentum argumentiert Rudoff, dass es kulturell Text und Bild über tatsächliche Orte und Körper stellt. Die stetige Migrations- und Vertreibungsgeschichte ließ den eigenen und den religiösen Ort immer zu etwas Virtuellem werden. „Das Geheimnis des Überlebens der Juden war schon immer die Entscheidung, dem Exil mit Worten zu begegnen, den Ort durch den Text zu ersetzen. Man braucht kein Postzionist zu sein, um den geerdeten Zionismus als Anomalie zu sehen oder ein Unbehagen angesichts der Realitäten zu empfinden, die nötig sind, um an einem Land festzuhalten." (Rudoff 2001: 13).

Rudoff sieht in der *Kotelcam* den Wunsch verborgen, zu einem reinen Raum zurückzukehren, zu einem Raum der Sehnsucht und Imagination, der dem militärischen und kulturellen Konflikten enthoben ist. So wie in den Internetspielen die Sehnsucht nach dem klar umgrenzten Raum fortlebt und wie möglicherweise in den Millionen privater Websites die Idee vom privaten Refugium unter alleiniger Kontrolle des Subjekts weiterbesteht (vgl. Mörtenböck 2001: 10), so werden auch die in Echtzeit präsentierten Bilder der Klagemauer zu einem imaginär gereinigten heiligen Ort verdichtet, welcher beides ermöglicht – Kompensation und Illusion – welcher aber stets Teil sehr irdischer Raumkonstruktionen ist.

Die utopischen raumzeitlichen Ideen und ihre Projektionen auf die elektronischen Datennetze erhalten daher im vorliegenden Band ebenso wie die konkret erfahrbaren Raum- und Zeitkonstellationen ihren Platz und werden vor dem Hintergrund der neueren sozialtheoretischen Debatten um Raum und Zeit diskutiert. Um die Reichweite der aktuellen Modifikationen des Raum- und Zeitbegriffes zu erfassen, ist die Perspektivenvielfalt interdisziplinärer Ansätze unverzichtbar. Diese Zusammenführung von Disziplinen ist nicht bloß dem diskutierten „Gegenstand" angemessen. Sie unterstreicht auch den mit dieser Tagung verbundenen Anspruch, eine zeitgemäße Wissenserzeugung durch die Konfrontation unterschiedlicher Forschungsperspektiven zu gewährleisten. Deshalb beteiligen sich Autoren und Autorinnen aus Germanistik, Soziologie, Kulturwissenschaft, Informatik, Akustik und Geografie.

Die Beiträge im Einzelnen

Der Literaturwissenschaftler *Götz Großklaus* beschreibt die „Leitmedien Sprache, Schrift, Zahl und Bild" einerseits als „Veräußerungen des Bewusstseins", andererseits aber auch als Rückwirkungen auf das Bewusstsein. Ausgehend von der gesprochenen Sprache lassen sich den Leitmedien spezifische Formen der Verzeitlichung und Verräumlichung zuordnen und als Übergang von extensiver, geschichtlich-linearer Zeit zu intensiver, verdichteter, vernetzter Augenblicks-Zeit beschreiben. Großklaus kommt in seinen medienevolutionären Betrachtungen zu dem Schluss, dass die Linearität in der Welt der neuen Medien durch ein komplexes „Zeitnetz" abgelöst wird.

Der Kulturwissenschaftler *Lutz Ellrich* nimmt in seinem Beitrag die weitverbreitete These, dass die Computertechnik unsere Vorstellungen von Zeit erheblich verändert, unter die Lupe. Er diskutiert zunächst zwei hochentwickelte theoretische Modelle, nämlich erstens eine Variante der soziologischen Systemtheorie und zweitens eine literaturwissenschaftlich und wahrnehmungspsychologisch inspirierte Version der Medientheorie, die beide das gleiche Phänomen erforschen und dennoch zu äußerst unterschiedlichen Diagnosen gelangen. Während dort die drohende Auslöschung der Gegenwart durch den forcierten Computereinsatz beschworen und eine verblüffende Lösung des aufgetretenen Problems avisiert wird, rechnet man hier damit, dass die neuen Medien vergangene und zukünftige Ereignisse in das Zeitfenster der Gegenwart hineinreißen und auf diese Weise um ihre charakteristischen Eigenschaften bringen. Ellrich überprüft die Erklärungspotentiale der dargestellten Ansätze und schlägt eine alternative Interpretation vor, die sich die Einsichten beider Konzepte zu Nutze macht.

Manfred E. A. Schmutzer analysiert aus kultursoziologischer Perspektive Raum erstens als konstituiert durch Handeln und Platzierung. Dabei versteht er Handeln als Sequenz aufeinander folgender Handlungen und somit als raumzeitlichen Prozess. Er zeigt zweitens, dass Raum in der Sozialwissenschaft als Metapher für Gesellschaft genutzt wird, und zwar in relativistischen wie in absolutistischen Konzepten. Daraus folgert er, dass die meisten

Einleitung *17*

Theorien nicht von Raum, sondern von den Bildern vom Raum (oder von der Zeit) handeln. Diese Bilder, z.b. vom Netzwerkraum nach Vorbild des Internets, prägen ebenso wie die Dinge, hier z.b. das Internet selbst, das Denken. Über Dinge, so der Autor, werden Bilder in die Dynamik der Handlungssequenzen eingebunden.

Klaus Kuhm betrachtet Telekommunikation aus einer evolutions- und medientheoretischen Perspektive, wie sie vor allem Niklas Luhmann entwickelt hat. Er lotet das Verhältnis zwischen Gesellschaftssystem, telekommunikativen Medien und Raumstrukturen der Kommunikation aus, denn seiner Argumentation zufolge gewinnt die Gesellschaft mit telekommunikativen Medien eine, Raum und Zeit in neuartiger Weise überspannende, Infrastruktur hinzu. Die stetige Erreichbarkeit, Kontaktmöglichkeit und die Möglichkeit des Informationszugangs mache es unmöglich, so Kuhm, soziale Ereignisse über ortsabhängige Kontaktverdichtung zu beschreiben. Raum bearbeitet Kuhm als Form im globalen Kommunikationsnetz. Da er Kommunikation als elementare soziale Operation identifiziert (und damit technologischen Innovationen wie dem Internet eine zentrale Bedeutung zuweist), kann Raum erstens nur kommunikativ und zweitens spezifisch in Systemen erzeugt werden.

Der Kommunikations- und Medienwissenschaftlicher *Klaus Beck* (Leipzig) konstatiert, das mit der „Kommunikationsraumanalyse" und mit den medientheoretischen Essays von Innis, McLuhan oder Virilio zwar seit längerem Ansätze zu einer Raumanalyse vorliegen, doch ist ein grundlegendes Theoriedefizit noch nicht überwunden: Raum wird zumeist lediglich als Behälter für Kommunikation aufgefasst. Eine sozialwissenschaftlich tragfähige „Theorie des Kommunikationsraums" müsste aber die konstitutive Kraft von Kommunikation für den Raum akzentuieren und den Kommunikationsraum als mehrdimensionales Konstrukt (Beziehungs-, Sinn-, Verständigungs- und Zeitdimension) beschreiben. Betrachtet man die Wechselwirkungen zwischen diesen Dimensionen, dann tragen die verschiedenen Modi der computervermittelten Kommunikation eher zu einer Vernetzung von Kommunikationsräumen bei, als dass sie zu einer vollständigen Enträumlichung führen werden.

Johannes Wirths beobachtet als Geograf und Systemtheoretiker, wie die Soziologie und angrenzende Disziplinen den Raum beobachten. Dabei kommt er zu dem Schluss, dass Raum an die Themenkomplexe Globalisierung und Medialisierung gebunden wird. Geografisch am Motiv „Tradition" anknüpfend wird der Raum zum Inbegriff des Festhaltens, Verdeutlichens, Sichtbarmachens, am Motiv „Natur" sich orientierend zum Anderen/Außen der gesellschaftlichen Verhältnisse. Wirths selbst dagegen plädiert für ein Verständnis von Raum, welches diesen als über Wahrnehmung generiert begreift.

Die Techniksoziologin *Daniela Ahrens* untersucht die „Ausbildung technosozialer Zusatzräume durch elektronische Vernetzungstechnologien". Der Modernisierungsprozess kann aus ihrer Sicht als Prozess der Raumüberwindung und Enträumlichung rekonstruiert werden. Doch damit ist erst die Voraussetzung für neue Verräumlichungen und neue „Routinen der Ferne" zur „Eroberung der Fern-Anwesenheit" geschaffen, deren Zeuge wir heute werden. Der elektronische Raum der Netzkommunikation ist weder Gegenentwurf noch Ersatzraum – so Ahrens –, sondern „Zusatzraum". Er ist das generalisierte „Anderswo", in dem sich das Subjekt zum zweiten Mal lokalisiert und damit den eigenen Ort reflektiert. Das Überschreiten der sensorischen und motorischen Grenzen erzeugt eine Zwischenräumlichkeit, die sich im *Interface* manifestiert, das den Zugang zu einem neuen „glokalen Handlungsraum" eröffnet.

Auch *Michael Paetau* fragt in seinem techniksoziologischen Beitrag danach, wie unter den veränderten technosozialen Bedingungen soziale Ordnung überhaupt möglich ist. Er widerspricht der These, dass der Raum als Kategorie zur Analyse der modernen Gesellschaft ausgedient hat. Gerade bestimmte Disparitäten in der Entwicklung sozialer Ordnung und Stabilität von computergestützten Netzwerken, lassen sich ohne den Raumbegriff nicht angemessen beschreiben. Mit einem relationalen Raumverständnis lässt sich auch die unscharfe Gegenüberstellung von sogenannten „virtuellen Welten" und „realen Welten" überwinden und soziologisch prägnant beschreiben.

Der Raumsoziologe *Markus Schroer* untersucht im vorliegenden Aufsatz anhand (verräumlichter) Bilder und Metaphern, wie der virtuelle Raum durch seine Nutzung, Besprechung und Verregelung zu realem Raum wird. Das Netz wird separiert und zugewiesen. Über Codes und Adressen entstehen soziale Hierarchien. Dabei problematisiert Schroer gleichzeitig die Trennung von Virtuellem und Realem, welche gerade die neue Technologie wiederbelebt.

Gabriele Sturm analysiert in ihrem raumsoziologischen Beitrag, was die, mit der Technologie des Internets einhergehende, Virtualisierung für eine sich verändernde Gesellschaftsordnung bedeuten kann. Anhand ihres Raum-Zeit-Modells zeigt sie, dass die „virtuelle Realität" des Internets eine doppelte materiale Gestalt hervorbringt. Als Double ergänzt der virtuelle Raum den realen. Die bürgerlich-moderne Gesellschaft habe Raum als Zweidimensionalität und als Behälter sowie Zeit als messbar und linear hervorgebracht. Entgegen vielfach geäußerter Einschätzungen revolutioniert – Sturm zufolge – das Internet nicht Raum und Zeit, sondern es perfektioniert die bürgerliche Konstruktion des ideal beherrschbaren Lebens. Ihrer Hypothese folgend, dass die neuen virtuellen Realitäten veränderte Materialitäten etablieren, entwirft Sturm verschiedene Zukunftsszenarien.

Der Informatiker *Christoph Schlieder* geht der Frage nach, was informatische Räume ausmacht. Am Beispiel geografischer Karten und fotografischer Bilder wird verdeutlicht, wie die Digitalisierung Raum in einen komplexen Zusammenhang von Informationsverarbeitung einbettet und dadurch transformiert. Zwei gegenläufige Tendenzen lassen sich beobachten. In Folge des Zerfalls der euklidischen Einheit in der Mathematik – so Schlieder – erzeugt die Informatik eine kaum noch übersehbare Vielfalt informatischer Räume. Dieser divergierenden Tendenz wirkt nicht wie bei physikalischen Raumtheorien der Anspruch auf Realgeltung entgegen. Seit der in der Soft-

Einleitung

waretechnik und der Forschung zur Künstlichen Intelligenz vollzogenen kognitiven Wende dient der Bezug auf Kognition als Konvergenzkriterium. So erklärt sich der scheinbar paradoxe Befund, dass die Informatisierung nicht etwa kognitive Restfunktionen aus den Verarbeitungszusammenhängen eliminiert, sondern im Gegenteil kognitive Prozesse zu einem notwendigen Bestandteil der informatischen Räume macht.

Brigitte Schulte-Fortkamp beschreibt schließlich aus sozio-akustischer Sicht, wie Räume durch Schall und Schallmuster geprägt werden. Bezogen auf so genannte Soundscapes wird die Schnittstelle von Immission und Perzeption diskutiert. Soundscape wird zum Synonym für das Zusammenspiel von Parametern, die visuell und akustisch Räume definieren. Diese Überlegungen überträgt Schulte-Fortkamp auf die Bewegung in virtuellen Räumen. Sie thematisiert hierbei insbesondere, inwieweit Geräusche auch dort Umgebungen typisieren, von einander abgrenzen oder auch einander zuschreiben. Soundscapes haben einen Wiedererkennungswert und bieten daher, so ihre Annahme, nicht nur für die reale, sondern auch für die virtuelle Umgebung eine Orientierungshilfe.

Literatur

Adam, B. (1990): Time and Social Theory. Cambridge
Ahrend, C. (1997): Lehren der Straße. Über Kinderöffentlichkeiten und Zwischenräume. In: Ecarius, J.; Löw, M. (Hg.): Raumbildung – Bildungsräume. Über die Verräumlichung sozialer Prozesse. Opladen, S. 197-212
Bott, H.; Hubig, C.; Pesch, F.; Schröder, G. (2000) (Hg.): Stadt und Kommunikation im digitalen Zeitalter. Frankfurt/New York
Carlstein, T.; Parkes, D.; Thrift, N. (1978) (Hg.): Making Sense of Time. New York
Castells, M. (2001): Der Aufstieg der Netzwerkgesellschaft. Teil 1: Das Informationszeitalter. Opladen
Foucault, M. (1987): Andere Räume. In: Stadterneuerung. Idee, Prozeß, Ergebnis (Ausstellungskatalog). Berlin, S. 337-340
Funken, C. (2001): "Topographie der Anonymität". In: Andriopoulos St., G. Schabacher, E. Schumacher (Hrsg.): Die Adresse des Mediums. Köln, S. 64-82
Funken, C., Löw, M. (2002): „Ego Shooter Container. Raumkonstruktionen im elektronischen Netz". In: Maresch, R.; Werber, N. (Hg.): Raum – Wissen – Macht. Frankfurt a.M., S. 69-91
Helten, F.; Fischer, B. (2002): Stadtraum und Informatisierung. Sozialer und technischer Wandel im Stadtentwicklungsprozess. In: Berking, H.; Faber, R. (Hg.): Städte im Globalisierungsdiskurs. Würzburg, S. 139-168
Hine, C. (2002): Virtual Ethnography. London
Lefèbvre, H. (1972): Die Revolution der Städte. München
Lévi-Strauss, C. (1996^{10}): Traurige Tropen. Frankfurt a. M.
Läpple, D. (1991): Essay über den Raum. In: Häußermann, H. u.a. (Hg.): Stadt und Raum. Pfaffenweiler, S. 157-207
Löw, M. (2001): Raumsoziologie. Frankfurt a. M.
Mörtenböck, P. (2001): Die virtuelle Dimension. Architektur, Subjektivität und Cyberspace. Wien

Rudoff, S. (2001): „Heilige Cybersites. Eine Pilgerfahrt im Zeitalter der digitalen Reproduktion". In: Dachs, G.: Jüdischer Allmanach. Frankfurt a.M., S. 9-16

Sturm, G. (2000): Wege zum Raum. Methodologische Annäherungen an ein Basiskonzept raumbezogener Wissenschaften. Opladen

Thompson, E.P. : Time, work-discipline, and industrial capitalism. In: Past and Present, 1967, Nr. 36, S. 57-97

Virilio, P. (2000): Paul Virilio im Gespräch: Der Körper – die Arche. In: Fecht, T.; Kamper, D. (Hg.): Umzug ins Offene. Vier Versuche über den Raum. Wien/New York, S. 109-123

Zarubavel, E. (1985): The Seven Day Circle: The History and Meaning of the Week. New York

Zeiher, H.J.; Zeiher, H. (1994): Orte und Zeiten der Kinder. Soziales Leben im Alltag von Großstadtkindern. Weinheim/München

Zeit als kommunikatives Erzeugnis

Götz Großklaus
Zeitbewusstsein und Medien

I

Wenn wir einen Blick werfen auf die neuropsychologisch unterscheidbaren Formen unseres Bewusstseins – auf mentale und psychische Zustände des Wahrnehmens, des Denkens Fühlens, des Erinnerns und des Vorstellens (Roth 1998:214) – so lassen sich Beziehungen herstellen zu bestimmten Formen medialer Veräußerung dieser Innenzustände unseres Bewusstseins. Die kulturellen Leitmedien von Sprache, Schrift, Bild und Zahl haben im Laufe der Kulturgeschichte zunächst dazu gedient, mentalen Vorgängen des Erinnerns und des Wahrnehmens eine bleibende mediale Form in Gestalt von visuellen und auditiven Symbolen zu verleihen: als Bilder, Laut- und Bildschriftzeichen sowie als Ziffer. Bild und Schrift erscheinen als Formen eines „nach außen gestülpten Bewusstseins" (Derrida). Evolutionsgeschichtlich trifft nach der Elaborierung der Schrift- und Bildsysteme die mediale Fixierung von mentalen Prozessen des Denkens, Fühlens und Vorstellens hinzu. Im Schnittpunkt dieser Bewegung von der Oralität zur Schriftlichkeit liegt die Geburtsstunde von Philosophie und Poesie – wenn man so will.

Der medialen Veräußerung verschlossen bleiben muss das anthropologisch entscheidende, innerpsychische Erleben der Körperidentität (Roth 1998: 214) – das „Selbsterleben als Ich": das besondere Bild, das Bergson „meinen Leib" nennt – welches „ich nicht nur von außen durch Wahrnehmung, sondern auch von innen durch Affektionen kenne" (Bergson 1991: 1). Wohl ist uns medial die Wahrnehmung unserer eigenen Wahrnehmung möglich, natürlicherweise aber nicht ein Erleben unserer selbst außerhalb unseres Körpers – das heißt bislang nicht.

Im Laufe der Mediengeschichte erfuhren alle leitmedialen Systeme: Schrift, Sprache, Bild und Zahl ihre Transformation in rein technische Systeme – in Systeme rein technischer Aufzeichnung, Vermittlung, Speicherung und Übertragung. Die einzelnen Transformationsschritte – von der Handschrift zur Druckschrift, vom manuellen zum ersten technischen Bild der Daguerreotypie, vom unbewegten zum bewegten Bild und von der Analogie zur Digitalität – gingen mit Vorgängen zeitlich beschleunigter Umsetzung innerpsychisch-neuronaler, subjektiver Prozesse in außerpsychisch-mediale, kollektive Abläufe einher.

Mit dieser Umsetzungs-Beschleunigung bis an den Grenzwert der Lichtgeschwindigkeit kommt es zur Einebnung aller kulturgeschichtlich eingeübten symbolischen Distanzen, an die wir durch die traditionellen Mediensysteme – etwa des Buches oder des Tafelbildes – gewöhnt sind. Oder anders gesagt: Der äußere Zeittakt unseres medialen Wahrnehmens, Erinnerns und Vorstellens hat sich dem inneren Zeittakt unseres bewussten Wahrnehmens, Erinnerns und Vorstellens angeglichen. Bevor es aber zu einer derartigen Synchronisation eines angenommenen inneren und äußeren Zeittaktes, des „Stromes unserer bewussten Existenz" (Rusch 1996: 274) und eines parallelen nicht abreißenden Flusses audiovisueller Ereignisse kommt, haben die Medien von Schrift und Bild über lange geschichtliche Strecken vorwiegend der Verknüpfung des Gegenwärtigen mit dem Schon-Vergangenen gedient: und zwar in Form der Ursprungserzählungen von Mythos und Epos, deren mentales und mediales Grundmuster das des Erinnerns ist. Die Ausbildung eines kollektiven Gedächtnisses ist gebunden an den jeweiligen geschichtlichen Stand in der Entwicklung effizienter Mediensysteme, über die eine Niederlegung und Bewahrung von Ergebnissen der Erinnerungsarbeit möglich werden.

Das kollektive Gedächtnis ist immer ein mediales Gedächtnis: die frühen schrift-bildlichen Formen von Mythos und Epos zielen auf Befestigung und Fixierung der Erinnerungsinhalte. Das von der Erinnerungsarbeit einmal entworfene Vergangenheitsbild – z.B. im Sinne einer Ursprungsgeschichte – beansprucht ewige Gültigkeit. Während das individuelle Gedächtnis und seine Leistung des Erinnerns eingebunden bleibt in den „vielfarbigen Strom meiner bewusster Existenz" (Roth 1998: 273) – und als prozessual-dynamischer Vorgang von Augenblick zu Augenblick in wechselnden „Mischverhältnissen" zusammen mit anderen Bewusstseinsformen (wie etwa der Wahrnehmung oder dem Vorstellen) erscheint – sortiert und strukturiert das kollektiv-mediale Gedächtnis die Erinnerung und schreibt bestimmte Inhalte fest. Diese Fixierungen entsprechen der Leistung des visuell-medialen Systems von Schrift und stillstehendem Bild.

Erst die technischen und elektronischen Medien von Film, Television, Video und Computer können als Ansätze und Versuche verstanden werden, das Prozesshafte unserer innerpsychischen Bewusstseinsvorgänge konkret in mediale Abläufe zu übersetzen: nach außen zu projizieren.

Nun ist immer wieder – und mit Recht – gesagt worden, dass es vor allem mit der Erfindung der alphabetischen Schriftform gegenüber dem magischen Bild und der gesprochenen Sprache zu einer Veranschaulichung zeitlicher Abfolge gekommen sei. „Jede Schrift ist Beispiel für eine Sequenz, für eine zeitlich strukturierte Abfolge, insofern als sie die Kontinuität gesprochener Sprache veräußert und sie in einem externen Medium sichtbar werden lässt." (Kerckhove 1995: 57) Dem ist zuzustimmen – nur sollte nicht vergessen werden, dass die Veräußerung und die Sichtbarmachung nur als räumliches Nebeneinander von alphabetischen Zeichen auf der Fläche gelingen kann. Wir übersetzen als Leser räumliches Neben- und Hintereinander in die zeitliche Ordnung der Abfolge, der Sequenz. Es ist richtig, dass die Linearität der Schrift zur Imagination einer Sukzession in der Zeit nötigt; aber der Preis der visuellen Veräußerung in einer abstrakten Buchstabenfolge ist, dass Zeitlichkeit und Bewegung in der Schrift immer auch als eingefroren erscheinen muss: als stillgestellt auf der Raumfläche der Manuskriptseite.

Es sind diese Stillstellungen, die Bergson immer wieder kritisch herausarbeitet: „Wir streben instinktiv danach, unsere Eindrücke zu verfestigen, um sie sprachlich ausdrücken zu können. Aus diesem Grunde lassen wir sogar das Gefühl, das in einem beständigen Werden besteht, in seinem permanenten äußeren Gegenstand und vor allem in dem den Gegenstand ausdrückenden Worte aufgehen. Wie die flüchtige Dauer unseres Ich durch die Projektion in den homogenen Raum in den Zustand einer Fixierung gerät, ebenso umklammern unsre unablässig wechselnden Eindrücke die sie veranlassenden äußeren Objekte und nehmen auf diese Weise deren genaue Umrisse und deren Starrheit an." (Bergson 1920: 101f.)

Die stillgestellte Zeit in der Schrift aber verbürgt auf der einen Seite die Abgeschlossenheit der Geschichte – auf der anderen Seite öffnet die lineare Sukzession der Schrift überhaupt erst den Horizont der Geschichte.

Mit Sicherheit hat das Mediensystem linear-alphabetischer Schriftlichkeit unser abendländisch-lineares Zeitverständnis entscheidend geprägt und zur Verräumlichung von Zeit-Vorstellungen beigetragen.

Kehren wir noch einmal zu den Grundformen unseres Bewusstseins zurück: Es sind jene mentalen und innerpsychischen Vorgänge des Wahrnehmens, Fühlens, Denkens, Erinnerns und Vorstellens, die auf unterschiedliche Weise bestimmte innere und äußere Geschehnisse in den Lichtkegel der Aufmerksamkeit rücken. Bewusstsein und Aufmerksamkeit sind dabei aufs engste miteinander verbunden (Roth 1998: 214) – wenn nicht gar identisch.

Die Neurophysiologie belehrt uns weiterhin darüber, dass diese mentalen Innenvorgänge in jedem Augenblick in ganz unterschiedlichen Mischungsverhältnissen vorliegen (Roth) – und derart den besagten „vielfarbigen Strom meiner bewussten Existenz" (Roth 1998: 273) bilden. Als mediengeschichtliche These ließe sich formulieren, dass mediale Externalisierungen sich im Wesentlichen und anfänglich auf die mentale Triade von

Wahrnehmen, Erinnern und Vorstellen

beziehen.

Die sich aus diesen Bezügen entfaltenden Mediensysteme von Sprache, Schrift und Bild versuchen, damit eine fundamentale Leistung unseres Gehirns zu wiederholen, nämlich, verschiedene Zeit-Aspekte unseres bewussten Erlebens zu unterscheiden: die Erinnerung als vergangenheits-gerichtet aufzufassen, die Vorstellung im wesentlichen als zukunfts-gerichtet und die

Wahrnehmung als in der konkreten Jetzt-Zeit und Gegenwart wurzelnd vorzustellen.

Wahrnehmen, Erinnern und Vorstellen sind somit innerpsychisch zu denken als Akte eines internen Zeitentwurfs. „Wenn das Gehirn eine Maschine ist" – so heißt es bei dem Neurophysiologen Ernst Florey – „dann ist es sicherlich eine Zeitmaschine." (Florey 1996: 186)

Wenn die Leitmedien von Sprache, Schrift und Bild in einem ursprünglichen Korrespondenz-Verhältnis zu diesen drei mentalen Vorgängen stehen, dann wird es ihre Leistung sein, den internen Zeitentwurf zu veröffentlichen und sozial zugänglich zu machen. Wie wir schon für das Mediensystem der Schrift angedeutet haben, gehen diese medialen Veröffentlichungen nicht ohne Einbußen vonstatten. Medien jedoch sind jene Zeitmaschinen, die seit den Anfängen der Kulturen die kollektive Zeiterfahrung regulieren und strukturieren. So ist das frühe Mediensystem von Sprache und Schrift (zunächst) ganz dem Erinnern: der *memoria* gewidmet.

Mythos, Epos und noch neuzeitlich der Roman gliedern und interpretieren eine vergangene Wirklichkeit, die sich doch ganz der mythischen oder poetischen Erinnerungs-Elaboration (Rusch 1996:275) verdankt. So wie die *memoria* sich als dominant erweist für den Geschichten-Erzähler – wie für das Mediensystem von Sprache, Schrift und Narration im ganzen – so scheint das frühe, vor-sprachliche Mediensystem des (Kult-)Bildes eher bestimmt durch die Dominanz des Wahrnehmungs- und Vorstellungs-Aspektes und damit zeitlich durch die magische Jetzt-Zeit und den Verweis auf Zukünftiges.

Das spätere, nach-sprachliche Bild begleitet dann konkurrierend, ergänzend und widerstreitend das jüngere System von Text, Buch und Schrift – und kann, z.B. als religiöses Kultbild, die *memoria*-Funktion des heilsgeschichtlichen Textes übernehmen.

Grundsätzlich aber erscheint das Bild-Medium von seinen Ursprüngen und von seiner semiotischen Anlage her als das präsentische-vergegenwärtigende Medium par excellence. Die Bild-Wahrnehmung nötigt uns in jedem Fall – anders als die abstrakte Schrift – an die Stelle der Vergegenwärtigung. Das äußere (externalisierte) Bild – sei es im Medium der Malerei, der Photographie, des Videos, des Films oder der Computer-Animation – unterhält noch auf andere Weise, als es bei dem abstrakten Medium der Sprache oder der Schrift der Fall ist, eine intime Beziehung zu jenem Strom innerer Bilder, mit denen unsere Erinnerungen und unsere Vorstellungen aufs engste verbunden sind.

Piaget unterscheidet zwei große Kategorien von inneren Bildern:

„die reproduktiven Bilder, die sich darauf beschränken, bereits bekannte und früher wahrgenommene Anblicke in Erinnerung zu rufen, und antizipierende Bilder, die ebenfalls Bewegungen und Veränderungen wie auch deren Ergebnisse verbildlichen, aber ohne zuvor bei ihrer Verwirklichung dabei gewesen zu sein" (Piaget 1972: 77).

Man könnte sagen, dass sich auch intern diese Nötigung zur visuellen Vergegenwärtigung für diejenigen Bereiche durchsetzt, die den Akten der unmittelbaren Wahrnehmung entzogen sind; unser psychischer Apparat behilft sich mit der Erzeugung einer internen Bild-Welt, die je nachdem, ob sie unter dem Aspekt des Erinnerns oder des Vorstellens erscheint, als vergangen oder zukünftig gekennzeichnet wird und mit diesen zeitlichen Markierungen versehen wird. Die Wahrnehmung oder Verfolgung des inneren wie des äußeren Bildes jedoch hat strikt präsentischen Charakter.

Die gesamte äußere Bildwelt der technischen Medien ruft in uns selbst wiederum die Erinnerung an die Wahrnehmung unserer inneren Bild-Welt wach. In dieser Verschränkung von äußerer und innerer Bild-Welt und in der ständigen Wechselbeziehung von Wahrnehmung, Erinnerung und Vorstellung ist jenes Gegenwartsfeld entworfen, an das wir über (unmittelbare) Wahrnehmungen und (mittelbare) Bilder gefesselt bleiben.

„Erinnerung ist die Gegenwart von Vergangenem (praesens de praeteritis), Erwartung ist die Gegenwart von Künftigem (praesens de futuris) und der Augenschein der Wahrnehmung ist die Gegenwart des Gegenwärtigen (praesens de praesentibus)", so formuliert bekanntlich Augustinus im 11. Buch der Confessiones (Augustinus 1960: 643). Vermittelt werden diese Gegenwarten – auch schon für Augustinus – durch (innere) Bilder (imagines) – Bilder, die in der memoria ruhen, Bilder, die von der expectatio entworfen werden.

Wenn wir die Inhalte unserer inneren bildlichen Szenarien in die Medienform der Sprache und der Schrift transkribieren wollen, bedienen wir uns des Prinzips der linearen Anordnung von Zeichen, d.h. wir übertragen die simultane Fülle und Vielfalt jener unterschiedlichen Gegenwarten, von Vergangenem, Zukünftigem und Gegenwärtigem in das segmentierende Nacheinander der sprachlichen Sequenz.

Das für unsere Kultur bis zum Erscheinen der technischen Bildwelten dominante Mediensystem der Schrift, des Buches und des Textes trennt uns nicht nur von allen sinnlichen Elementen der unmittelbaren mündlichen Rede, sondern auch von der sinnlichen Erfahrung des Gegenwärtig-Seins (Kerckhove 1995: 17) – der Gleichzeitigkeit, der simultanen Dichte.

Schrift, Text und Narration befördern in der abendländischen Kulturgeschichte die Vorherrschaft eines abstrakten Zeit-Modells mit den Merkmalen:

– der Linearität
– der Irreversibilität – und
– des Nacheinanders der Ereignismomente auf einer Zeitgeraden.

Die Gegenwart schrumpft in diesem Modell zum Punkt, der Vergangenheit und Zukunft trennt (Florey 1996: 178): Wenn der unsichere Gegenwartspunkt für die frühen Ursprungsgeschichten und -mythen seine Befestigung durch den stetigen memorierenden Bezug auf die Vergangenheit erhielt, so erfährt die Gegenwartsstelle für die neuzeitlichen Fortschrittsgeschichten lediglich den Status einer zu vernachlässigenden Station auf dem Weg in die erwartete glücklichere Zukunft.

Zivilisationsgeschichtlich tragen die im Medium von Schrift und Text gleichermaßen artikulierten Erinnerungen an die Ursprünge und Erwartungen des heilsgeschichtlichen Ziels zur Dehnung des Zeithorizonts bei. Das Prinzip der linearen Anordnung der Zeichen im Schrift-Text entspricht dabei unmittelbar der Vorstellung einer linearen Folge von Geschehnissen auf der geschichtlichen Zeitgeraden. Im Medium der Schrift scheint das simultane Chaos der inneren Bildwelten gezügelt und gebändigt. Die Zeitgerade diszipliniert den Tumult der Gleichzeitigkeit.

Erst mit dem Erscheinen technischer Bild-Welten seit der Mitte des 19. Jahrhunderts verliert das Mediensystem von Schrift und Buch sein Monopol des Sinn- und Wirklichkeits-Entwurfs – und damit auch seines Zeit-Entwurfs.

In der massiven Wiederkehr der Bildlichkeit und wenig später auch der Mündlichkeit über technische Systeme wie die der Daguerreotypie, des Films, der Telegrafie, der Schallplatte und des Telefons löst sich der mediale Apparat von der Vorherrschaft des abstrakten Mediums der Schrift und reetablierte – wenn auch ausschnitthaft – so etwas wie die Unmittelbarkeit sinnlicher Nähe und Gegenwart.

Das äußere technische Bild der neuen Apparate korrespondiert von vornherein – mehr oder weniger verdeckt – mit der inneren Bildwelt unserer Imaginationen: mit den bildlichen Vergegenwärtigungen des Vergangenen und des Zukünftigen. Äußere und innere Bildwelten scheinen wesentlich verknüpft mit den elementaren Akten des Bewusstseins: dem Erinnern, dem Vorstellen und dem Wahrnehmen.

Vergleichbar scheinen uns mentale und mediale Bilder – anders als Gedanken und Sätze in Schriftform – unmittelbar mit einem sinnlich-visuellen Entwurf zu konfrontieren: mit einer gegenwärtigen Gestalt, mit einem vollständigen Ensemble, einer Situation.

„Die Sprache" – heißt es bei Piaget – „bezieht sich nämlich immer nur auf Begriffe oder auf als bestimmte Klassen verbegrifflichte Gegenstände ...und beim Erwachsenen wie beim Kind bleibt das Bedürfnis nach einem Zeichensystem, das sich nicht auf Begriffe, sondern auf Gegenstände als solche und auf die ganze vergangene Wahrnehmungserfahrung erstreckt: dem Bilde ist diese Rolle zugedacht ..." (Piaget 1972: 76).

Piaget spricht hier von der Rolle des inneren Bildes. Vom heutigen Stand der Bild-Medien-Technologie her betrachtet, wird man sagen können, dass die Befriedigung dieses Bild-Bedürfnisses zu großen Teilen an die technisch-äußeren Bild-Systeme übergegangen ist.

Unser Bedürfnis nach visueller Aktualisierung wird somit wesentlich medial, im Fluss äußerer Bilder, befriedigt.

Wie dem auch sei – mentale und mediale Bilder sind zweifellos wechselseitig aufeinander bezogen; beiden Bildwelten liegen die ursprünglichen Bewusstseinsakte des Erinnerns, Vorstellens und Wahrnehmens zugrunde – und beide Bildformen sind konstitutiv für den Aufbau eines je aktuellen Zeitfeldes, auf dem unterschiedliche Gegenwarten, Vergangenheiten und Zukünfte anwesend sein können, oder anders gesagt: auf dem sich die Areale angeschauter Gegenwarten, erinnerter Vergangenheiten und vorgestellter Zukünfte überlappen.

Für die Gesamtheit des medialen Systems unserer Tage zeigen sich diese Überlappungen dialektisch als Phänomene der Schrumpfung bzw. der Dehnung von Gegenwart.

II

Als erstes technisches Bild-Medium setzte die Daguerreotypie die Welt in Erstaunen. Dieses Erstaunen galt von Anfang an der dem Photo eigentümlichen „Janusköpfigkeit" (Santaella 1998: 243) auf der einen Seite dem Dargestellten eine quasi magische Präsenz zu verleihen, auf der anderen Seite immer auch „Zeichen einer unerreichbaren Vergangenheit" zu sein (ebd.: 256) – einerseits einen Moment erstarren zu lassen, andererseits das „unerbittliche Verfließen der Zeit" (ebd.: 261) zu bezeugen – einerseits über die reale Spur, die das Wirkliche auf dem Bild hinterlassen hat, diese materiell zu repräsentieren und andererseits immer wieder nur Zeichen für die Abwesenheit des realen Referenten zu sein (ebd.: 256).

In gewisser Weise spiegeln sich in diesen scheinbar widersprüchlichen Positionen die unterschiedlichen Zeitaspekte, die auf der einen Seite dem Akt der Aufnahme: einer Wahrnehmung und ihrer technischen Codierung – und auf der anderen Seite dem Akt der Betrachtung: der Wahrnehmung des technisch fixierten Bildes, inhärent sind.

Einmal geht es in der Tat darum, dem realen zeitlichen Kontinuum einen signifikanten Moment zu entreißen, mittels einer optisch-chemischen Apparatur die Aufzeichnung einer besonderen und prägnanten Wahrnehmungs-Geste zu bewerkstelligen. Dieser plötzliche und augenblickliche, in Zeitbruchteilen der Belichtungszeit vollzogene Zugriff auf eine präsente, reale Szene bleibt dem späteren Bild als Zeit-Spur immanent.

Des Weiteren ist die Bild-Wahrnehmung des späteren Betrachters zu einem anderen Gegenwartspunkt immer geprägt von dem Wissen, dass zwischen dem Gegenwartspunkt der Aufnahme und dem Gegenwartspunkt seiner Betrachtung Zeit verflossen ist; sie bleibt somit geprägt von dem Bewusstsein der Unwiederholbarkeit des vergangenen Augenblicks – und das auch, wenn es sich nur um einen Minutenabstand handelt, der den Betrachter von der Aufnahme trennt – wie bei einem Polaroid-Foto.

So ist von vielen Autoren die Affinität der Fotografie zum Tode hervorgehoben worden. Gerade indem die Fotografie einen Augenblick festhält, eine signifikante Zeitstelle als gegenwärtig arretiert, lässt sie die unerbittliche Vorläufigkeit und Vergänglichkeit dieses Moments einer „vergangenen Gegenwart" in Erscheinung treten (ebd.: 262).

Sicherlich nicht zufällig fällt die Erfindung und der Siegeszug der Fotografie zusammen mit der epochalen Erfahrung der Beschleunigung. Die Zeitgenossen teilen um die Wende vom 18. zum 19. Jahrhundert diese Erfahrung eines beschleunigten Verschwindens der ihnen vertrauten Lebens- und Herkunftswelt. Im Sog der Modernisierungs-Prozesse entstehen jene Bedürfnisse, dasjenige festzuhalten und zu bewahren, was bald nicht mehr sein wird (Benjamin). So legt der frühe Fotograf Atget bekanntlich jenes Foto-Archiv an, in dem das alte Paris museal aufgehoben ist. Gerade diese Fotos Atgets sind seit Benjamins Erwähnung immer wieder zitiert worden in ihrer Funktion, „Beweisstücke zu sein im historischen Prozess" (Benjamin 1976: 24). „Im Kult der Erinnerung" – so Benjamin – „hat der Kultwert des Bildes die letzte Zuflucht" (ebd.: 23).

Der historische Prozess verläuft unaufhaltsam, beschleunigt und irreversibel-zukünftig; in parallel sich beschleunigenden Zugriffszeiten (qua Belichtungszeiten) bewahrt die Erinnerungs-Geste der Fotografie uns ein Bild des gerade Vergehenden, des unwiederbringlich Verlorenen.

Die Januskörpigkeit aber, derer wir an der Fotografie ansichtig werden, entspricht der Januskörpigkeit der Zeit überhaupt: Gegenwart des Vergangenen zu sein und gleichzeitig Gegenwart des Zukünftigen und Gegenwart des Gegenwärtigen.

Erstmals konfrontiert uns das technische Bild der Fotografie mit dem Rätsel der Gleichzeitigkeit. Benjamin sieht den Betrachter der Fotografie unter dem unwiderstehlichen Zwang, im Bilde das Hier und Jetzt zu suchen, „mit dem die Wirklichkeit den Bildcharakter gleichsam durchsengt hat, die unscheinbare Stelle zu finden, in welcher, im Sosein jener längst vergangenen Minute das Künftige noch heute so beredt nistet" (ebd.: 72).

Die Gegenwart des Gegenwärtigen – wie sie als Spur der ersten Wahrnehmung einer Wirklichkeit im Bilde anwesend ist – fällt zusammen mit der Gegenwart des Vergangenen, wie sie dem Betrachter ebenso nahe ist wie die Gegenwart des Künftigen: des künftigen und endgültigen Verfalls und Todes, die aus jedem Bilde spricht.

Das technische Bild der Fotografie – so die These – leistet erstmals jenen Anschluss an die Inner-Zeitlichkeit unserer Erinnerungs-, Vorstellungs- und Wahrnehmungs-Akte; zum ersten Mal begegnet uns außerhalb unseres Körpers und Kopfes jenes Phänomen gleichzeitiger Anwesenheit, die wir zunächst lediglich als Widersprüchlichkeit und Ambivalenz wahrzunehmen in der Lage sind. Erst in der linearen Anordnung der Foto-Bilder im Album versuchen wir, der Irritation wieder Herr zu werden.

III

Das am Ende des Jahrhunderts erscheinende neue Medium des Films scheint in der sequentiellen Anordnung der Phasenbilder und Einstellungen ganz zur linearen Zeitlichkeit zurückzukehren. Dem Aspekt der technischen Codierung von Bildern (ikonischen Zeichen) auf der (Zeit-)Linie des Filmstreifens entspricht die ästhetische Codierung der Bildfolge als Bild-Geschichte: Das Kino etabliert sich als eine Geschichten erzählende Maschine.

Das klassische, narrative Kino lässt Zeit in drei Entfaltungen

- der einfachen Sukzession
- der Gleichzeitigkeit – und
- der Vorzeitigkeit

anschaulich werden. Immer jedoch bleiben diese Zeit-Entfaltungen auf den äußeren Ablauf von Geschehnissen und Handlungen bezogen. Innerhalb eines vorgegebenen narrativen Zeitrahmens können unterschiedliche Handlungsabläufe als gegenwärtig-nacheinander oder als gegenwärtig-nebeneinander vorgestellt werden – oder eben als schon vergangen.

Filmästhetisch verfügt das narrative Kino zur Darstellung von Sukzession, Simultaneität und Vorzeitigkeit über die klassischen Formen der gewöhnlichen Sequenz, der sog. parallelen Montage und der Rückblende.

Zeit wird im Film somit ansichtig: einmal in der Relation des Vorher und Nachher von Ereignissen und Handlungen – dann erstmals auch in Gleichzeitigkeits-Beziehungen von Vorgängen. Diese filmisch-mediale Thematisierung von Gleichzeitigkeit ist geeignet, die bislang in der Wahrnehmung und in der symbolischen Repräsentation festgehaltene zeitliche Beziehungsform der Gegenwart zu verändern. In Relation treten in jedem Fall unterschiedliche Gegenwarten, verschiedene Gegenwartsebenen, auf denen sich parallele Ereignisabläufe abspielen. Die zeitliche Beziehungsform von Gleichzeitigkeit lässt Gegenwart als komplexes Netzwerk vieler Gegenwartspunkte oder -stränge erscheinen. Die parallele Montage versucht die Übersetzung eines derartigen Netzwerkes in filmische Sprache – aber muss sich dabei doch dem Gesetz des Nacheinander der Bilder und Einstellungen auf der Linie beugen. Nur das Tempo des Einstellungswechsels kann im Betrachter die Illusion von Gleichzeitigkeit erzeugen. Metz fasst diesen Sachverhalt in die Formel: „Alternieren der Bilder (= ist gleich) Simultaneität der Fakten" (Metz 1972: 177).

Die Als-Ob-Wahrnehmung von Gleichzeitigkeit in der filmischen Montage öffnet ein Zeitfenster, das der natürlichen Wahrnehmung verschlossen bleibt: Wir können Ereignisse, die sich an unterschiedlichen Schauplätzen räumlich getrennt abspielen, nicht als gleichzeitig ablaufend wahrnehmen. Wohl aber können wir Ereignisse und Vorgänge, die sich zu unterschiedlichen Zeiten abgespielt haben, bekanntlich in sich überlagernden mentalen Akten des Erinnerns und Vorstellens quasi vergleichzeitigen.

Solange aber die filmischen Vergleichzeitigungen des alten Aktions-Kinos an der äußeren Bewegung im Raum haften, bleiben der ästhetischen Darstellung jene Simultaneitäten verschlossen, die sich jenseits von Handlungs- und Lokalzeit im Horizont von Weltzeit oder reiner Innenzeit unseres Gehirns entfalten.

Der Übergang vom alten Raum-, Aktions- und Bewegungskino zum neuen nicht-narrativen Zeit-Kino lässt sich nach Gilles Deleuze als Übergang beschreiben von Zeit-Wahrnehmungen, die sich an der Außenbewegung von Körpern im Raum orientieren, zu Zeit-Wahrnehmungen, die sich an der reinen Innen-Bewegung von Reizen, Erregungen, Assoziationen, Erinnerungen und Vorstellungen in unserem Kopf orientieren (vgl. Deleuze 1991: 341).

Das direkte Zeit-Bild – nach Deleuze – emanzipiert sich im neuen Zeit-Kino von der Bindung an die Handlungs-Bewegung aber noch in einem radikaleren Sinne: einerseits in Richtung auf eine „Koexistenz aller Vergangenheitsschichten des psychischen (individuellen) Gedächtnisses in Richtung auf ein Weltgedächtnis" (ebd.: 350), und andererseits in Richtung auf die „Simultaneität der Gegenwartsspitzen, die mit jeder äußeren Sukzession brechen" (ebd.).

In der Linie dieser Emanzipation erreicht das direkte Zeitbild des neuen Kinos jenen autonomen Zeit-Raum, in dem „alle Ereignisse in der Gleichzeitigkeit des Jetzt verbunden sind (Dux 1992: 336) – einen Zeitraum noch jenseits des Zeitinnenraums eines einzelnen Gedächtnisses oder Gehirns. Gleichzeitigkeiten – so sieht es zunächst aus – dehnen das Gegenwartsfeld in der Vertikalen. Im Koordinatenkreuz mit den Achsen vertikaler Gleichzeitigkeit und horizontalen Nacheinanders wandern und verschieben sich Zeitfelder – und nicht mehr Zeitpunkte.

Das neue Kino bringt geschichtliche Zeit nicht mehr in der Form der erzählten Einzelgeschichte zum Ausdruck, sondern in der Form der durchgängigen synchron-Montage – wie es exemplarisch in Syberbergs Hitler-Film oder Alexander Kluges „Patriotin" nachweisbar ist.

Die Synchron-Montage veranschaulicht „das in der Zeit verbundene Geschehen, die Gleichzeitigkeit alles dessen, was ist ...die Bewegung dieses ungeheuren Geschehnisverbundes" (Dux, 1992: 338).

In die Gleichzeitigkeit alles dessen, was ist, fallen im neuen Montage-Kino sowohl Segmente des Außengeschehens als auch – in den unterschiedlichen Perspektivierungen – des Innengeschehens von Erinnerungen, Erwartungen, Wünschen und Träumen in den unterschiedlichen subjektiven Brechungen. Tendenziell gerät die Montage dann zur Zeit-Totale, in der alles in universaler Gleichzeitigkeit aufeinander bezogen werden kann; innen und außen erscheinen in intimer Verschränkung – exemplarisch auch noch in dem späten Kurosawa-Film „Träume" von 1990.

Die Thesen von Gilles Deleuze sind im Wesentlichen gewonnen an Beobachtungen des klassischen Avantgarde-Kinos der 70er und 80er Jahre. Die Grundannahme einer direkten Darstellung von Zeit in einem Zeitbild, das sich aus den herkömmlichen Verankerungen z.b. in einer äußeren Welt befreit, aber lässt sich für die Beschreibung von Bild-Installationen etwa der neuen elektronischen Video-Kunst durchaus übernehmen. Das Mainstream-Kino der 90er Jahre scheint jedoch eine Renaissance des großen narrativen Films einzuleiten, für den die indirekte Darstellung von Zeit im Bewegungs-Bild typisch bleibt. So gehorcht auch die jüngste „Titanic"- Verfilmung von Cameron ganz den Gesetzen narrativer Linearität; die erzählte Geschichte nimmt ihren Ausgangspunkt in unserer Gegenwart; die Erinnerungen einer Greisin und die konkrete Spurensuche der Taucher am Schiffswrack sind gleichermaßen als Versuche der Bergung einer versunkenen Vergangenheit zu sehen; ein zweiter Ausgangspunkt in der Vergangenheit – das Auslaufen des Schiffes– setzt dann den eigentlichen Anfang des Katastrophen-Geschehens. Die gesamte Bewegung des Geschehnis-Verbundes in den unterschiedlichen Aktionen von Personengruppen an Bord des Schiffes bleibt stets schicksalhaft gebunden an die (räumliche) Bewegungszeit dieses Schiffes – die Weg-Zeit, die zwischen Auslaufen und Untergang vergeht. Die erzählte Geschichte verläuft nur zwischen diesen lokal-zeitlichen Anfangs- und Endpunkten, und zwar – strikt linear – zu einem eher netz- oder feldartigen Entwurf von Gleichzeitigkeit: Zur Weltzeit ist das die Antithese par excellence.

Gegenüber der Dichte von medialen Gleichzeitigkeits-Entwürfen scheint sich in den großen Film-Geschichten noch einmal die lineare Ordnung der Zeit zu behaupten; zweifellos sichert sie Übersichtlichkeit und Abgeschlossenheit und vermittelt ein plausibles und praktikables Muster der Strukturierung des zeitlichen Chaos.

Dennoch bin ich mit Deleuze der Meinung, dass gerade das klassische Avantgarde-Kino jene Befreiung der Zeit aus ihren herkömmlichen lokal- und bewegungsräumlichen Verankerungen in Richtung auf „Koexistenz" und „Simultaneität" (ebd.) vorwegnimmt und im ästhetischen Experiment vorausweist auf Eigenschaften des elektronischen Bildes: Die avanciertesten digitalen Bilder etwa der Computer-Animation und Simulation können ganz auf die uns vertraute Verankerung von Bewegung im räumlichen Koordinatenkreuz von vertikal und horizontal verzichten: Bewegung kann zur reinen Zeitbewegung im ungerichteten (omnidirectionellen) Raum werden.

IV

(1) Zeit in einem abstrakten Sinn kann man sich vorstellen als Mittelpunkt eines Vierecks – bezeichnet durch die Eckpunkte:

Bewusstsein   Körper
     (Zeit)
Natur   Gesellschaft

Die historischen Kulturen und Gesellschaften veröffentlichen ihre Zeit-Entwürfe in den jeweils dominanten Mediensystemen; als soziale Zeit befestigen sich diese Entwürfe in traditionellen Konzepten von Geschichtszeit (als Mythos, Heilsgeschichte, Fortschrittsgeschichte), von Handlungszeit, von mechanischer Uhrzeit etc. Soziale Zeit schlägt sich nieder in Medienzeit und umgekehrt.

Medienzeit und soziale Zeit – gesellschaftliche Konstrukte wiederum – bleiben bezogen auf außer-gesellschaftliche Zeitmuster, wie wir sie an Prozessen in der Natur, im Körper und in unserem Bewusstsein erfahren. Naturale Zeitmuster von Zyklus, Linearität und Irreversibilität, Formen innerzeitlicher Wahrnehmung von Gleichzeitigkeit, von Aufeinanderfolge und gegenwärtiger Dauer avancieren zu jeweiligen Bezugsmustern für die Konstrukte sozialer Zeit und von Medienzeit.

Als These wäre zu wiederholen, dass die Beschleunigung von Aufzeichnungs-, Verarbeitungs- und Vermittlungs-Zeit für elektronische Medien bis zum Grenzpunkt der Lichtgeschwindigkeit vor allem das traditionelle Bezugsmuster der Zeitlinie obsolet erscheinen lässt – und dass statt dessen die nicht-linearen mentalen Bezugsmuster von Gegenwart, von Gleichzeitigkeit, von Dauer *(durée)* oder Déja-vu etc. und ihre soziale und mediale Übersetzung in Raumformen des Netzes, des Mosaiks und der Oberfläche zunehmend an Bedeutung für unsere kollektive Zeitorientierung gewinnen.

(2) Als anschaulicher und neuer Ausgangspunkt der Schlussbetrachtung sei die von dem Neurophysiologen Jung formulierte Metapher von der Bühne des Bewusstseins zitiert:

> „Auf der Bühne des Bewusstseins stellen die verschiedenen Akteure, die aus unsichtbaren Bereichen heraustreten, die Inhalte der bewussten Erfahrung dar, die aus dem Unbewussten herausgerufen werden. Die unsichtbaren Bereiche hinter der Bühne entsprechen den Gedächtnisspeichern der inneren Welt und den sensorischen Reizen der Außenwelt. Beide werden durch Aufmerksamkeit ausgewählt, im bewussten Erleben zu erscheinen. Dieser Prozess wird vom Spielleiter gesteuert, der den Willen und die Gefühle darstellt und der die Handlung und die Beleuchtung von Akteuren und Bühne durch den Scheinwerfer der Aufmerksamkeit koordiniert, genauso wie wir bei willkürlicher und emotionaler Aktivität Wahrgenommenes und Gedächtnisinhalte auswählen" (Eccles 1990: 76).

Die Bühnen-Metapher macht es leicht, den Bezug zum Monitor als Medien-Bühne herzustellen. Der Monitor ist dann der Schauplatz selektiven, augenblicklichen Bewusstmachens von Inhalten in jeweiligen medialen Inszenierungen. Auf der Medien-Bühne erscheinen ausgewählte Bilder des Gewesenen und des Jetzt: Auf bestimmte Gedächtnis- und Wahrnehmungsbilder fällt das Scheinwerferlicht medialer Aufmerksamkeit, d.h. aus der enormen Menge von Bildern in den unterschiedlichen technischen Speichern erhalten nur wenige die Chance ihres Erscheinens auf der aktuellen Medien-Bühne. Ebenso verfallen – wie für unsere primäre Wahrnehmung auch – viele mögliche gegenwärtige Ansichten der Welt der Ausblendung. Die auf der Medien-Bühne kurzfristig erscheinenden Bilder des Vergangenen, des Gegenwärtigen und z. T. auch schon des Zukünftigen werden mediensprachlich arrangiert, inszeniert und montiert zu Konstrukten von Medienwirklichkeit. Mit der Bühne des Bewusstseins hat die Medien-Bühne die Zeitform gemeinsam: So wie die schnellen elektronischen Medien alles Geschehen – so entfernt es zeitlich und räumlich auch sein mag – in das enge Sichtfenster des Momentanen und Aktuellen saugen, so operiert auch unser Bewusstsein streng präsentisch und zitiert Gedächtnisbilder und Vorstellungsbilder an die gleiche Gegenwarts-Zeitstelle, an der auch Wahrnehmungs-Bilder entworfen werden.

Das mediale und neuronale Präsens bestimmt sich somit als Schnittfläche unterschiedlicher Temporalitäten: Im Bewusstseinsstrom vermischen sich Bilder, die aus der Erinnerung oder der Vorstellung oder der aktuellen Wahrnehmung stammen – gleichzeitig können im Bewusstseinsstrom „sowohl als gegenwärtig oder aktuell qualifizierte Inhalte präsent sein, als auch solche, die als vergangen – und solche, die als zukünftig gelten" – so der Kognitionswissenschaftler Gebhard Rusch (1996: 274).

Erst die Beschleunigung medialer Prozesse auf Lichtgeschwindigkeit erlaubt den elektronischen Apparaten die Erzeugung von externen Bild- und Informationsströmen, die zumindest in einigen Punkten, den Vergleichzeitigungen des subjektiv-internen Bewusstseinsstroms entspricht oder nahe kommt.

Und dennoch müssen sich die medial-externen Inhalts-Ströme fundamental von den neuronal-internen Strömen unterscheiden. Die Vergleichzeitigungen und Vergegenwärtigungen als Leistung unseres Bewusstseins bleiben bezogen auf die rein subjektiven Inhalte der Erinnerung, der Vorstellung, der Wahrnehmung, während die Vergleichzeitigungen der medialen Apparate, der globalen Fernsehberichterstattung ebenso wie der Computer-gestützten Speicherung, Animation oder Simulation – wie der Internet-Kommunikation – auf die Synchronisation von Zeichen-Mengen abzielen, die objektiv und global an unterschiedlichen Orten, mit unterschiedlichem Zeitstatus intersubjektiv vorfindlich sind und in die Netze eingespeist werden können. „Die Weltgesellschaft synchronisiert sich in der Gegenwart" – heißt es bei Luhmann – „und das ist nur mit Hilfe der Massenmedien möglich, die die Koordinations-Zeit fast auf den Moment verkürzen" (Luhmann: 1981: 314).

Genau dieser Tatbestand medialer Vergleichzeitigung, medialer Synchronisation in der Gegenwart kann beschrieben werden als Schrumpfung und Dehnung der Gegenwart gleichermaßen; dialektisch gesehen müsste man sagen, dass die Verdichtung aller Weltzeit-Gegenwarten zur Gleichzeitigkeit einer *(real-time)*-Gegenwart umgekehrt erscheint als die Erweiterung einer *(real-time)*-Gegenwart zu allen Weltzeit-Gegenwarten.

Oder: Die Zusammenziehung der Geschichtszeit zur Gegenwartszeit erscheint umgekehrt als Erweiterung der Gegenwartszeit zum ganzen Raum der Geschichte: die Gegenwart als alleiniger Schauplatz aller Zeiten.

Hermann Lübbe erfasst nur eine Seite des dialektischen Prozesses, wenn er allein vom „Effekt der Gegenwartsschrumpfung" spricht (Lübbe 1992: 18ff.). Helga Novotny sieht es von der anderen Seite: „Nicht die Gegenwart verkürzt sich, sondern – ganz im Gegenteil – sie muss sich notwendigerweise auf Kosten der Zukunft erstrecken" (Novotny 1995: 90). Man müsste hinzufügen: eben genauso auf Kosten der Vergangenheit. Gegenwart als medialer Schauplatz aller Zeiten kann nur dialektisch als Dehnung und Schrumpfung zugleich verstanden werden.

Einerseits erscheinen die Dimensionen von Vergangenheit und Zukunft medial in das Gegenwartsfeld hineinprojiziert oder „hineingeklappt" und lassen die Gegenwartsstelle zum Schnittpunkt des Vergangenen und des Zukünftigen schrumpfen, andererseits öffnet sich das Gegenwartsfeld zu einem weiten Netz des Gleichzeitigen... im Sinne dessen, was Deleuze als „Simultaneität der Gegenwartsspitzen" bezeichnet. Aber eben nicht nur unterschiedliche global verstreute Gegenwarten sammeln sich im Brennpunkt der elektronischen Medien, sondern auch Vergangenheits- und Zukunftsspitzen begegnen sich medial präsentisch. Auf eine bis zum Anbruch der digitalen Revolution unvorstellbare Weise sind nunmehr die kompletten Text- und Bildspuren der Vergangenheit in den elektronischen Speichern ebenso präsent, wie zukünftige Szenarien der unterschiedlichsten Realitätsbereiche in Simulationen zu vergegenwärtigen sind.

Das kollektive mediale Gedächtnis ist umfassend, die in ihm niedergelegten Bild- und Text-Inhalte sind jederzeit und momentan abrufbar, nichts verfällt dem Vergessen. Die kollektive mediale Leistung der Vorstellung und Erwartung oder Antizipation in Form computerieller Simulation übertrifft unsere subjektive Imagination bei weitem an Genauigkeit und Anschaulichkeit. So können uns Simulationen bekanntlich Anschauungen vermitteln von Ereignissen, die im Dunkel der Früh- und Urgeschichte ohne jegliche Text- oder Bildspuren verborgen liegen – oder aber in der Unbestimmtheit reiner Eventualitäten uns als zukünftig nicht zugänglich sind. Hier entstehen Bild-Szenarien der reinen Möglichkeiten. Mediales Gedächtnis (elektronischer Speicher), mediale Vorstellung und Erwartung (elektronische Simulation) und mediale Wahrnehmung (elektronische Aufzeichnung) erzeugen und entwerfen ein mediales Zeit-Netz von ungeheurer Dichte und Präsenz. Es kommt medial zu einer Kumulation von Anwesenheiten zeitlich traditionell geschiedener und getrennter Felder, wie sie frühere Epochen nicht erfahren haben können. Das instantane mediale Gedächtnis, die ebenso instantane mediale Vorstellung und Wahrnehmung bilden gemeinsam ein enormes, weitgehend visuelles Universum im Wesentlichen bildhafter Szenarien.

Was bedeutet dies für unsere alltägliche Zeitorientierung, wenn wir davon ausgehen, dass sich in Medienzeit immer auch soziale Zeit niederschlägt

Zeitbewusstsein und Medien 37

– und umgekehrt. Bilder und Bildströme fesseln uns an die Gegenwärtigkeit, an die suggestive Präsenz der visuellen Erscheinungen und gewähren uns die abstandslose Erfahrung des Gegenwärtig-Seins – im Gegensatz eben zu zeitdistanzierenden Sätzen und Texten.

Neuronale Innenbilder unseres bewussten, subjektiven Erinnerns und Vorstellens vergegenwärtigen blitzhaft-augenblicklich Szenarien vergangener oder möglicher-zukünftiger Lebensereignisse – mediale Außenbilder unseres kollektiven Erinnerns, Wahrnehmens und Vorstellens nötigen uns mit der gleichen Suggestionskraft an die Augenblickspunkte der Vergegenwärtigung: des Gegenwärtig-Werdens oder -Seins: Sie lassen uns keine Zeit für Übergänge, sie entwerfen keine Intervalle, keine Geschichte(n).

Die Entmagisierung der frühzeitlichen Bilder ging einher mit ihrer sprachlichen Linearisierung – und damit ihrer Prozessualisierung: ihrer Übersetzung in textlich-geschichtliche Abfolge. „Erst Texte machen Geschichte" – sagt Flusser (1992: 64). Für die nachgeschichtlich-technisch-medialen Bilder ist es gleichgültig, ob sie sich von Gegenwart, von Vergangenheit oder Zukunft nähren. „Diese historischen Kategorien haben bei ihnen jede Bedeutung verloren. Das Universum der Geschichte ist für die Bilder nichts als ein Feld der Möglichkeiten, die ins Bild gesetzt werden können." (ebd.)

Wenn man mit Flusser letztlich in dem Befund übereinstimmen kann, dass mit „der Lichtgeschwindigkeit alle Zeit (Vergangenheit, Gegenwart, Zukunft) auf den Augenblick des Aufflammens am Bildschirm, auf den Punkt ‚Jetzt' zusammengerafft" (ebd.: 140) ist, und annimmt, dass die Zeit des epochal dominanten Mediensystems sich in soziale Zeit auch des alltäglichen Verhaltens übersetzt, muss mit Veränderungen in der Wahrnehmung geschichtlicher Stufen, Etappen, Phasen oder Intervalle, sowohl im Konstrukt von Biographien, als auch im Konstrukt gesellschaftlicher Evolution gerechnet werden. Individuelle und kollektive Entwicklungen verlaufen dann diskontinuierlich und zerfallen in disparate Splitter unterschiedlicher Gegenwarten.

Der Übergang von der Zeit der Texte zu einer Zeit der Bilder ist so immer auch Teil einer Übersetzung des kognitiven Präsens unseres bewussten Erlebens in eine sich fortlaufend her-stellende mediale Gegenwart: als Moment der Annäherung von medialer Außenzeit und neuronaler Innenzeit. Die soziale Orientierung im präsentischen Zeit-Netz erscheint schwierig. Die vertraute Zeit-Linie gewährleistete eine geordnete Abfolge der Augenblicke, der Gegenwarten in einer Richtung. Das Zeit-Netz ist grundsätzlich omnidirektional, d.h. es bietet von Augenblick zu Augenblick eine ganze Reihe von Anschluss-Alternativen in unterschiedlichen Richtungen.

Das Zeit-Netz organisiert sich über Knoten und ‚Links', die jeweils zu einer Richtungs-Wahl auffordern. Die kollektive Umstellung auf eine Orientierung in Zeit-Netzen kann mit der historischen Umstellung auf die rigide Linearität mechanischer Uhrzeit zu Beginn des Industriezeitalters verglichen werden – heute im Kontext der digitalen Revolution, damals im Kontext der vehicularen Revolution von Eisenbahn und Dampfschiff. Die Linearität der Zeit entsprach der Linearität der neuen maschinellen Bewegung im Raum. Das Zeit-Netz entspricht der virtuellen Bewegung von Informations-Bits im virtuellen globalen Netz − beschleunigt auf Lichtgeschwindigkeit. Der Übergang von extensiver, geschichtlich-linearer Zeit zur intensiven, verdichteten, vernetzten Augenblicks-Zeit der ‚Links' und Knoten aber erscheint im Ganzen verbunden mit dem Abschied von allen Formen der Transzendierung in die Ferne utopischer Zukunft − oder verklärter Vergangenheit.

Literatur

Augustinus (1960): Confessiones/Bekenntnisse. 2. Aufl., München
Benjamin, W. (1976): Das Kunstwerk im Zeitalter seiner technischen Reproduzierbarkeit. 9. Aufl., Frankfurt a.M.
Bergson, H. [1919] (1991): Materie und Gedächtnis. Eine Abhandlung über die Beziehung zwischen Körper und Geist. Hamburg
Bergson, H. (1920): Zeit und Freiheit. Jena
Deleuze, G. (1991) Das Zeit-Bild. Kina 2, Frankfurt a.M.
Dux, G. (1992): Die Zeit in der Geschichte. Ihre Entwicklungslogik vom Mythos zur Weltzeit. Frankfurt a.M.
Eccles, C. J. (1990): Die Psyche des Menschen. Das Gehirn. Geist-Problem in neurologischer Sicht. München/Zürich
Florey, E. (1996): Gehirn und Zeit. In: Schmidt, S. J. (Hg.): Gedächtnis. Probleme und Perspektiven der interdisziplinären Gedächtnisforschung. 3. Aufl. Frankfurt a.M., S. 170-189
Flusser, V.: (1992): Ins Universum der technischen Bilder. 4. Aufl., Göttingen
Kerckhove, D. de (1995): Schriftgeburten. Vom Alphabet zum Computer. München
Lübbe, H. (1992): Im Zug der Zeit. Verkürzter Aufenthalt in der Gegenwart. Berlin
Luhmann, N. (1981) : Veränderungen im System gesellschaftlicher Kommunikation und die Massenmedien. In: Ders.: Soziologische Aufklärung 3, Oplanden
Metz, C. (1972): Semiologie des Films. München
Nowotny, H. (1995): Wer bestimmt die Zeit? Zeitkonflikte in der technologischen Gesellschaft zwischen industrialisierter und individualisierter Zeit. In: Weis, K. (Hg.) Was ist Zeit? Zeit und Verantwortung in Wissenschaft, Technik und Religion. 3. Aufl., München
Piaget, J.; Inhelder, B. (1972): Die Psychologie des Kindes. Olten/Freiburg i.B.
Roth, G. (1998): Das Gehirn und seine Wirklichkeit. Kognitive Neurobiologie und ihre philosophischen Konsequenzen. 2. Aufl., Frankfurt a.M.
Rusch, G. (1996): Erinnerungen aus der Gegenwart. In: Schmidt, S.J. (Hg.): Gedächtnis. Probleme und Perspektiven der interdisziplinären Gedächtnisforschung. 3. Aufl., Frankfurt a.M.
Santaella, L. (1998): Die Fotografie zwischen Tod und Ewigkeit. In: Zeitschrift für Semiotik, Bd.20, H.3-4, Tübingen, S. 243

Lutz Ellrich

Cyber-Zeit
Bemerkungen zur Veränderung des Zeitbegriffs durch die Computertechnik

Einleitung

Jacques Derrida hat die hehre Figur der Gegenwart und den vielgepriesenen Akt der Vergegenwärtigung als ein Projekt der abendländischen Metaphysik bezeichnet und gründlich dekonstruiert. Verzögerung, Verschiebung, räumliche und zeitliche Differenz lauten die Schlüsselworte dieser umfassenden Lektüre einer im strengen Sinne unlesbar gewordenen Welt.[1] Sprachliche Bedeutung erweist sich als Konstrukt, das in Bezug auf das „Bedeutete" nur im Nachhinein zu gewinnen ist und jeder sinnhaften Präsenz und Fülle entbehrt. Diese These bezieht sich nicht allein auf niedergeschriebene Texte, deren Autoren abwesend sind, sondern von vornherein auf alle kulturellen Gewebe, die aus Zeichen-Spuren und Handlungen gleichermaßen bestehen. Das Soziale selbst erscheint so im Lichte der Dekonstruktion als Gebilde, das dem eigenen Hier und Jetzt immer schon entzogen ist.

Gesellschaft aber – so lässt sich mit Niklas Luhmann einwenden – kann nur in der Gegenwart und für alle Beteiligten gleichzeitig vollzogen werden. Sie hängt folglich von einer gelungenen und sich permanent bestätigenden Gewährleistung kommunikativer Präsenz ab. Metaphysik ist hier entbehrlich und kann durch eine Praxis der Zeichenverwendung ersetzt werden, die im buchstäblichen Sinne *Aktualität* herstellt und den Blick auf die Gleichzeitigkeit unendlich vieler anderer Geschehnisse lenkt. Denn die jeweils *aktuellen* Aktionen, Handlungen bilden sich – so Luhmann – allein durch kommunikative Zurechnungen, deren sprachlich erzeugte Bedeutsamkeit derart betörend ist, dass nur aus Anlass dramatisch enttäuschter Erwartungen (bzw. Erwartungserwartungen)[2] der Wunsch aufkommt, hinter den Worten nach den vermeintlichen Referenten zu suchen. Gewöhnlich reicht es aus (und dies allein

---

1 Vgl. Derrida (1976) und de Man (1979) und als Gegenkonzepte Blumenberg (1981) und Seel (1985).
2 Also in extremen Fällen, die nicht quasi-automatisch durch kognitives Anpassen (Lernen) oder normatives Insistieren beantwortet werden, sondern zur Reflexion auf die offene Situation zwingen.

ist schon schwierig und aufwendig genug), kommunikative Anschlüsse herzustellen und somit die Fortsetzung sozialer Prozesse zu sichern.

Unter systemtheoretischer Perspektive besteht die Gesellschaft aus Ereignissen, d.h. Phänomenen, die nur in der Gegenwart existieren: Ereignisse tauchen auf, verschwinden wieder und hinterlassen allenfalls Spuren, deren Entzifferung hermeneutischer Anstrengungen bedarf. Eine Kommunikationstechnologie, die die Gegenwart untergräbt oder überdehnt, auslöscht oder totalisiert, hätte daher sozial verheerende Folgen. Wie die intensive Beobachtung der heutigen Gesellschaft ergibt, liegt hier ein kritischer Punkt: „In den Temporalstrukturen der modernen Gesellschaft hat die Gegenwart ihre einstige Bedeutung verloren. Sie ist nur noch der Ort, an dem Zufälle einströmen, an dem man Gelegenheiten ausgesetzt ist und etwas ausnutzen und verpassen kann." (Luhmann 1990: 128) Pointiert gesagt: „Gegenwart (wird) zum Problemort" (ebd.: 124).[3] Dieser Umstand ist umso bedeutsamer, als in einer funktional ausdifferenzierten Gesellschaft, die gleichzeitig zahlreiche kausal entkoppelte Vorgänge zulässt, Koordinationsleistungen benötigt werden, deren zeitliche Bindung äußerst eng ist. Für „Synchronisation", d.h. die temporale Abstimmung sachlich differenter Geschehnisse, steht nämlich „operativ immer nur die Gegenwart zur Verfügung" (ebd.).[4]

Luhmanns Diagnose der hervortretenden Zeit-Problematik berücksichtigt die wichtigsten evolutionären Errungenschaften der modernen Gesellschaft. Beiläufig erwähnt er auch die möglichen Überraschungen, die „im Zeitalter des Computers" anfallen können. Es wäre keineswegs verwunderlich, wenn der forcierte Einsatz von „elektronische(r) Datenverarbeitung und elektronische(r) Kommunikation" (ebd.: 117) dazu führen würde, die längst vollzogene Umstellung „von Divination auf Technik ..., das heißt vom Deuten der Zeichen auf Ausschließung des Gleichzeitigen" (ebd.: 113), zu relativieren und wieder Mittel der Divination in Anspruch zu nehmen, weil man vielleicht nur so in getrennten Bereichen „quasi gleichzeitig operieren, aber doch aufeinander reagieren" (ebd.: 117) kann.

Solche geistreichen Spekulationen zeigen die Relevanz des Themas an, sagen aber noch wenig darüber aus, in welcher Form und mit welchen Folgen die Computertechnik unsere Auffassung von Zeit und speziell von Gegenwart bereits verändert hat und weiterhin verändern wird. Unter den Akteuren, die mit dem Phänomen – sei es als informatische Praktiker, sei es als wissen-

---

3   Besonders aufschlussreich an dieser Formulierung ist die Bestimmung der Gegenwart als „Ort". Hier zeigt sich freilich nicht allein die sprachliche Schwierigkeit, *Gegenwart* zu bestimmen, sondern es stellt sich im Rahmen anspruchsvoller Zeittheorien ohnehin die Frage, „ob die Behandlung der Gegenwart als einer der Zeitmodi adäquat ist" (Luhmann 1990: 128).
4   Zum Problem der Synchronisation vgl. die vorzüglichen Darlegungen bei Nassehi (1993: 256ff., 332ff.).

schaftliche Beobachter – befasst sind, herrscht noch Unklarheit und Dissens.[5] Bevor ich die Ergebnisse einer Befragung von Computerexperten präsentiere und erläutere, möchte ich zunächst zwei extrem gegensätzliche theoretische Positionen vorstellen und miteinander vergleichen, nämlich die Ansätze des Soziologen Peter Fuchs und des Literatur- und Medienwissenschaftlers Götz Großklaus.

Erstarrung und Verflüssigung

Versteht man mit Luhmann und Fuchs[6] Information systemtheoretisch als eine Selektion aus einem offenen Horizont von Möglichkeiten, dann erscheinen Speichermedien als Formen der Möglichkeitsfixierung. Das gilt zunächst für das Medium der Schrift und in erhöhtem Maße für die neuen Technologien. Werden die gespeicherten Daten überdies systematisch geordnet und mit kalkulierbaren Zugriffschancen versehen, so ergibt sich eine Kontrollkapazität, die der Vergangenheit Macht über die Gegenwart gewährt.[7] Der kontrollierte Umgang mit Daten, den Speichermedien in Kombination mit selektiven Zugriffsmöglichkeiten eröffnen, bedeutet grundsätzlich, dass in der Vergangenheit erhobene und fixierte Daten mit gegenwärtigen Informationen verglichen werden. Es entstehen dann „Formen von Kommunikation, deren Verlauf geprägt ist durch einen Dauerabgleich jeder Information, die in die Kommunikation eingespeist wird, mit Informationen, deren Selektivität sich aus dem Horizont gespeicherter Informationen heraus jederzeit rekonstruieren, überprüfen, korrigieren lässt und im Moment der Rekonstruktion, Überprüfung, Korrektur genau dies wieder als Information behandelt, die sich dem Horizont als ebenfalls verfügbar einschreibt" (23). Aus der Feststellung dieses eigentümlichen Überhangs des Vergangenen, den die Computertechnik impliziert, leitet Fuchs eine interessante These ab: Die „hohe Mobilität in einem Universum von Daten wird bezahlt mit der Generierung immobiler Struktu-

---

5   Zur den neueren medienphilosophischen Reflexionen über die „Veränderung unserer Zeiterfahrung" vgl. Sandbothe (1996, 1998).
6   Ich beziehe mich im Folgenden auf Fuchs' Aufsatz „Kommunikation mit Computern? Zur Korrektur einer Fragestellung" (1991). Einfache Seitenangaben beziehen sich im Weiteren auf diesen Text.
7   Schon Luhmann stellt fest, dass mit der Erfindung der Schrift „die Vergangenheit als aufgeschriebene Geschichte, aber auch als vorhandener Text, eine zuvor unbekannte Macht über die Gegenwart" gewinnt (1989a: 78). Vgl. auch seine auf Nietzsches Abhandlung über den „*Nutzen und Nachteil der Historie für das Leben*" anspielende Mutmaßung: „Wir könnten (durch den Computer) unfähig werden zu vergessen." (1989b: 14)

ren" (24).⁸ Kommunikation, die sich der neuen Technologien bedient, wird immer zähflüssiger und legt sich wie Mehltau auf die „beidseitig bewußte Kommunikation, die es mit der Flüchtigkeit, Irritabilität und Gedächtnisschwäche von Bewußtseinen zu tun hat" (24). Erste Anzeichen sprechen dafür, dass diese Entwicklung Gegenzüge provoziert. Kommunikationsweisen werden attraktiv, die sich der elektronischen Mediatisierung entziehen oder sie in Gestalt ironischer Parasiten⁹ überlisten. Die Relevanz des informellen Sektors und der für ihn typischen Kommunikationsweisen steigt, und man beginnt mit Formen eines elektronischen *„whispering"*¹⁰ zu experimentieren, das ins hochkontrollierbare *„computer-based-conferencing"* alternative Diskursarten einschleust.

Die Bedeutung kompensatorischer Kräfte, die die „erstickungsanfällige" (24) Kommunikation im Zeitalter der Computer weckt, unterstreicht Fuchs mit einer evolutionstheoretischen Zusatzüberlegung, welche die Differenz von Kommunikation und Bewusstsein ausreizt. Orale Kulturen lassen sich durch Prozesse des Vergessens charakterisieren, „die neben der Ausdifferenzierung von Mnemotechniken eine eher zyklische Zeitvorstellung generierten". Kulturen, die über Schrift als Aufzeichnungsmedium verfügen, bilden hingegen lineare Zeitvorstellungen aus. Kulturen schließlich, in denen Computer in der Umwelt der Sozialsysteme auftauchen, unterliegen einer doppelten Drift, die zugleich Zeitblindheit und Zeitsensibilität erzeugt: Die neuen Informationstechniken degradieren nämlich einerseits „die klassischen Hilfsmittel, Vergangenes zu erinnern", und verstärken andererseits die Tendenz, akute Probleme „durch Rückgriff auf Vergangenheit" zu lösen. Die technisch aufbereitete und zugänglich gemachte Vergangenheit wird aber – indem sie uns durch ihre Computer-Mediatisierung in Bann schlägt – „immer intransparenter". Speicherkapazität und Zugriffsgeschwindigkeit der Rechner erreichen Dimensionen, die eine in Daten gefasste Vergangenheit in ein derart grelles Licht setzen, dass sie für den geblendeten Betrachter unsichtbar wird. Wer sich der perfekten Mnemotechnik des Computers bedient, erstarrt am Ende wie Lots Weib (25). Mit dieser metaphorischen Umschreibung hat Fuchs dem von Luhmann konstatierten Selektionsproblem eine Fassung gegeben, die mit dem Bild der Drohung zugleich die Möglichkeit eines Auswegs aufzeigt.

Mag die Technik uns durch die gewährte Art der Verfügung über Vergangenheit schließlich vergangenheitsblind machen, so scheint sie auf der anderen Seite doch auch die unhintergehbare Bedingung der Zukunftsblind-

---

8   Diese These ist durch eine Reihe von empirischen Studien industrieller Organisationen gedeckt.
9   Zu einem technik-soziologisch griffig gemachten Parasitenbegriff vgl. Bardmann u.a. (1992).
10 Fuchs kann sich hier auf die Untersuchungen von Valee et al. (1983) berufen und das von Brod (1984) beschriebene „computerinduzierte Paradox des Zeitverlustes durch Zeitgewinn" zitieren.

Cyber-Zeit 43

heit, die alle unsere Operationen charakterisiert, zu entschärfen. Die zyklische Zeitvorstellung war auf die ewige Wiederkehr des Gleichen eingestellt und musste Erwartungsschocks hinnehmen, das lineare Zeitmodell der Schriftkulturen kam durch Brüche, Rückfälle und Stagnationen in Schwierigkeiten[11], das Zeitverständnis, das die massenhafte Benutzung des Computers erzwingt, ebnet demgegenüber auf der Folie eines irritierenden Daten-Pleromas neuen Formen des Umgangs mit Zukunft den Weg. Das Zauberwort für das technische Verfahren heißt Simulation.[12] Der Computer ermöglicht Operationen, die die Immobilisierung, die er selbst dramatisch angehoben hat, wieder auflösen. Dabei wird auf die Zukunft nur insofern vorgegriffen, als am Datenpool, der die versteinerte Vergangenheit repräsentiert, bestimmte Eingriffe vorgenommen werden. Simulationen operieren auf der Basis fixierter Möglichkeiten durch „Infixierung einiger dieser Möglichkeiten". Die gespeicherte, und als gespeicherte beständig zurückrufbare, Vergangenheit lässt sich so aus ihrem immobilen Zustand befreien: Sie wird gleichsam durch das programmierbare Medium Computer „virtualisiert oder in einigen ihrer Aspekte kontingent" gesetzt. Die „reduktionistische Behandlung von Wirklichkeit", die jedes Programm impliziert, bleibt stets „reversibel" (26). Dieser Probecharakter der Simulation nimmt der Unmenge vorliegender Daten ihren paralysierenden Effekt. Kalkulierte Zufälle sind konstitutive Elemente jedes Simulationsprogramms. Daher erscheint selbst der arbiträre Zugriff auf bestimmte Parameter und Eingabegrößen nicht als willkürliche und kriterienlose Wahl, sondern als Strategie, welche die latenten (wenn auch ungewöhnlichen) Beziehungsmuster, die im gespeicherten Material verborgen liegen, einsehbar macht. Dass diese Ergebnisse selbst wieder als Daten auftreten und der Masse bereits vorliegender Daten hinzugefügt werden, soll aber – wie Fuchs meint – nun nicht die zur Erstarrung verurteilte Datenlava bloß vergrößern, sondern eben diese Erstarrung auch lösen. Die Daten gera-

---

11 Diese Schwierigkeiten führen dazu, dass unter dem Druck der Ereignisse, die nicht passen, das Ende der großen Metaerzählungen (Lyotard) oder gar das Ende der Geschichte (Gehlen, Fukuyama) ausgerufen werden kann.
12 Luhmann betrachtet, da er nicht die Unterscheidung Starrheit/Flexibilität in den Vordergrund rückt, sondern die Frage der Selektion für zentral hält, dieses Verfahren mit äußerster Skepsis. Simulation führe aus der mit den neuen Speicher- und Zugriffskapazitäten gegebenen Problemlage nicht heraus. Bereits das Durchsimulieren der Zustandsmöglichkeiten eines Ökosystems aufgrund weniger Eckwerte ergebe eine unüberschaubare Komplexität (1989a: 359). Damit stehe man erneut vor der Ausgangsfrage, welche Daten als relevant zu betrachten und auszuwählen seien. Simulation könne die Komplexität bewusst machen, sie aber nicht handlungsgerecht reduzieren und zuschneiden. – Auch Fuchs erwartet freilich von Computer-Simulationen keine harten Prognosen oder konkreten Handlungsanweisungen, sondern betrachtet sie als Prozesse der Remobilisierung einer im Medium des Computers fixierten Form, deren feste Kopplungen der Elemente wieder in lose Kopplungen überführt werden. Man könnte also regelrecht von einer Re-Medialisierung der Form durch Simulationsprogramme sprechen.

ten durch die Simulationsprogramme buchstäblich in Schwingungen. Gerade die Inkorporierung der mit beliebigen Ausgangsdaten startenden Simulationsbefunde in die schon fixierten Bestände verleiht der Vergangenheit einen neuen Status. Aus dem Ablageplatz unveränderlicher Ereignisbeschreibungen wird ein Fundus dynamischer Elemente. Allein schon daraus ergeben sich Gesichtspunkte, die Handlungsmöglichkeiten in ungewohnter Weise öffnen und verschließen, ferner veränderte Konstellationen von Erwartung und Enttäuschung und schließlich auch einen neuen Begriff von Aktualität schaffen. Da Zeitvorstellungen immer auch davon abhängen, wie man Zeit im sozialen Verhalten gebraucht, entstehen in simulativen Operationen vermutlich neue Schemata der Verbindung von Vergangenheit und Zukunft an der Schnittstelle einer im Simulationsereignis kristallisierenden Gegenwart. Und damit ist zugleich die Auffassung von Realität betroffen. Denn die Bestimmung dessen, was als Realität gefasst wird, muss die Weise festlegen, in der die Realität zur Präsenz kommt, d.h., in die zeitliche Form der Anwesenheit oder Gegenwärtigkeit gebracht ist. Gleichgültig, ob man die Realität als eine unveränderliche, aber zumeist verdeckte Hinterwelt der Ideen bzw. Substanzen fasst oder als Ansammlung isolierter Fakten, die in Basissätzen abgebildet werden, oder gar als Konstruktion eines perspektivisch gebundenen Beobachters, stets ist der Bezug auf die hier und jetzt gegebene Realität eine Aktualisierung ihrer Form, an der die Differenz von vergangenen und zukünftig noch möglichen Bezügen aufreißt.

Luhmann hat dieses eigentümliche Verhältnis von Sein und Zeit, an dem sich die Existential-Ontologie Heideggers und die dekonstruktive Texttheorie Derridas in besonders aufschlussreicher Weise abgearbeitet haben, systemtheoretisch zu reformulieren versucht. Er behauptet, dass die Realität nur als ein systemisch zuschreibbares, zeithaftes Geschehen – als Ereignis – im Kontext von Beobachtungsoperationen anfällt. Wenn nun diese realitätskonstituierende Aktualität durch die neuen, elektronischen Medien „immer mehr eine Aktualität von Simulationen und Simulationseffekten" wird, kann dann aber – so fragt Fuchs – die Realität noch als eine je gegenwärtig greifbare und diskriminierbare gedacht werden? Die Simulation scheint die Realität, als eine in aktuellen Situationen durch Unterscheidungen jeweils präsente Form, zu verflüchtigen. Denn sie modifiziert das Vergangene so, dass es unmittelbar zu einer zukünftigen Möglichkeit gerät. Die Gegenwart als Fokus einer sich zeigenden (wie immer auch konstruierten) Wirklichkeit entschwindet. Was – so müsste man nun zwischenfragen – wäre damit aber verloren gegangen außer der, in aller Flüchtigkeit des Ereignisses stets wieder sich manifestierenden, Evidenz der Wirklichkeit? Könnte man darauf nicht klaglos verzichten, wenn im Zeitalter des Computers ohnehin nur die Wahl besteht zwischen einer die Gegenwart immobilisierenden Daten-Vergangenheit und einer, diese Vergangenheit um den Preis des Gegenwartsverlustes verflüssigenden, Eigenzeit der Simulation? Es wäre – und mit dieser Überlegung beschließt Fuchs seinen

Essay – ja durchaus möglich, dass sich im Kontext einer Kommunikation, die sich auf Beteiligung „nichtbewußter, sprachbenutzender, zeitunterschiedener Prozessoren einzustellen hätte", ein haltbarer Begriff von Wirklichkeit als „Wirklichkeit von Probeläufen" (26) ausbildet.

Irritierend könnte an dieser schwindelerregenden Diagnose zunächst das Aufkommen der Frage nach einer *greifbaren* und *diskriminierbaren* Realität sein. Denn Fuchs verwendet einen Simulationsbegriff, der die Voraussetzungen des traditionellen Verständnisses von Simulationsprozessen kassiert. Das Problem, zwischen einem Realitätsausschnitt und dem Simulationsmodell ein möglichst genaues Abbildungsverhältnis zu erreichen, entfällt. Die Simulation bezieht sich auf immer schon erfasste Daten, die sie ungeprüft übernimmt und so umstrukturiert, dass sie zu überraschenden Ergebnissen gelangt. Ihr Bezugspunkt ist nicht eine prä-digitale Außenwelt, sondern die Erwartungsstruktur, die Beobachter aufgrund der von ihnen gesammelten Daten ausgebildet haben. Simulationen verändern die Sicht auf vermeintlich fixe Daten, sie ermöglichen den Vergleich bekannter mit unbekannten Konstellationen, die von der gleichen Datenmenge gebildet werden können. Simulationen haben eine befreiende Funktion und nicht die Aufgabe, eine datenexterne Wirklichkeit und ihre wahrscheinlichen oder gar streng vorhersagbaren Entwicklungspfade zu repräsentieren. Wenn Fuchs daher die Metapher einer bei fortschreitender Verwendung des Computers demnächst vielleicht nicht mehr *greifbaren* Realität benutzt, so scheint er das Problemniveau seiner eigenen Analyse zu unterschreiten. Aber er spielt nicht auf eine durch die Technikentwicklung bedrohte Gestalt originärer Realitätserfassung an, sondern hebt auf die Art und Weise der zeitlichen Gegebenheit der Realität ab. Wenn wir Computersimulationen brauchen, um uns vom Datenballast, den der Rechner zwangsläufig erzeugt, nicht paralysieren zu lassen, dann liefern wir uns der Eigenzeit simulativer Prozesse aus und müssen unser Verständnis von Realität de-aktualisieren. Die Operationen des Bewusstseins und der Kommunikation vollziehen sich nach systemtheoretischer Annahme als Verkettung von Ereignissen. Beide prozessieren durch je gegenwärtig vorgenomme *Ent*scheidungen für bestimmte *Unter*scheidungen, an die im nächsten Augenblick andere Unterscheidungen angeschlossen werden können und müssen. Aber die Realität, die in beiden Systemen auf der Basis struktureller Kopplung durch Sprache und andere Medien konstituiert wird, hört auf, sich im herkömmlichen Sinne zu *ereignen*, sobald der Computer das zentrale Medium wird, in dem Bewusstsein und Kommunikation Formen bilden. Für diese neue, medial bedingte „Gegebenheitsweise" der Realität liegt noch keine „passende" Semantik vor.[13] Bisher lässt sich allenfalls sagen, dass die com-

---

13 Siehe hierzu die interessanten Ansätze von Pflüger (1994), der versucht hat, Programmierparadigmen mit epochalen epistemischen Mustern in Zusammenhang zu bringen.

puterinduzierte Realität zu oszillieren beginnt. Sie schwingt zwischen den Zuständen der Starrheit und Elastizität unaufhaltsam hin und her.

Punktualisierte und gedehnte Zeit

Eine alternative Interpretation der Veränderung des Zeitbewusstseins durch Medien hat Götz Großklaus in seinem Buch „Medien-Zeit Medien-Raum" (1995; vgl. auch Großklaus in diesem Band)[14] entwickelt.[15] Während die Analysen von Fuchs letztlich in die waghalsige These einmünden, dass der besondere Zeitmodus Gegenwart durch das „fugenlose" Zusammenspiel zwischen der übermächtigen Daten-Vergangenheit und der simulativ erschlossenen Zukunft gleichsam ausgeblendet wird, diagnostiziert Großklaus ein für den gesamten Modernisierungsprozess charakteristisches Doppel-Geschehen: nämlich die simultane „Erweiterung *und* Verdichtung des Gegenwarts- und Jetztfeldes" durch Medien (21). Aufgrund dieser Diagnose ist für ihn das systemtheoretische Medienkonzept obsolet geworden. Weil es am Ereignisbegriff als Basisfigur festhält und die „Gegenwart" als „Umschalt*punkt* zwischen Vergangenheit und Zukunft" (Luhmann 1981: 314) definiert, kann es die spezifische „Zeitlichkeit der Medien nicht mehr adäquat" beschreiben (40). Aus der Perspektive von Großklaus erscheint die Idee eines durch den Computer bewirkten Gegenwartsverlustes wie das verhohlene Eingeständnis, dass sich in der Arbeit am Material die zentrale Kategorie der Beobachtung aufgelöst hat. Denn nicht die Gegenwart selbst wird medial entzogen, sondern der hoffnungslos unzeitgemäße Begriff der Gegenwart als Zeitpunkt geht in einer Medienanalyse, die auf systemtheoretischen Prämissen beruht, verloren. Dies würde bedeuten, dass Luhmann und Fuchs, nach deren Ansicht Formen momenthafter Aktualität (eben Gedanken oder Kommunikations-Ereignisse) die Elemente der beiden strukturell gekoppelten autopoietischen Systeme „Bewusstsein" und „Gesellschaft" bilden, sich nicht mehr auf der Höhe der Medienzeit befinden.

Großklaus konstruiert seine aufregende These in Analogie zu Schivelbuschs berühmter Beschreibung der Veränderung räumlicher Verhältnisse durch das „Medium" Eisenbahn, das sich mit ungewohnter Geschwindigkeit von Ort zu Ort bewegt. Die dialektische Spannung zwischen Raumverkleinerung und Raumerweiterung, der Schivelbuschs Analyse (1977) gilt, liefert

---

14 Einfache Seitenangaben beziehen sich im Weiteren auf diesen Text.
15 Großklaus, versucht dem Medienbegriff mit Hilfe von Wahrnehmungsanalysen Konturen zu verleihen. Das Spezifische der Medien liegt für ihn darin, dass sie Artefakte sind, deren Verwendung die Erfahrung von Raum und Zeit verändert. Die Sonderstellung des Computers lässt sich durch den Vergleich mit den Wirkungen anderer Medien bestimmen.

Großklaus den Schlüssel, um die eigentümlichen Modifikationen der Zeit-Wahrnehmung zu fassen, die durch „neue" Medien wie Fotografie, Film, Fernsehen und Computer hervorgerufen werden. Erweiterung und Verdichtung erweisen sich so als verschiedene Aspekte des gleichen Vorgangs: „Die Zusammenziehung der Geschichts-Zeit zur Gegenwarts-Zeit" muss ebenso „als Erweiterung der Gegenwartszeit zum ganzen ‚Raum der Geschichte'" (37) betrachtet werden.

Der Computer stellt für Großklaus unter den neuen Medien nur die radikalste technische Realisierung dieser Dialektik dar. Denn auch an den übrigen „neuen Medien" lässt sich der Doppelcharakter von Erweiterung und Verdichtung (zumindest als Tendenz) nachweisen. Die Fotografie z.B. erfasst und bewahrt den Augenblick in einem Bild, das gerade durch die Fixierung „eine eigentümliche Dehnung (erfährt): angehalten, reicht die vergangene Gegenwart bis in unsere augenblicklich gelebte Gegenwart hinein" (17). Der Film ermöglicht durch die Montagetechnik die Darstellung einer „Gleichzeitigkeit des Disparaten". Damit zerbricht er das „gewohnte lineare Ablaufschema der Zeit" und erzeugt „wandernde Zeitfelder", die das Nacheinander der Zeitpunkte ablösen (24). Die traditionelle „Handlungszeit" weicht der „neurophysiologischen Zeit unserer kognitiven Vernetzungen und Verschaltungen" (25). Das Fernsehen sorgt durch die Live-Übertragung für die Aktualisierung „prominenter Daten und Bilder ... ohne jede zeitliche Verzögerung". Somit kommt es im „Zeitfenster medialer Präsenz ... zu starken Verdichtungen"[16]. Die Gegenwart ist aber nicht nur in das enge und begrenzte Zeitfenster der Aktualität gebannt, sondern wird durch das Fernsehen auch auseinander gezogen: denn „die beschleunigte Abfolge" der Aktualitätssprünge „erzeugt jene Form von Medienpräsenz, die sich als augenblickliche Vernetzung und Verzweigung zu erkennen gibt: als Plateau der Gleichzeitigkeit von Gegenwartspunkten – als nichtlineares Netzwerk – schließlich als Dehnung der Gegenwart" (46).

Mit der Computertechnik erreicht der Grad, in dem Zeit technisch verdichtet und gedehnt werden kann, ein bisher unbekanntes Ausmaß. Man kann z.B. mit Hilfe des Cyberspace-Geschirrs eine durch Simulation vollständig rekonstruierte altägyptische Tempelanlage betreten oder kosmische Prozesse visualisieren, die sich real erst in Jahrmillionen abspielen (55). Einerseits handelt es sich um eine enorme Verdichtung zeitlicher Intervalle. Eine ungeheure Zeitspanne wird auf die schmale Zeitstelle des Jetzt kondensiert. „Die schnellen elektronischen Medien saugen alles Geschehen – so entfernt es zeitlich und räumlich auch sein mag – in das enge Sichtfenster des Momentanen und Aktuellen" (40). Andererseits wird die technisch geschaffene Syn-

---

16 Dieser Vorgang verleiht den konzentrierten Elementen freilich keine Dauer: Daten, die „ihre Aktualisierung im engen Zeitfeld der Gegenwart anstreben", ereilt, sobald sie „über die Zeitgrenze des Feldes hinausgeschoben" werden, „das Schicksal augenblicklichen Veraltens" (46).

chronisierung von Daten aber auch als „zeitliche Entgrenzung" (39) erfahren und kann deshalb „als Dehnung der Gegenwart zu einem Feld" (40) verstanden werden. Aus dieser Zweipoligkeit möglicher Beschreibungen zieht Großklaus den Schluss, dass „die im linearen Zeitmodell gegebene Vorstellung von Gegenwart als (Grenz)punkt überholt" ist (40). Eine Technik, die zu derartigen Formen der Zeitraffung und Zeitdehnung, zu simulativen Rückgriffen auf Vergangenes und Vorgriffen auf Zukünftiges befähigt, verändert – so die These – unsere unmittelbare Erfahrung von Gegenwart, also das, was unser wahrnehmendes Bewusstsein als Präsenz erfasst, dramatisch. Gegenwart kann unter diesen Bedingungen nicht mehr als „momenthafte Aktualität" zwischen der linear angeordneten Vergangenheit und Zukunft verstanden und dementsprechend auch nicht länger mit den Begriffen „Punkt und Linie, die traditionelle Zeitgrenzen" markieren (40), beschrieben werden.

Reichen die zusammengetragenen Indizien für Verdichtungs- und Dehnungsphänomene aber aus, um die referierte Diagnose zu stützen? Ändert sich tatsächlich die Form der Präsenz, wenn an anderen Raumstellen gleichzeitig stattfindende Ereignisse ohne sonderliche Zeitverzögerung durch Medien wahrnehmbar werden oder vergangene bzw. zukünftige Ereignisse per Simulation vergegenwärtigt werden? *Erweitert* und *verdichtet* sich damit die „Zone" der Präsenz selbst? Was sich erweitert ist doch offenbar nur der zeitliche Bereich, aus dem sich Informationen und Bilder herausgreifen und aktualisieren lassen. Der Umfang des Selektionspools und die Geschwindigkeit möglicher Selektionen nehmen zu. Mit dem Themenfeld dehnen sich aber nicht schon zwangsläufig der Blick und die Aufmerksamkeit für ein gewähltes Thema aus. Bringt Großklaus etwa die Form des „Sichtfensters", das die Bandbreite der jeweiligen Gegenwarts-Wahrnehmung bestimmt, mit der potentiellen Menge dessen, was im Sichtfenster erscheinen kann, durcheinander? Eine ähnliche Kontamination scheint seinen Folgerungen aus den angeführten Verdichtungsprozessen zugrunde zu liegen. Die schrumpfende Übertragungszeit „zwischen unterschiedlichsten Sendern und Empfängern" soll den „Grad der Verdichtung von Zeichenflüssen im Gegenwartsfeld" ansteigen lassen (40). Es können durch die neuen technischen Errungenschaften – so die These – mehr Zeichen und Daten in das „Gegenwarts-Zeitfenster" (38) hineingepresst werden als je zuvor. Dass diese Beschreibung eben die Vorstellung eines feststehenden Präsenzrahmens, die außer Kraft gesetzt werden soll, benutzen muss, scheint Großklaus nicht zu irritieren.[17] Er richtet sein ganzes Augenmerk auf den quantitativen Aspekt und dessen vermeintlich dramatische Effekte: Gerade die Menge der Zeichen, die jetzt im „engen Zeitfeld der Gegenwart" (46) zusammengedrängt wird, entpunktualisiert die Präsenz, löst sie in

---

17 Der Begriff „Verdichtung" ergibt – wie Großklaus selbst in seinem Text demonstriert – überhaupt nur Sinn, wenn man von einem „Zeitmaß menschlicher Wahrnehmung" (55) ausgeht, ja „die schmale Zeitstelle des Jetzt" selbst unter den Bedingungen des forcierten Computereinsatzes wie eine physiologische Konstante behandelt.

eine Pluralität von Punkten auf, die nicht mehr auf der Linie Vergangenheit, Gegenwart, Zukunft angesiedelt sind, sondern Knoten eines zeitlichen Netzes bilden (40f.). Es ist also letztlich die Verdichtung von Zeichen in einem fixen Rahmen, die diesen Rahmen durch eine Art Implosion sprengt.

Diesem Befund steht freilich die These entgegen, dass die neuen Medien das wahrnehmende Bewusstsein dazu zwingen[18], audiovisuelle Daten permanent auf- und abzublenden. Großklaus betont nachdrücklich das „augenblickliche Veralten" der Daten, die über die „Zeit*grenze*" der Präsenzzone „hinausgeschoben" werden (46). Der Takt des Auf- und Abblendens beschleunigt sich, und das wahrnehmende Bewusstsein muss blitzschnell „von Zeitfenster zu Zeitfenster" springen. Aus diesem Beschleunigungsvorgang kann aber auf die unvermeidliche Entstehung eines „nichtlinearen Netzwerks" (46), das die Differenz zwischen den Zeitdimensionen tilgt, nur unter einer bestimmten Voraussetzung geschlossen werden. Sie lautet: Dem wahrnehmenden Bewusstsein gelingt die Unterscheidung von Vergangenheit, Gegenwart und Zukunft allein deshalb, weil gegenwärtige Augenblicke von einem gleichsam zeitneutralen Vorhof umgeben sind, der das Jetzt gegen die beiden anderen Zeitdimensionen abpuffert. „Minimieren wir" jedoch durch den Einsatz der neuen Medien „die zeitlichen *Abstände* zum Vergangenen und zum Zukünftigen", so „wird die Gegenwart zum alleinigen Schauplatz aller Zeiten" (45). Von scharf aus dem Strom der Zeit herausgeschnittenen, ephemeren Momenten, die die Aufmerksamkeit des Bewusstseins gerade durch ihre besondere Intensität auf sich ziehen, kann nun nicht länger gesprochen werden. Gegenwart ist kein digitales Phänomen mehr, das sich von Vergangenheit und Zukunft deutlich unterscheidet, sondern hat sich in ein analoges Universalgeschehen verwandelt, in dem alle Differenzen verschwinden.

Worin liegt aber das Charakteristische dieser technisch installierten permanenten Gegenwart als „künstliches Präsens abstandsloser Augenblicke" (45)? Der schlichte Hinweis auf die Gleichzeitigkeit[19] von Dehnung und Verdichtung reicht als Bestimmung nicht mehr aus, wenn sich zeigt, dass durch „Wiederholungen" innerhalb des totalisierten Gegenwartsfeldes noch abgrenzbare „Zeitstrecken" entstehen können, die „über die ständige Bruchstelle von Erscheinen und Verschwinden ... hinweg" so etwas wie „eine gewisse zeitliche Dauer" gewähren. Großklaus' Analyse lässt nur eine Antwort zu: Gegenwart ist unter Medienbedingungen nichts anderes als die „ständige" (also wiederholte) Anwesenheit der „Bruchstelle ... von Aufleuchten und Erlöschen", die die technisch evozierten Daten und Bilder ohne Unterlass erzeugen. Damit erhält Großklaus' vage Paradoxie von Dehnung und Verdich-

---

18 Es handelt sich hier offenbar um einen Zwang, der auf die Bereitschaft des Bewusstseins trifft, sich den medialen Konditionierungen zu überlassen.

19 Ohnehin müsste geklärt werden, welchem Zeitmodus diese Gleich-Zeitigkeit unterliegt. Kann sich das „Gleich" temporaler Verschaltungen dem Wechsel von Erscheinen und Verschwinden entziehen?

tung eine prägnante Form: Einerseits wird durch die Geschwindigkeit, mit der Ereignis an Ereignis (Aufblendung an Abblendung) sich fügt, dem medialisierten Bewusstsein die Möglichkeit zur Markierung des je aktuellen „Jetzt" (im Abstand zu vergangenen und zukünftigen Jetzt-Momenten) genommen, andererseits wird durch die Medien das ununterbrochene Bewusstsein des Bruchs zum entscheidenden Indikator einer, alle differenten Dimensionen einschmelzenden, Technozeit gemacht. Auch das neue medieninduzierte Bewusstsein von Gegenwart bleibt folglich Bewusstsein einer Differenz, allerdings nicht mehr der Differenz von Vergangenheit und Zukunft, sondern der Differenz zweier Bewusstseinszustände: dem Bewusstsein der Zeit-Totalität (qua „Schauplatz aller Zeit") und dem Bewusstsein des Bruchs im Wahrnehmungsstrom (qua „Erscheinen und Verschwinden" der Daten).

Mit dieser Bestimmung ist Großklaus' Analyse medialer Wirkungen auf das Zeitbewusstsein aber noch nicht abgeschlossen. Die Computertechnik ermöglicht nämlich die Produktion „imaginärer Szenarien", die sich durch das Konzept der „flächigen Verdichtung medialer Zeit" (das speziell auf das Fernsehen zugeschnitten ist) nicht erschöpfend beschreiben lassen. „Virtuelle Realitäten" öffnen einen „Raum intensiver Zeit", sie schaffen eine „Erweiterung", die sich „aus der Mitte des Gegenwartsfeldes heraus ... ereignet". Der Computer bewirkt letztlich – und hier zitiert Großklaus zustimmend Paul Virilio – „die unendliche und konstante *Vertiefung* des Augenblicks" (57). Damit scheint aber der Computer eine erneute Punktualisierung der Zeit zu erreichen, oder sollten Ausdrücke wie „Mitte", „Augenblick", „Ereignis" etc. nur Zeichen einer semantischen Verlegenheit sein, die dazu nötigt, Begriffe aufzurufen, die das, was sie bedeuten, in Abrede stellen?

Die hier nachgezeichnete Analyse geht davon aus, dass wir „ständig Vergangenheit in die Gegenwart der Medienrealität – und Zukunft in die Gegenwart der Simulation" überführen (45).[20] Während Großklaus annimmt, dass diese Zangenbewegung im Verbund mit den Echtzeitübertragungen, die die neuen Medien ermöglichen, unsere Auffassung von Gegenwart radikal verändert, laufen systemtheoretische Bestandsaufnahmen auf die These heraus, dass wir nach wie vor ereignishaft wahrnehmen und kommunizieren, aber immer weniger in Datenwelten der sog. „Echtzeit", sondern in der verdateten Vergangenheit und der simulierten Zukunft navigieren.

Aus systemtheoretischer Warte deutet Großklaus die durch neue Medien der Wahrnehmung unmittelbar zugänglich gemachte triviale Tatsache, dass alles, was geschieht, gleichzeitig geschieht, fälschlich als Indiz, dass in der Gleichzeitigkeit des Geschehens der Modus des Geschehens selber sich auflöst.

---

20 Vgl. hierzu auch die These von Engell (2001: 56): „Beim Rechner und seinem Selbstverhältnis (handelt es sich) nicht um Selbsthistorisierung, sondern um Ausdehnung der Gegenwart, der Dauer. Die Geschichte des Rechners also ist eine der (vollendeten) Gegenwart, in der das Vergangene, ganz ähnlich wie in den traditionalen, vormodernen Gesellschaften, die durch Ritus und Mythos geprägt sind, keineswegs vergangen ist."

So betrachtet geraten Großklaus alle medial aufbereiteten Daten zu Echtzeit-Daten, während „in Wirklichkeit" die Verdatung echter und die Simulierung fiktiver Geschehnisse auf der Basis solcher Daten die Echtzeit selbst immer unzugänglicher machen. Großklaus begreift also nicht, dass die Verwandlung der Welt in Daten eine strukturelle Verschiebung, eine Art *différance* erzeugt, die die Echtzeit zu einem bloßen Schnitt zwischen Vergangenheit und Zukunft entschlackt.

Aus der Sicht von Großklaus wiederum erkennt die Systemtheorie nicht, wie die Medien allen Daten, die sie der Wahrnehmung darbieten, ihren spezifischen Zeitindex rauben, weil die mediale Präsentation von Daten nur noch ein einziges Zeitfenster für menschliche Wahrnehmung öffnet. So betrachtet entgeht der Systemtheorie also, dass die neuen Medien die Zeit-Differenz von den Daten selbst förmlich absaugen und zur medialen Eigenzeit-Rhythmik von Belichtung und Verdunkelung der Daten transformieren.

Trotz aller Unterschiede haben der systemtheoretische Ansatz und das Modell von Großklaus eine gemeinsame zeit-theoretische Wurzel, an der sich die Problematik ihrer Zugangsweisen ablesen lässt. Sie fassen nämlich in einem ersten Schritt Zeit als eine über Strukturen der Wahrnehmung definierbare Kategorie und in einem zweiten Schritt Wahrnehmungsstrukturen als medial variierbare Größen. Daher können beide – wenn auch in unterschiedlicher Form – aus Prozessen der Medienevolution oder gar -revolution auf Veränderungen des Zeitbewusstseins schließen. Begreift man Zeit aber (z.B. im Anschluss an Piaget oder Mead) als operatives Konzept, das an Relationsmuster gebunden ist, die sich aus der Kombination zielgerichteter Handlungen ergeben,[21] so erscheinen die genannten Diagnosen als extrem einseitige, aber deshalb nicht schon wertlose, sondern vielleicht sogar kombinierbare Beiträge zu einer Theorie des Computers.

Skizze zu einer Theorie der Cyberzeit

Ein handlungstheoretisch grundierter Zeitbegriff empfiehlt sich nicht allein, um den eklatanten Widerspruch zwischen den exemplarisch dargelegten Po-

---

21 Vgl. hierzu die Bemerkungen von Thomä (1994: 102), die auf einer historisch-hermeneutischen Sicht, und die Vorschläge von Beck, die auf einem handlungstheoretisch formulierten „radikalen Konstruktivismus" beruhen (1994: bes. 32ff., 262ff.). Heuristisch belangvoll ist auch das Programm, das Nassehi formuliert hat. Eine anspruchsvolle Zeittheorie sollte die Ergebnisse der Bewusstseins- *und* der Handlungstheorie gleichermaßen berücksichtigen: mithin sowohl die „Einsicht über die Struktur innerer Dauer" als auch die Beschreibung der Zeit als „eine operative Einheit ..., deren Elemente soziale Entitäten sind und nicht Bewusstseinselemente" (Nassehi 1993: 179f.). Ob allerdings – wie Nassehi behauptet – nur die Systemtheorie diese Aufgabe zu meistern vermag, ist keineswegs klar.

sitionen[22] aufzuheben, sondern wird auch von jenen Computerprofis favorisiert, die ich an anderer Stelle als Mitglieder der neuen „digitalen Elite" beschrieben habe.[23] Aus dem Umstand, dass die traditionelle „Handlungszeit" durch die neuen Technologien modifiziert wird (Großklaus 1995: 25), lässt sich nicht auf die Destruktion des Handlungskonzeptes als solches schließen. Die Befunde meiner Interviews mit Angehörigen der „digitalen Elite" geben dem systemtheoretisch unter Beschuss geratenen Term „Handeln" ein unerwartet deutliches Profil und liefern zudem Anhaltspunkte, die sich zur Beantwortung der Frage heranziehen lassen, ob die spätmoderne Gesellschaft mit Hilfe ihrer Technologien auf die Errichtung einer gleichsam „zeitlosen Zeit" zusteuert oder ob sich Formen der Zeit-Konstruktion durchsetzen, die zur Genese einer „polychronen Zeit" führen.

Manuel Castells hat in seiner großen Studie *The Information Age* (1996) vom Verschwinden der Zeit gesprochen und bei seiner Analyse der gegenwärtigen Gesellschaft ein besonderes Gewicht auf die Darstellung eines Phänomens gelegt, das er den „Raum der Ströme"[24] nennt. Damit widerspricht er weit verbreiteten Thesen über die Depotenzierung des Raums, die angeblich zu gesellschaftlichen Verhältnissen führen soll, denen nur eine elaborierte Soziologie der Zeit ihren angemessenen Ausdruck verleihen kann.[25] Wenn der Einsatz avancierter Techniken – so Castells – „die Gesellschaft in der ewigen Augenblicklichkeit installiert" (2001: 523), dann wird die räumliche Konstitution der sozialen Prozesse zum entscheidenden Faktor. Das Zusammenwirken von drei Phänomenen – 1. den neuen Kommunikationstechnologien, 2. den konkreten Orten ihrer Implementation und 3. den herrschenden

---

22 Dieser Widerspruch (zwischen Gegenwartsverlust und Gegenwartstotalisierung) ist freilich nicht primär den Autoren zuzurechnen, sondern darf als Ausdruck der bestehenden gesellschaftlichen Verhältnisse verstanden werden: „Der Chronos der Moderne, der sich der Notwendigkeit der temporalen Koordination der Gleichzeitigkeit von Verschiedenem verdankt, wertet einerseits die unmittelbare Gegenwart, in der gehandelt werden muß, auf, weil sich die Gesellschaft in permanenter Dynamik befindet. Andererseits verliert die Gegenwart zugleich ihren gestaltenden Charakter: Sie ist als Handlungsgegenwart stets zukunftsorientiert, und sie kann die Zukunft aufgrund der Dynamik, Risikohaftigkeit und v.a. wegen des ungeheuren Potentials an Gleichzeitigem, worauf die gegenwärtige Handlungssituation keinen Zugriff hat, nicht präformieren." (Nassehi 1993: 375)
23 Vgl. Ellrich (1999, 2000, 2001, 2002, 2003). Diese Texte beziehen sich auf eine inhaltsanalytische Auswertung von ca. 200 Interviews, die ich zwischen 1994 und 2000 durchgeführt habe.
24 Zur mediensoziologischen Relevanz dieses Konzepts vgl. Ellrich (2002).
25 Vgl. hierzu Guggenberger (1999, 2000), der die Entwicklung von der „Raum- zur Zeitordnung" aufzuzeigen versucht und die These vertritt, dass die „Herrschaft der globalen Gleich-Zeit" den Bedeutungsverlust räumlicher Ordnungen zur Folge hat (1999: 47, 57). „Das große Thema unserer Zeit ist – die Zeit; der Abschied von den handgreiflichen Realitäten des Raums und das Eintauchen in die Metarealitäten der medialen Äquidistanzen." (2000: 38)

Eliten, die (mit Blick auf diese beiden Phänomene) folgenreiche Entscheidungen fällen – bringt eine dynamische Struktur hervor, die schließlich als „Raum der Ströme" in Erscheinung tritt. Was bei Großklaus (wie oben aufgezeigt) als ein besonders charakteristischer Modus der neuartigen technosozialen Zeitlichkeit bestimmt wird, nämlich die Totalisierung der Gegenwart, begreift Castells als Auslöschung der Zeit: Mit der Emanation einer permanenten Gegenwart wird die Zeit zur „zeitlosen Zeit", die sich selbst vernichtet und ihre Strukturierungs- und Orientierungsleistungen an die neue Logik des Raums delegiert hat. Gegen diese Bestandsaufnahme sind gravierende Einwände erhoben worden. Irene Neverla (2002: 47) etwa hat auf zeitsoziologische Studien von Nowotny (1989), Hörning u.a. (1990), Ahrens u.a. (1994) hingewiesen und historische Tendenzen in den Blick gerückt, welche für die Ausbreitung sogenannter „Zeitpioniere" und die von ihnen praktizierte „variable Modulation von Zeit" sorgen. Zeit erweist sich hier gerade nicht als ein Phänomen, das sich den Akteuren entzieht oder unter ihren Händen buchstäblich auflöst. Zeit „präsentiert" sich hingegen als ein gestaltbares Medium, das subjektive Eingriffe nicht nur ermöglicht, sondern sogar hervorruft. Freilich sind diese Überlegungen und empirischen Ergebnisse noch weitgehend ohne Rekurs auf die Computertechnik gewonnen und liefern deshalb nur begrenzte Aufschlüsse über die Effekte, die mit den digitalen Technologien (heute schon, aber besonders zukünftig!) verbunden sein könnten.[26]

Im Kontext meiner Interviews erscheinen Castells krasse Formulierungen in einem anderen Licht. Sie lassen sich nun als Teil der Kontroverse über die semantischen Ausdrucksqualitäten des Zeitbegriffs lesen. Im Zentrum der Debatte steht folgende Frage: Ist der Zeitbegriff mit all seinen eingeschliffenen Konnotationen überhaupt geeignet, um die Neu- und Andersartigkeit des Computers zu beschreiben? Die anspruchsvolle Aufgabe besteht nämlich darin, das netzwerkförmig ausufernde und in Rückkopplungsschleifen sich verwickelnde Prozessieren von Daten mit seinen wiederkehrenden, unterschiedlich „getakteten" und überraschenden Phasen des Abarbeitens, des Leerlaufens und des Blockiertseins begrifflich so zu erfassen, dass auch die subjektiven Reaktionen und Befindlichkeiten der Akteure, die die Technik (incl. der programmierten Sonderwelten) entwickeln, anwenden und zuweilen auch virtuell begehen, noch Berücksichtigung finden. Was Castells Ausdruck „Zeitvernichtung" thematisiert, ist unter dieser Perspektive nicht allein die Auswirkung ganz bestimmter (teils manifester, teils aber auch noch latenter) sozio-ökonomischer Vorgänge, sondern auch und gerade die Krise eines Begriffs, der seinen Gegenstand zunehmend verfehlt. Der Zeitbegriff

---

26 Das hat Sandbothe in einem Überblicksartikel „Zur Veränderung unserer Zeiterfahrung durch die neuen Technologien" (1996) unterstrichen. In einer weiteren Arbeit über „Mediale Temporalitäten" (1998) weist er auf die raum-zeitlichen Gestaltungsmöglichkeiten hin, die das Internet bietet.

selbst – so bekommt man zu hören – müsse durch paradoxe Ausdrücke wie „zeitlose Zeit" demontiert werden, um den Blick für die neuen Phänomene zu schärfen. Erst im Anschluss an solche Destruktionsakte könne die Suche nach einem besseren Vokabular einsetzen.[27] Dem wird jedoch entgegenhalten, dass nur die Beibehaltung des Zeitbegriffs und ein sorgsamer Sprachgebrauch, der paradoxe Wendungen vermeidet, den eingetretenen sachlichen Wandel deutlich markieren und spürbar machen können. Ziel ist dann die *Erweiterung* des Zeitbegriffs um die signifikanten Erfahrungen und Probleme, die der Computer als eine Art „Zeitmaschine" mit sich bringt. Ähnlich wie bei der Debatte um die Entwicklung eines adäquaten Raumbegriffs (vgl. Ellrich 2002: 106ff.) sind hier die Meinungen unter den Mitgliedern der „digitalen Elite" geteilt. Es ist aber nicht zu übersehen, dass die konkreten Aussagen über das jeweils Neuartige, Auffällige und Irritierende, das der Computer in Hinblick auf die (um es bewusst neutral zu formulieren) „Temporalstrukturen" zu bieten hat, weit mehr Konsens anzeigen, als der Streit um den passenden Begriff vermuten lässt.

Wenig hilfreich erscheinen dabei fast allen interviewten Personen solche Beschreibungen, die den Dualismus zweier Zeiten fixieren. So aber verfährt Michael Benedikt, wenn er davon spricht, dass man im Cyberspace die Prinzipien der gewöhnlichen Zeit *prinzipiell* ungestraft verletzen könne.[28] Benedikt streicht die Alterität der „Cyberzeit" heraus, und erklärt die Rückwirkungen der neuen Zeiterfahrung auf die gewöhnliche Zeit für vermeidbar, indem er die prinzipielle Folgenlosigkeit bewusst mit Hilfe einer moralisch-juristischen Vokabel („*with impunity*") behauptet. Die Cyberzeit eröffnet demnach eine Zusatzwelt, die nur potentielle, aber keine notwendigen Effekte auf die Zeitvorstellungen des Alltags auslöst. Solche Formulierungen, die auf starke Alterität und schwache Determinierungskräfte[29] der Cybererfahrung abheben, liefern erste (ebenso überschwängliche wie vorsichtige) Anhaltspunkte für eine Theorie der Zeit, die die Rolle der neuen Technologien in Betracht zieht.[30] Sie verfehlen aber genau diejenigen Gesichtspunkte, die für eine Darstellung der spezifischen *Zeitlichkeit*, die im Kontext des

---

27 Bisher haben sich philosophische Autoren besonders hervorgetan, alternative Zeitbegriffe vorzuschlagen, die den neuen Medien semantisch gewachsen sind. Derrida hat „die Metapher der Spur und das Spiel von ‚différance'" in die Diskussion eingebracht, Lyotard die Ausdrücke „Durchgang", „Peilung" und „Bahnung" empfohlen. Vgl. hierzu die kritische Diskussion bei Sandbothe 1996.
28 „*... the principles of ordinary space and time can, in principle, be violated with impunity*". (Benedikt 1991: 152; vgl. Ellrich 2002: 107)
29 Vgl. hierzu auch die These von Klaus Beck: „Als technische Artefakte weisen Medien keine eindeutigen Zeitstrukturen auf, von denen sich deterministische Zwänge auf unser Zeitbewusstsein ableiten ließen." (1999: 89)
30 Man denke nur an die „starken" Thesen, die hierzu in Umlauf sind: Neverla spricht etwa von der „Emergenz einer neuen Zeitordnung" (2002: 48), Winkler vom „gegenwärtige(n) Umbruch der Zeitmaße" (1996: 46).

Computers sichtbar wird, entscheidend sind. Dies ergibt sich jedenfalls aus den Befunden meiner Untersuchung. Zwar ist die gewöhnliche Zeit als Interpretationsfolie der neuen Erfahrungen nach wie vor ein wichtiges Bezugssystem, das die Einbettung der gesamten Person erlaubt, doch bei der Darstellung der *direkten Zeiterfahrung* im Umgang mit der Maschine bleibt sie im Hintergrund. Um diese direkte Zeiterfahrung bei Arbeit und Spiel mit der Maschine zu erläutern, wird zunächst eine grobe Unterteilung in die Zeit des Akteurs und die Zeit des Computers vorgenommen. Diese beiden Formen werden dann mit einer Reihe von Bestimmungen präzisiert. Zentral aber ist die Vorstellung von einer „dritten" Zeit, die Akteur und Maschine miteinander gemeinsam haben. Hier liegt, so wird angenommen, eine Zeitdimension vor, die nicht allein die Differenz von subjektiver und objektiver Zeit hinter sich lässt, sondern eine Erfahrung auslöst, die den Eindruck erweckt, dass sie nicht durch kognitive Schemata und Denkmuster bestimmt oder konstruiert wird, sondern sich von solchen Figuren der Wissensproduktion erst nachträglich und nur unvollkommen einfangen lässt. Bei diesen vagen und doch sehr entschieden eine eigentümliche Erlebensweise anvisierenden Äußerungen könnte man an philosophische Reflexionen (von Bergson und Heidegger)[31] über das „Wesen" der Zeit denken, die das Ziel verfolgen, unter oder hinter der üblichen, messbaren, räumlich erfassten Zeit die „ursprüngliche" oder „eigentliche" Zeit freizulegen. Die Orientierung an Formen des „Eigentlichen" ist den Mitgliedern der „digitalen Elite" keineswegs fremd. So erwartet man, dass der Umgang mit der Computertechnik eine Reihe notorischer philosophischer Probleme lösen und Fragen beantworten wird, z.B. die Fragen, ob Sinn prä-semiotisch oder rein sprachlich konstituiert wird, was Moral im Kern ausmacht und wie eine Politik verfasst sein muss, die der gegenwärtig sich herausbildenden Weltgesellschaft, angemessen ist (vgl. Ell-

---

31 Beide Autoren entwickeln die Idee einer ursprünglichen, qualitativ-sinnhaften Zeit, die der gewöhnlichen Zeit (des Commonsense) zu Grunde liegt: Bergson nimmt an, dass von einer homogenen Zeit, die als etwas Räumliches und Messbares verstanden werden muss, die Zeit der reinen Dauer zu unterscheiden ist; Heidegger setzt der vulgären Zeit, die Temporalität als „Nacheinander" von Ereignissen auffasst, eine ursprüngliche Zeit entgegen, die sich durch den existentiellen Entwurf (als Selbstbezug des menschlichen Daseins), mithin durch das Bewusstsein des Seins als Möglichkeit auszeichnet. Beide Modelle einer basalen Zeit lassen sich allerdings nur mit begrifflichen Mitteln explizieren, die Versatzstücke des Konzepts der gewöhnlichen Zeit in Anspruch nehmen müssen. Die Idee einer anderen „eigentlichen" Zeit, die unser *gewöhnliches* Verständnis bedingt, aber *gewöhnlich* eben auch latent bleibt, verstrickt sich, sobald sie sprachliche Konturen annimmt, in einen Zirkel. Ob dieser Zirkel etwas Entscheidendes über das untersuchte Phänomen aussagt oder als Folge eines Denkfehlers betrachtet werden kann, wie Tugendhat (2001) dargelegt hat, mag hier dahingestellt bleiben. In unserem Zusammenhang ist allenfalls die Frage relevant, ob wir mit dem Computer Erfahrungen machen, die die Sphäre einer eigentlichen Zeit erschließen, ohne uns in die alten Widersprüche der sprachlichen Erläuterung dieser Art von Zeit zu verstricken.

rich 1999). Durch den intensiven Einsatz des Computers wird man – so lautet die Annahme – schließlich herausfinden, was bestimmte, sozial höchst relevante Phänomene im Grunde sind. Diese erstaunliche Annahme ist freilich mit der Bereitschaft verbunden, in der Zeit, die bis zur Ermittlung des „Eigentlichen" noch verstreichen wird, im Prinzip alles zur Disposition zu stellen. Man richtet sich „zeitweise" im Provisorischen ein, um am Ende die Fundamente freizulegen (vgl. Ellrich 2001). In Anbetracht einer solchen Haltung zur Welt und zur Vorläufigkeit der subjektiven Orientierungsstrategien liegt die Vermutung nahe, dass die „digitale Elite" ihr Interesse am Eigentlichen auch auf jene Phänomene ausdehnt, die Kant als „reine Formen der Anschauung" bezeichnet hat: nämlich Raum und Zeit. Man stößt jedoch bei Äußerungen über die Chance, dass die Computertechnik Wesentliches zur begrifflichen Explikation beider Dimensionen leisten könnte, auf eine gewisse Zurückhaltung. Die Bedeutung von Bedeutung und der Kern von Moral und Politik scheinen einer Explikation fähig zu sein, die das computertechnisch erzeugte Erfahrungswissen vollständig in sprachliche Darstellungsweisen überführen kann. Im Falle der Phänomene Raum und Zeit herrscht in diesem Punkt Unsicherheit. Möglicherweise *zeigt* uns der Computer, soweit er uns Zugang zu neuen Formen des Raums und der Zeit eröffnet, dass die technische Erweiterung beider sogenannten Dimensionen über das alltägliche Muster[32] hinaus, sich nicht mehr durch begriffliche Repräsentationen hinreichend erfassen lässt. Gewissheit besteht bei der Mehrheit meiner Interviewpartner über die Realität einer äußerst un-gewöhnlichen Zeiterfahrung, die der Computer stiftet. Aber kaum jemand erwägt oder unterstellt, dass andere Formen der Zeiterfahrung nun belanglos werden oder sich auf diese Novität als ursprüngliche Zeitlichkeit zurückführen lassen. Merkliche Zurückhaltung zeichnet auch die Mitteilungen über die Konstitution von Zeit im Akt der Zeit-Beobachtung aus. Dass von Zeit nur sinnvoll im Zusammenhang mit Handlungen und dementsprechend von computertechnisch geprägter bzw. veränderter Zeit nur im Zusammenhang mit Operationen eines, die Maschine programmierenden oder nutzenden, Akteurs die Rede sein kann, wird durchweg betont. Vorsicht scheint mir aber bei der Interpretation dieses Tatbestandes geboten zu sein. Die Annahme, dass es keine Zeit gibt jenseits von

---

32 Worin dieses Muster für das quasi „natürliche Zeitverständnis" besteht, lässt sich schlicht und einfach sagen: „Wenn wir von Zeit reden, meinen wir die unendliche Reihe von Entitäten, die wir Ereignisse nennen, die nach der Relation früher und später geordnet werden. Das ist eine Vorgegebenheit unseres Lebens bzw. unserer Welt." (Tugendhat 2001: 14) Neben der Relation früher/später bedienen wir uns „gewöhnlich" der Differenz von gegenwärtig/zukünftig/vergangen. John McTaggert hat letzteres Schema bekanntlich als A-Reihe und ersteres als B-Reihe bezeichnet. Versuche, die eine auf die andere Reihe zurückzuführen, dürfen (bislang jedenfalls) als gescheitert angesehen werden. Ebenso fragwürdig ist es, die B-Reihe als reale Zeit und die A-Reihe als beobachtete oder bewusst explizierte Zeit aufzufassen (zu McTaggerts Zeitkonzept vgl. Bieri 1972, Nassehi 1993: 64ff., Tugendhat 2001).

Handlungs- und Operationsweisen, die sich in der Zeit vollziehen und den Akteuren eine immer auch subjektiv formierte Zeiterfahrung vermitteln, ist nicht unbedingt als Indikator für eine konstruktivistische Position zu deuten, die als solche kenntlich wird, sobald die kursierenden Vorurteile gegenüber dieser Sicht abgebaut sind.

Hervorragende Vertreter einer konstruktivistischen Selbstbeschreibung der modernen Gesellschaft hegen die Vermutung, dass die unabwendbare Weiterentwicklung der Medienkultur, in der die Computertechnik eine kaum zu überschätzende Rolle spielt, zur Stärkung des konstruktivistischen Standpunktes als genereller Einstellung zu Welt und Leben beitragen wird (vgl. Schmidt 2000). Sichtweisen, die bislang aus ambitionierten erkenntnistheoretischen Reflexionen resultierten, sollen sich durch den Umgang mit den neuen Medien gleichsam automatisch einstellen und dann auch zu einer Auffassung von Zeit führen, deren Kernstück folgende Überlegung ist: „Alles geht ununterbrochen weiter. Jede Bewusstseinstätigkeit, jede Kommunikation, jede Handlung baut auf vorherigen auf und führt sie weiter, es gibt weder eine zeitliche Lücke in Prozessen noch in Beobachtungen und Beschreibungen. ... (Es) kommt darauf an, wie man diesen Fluss, diese unaufhörlichen Übergänge ... durch geeignete Prozesse diskontinuieren kann, damit Strukturen entstehen können. ... Zeit, genauer: Zeitlichkeit dient uns bei dieser Operation. Sie erlaubt uns, den Strom der Prozesse zu unterbrechen, um uns für eine Weile mit etwas Bestimmtem und nichts Anderem zu beschäftigen. In unserem Handeln und Kommunizieren setzen wir Zeit, indem wir Differenzen voraussetzen: handeln/nicht handeln, vorher/nachher, jetzt/später. Zeit verweist einerseits auf die Zeit konsumierende Seite von Handlungen und Prozessen jedweder Art, sie ermöglicht andererseits Strukturbildung durch die Verstetigung von Erfahrungen zu Erwartungen. ... (Wir) stoßen auf das Paradox, dass Zeit einerseits die bestimmende Kategorie für alle Prozessualisierungen darstellt, dass sie andererseits aber auch selbst nur als Funktion von Bewusstseins-, Erfahrungs- und Beschreibungsprozessen ... beobachtbar und wirksam ist. Das macht es uns so schwer, auf die tief sitzende Überzeugung zu verzichten, die Zeit sei unabhängig von uns und liege unserem Handeln ... immer schon voraus, sie fließe gleichsam, ihrem eigenen Gesetz folgend, durch unsere Geschichten und Diskurse." (Schmidt 2002: 50ff.)

Schmidts suggestive Vorstellung von einer medial induzierten konstruktivistischen Weltsicht, die im Zuge der kommunikationstechnischen Evolution gleichsam zur „natürlichen" Einstellung wird und uns befähigt, von tief sitzenden ontologischen Überzeugungen Abstand zu nehmen,[33] deckt sich allerdings nicht mit Befunden empirischer Studien über Zeitpraktiken und Mediennutzung, die eher auf eine anti-konstruktivistische Tendenz hinweisen. Bei den Akteuren ist nämlich der Eindruck verbreitet, dass die medialen Er-

---

33 Der Witz des Konstruktivismus liegt darin, *zugleich* die Konstruiertheit der Realität und die Realität der Konstruktionen aufzuzeigen.

rungenschaften der Moderne sich immer weniger auf ihre Erfinder und Beobachter als verantwortungsvolle und lernfähige Subjekte zurechnen lassen. Im besonderen Maße scheint dies für das Phänomen „Zeit" zu gelten (vgl. Beuthner 2002: 144). Was „ursprünglich [sic!] ein gesellschaftliches Konstrukt, ein Medium des Sozialen Handelns, gewesen sei" (ebd.), werde heute „zum verselbständigten Gegenstand sozialen Handelns" (Neverla 1992: 30).[34] Zeit trete unter solchen Bedingungen den Menschen als kaum beeinflussbare fremde Kraft entgegen. Die strukturellen Vorgaben der Eigen-Zeit von Ökonomie und Technik, die normativen Erwartungen und Ansprüche der Gesellschaft, Leistungen zu einer bestimmten Zeit oder in einer bestimmten Zeit zu erbringen, ergeben – so gesehen – letztlich Zeitmuster und Zeitzwänge, die kaum ein Indiz für die Vermutung liefern, dass die Entwicklung der Medien- und Kommunikationstechnik jene Art der souveränen Reflexion begünstigen, deren Ausdruck konstruktivistische Denkfiguren sind. Man darf aber auch nicht übersehen, dass die Thesen über die akute temporale Entfremdung oder über die paradoxen Effekte technisch bedingter Arten eines Zeitgewinns, der sich bei näherem Hinsehen als Zeitmangel entpuppt, die besonderen „Zeitstrukturen" des Computers nur bedingt berücksichtigen bzw. als eine bloße Fortsetzung der bereits etablierten Zeitökonomie auffassen. Offen bleibt daher die Frage, ob der forcierte Einsatz des Computers tatsächlich die geschilderte Tendenz der Zeitenteignung verstärkt oder nicht doch zugunsten einer anderen Form der Zeitgestaltung umbiegt.

In den Äußerungen, mit denen Mitglieder der „digitalen Elite" ihre Zeiterfahrung im Umgang mit dem Computer (die von den Erfahrungen mit Auto und Flugzeug, Telefon und Fernsehen abweichen) beschreiben, ist nun sowohl von einer subjektiv (bzw. intersubjektiv) konstituierten Zeit am Rechner (A) als auch von einer Eigenzeit der Maschine (B) die Rede. Beide Typen von Zeit werden aber (wie bereits angedeutet) nicht als Kern der Zeiterfahrung (C), die der Computer ermöglicht, verstanden.

(A) Die Eigenzeit der Maschine hat einen streng technischen (a) und einen sozio-ökonomischen (b) Aspekt, der sich auf die Bedingungen bezieht, unter denen der Computer zum Einsatz kommt. Die Erläuterung des technischen Aspekts wird von den befragten Personen in zweifacher Weise vorgenommen. Auf die spezifische Computerzeit nimmt man in einem engen (aa) und in einem weiten (ab) Sinne Bezug.

(aa) Im engeren Sinne ist mit der maschinellen Eigenzeit jene Laufzeit des Computers gemeint, die zur Lösung bestimmter Aufgaben benötigt wird.[35] Dabei stellt die präzise Bestimmung der erforderlichen Rechenzeit ein

---

34 Träfe diese Diagnose zu, so hätte man es sogar mit einer Abkehr von bereits etablierten konstruktivistischen Sichtweisen zu tun.
35 Vgl. hierzu auch die Bemerkungen über „Computerzeit und künstliche Intelligenz" bei Mainzer (1996: 104ff.).

eigenständiges Problem dar. „Genommen" wird die Computerzeit durch die Ermittlung elementarer Rechenschritte, welche als Zeiteinheiten fungieren und gezählt werden können. Obschon mehrere Typen von Laufzeit zu unterscheiden sind und die Art dieser Differenzierung an das normale, räumlich orientierte Zeitverständnis erhebliche Anforderungen stellt, bleibt das Phänomen „Laufzeit" im Rahmen des traditionellen Zeitbegriffs.

(ab) Ins Wanken gerät der traditionelle Zeitbegriff aus rein technischen Gründen erst dann, wenn der Computer systeminterne Leistungen erbringt, die sich mit den eingespielten semantischen Mitteln nicht mehr befriedigend beschreiben lassen. In den Spekulationen über solche Leistungen wird der Ausdruck „maschinelle Eigenzeit" in einem weiten Sinne benutzt. Dabei herrscht unter den Mitgliedern der „digitalen Elite", die sich zu diesem Punkt äußern, eher Ironie und Skepsis vor. Man vermutet mehrheitlich, dass sich die quasi „objektvistische" Irritation des gewöhnlichen Zeitbegriffs nur durch einen leichtfertigen Gedankensprung ergibt: nämlich durch die direkte Übersetzung des technischen Vokabulars in eine Sprache, die die Zeitlichkeit überhaupt und die Zeit des menschlichen Lebens betrifft. Zwei Beispiele sind hier relevant: So werden nichtlineare Prozesse, die einzelne Computer oder mehrere vernetzte Rechner vollziehen, zuweilen so generalisiert, dass die elementare Vorstellung von temporaler Irreversibilität selbst als etwas Reversibles erscheint. Ferner lassen sich manche Leute von den Laufleistungen des Computers mitunter derart beeindrucken, dass sie dem Begriff Unendlichkeit einen radikal operativen Sinn verleihen und dann zu der Überzeugung gelangen, endliche Individuen könnten durch geeignete Mensch-Maschine-Schnittstellen an algorithmischer Unendlichkeit existentiell teilhaben und ewig leben.

Gegenüber solchen, zumeist als Übertreibungen gewerteten Ideen, weisen meine Interviewpartner auf weniger dramatische Fälle von Irritation hin. Es geht dabei um Eigenschaften von Computer-Produkten, die die Nutzer mit gegensätzlichen Zeiterfahrungen konfrontieren. Der erlebte Kontrast wird dabei nicht den Subjekten, sondern den technisch ermöglichten Anwendungsformen zugerechnet, die gleichzeitig vorhanden sind und zur Selektion oder Vermittlung herausfordern. Als Beispiel dient hier die vieldiskutierte „Struktur" des Internets. Neverla hat den zeitlichen Doppelaspekt des „neuen ‚Netz-Medium(s)'" folgendermaßen beschrieben: „Im Internet perfektioniert sich abstrakte Zeit: Sie ist kontinuierlich ohne Anfang und Ende, abstrakt ohne Bezug zu biologischen und sozialen Zeitgestalten, mathematisch bis in die kleinsten Einheiten berechenbar und bis gegen Null reduzierbar. Zugleich entsteht im Internet auch polychrone Zeit: Alles ist jederzeit und immer aufs Neue abrufbar, aber auch unterbrechbar (diskontinuierlich), insofern anpassbar an die Eigenzeit der User[36] samt ihren biologischen und sozialen Zeitim-

---

36 Sandbothe (1998) betont in diesem Zusammenhang die kreativen Potentiale des Internets und spricht von einer selbst inszenierten Zeit der Nutzer.

plikationen (konkret), wiederholbar und im Prinzip auch gestaltbar (revidierbar)." (Neverla 2002: 51)[37]

Auf diese – hier prägnant beschriebene – Differenz wird bei Diskussionen über das Internet immer wieder aufmerksam gemacht. Irritierend daran ist (nach Darlegungen meiner Probanden) gerade nicht der Zugang zu einer *anderen neuartigen Zeit*, sondern vielmehr die Erfahrung, dass ein und dieselben technischen Vorgaben in zeitlicher Hinsicht einerseits als Fixierungen und Zwänge, andererseits als Bedingungen der Möglichkeit subjektiver Freiheitsspielräume erscheinen können. Die Wahrnehmung dieser Spielräume korrigiert das unterkomplexe Bild von technischen Prägungen und Unausweichlichkeiten, schafft aber noch kein Verständnis von Zeit, das auch ohne den Anstoß des Computers bereits vorhanden wäre. Die polychrone Zeit ist die Zeit der lebensweltlichen Interaktionen, die schon längst nicht mehr ohne vielfältige Mediennutzung gestaltet wird, aber permanent auch jenseits des Internets entsteht. – Man mag an diesem Beispiel ersehen, dass die Computerprofis zuweilen nüchterner und vorsichtiger sind als die wissenschaftlichen Beobachter, die unter dem Dauerdruck stehen, etwas „Neues" über das „neue Medium" zu präsentieren.[38]

(b) Der Computer (mitsamt seiner diversen Laufzeiteigenschaften) ist in Innovations-, Anwendungs- und Nutzungskontexte eingebettet, die ihrerseits einen zeitlichen Index aufweisen und deshalb Wirkungen haben, denen sich die Akteure bei ihrem subjektiven Zeitmanagement nicht entziehen können. Die Kontexte gelten als zwingende externe Faktoren, die zwar sozial variabel sind, aber in der jeweiligen Situation als etwas schlicht Gegebenes oder Vorgegebenes auftreten. Genannt werden hier zunächst die zeitlichen Charakteristika der Innovationen im Bereich von Hard- und Software. Mit der Änderung (z.B. der Steigerung) des sogenannten Innovationstempos sind Handlungszwänge verknüpft, die Zeit als ein knappes Gut *erscheinen* lassen.[39] Der Wert des „Neuen" ist selbst befristet und lässt sich nur ausschöpfen, wenn die Entwicklung marktförmiger Produkte mit dem Zeittakt der technischen Innovationszyklen synchronisiert wird. Dies aber führt unter Konkurrenzbedingungen dazu, dass unausgereifte (also nicht mit der erforderlichen Eigenzeit einer sachgerechten Herstellung begünstigte) Produkte zur Auslieferung gelangen. Aber der „ob-

---

37 Neverla fällt freilich hinter dieses Szenario wieder zurück, indem sie einen technischen gegen einen sozialen Aktualitätsbegriff ausspielt und behauptet, „der technische Aktualitätsbegriff, der sich an der abstrakten Laborzeit der digitalen Medien orientiert" (2002: 52), habe abgedankt. Dass der Computer ein kompaktes und eindimensionales Medium der abstrakten Laborzeit ist, lässt sich aber weder im Hinblick auf meine Befunde noch auf Neverlas eigene Aussagen vertreten.
38 Zur „Obsession für das Neue" im Diskurs über den Cyberspace vgl. Esposito (2002: 43).
39 Zeit per se ist selbstverständlich nicht knapp, sondern wird nur dann als knapp wahrgenommen, wenn das Erleben der Akteure oder Beobachter durch entsprechende Erwartungen überfordert ist (vgl. Beuthner 2002: 147, im Anschluss an eine Formulierung von Niklas Luhmann).

Cyber-Zeit 61

jektiv" nötige Zeitaufwand kommt – so konstatieren die Entwickler mal spöttisch, mal ärgerlich, mal fatalistisch – als eine Art „Zusatzzeit" zur Geltung. Denn jene Zeit, die bei der Entwicklung sowie bei Test- und Verifikationsverfahren eingespart wird, muss nachträglich für Fehlerbeseitigung und Wartung aufgewandt werden. Darüber hinaus fällt eine oft vernachlässigte, aber unvermeidliche Zeitspanne für die Entsorgung der informatischen Altlasten an.

(B) Neben diesen Typen der „objektiven" Zeit gibt es nach Aussage der Computerprofis eine subjektiv und intersubjektiv geprägte Zeit, die sich in der Auseinandersetzung mit den computertechnisch zu lösenden Aufgaben bildet. Diese Zeit ist abhängig von Auffassungsgabe, Fantasie, Lernfähigkeit und kommunikativer Kompetenz der beteiligten Akteure. Zeit erscheint hier als verfügbarer „Stoff", der gestaltet, kontrolliert, souverän beherrscht, aber auch naiv und nervös vertan werden kann. Ob und in welchem Maße die Subjekte dem Zeitproblem, das der Umgang mit der Computertechnik erzeugt, gewachsen sind, zeigt sich immer dann besonders deutlich, wenn Ausnahme- oder Störfälle eintreten; d.h., wenn die Erwartung, dass computerbasierte Abläufe ein operatives Kontinuum schaffen, enttäuscht wird oder eine vorausgesehene, einkalkulierte Unterbrechung, auf die man förmlich gewartet hat, endlich geschieht. Solche Störungen können die Akteure paralysieren oder zu äußerster Aktivität anreizen. Von Fall zu Fall wird dem Irritationsereignis mit einem subjektiv entworfenen oder intersubjektiv ausgehandelten Zeitmanagement begegnet. Heikle Operationen versieht man z.B. mit Pufferzeiten. Und bei hochkomplexen Prozessen räumen sich kreative Entwickler ausreichende Lernzeiten ein, die für Krisenkommunikation ebenso genutzt werden können wie für das Spiel mit vagen, aber viel versprechenden Ideen.

(C) Die Vorstellung einer „dritten" Zeit, die sich weder den subjektiven Dispositionen des Akteurs noch den objektiven Qualitäten der Technik zurechnen lässt, sondern sich als eine Synthese aus Eigenschaften des Akteurs und der Maschine zeigt, weist zwei Aspekte auf. Der erste Aspekt (a) bezieht sich auf ein Phänomen, das „Verdatungszeit" genannt werden kann. Hier geht es – im Hinblick auf das Thema Zeit – um Effekte des Computereinsatzes, die für die Entstehung und Erhaltung sozialer Ordnung relevant sind, sowie um die Einbettung der digitalen Technik in übergreifende Prozesse der gesellschaftlichen Selbstverdatung und Selbstregulierung. Der zweite Aspekt (b) bezieht sich auf die temporale Bedeutung einer, für jede professionelle und intensive Verwendung des Computers charakteristischen, Körperlichkeit. Hier geht es um das eigentümliche Zusammenspiel zwischen dem Akteur und der Maschine, das sich im Zuge der ausgiebigen und ergiebigen Arbeit mit dem Computer einstellt und dem handelnden Subjekt das Gefühl verleiht, über eine personale Identität zu verfügen, die sich der Einheit von Körper und Maschine verdankt.

(a) Die Überlegungen zur Entstehung neuer Zeitformen, die die digitale Elite anstellt, werden, ebenso wie die Überlegungen zur Entstehung neuer computer-generierter Räume (vgl. Ellrich 2002: 102ff.), mit der Frage nach den individuellen und kollektiven Orientierungsmustern einer künftigen Gesellschaft verknüpft. In computer-generierten Räumen stellt eine sich selbst verdatende Gesellschaft ihren Mitgliedern Informationen und Vergleichsmaterial über durchschnittliches bzw. abweichendes Verhalten zur Verfügung und erbaut Probebühnen und Testarenen, in denen das *noch* Inakzeptable in das *schon* Akzeptierte überführt werden kann und umgekehrt. Die Welt der schnittscharfen Normen wird derart allmählich in eine Welt der Normalität, die nur gleitende Übergänge kennt, transformiert. Unter temporalen Gesichtspunkten ersetzt die Gesellschaft also *Vor*-Schriften in *Nach*-Schriften. Diese Art der sozialen Selbstbeschreibung begleitet – stets leicht verzögert – die realen Abläufe und Ereignisse und versorgt die Akteure dauernd mit Serien beweglicher Anhaltspunkte (vgl. Ellrich 2001). Durch den immer intensiveren Einsatz von Computern kann diese Nach-Schrift in eine echtzeithafte *Mit*-Schrift verwandelt werden, die die *Semiotisierung* der modernen Gesellschaft (vgl. Lash/Urry 1994) vollendet.

Man könnte auf den ersten Blick vermuten, dass die Vorstellung von einer solchen computergestützten Mit-Schrift dem Konzept der „digitalen Schrift" ähnelt, dass Gabriele Gramelsberger (2000, 2002) entwickelt und Sybille Krämer bei ihren Überlegungen zur „Implementierung von Zeitlichkeit in Datenstrukturen" aufgegriffen hat. „Mit der digitalen Schrift wird es möglich, Systemabläufe nicht nur ... zu beschreiben und nicht nur ... zu berechnen, sondern zu dynamisieren, so dass zeitliche Prozesse funktional repräsentierbar und in computeranimierten Bildern auch analog repräsentierbar werden." (Krämer 2002: 57) Als entscheidende Leistung des Computers erscheint die visuelle Darstellung von Zeit. Die mediale Umwälzung von Temporalstrukturen liegt offenbar darin, dass wir jetzt „mit greifbarer, ... sichtbar gemachter, konkreter Zeit" (Gelernter 2000: 59; vgl. Krämer ebd.) umgehen können. Auf die Frage, was wir mit Hilfe des Computers zu sehen bekommen, gibt Gramelsberger (2000) eine erstaunlich klare, aber auch etwas enttäuschende Antwort: „Die Form der Bewegung (wird) sichtbar und damit auch die Zeit." (ebd.: 3) Denn „Bewegung ist Zeit" (ebd.: 1). Dass Medien (wie z.B. der Film) „Bewegung simulieren" (ebd.) können, lässt sich kaum bestreiten. Dass sie unser „Zeiterleben zu täuschen" vermögen, dürfte ebenfalls Zustimmung finden. Man denke nur an die bekannten Verfahren der „Zeitraffung" und der „Zeitlupe", aber auch an „neue Aufnahmetechniken, die es erlauben, ... die Bewegung eines Objekts in der Zeit einzufrieren, während der Beobachter es umkreist" (ebd.: 1f.). Der Computer ermöglicht nun einen zusätzlichen Schritt, nämlich die Transformation der „Zeitlichkeit", die der Film bereits enthält, „in eine räumliche Architektur" (ebd.: 4).[40]

---

40 Gramelsberger verweist exemplarisch auf „eine von ART+COM entwickelte Software, die aus den Parametern der Camerabewegung, der Raumorientierung und der Brennweite des Films die Form des Filmobjekts errechnet. Eine lineare Camerafahrt

Gramelbergers Konzept ist aus zwei Gründen problematisch: Zunächst setzt sie ein bestimmtes Verständnis von Zeit – nämlich Zeit als Bewegung – voraus und gibt dann die computergenerierte visuelle Darstellung der Bewegung als neue Form der Zeiterfahrung aus. Die angepriesenen „Prozessarchitekturen" sollen den gängigen Zeitbegriff, dessen Unangemessenheit auf der Hand liegt, ersetzen: „Unsere verräumlichten Vorstellungen sind allesamt statische Modelle, die jedoch die Dynamik der Zeit nicht zu erklären vermögen." (ebd.: 1) Wieso allerdings die Dynamik der simulierten Räume die besondere „Dynamik der Zeit" besser repräsentieren kann als das altbekannte Kreisen eines Uhrzeigers, wird nicht deutlich. Zudem ist fraglich, ob sich eine innovative Zeittheorie gewinnen lässt, wenn man weiterhin die Kategorien der Darstellung oder Repräsentation verwendet. Vielleicht liegt die Leistung des Computers auf einer ganz anderen Ebene.

Meinen Interviews sind in diesem Punkt ausgesprochen dezidierte Bekundungen zu entnehmen. Auf der Basis des erhobenen Materials möchte ich daher folgende These vertreten: Der Umgang mit dem Computer führt nicht zu einer besseren oder adäquateren *Repräsentation* von Zeit. Wer eine solche Erwartung hegt, übergeht das Spezifische des neuen Mediums. Die ungewöhnliche Zeiterfahrung, die der Computer ermöglicht, lässt sich gerade nicht als außerordentliche Form der Darstellung von Zeit verstehen. Es kommt zwar tatsächlich zu einer Art „Verkörperung von Zeit" (Krämer 2002: 58), aber es wäre irreführend diese Verkörperung als „Implementierung der Zeit in Zeichenkonfigurationen" (ebd.: 55) zu interpretieren. Dass die „Symbole" durch den Computer „dynamisch ... geworden" sind (ebd.), trifft sicher zu, hat jedoch andere Implikationen. Das Ergebnis des Computereinsatzes ist keine Semiotisierung der Zeit, sondern eine exzessive „zeitige" Semiotisierung der Welt. Und durch diese Umwandlung in Zeichen wird einerseits hochinformatives Orientierungsmaterial für normativ entsicherte Individuen bereitgestellt, andererseits die Synchronisierung gleichzeitig geschehender, aber sachlich differenter Ereignisse begünstigt. Die angesprochene „Verkörperung von Zeit", zu der es im Kontext der Computerpraxis kommt, beruht hingegen auf einer einzigartigen leiblichen Verbindung des Akteurs mit der Maschine, eben jener Verbindung, die zur exzentrischen Zeiterfahrung der professionellen Akteure führt.

(b) Mit dem letzten Satz bin ich schon zum zweiten Aspekt derjenigen „Computerzeit" übergegangen, die die Subjekt-Objekt-Trennung aufhebt. Das merkwürdige Gespür für die Synthese zwischen dem Akteur und der

---

bei gleich bleibender Brennweite und Raumorientierung generiert ein langgestrecktes rechteckiges Objekt, ein Cameraschwenk verursacht ein kreisförmiges Objekt. Mit dieser Technologie wird die Form der Bewegung, die im Film eingefangen wurde, sichtbar und damit auch die Zeit." (ebd.: 3) Die programmatische Äußerung von Joachim Sauter, auf den sich Gramelsberger bezieht, lautet: „Wir generieren aus der Zeit Raum!" (ebd.: 4)

Maschine läuft freilich nicht auf eine generelle Einebnung von Differenzen heraus. Sobald sich durch die intensive Arbeit mit dem Computer der Eindruck ergibt, dass die entscheidende identitätsstiftende Leistung des Computers auf der Kopplung von Körper und Maschine basiert[41] (und nicht etwa auf der mentalistischen Projektion, die Geistigkeit des Rechners spiegele die menschliche Intelligenz wider[42]), steigt auch der Sinn für bestimmte Unterschiede. Zu den wichtigsten Differenzen, die nun an Bedeutung gewinnen, gehört die Differenz zwischen dem Verfügbaren und dem Unverfügbaren. Die Trennung ist begrifflich äußerst scharf und macht den Akteuren bewusst, dass dem Bereich des Unverfügbaren nicht allein all jene Phänomene zuzuschlagen sind, die sich nicht (oder noch nicht) formalisieren bzw. algorithmisch aufbereiten lassen, sondern auch Phänomene, die sich den Begriffen entziehen, obschon die Erfahrung des Entzugs selbst noch ohne irrationale Umschweife bestimmt und benannt werden kann. Im strengen Sinne ist nämlich nicht das Zeitgefühl *aufgehoben*[43], sondern nur die Intention gewichen, Zeit auf irgendeine Weise zu bestimmen und als eine Größe, über die disponiert werden kann, zu erfassen. Hier liegt die Parallele zu jener besonderen Raumerfahrung, die der Computer ermöglicht. Die Einheit von Körper und Maschine, zu der die virtuosen Akteure im Verlauf ihrer Operationen Zugang finden, hat zwei entscheidende Effekte: einerseits werden die handelnden Subjekte „verortet", und auf dieser gesicherten Basis öffnet sich dann ein Spielfeld für „normalistische" Experimente unverbindlicher Selbstplatzierungen (siehe Punkt (a)), andererseits spüren die Subjekte die Wirkungen einer eigentümlichen „Verzeitlichung". Denn die Zeit weicht gleichsam in die Latenz zurück. Sie trägt den Gang der Handlungen, die Zug um Zug eine Kette oder ein Netzwerk bilden. Sie bleibt anwesend, ohne sich jedoch als Sog oder Druck, dem die Akteure ausgesetzt sind, bemerkbar zu machen. Diese besondere Zeit des körperlichen Verschmelzens von Mensch und Computer verharrt im Modus der Präsenz. Weder erscheint das Vorangegangene unmittelbar als strukturierende Selektion, die nur bestimmte Weiterführungen zulässt, noch drängt sich ein Bild des Folgenden auf, um die Richtung der Operationen anzugeben.

Wie aber lässt sich eine solch ungewohnte Erfahrung der Vergegenwärtigung von Zeit, die sich im Umgang mit dem Computer einstellt, sprachlich einfangen? Die oben ausführlich explizierten Modelle der Gegenwartsdehnung und -kondensierung werden von den befragten Profis als unzureichend

---

41 Ich kann dies hier nicht weiter ausführen. Vgl. die eingehende Beschreibung in Ellrich (2000).
42 Das ist eine alte KI(AI)-Vision, die (nicht erst mit dem Aufkommen der VKI/DAI) viel von ihrer Attraktivität verloren hat. Aber selbst dort, wo sie noch vorherrscht, ist sie nicht mehr leitend für die Vorstellung von der konkreten Einheit zwischen Mensch und Maschine, die sich im alltäglichen Arbeitsprozess entwickelt.
43 Mit dieser Metapher arbeitet Csikszentmihalyi (1997: 165f.). Vgl. hierzu auch die inzwischen weithin bekannte Flow-Theorie des Autors (1985).

Cyber-Zeit 65

zurückgewiesen. Sie treffen nicht das Neuartige, sondern greifen Phänomene auf, die durch Film und Fernsehen hinreichend bekannt sind. Die „dritte" Computerzeit erscheint eher als eine „intensivierte" Präsenz, die den Wunsch, das gerade vorhandene Zeitsegment zu bestimmen oder zu messen, gar nicht aufkommen lässt. Sie ist durch und durch Handlungszeit. Sie wird eben nicht zum Stoff eines vom jeweiligen Agieren abgetrennten, dessen Vollzug beobachtenden und kategorial zerstückelnden Bewusstseins. Die körperlich fühlbare Computer-Präsenz bedeutet daher weder Totalisierung noch Auslöschung von Gegenwart. Das sind nach Ansicht der Befragten nur zwei Seiten eines Beobachtungsschemas, das in erster Linie die Distanz des analysierenden Blicks anzeigt. Erforderlich ist demgegenüber ein Begriff für die Distanzlosigkeit jener am Computer erreichten Vergegenwärtigung, die wirken kann, ohne etwas zu tilgen oder vollständig zu umfassen. Dasjenige, was probe- und andeutungsweise als „Intensität" bezeichnet wird, meint die Konzentration auf den sachlichen Kern der durchgeführten Operationen. Rücksichten auf die (schon genannten) sozialen Randbedingungen und die temporalen Fristvorgaben, die mit technisch bedingter Rechenzeit und Marktbelangen verknüpft sind, entfallen, wenn die Verschmelzung von Körper und Maschine gelingt.[44] Bleibt diese Identitätsbildung aus, so beherrschen die beiden anderen Temporalstrukturen (objektive und subjektive Zeit) das Feld der Computerpraxis. Sobald es aber zu der hier beschriebenen Präsenzerfahrung kommt, entsteht bei den Akteuren ein spontanes Vertrauen in die Synchronisierungsleistungen der neuen Technik. Die „dritte" Zeit als intensivierte Form von Gegenwart ist ja (wie schon gesagt) immer auch eine latente, unaufdringliche Zeit, die im Hintergrund waltet und den Eindruck erweckt, dass die Subjekte sich bedenkenlos in die Sache selbst versenken können, ohne den Anschluss an den allgemeinen Prozess der Generierung und Distribution von Wissen zu verlieren. Es besteht bei den Mitgliedern der „digitalen Elite" kein Zweifel: Während ihres vorübergehenden Einstiegs in die symbiotische Beziehung mit dem Computer sorgt ein anonymer Mechanismus für

---

44 Ich möchte noch einmal hervorheben: Diese „Verschmelzung" von Körper und Maschine füllt die Zeit und macht sie als etwas zugänglich, das sich weder ermessen noch messen lässt. Sie stiftet eine Form des „In-der-Zeit-Seins", die nur in der Gegenwart stattfindet und nicht primär als Vergangenes erinnert oder als Zukünftiges halluziniert wird. Jede nachträgliche Beschreibung des Erlebten, jeder sprachliche Vorgriff auf die geplante Wiederholung des Zustandes registrieren die Betroffenen als deutlich spürbare Differenzerfahrung. Um nahe liegende Missverständnisse zu vermeiden, ist nun Folgendes zu beachten: Die befragten Akteure insistieren auf eine sprachlich nur anzeigbare, aber nicht gültig repräsentierbare Gegenwart. Das hat allerdings recht wenig mit der modischen Beschwörung der Heilkräfte des Augenblicks zu tun. Die Intensität des Zeiterlebens verdankt sich nämlich keiner Punktualisierung. Wenn die Computerprofis von einer Art der Verschmelzung bzw. von den temporalen Qualitäten der Einheit von Körper und Maschine sprechen, so ratifizieren sie damit nicht Sloterdijks These, „dem Nihilismus des technokratischen Chronos" (1990: 121) sei nur durch Hingabe an den Augenblick zu entkommen.

die Koordination der zahlreichen Eigenzeiten, die mit jeder geglückten Einheit von Akteur und Maschine entstehen. Weil diese Unterstellung offenbar tragfähig ist und sich die Zurechnung der Wissensvermittlung auf komplizierte Kommunikationspraktiken erübrigt, wird auch das Zusammenspiel der drei Zeittypen zu keinem gravierenden Problem. Der Übergang von einem Zeittyp zum anderen bzw. die Ausbalancierung der verschiedenen temporalen Befindlichkeiten erscheint als Aufgabe, die sich nur in konkreten Situationen stellt und nicht mit explizit oder bewusst generalisierten Mustern gelöst werden muss. Denn in jeder gewählten Ad-hoc-Strategie, die zum (oft nur kurzfristigen) Erfolg führt, steckt, so lautet die fundamentale Überzeugung der meisten Computerprofis, ein technischer Mehrwert, ein Zugewinn an Wissen, der von den beteiligten Akteuren nicht unbedingt wahrgenommen werden muss, sondern auch als (zunächst) unsichtbarer Fortschritt eine bedeutende Wirkung entfalten kann. Aktualität und ihre latenten Implikationen sind also auch bei der Vermittlung aller drei Zeittypen die leitenden Gesichtspunkte.

Wollte man ein Fazit der bisherigen Darlegungen ziehen, so könnte man festhalten: Der Umgang mit dem Computer erzeugt ein besonderes Gespür für Gegenwart. Die (oben referierten) Thesen von Großklaus lassen sich daher mit den konkreten Aussagen meiner Interviewpartner in wichtigen Aspekten vereinbaren. Diese Aussagen beziehen sich aber – und darin liegt ihre medien- und zeitsoziologische Brisanz – nicht allein auf die Tätigkeit am Rechner oder den Aufenthalt in der virtuellen Welt, sondern stehen in Zusammenhang mit den Zeithorizonten von Lebensentwürfen und Karriereeinschätzungen der Akteure. Sie beziehen sich ferner auf das Verhältnis zum Problem der Kontingenz, also auf die Bereitschaft, die Bestände der Welt (Dinge, Ereignisse, Normen, Werte) vorübergehend – also zeitlich begrenzt – zur Disposition zu stellen.[45] Die „digitale Elite" weiß um die Befristung der eigenen informatischen Avantgardeposition.[46] Man geht durchweg davon aus, dass man sich nur für wenige Jahre in einer Sphäre aufhält, die gekennzeichnet ist durch innovatives Handeln und jenen für Computerprofis typischen Dauerstress, der gleichzeitig Angst erzeugt und Genuss verschafft. Diese Einschätzung führt zu einem gesteigerten Vergegenwärtigungsbedürfnis, sie weckt den Wunsch, in der Zeit als Modus, der die behandelte Sache vollkommen präsent macht, auf- oder unterzugehen. Der professionelle und virtuose Umgang mit dem Computer erfüllt derartige Wünsche und Bedürfnisse. Paradox daran ist freilich, dass die intensivierte Zeit auf der Ebene des subjek-

---

45 Vgl. hierzu Ellrich (2000, 2001).
46 Meine Interviews fanden überwiegend vor den Einbrüchen am „Neuen Markt" statt. Bei nachträglichen Gesprächen stellte sich heraus, dass die Krise, obschon sie meist zur ephemeren Erscheinung erklärt wird, als deutliches Indiz für die Kurzfristigkeit des informatischen „Frontaufenthaltes" gilt.

Cyber-Zeit 67

tiven Erlebens eine Verkürzung des Aufenthaltes an der Innovationsfront bedeutet. Dies wird aber durchaus gesehen und mitunter ironisch kommentiert.
   Mit den Angaben über die Befristung der eigenen Kreativitäts- und Hochleistungsphase ist erstaunlich oft die Prognose verknüpft, dass die Zeit der bewussten und bereitwilligen Akzeptanz individueller und sozialer Kontingenz nicht erheblich über die Frist hinausreicht, in deren Verlauf man selbst zur Erweiterung der technischen Problemlösungskapazität beiträgt. Kontingenz wird nicht als prinzipielle und positive Errungenschaft der modernen Welt anerkannt, sondern als zeitlich bemessenes Probehandeln im Labor des Sozialen gedeutet. Die Fokussierung des Erlebens auf die Gegenwart, die der Computer erlaubt, und die Akzeptanz der „Tatsache", dass alles auch anders sein könnte, gelten nicht als überzeitliche Phänomene. Sie erscheinen den Akteuren vielmehr als Aspekte einer Praxis, die in einen sozialen und biografischen Kontext eingebunden ist. Die Freigabe von Kontingenz und der Erfahrungsprimat von Gegenwart werden als eine technik-bezogene Zeit aufgefasst und dann in den Rahmen einer Art biografischer Zeit eingefügt ist, die stark *narrative* Züge trägt.
   Es handelt sich hier um ein deutlich anderes Zeit-Modell als es von modischen Philosophen der Kontingenz (z.B. Richard Rorty und Derek Parfit), die die Revision des Zeitbewusstseins anstreben, propagiert wird. Derartige Theorien sehen in der positiven Einstellung zur Kontingenz und der besonderen Aufmerksamkeit für das jeweils Gegenwärtige eine entscheidende existentielle Entlastung. Wer bereit und willens ist, auf die „Transzendierung der unmittelbaren Gegenwart" (Sturma 1997: 71) moderat zu verzichten und dem Zufall im eigenen Leben generös einen großen Spielraum zu geben, der benötigt, laut Parfit, kein ambitioniertes Projekt individueller Identität und kommt mit dem Muster einer „schwache(n) Kontinuität personalen Lebens" aus. Auf diese Weise mildert er die „Tragödie des menschlichen Zeitbewusstseins, die darin besteht, daß im Verlauf der Zeit immer weniger Erfahrungen vor uns und immer mehr Erfahrungen hinter uns liegen" (ebd.: 68). Nimmt man die Mitglieder der „digitalen Elite" beim Wort, so hat ihr Projekt nicht allzu viel mit der postmodernen Ironie und deren kompensatorischen Leistungen zu tun. Das genannte tragische Element des menschlichen Zeitbewusstseins wird durch die Sonderform der computertechnisch erschlossenen Zeit gerade nicht behoben, sondern allenfalls „zeitweise" oder ephemer dem Blick entzogen. Die am Computer oder im Cyberspace verbrachte Zeit gibt zwar existentiellen Halt, aber sie wird gerade von den Virtuosen und Profis dieser Technik in qualitativ differierende Phasen eingeteilt, so dass die Zeit mit dem Computer immer auf eine erzählbare Zeit des ganzen Lebens bezogen bleibt. Als zentrale Figuren in solchen Erzählungen fungieren zwei Projekte: 1. die absehbare Überwindung der Kontingenz durch den Computer und nicht ihre dauerhafte Etablierung; 2. die existentielle Relativierung der Gegenwart kraft einer prozessualen Sicht auf die Computertechnik, die dem

einzelnen Akteur stets nur die zeitlich begrenzte Teilhabe an deren Weiterentwicklung durch eigene Innovationen gewährt.

Literatur

Arens, D.; Gerhard, A.; Hörning, K. H. (1994): Neue Technologien im Kampf mit der Zeit. In: Beckenbach, N. (Hg): Umbrüche gesellschaftlicher Arbeit. Göttingen, S. 227-240
Bardmann, T. u.a. (1992): Technik als Parasit sozialer Kommunikation. In: Soziale Welt 2, S. 201-216
Beck, K. (1994): Medien und die soziale Konstruktion von Zeit. Opladen
Beck, K. (1999): Zwischen Zeitnot und Langeweile. In: Schneider, M.; Geißler, K. A. (Hg.): Flimmernde Zeiten. Vom Tempo der Medien. Stuttgart/Leipzig, S. 75-90
Benedikt, M. (1991): Cyberspace: Some Proposals. In.: Ders. (Hg.): Cyberspace: First Steps. Cambridge/ London, S. 119-224
Beuthner, M. (2002): Die Illusion der Gleichzeitigkeit. In: Faulstich, W.; Steininger, C. (Hg.): Zeit in den Medien – Medien in der Zeit. München, S. 131-155
Bieri, P. (1972): Zeit und Zeiterfahrung, Frankfurt a. M.
Blumenberg, H. (1981): Die Lesbarkeit der Welt, Frankfurt a. M.
Castells, M. [1996] (2001): Das Informationszeitalter I: Der Aufstieg der Netzwerkgesellschaft. Opladen
Csikszentmihalyi, M. (1985): Das flow-Erlebnis. Jenseits von Angst und Langeweile im Tun aufgehen. Stuttgart
Csikszentmihalyi, M. (1997): Kreativität Stuttgart
De Man, P. (1979): Allegories of Reading. New Haven
Derrida, J. (1967): De la grammatologie. Paris
Ellrich, L. (1992): Die Konstitution des Sozialen. In: Zeitschrift für philosophische Forschung, 1, 46, S. 24-43
Ellrich, L. (1999): Zwischen virtueller und wirklicher Realität. In: Hradil, S. (Hg.): Grenzenlose Gesellschaft. Verhandlungen des 29. Kongresses der deutschen Gesellschaft für Soziologie. Opladen, S. 397-411
Ellrich, L. (2000): Der verworfene Computer. Überlegungen zur personalen Identität im Zeitalter der elektronischen Medien. In: Becker, B.; Schneider, I. (Hg.): Was vom Körper übrig bleibt. Frankfurt/New York, S. 71-101
Ellrich, L, (2001): Der mediale Normalismus und die Rolle der ‚digitalen Elite'. In: Allmendinger, J. (Hg.): Die Gute Gesellschaft. Opladen, S. 372-398
Ellrich, L. (2002): Die Realität virtueller Räume. In: Maresch, R.; Werber, N. (Hg.): Raum – Wissen – Macht. Frankfurt a.M., S. 92-113
Ellrich, L. (2003): Die unsichtbaren Dritten. In: Hitzler, R.; Hornbostel, S. (Hg.): Elitenmacht. Opladen (im Druck)
Engell, L. (2001): In: Ders.; Vogel, J. (Hg): Mediale Historiographien. Weimar, S. 33-56
Faulstich, W.; Steininger, C. (Hg.): Zeit in den Medien – Medien in der Zeit. München
Fuchs, P. (1991): Kommunikation mit Computern? In: Sociologia Internationalis 1, S. 1-30
Gehlen, A. (1957): Die Seele im technischen Zeitalter. Reinbek
Gelernter, D. (2000): Warum Sie an Ihrem Computer verzweifeln. In: Frankfurter Allgemeine Zeitung, 15. Juni, S. 59
Gramelsberger, G. (2001): Die Form der Zeit: Prozessarchitektur und Zeitform. (http://www.philart.de/articles/zeitform.html)
Gramelsberger, G. (2002): Schrift in Bewegung. Eine semiotische Analyse der digitalen Schrift (http://www.philart.de/articles/digitale-schrift.html)

Cyber-Zeit 69

Großklaus, G. (1995): Medien-Zeit Medien-Raum. Zum Wandel der raumzeitlichen Wahrnehmung in der Moderne. Frankfurt a. M.
Guggenberger, B. (1999): Irgendwo im Nirgendwo. Von der Raum- zur Zeitordnung. In: Schneider, M.; Geißler, K. A. (Hg.): Flimmernde Zeiten. Vom Tempo der Medien. Stuttgart/Leipzig, S. 47-58
Guggenberger, B. (2000): Virtual City. In: Keller, U. (Hg.): Perspektiven metropolitaner Kultur. Frankfurt a.M., S. 37-59
Hörning, K. H.; Gerhard, A.; Michailow, M. (1990): Zeitpioniere. Frankfurt a. M.
Krämer, S. (2002): Verschwindet der Körper? Ein Kommentar zu virtuellen Räumen. In: Maresch, R.; Werber, N. (Hg.): Raum – Wissen – Macht. Frankfurt a. M., S. 49-68
Lash, S.; Urry, J. (1994): Economies of Signs and Space. London
Luhmann, N. (1981): Soziologische Aufklärung 3. Opladen
Luhmann; N. (1989a): Theorie der Gesellschaft. San Foca
Luhmann, N. (1989b): Kommunikationsweisen und Gesellschaft. In: Technik und Gesellschaft. Jahrbuch 5: Computer, Medien, Gesellschaft, Frankfurt/New York, S. 11-18
Luhmann, N. (1990): Die Zukunft kann nicht beginnen: Temporalstrukturen der modernen Gesellschaft. In: Sloterdijk, P. (Hg.): Vor der Jahrtausendwende. Frankfurt a. M., S. 119-150
Mainzer, K. (1996): Zeit – Von der Urzeit zur Computerzeit (2. veränderte Aufl.), München
Nassehi, A. (1993): Die Zeit der Gesellschaft, Opladen
Neverla, I. (1998): Fernseh-Zeit. Zuschauer zwischen Zeitkalkül und Zeitvertreib. München
Neverla, I. (1998): Das Netz-Medium. Opladen
Neverla, I. (2002): Die polychrone Gesellschaft und ihre Medien. In: medien & zeit. Kommunikation in Vergangenheit und Gegenwart, Heft 4, S. 46-52
Nowotny, H. (1989): Eigenzeit. Frankfurt a.M.
Pflüger, J. (1994): Über die Verschiedenheit des maschinellen Sprachbaues. In: Bolz, N. u.a. (Hg.): Computer als Medium. München, S. 161-181
Rorty, R. (1989): Kontingenz, Ironie und Solidarität. Frankfurt a. M.
Sandbothe, M. (1996): Mediale Zeiten. Zur Veränderung unserer Zeiterfahrung durch die neuen Technologien. In: Hammel, E. (Hg.): Synthetische Welten. Essen, S. 133-156
Sandbothe, M. (1998): Mediale Temporalitäten im Internet. In: Schäfer, A. u.a. (Hg.): Anthropologische Markierungen. Weinheim, S. 257-276
Schivelbusch, W. (1977): Geschichte der Eisenbahnreise. München
Schmidt, S. J. (2000): Kalte Faszination. Weilerswist
Schmidt, S. J. (2002): Geschichten und Diskurse. Die gesellschaftliche Bearbeitung von Kontingenz, Ms., Wien
Seel, M. (1985): Die Kunst der Entzweiung. Frankfurt a. M.
Thomä, D. (1994): Zeit, Erzählung, Neue Medien. In: Sandbothe, M.; Zimmerli, W. (Hg.): Zeit – Medien – Erfahrung. Darmstadt, S. 89-110
Sloterdijk, P. (1990): Das Andere am Anderen. In: Kamper, D.; Wulf, Ch. (Hg.): Rückblick auf das Ende der Welt. o.O., S. 194-125
Sturma, D. (1997): Die erweiterte Gegenwart. In: Gimmler, A. (Hg.): Die Wiederentdeckung der Zeit. Darmstadt, S. 63-79
Tugendhat, E. (2001): Heidegger und Bergson über die Zeit. In: Ders.: Aufsätze 1992-2000, Frankfurt a. M., S. 11-26
Virilio, P. (1996): Fluchtgeschwindigkeit. München
Winkler, H. (1996): Vom Programm als Ereignis zum Programm als Ort. Zeit und Linearität im Fernsehen und in den digitalen Medien. In: Kinoschriften 4, Wien, S. 45-53

Manfred E. A. Schmutzer

Zeitgemäße Zeiträume
– Stellwerk und Spielraum

Jeder Anfang ist bekanntlich schwer, denn am Anfang steht das Wort. Schon Goethe lässt Mephisto sagen: „Gewöhnlich meint der Mensch, wenn er nur Worte hört, es müsse sich dabei doch auch was denken lassen."(Goethe 1808: 78) Worauf die Hexe antwortet: „Die hohe Kraft, Der Wissenschaft, Der ganzen Welt verborgen! Und wer nicht denkt, Dem wird sie geschenkt, Er hat sie ohne Sorgen." (ebd.) Als Wissenschaftler sind wir demnach der Sorge Kinder. Und unsere Sorge gilt dem Denken, das durch Worte angelassen wird. Denn diesem Denken entspricht kein zwangsläufig gemeinsamer Inhalt.

An unserem Anfang stehen erschwerend zwei Worte: „Raum" und „Zeit", die schnell wie Worthülsen, die je nach Bedarf mit unterschiedlichen Inhalten gefüllt werden können, erscheinen. Die Frage, die Soziologen in diesem Zusammenhang bewegen muss, lautet, ob diese Inhalte beliebig sind, oder ob sich Rezepturen finden lassen, die erlauben, zwischen Salami, Mortadella, Chorizo oder Leberwurst zu differenzieren.

Solchen Rezepturen auf die Schliche zu kommen, und zwar so, dass sich ein Verständnis für die unterschiedlichen Zusammensetzungen ergibt, ist Anliegen dieses Beitrags. Damit soll nun nicht zum Ausdruck gebracht werden, dass Raum oder Zeit nur Phantasiegebilde wären. Zur Disposition stehen allerdings Bilder von etwas, was in sehr unterschiedlichen Weisen erfahren wird.

Das Wort „erfahren" insinuiert mehr als nur Bilder. Es unterstellt Handlungen, die in Raum und Zeit ablaufen, die quasi er-fahren werden. Seit geraumer Zeit transformierte sich jedoch diese Tätigkeit des „Er-fahrens" in einer Weise, die sie der Kunst der „Nacht-fahrenden" zunehmend ähnlich werden lässt. In abgeschlossenen Räumen ruhen diese „Nacht-fahrenden" (Duerr 1978) bewegungslos und rasen entlang geheimnisvoller Bahnen in irrlichternde Fernen. Raum und Zeit implodieren, ein Ordnungsgefüge scheint zu zerfließen. Manche meinen, die Ursachen dafür mit einem Wort erfassen zu können: „Internet".

Diese neue Art von Raumzeit ist jedoch keine Erfindung unserer Tage. Zwar sind ihre Instrumente ebenso wie ihre Bezeichnung neu, nicht aber die darunter wirkenden Phänomene. Um dies zu prüfen, ist die „hohe Kraft der

Wissenschaft" einmal mehr gefordert. Unsere These lautet demnach, dass nicht das Internet neue Raumzeiten erzeugt, sondern vielmehr selbst Ergebnis und Umsetzungspraxis solcher Raumzeiten ist. Sie entspringen, wie die Kunst der Nachtfahrenden, fassbaren gesellschaftlichen Befindlichkeiten.

Eine Ordnung der Dinge

Jedem, der auch nur einen Fuß vor den anderen gesetzt hat, ist zu Bewusstsein gekommen, dass solche Erfahrungen wesentlich davon bestimmt werden, welches begleitende „Zeug" dabei ist. Sandalen oder Siebenmeilenstiefel, Postkutsche oder Airbus prägen die Erfahrungen, die mit solcher Bewegung ursächlich verknüpft sind. Wäre es zuviel, daraus zu schließen, dass unsere Bilder von Raum und Zeit von solchen Sachen, d.h. Dingen, geprägt werden, die Bestandteile unserer Handlungsweisen sind, die das „Zeug" sind, mit dem wir werken?

Lurija (1974), den Denkansätzen Wygotzkis folgend, vertritt aufgrund seiner experimentellen Beobachtungen die Position, dass die realen Beziehungen von Gegenständen zueinander in der Praxis bestimmen, wie Menschen Aufgaben lösen. Diese wirken auf die vorgenommenen logischen Verbindungen, denen zeitliche Abfolgen wie auch räumliche Vorstellungen zuzurechnen sind.

Jörges hat diesen Umstand folgendermaßen zusammengefasst: „Sachen (sind) soziologisch immer als „Agenda", als herzustellende oder zu verwendende, zur Darstellung oder zur Vermittlung taugliche, oder sonst wie für das Handeln wichtige Gegebenheiten zu konzipieren..., als Teilhandlungen..., die in komplexe Handlungsstrukturen eingebaut sind, und zwar in Abhängigkeit von den angestrebten Soll-Lagen des Handelns auf der einen, den jeweils verfügbaren Informationen über die Sachen auf der anderen Seite." (1979: 129) Die daraus resultierenden Handlungsmuster setzen sich demnach aus Handlungsweisen, Routinen und Gegenständen zusammen.[1] Routinen und Gegenstände konstituieren zusammen mit den oben angesprochenen „Soll-Lagen" (Werten) das, was gewöhnlich als Kultur bezeichnet wird. Daraus ergibt sich notwendig, Zeit und Raum aus einer kulturspezifischen Perspektive zu betrachten. Dieser Ansatz folgt somit einer etablierten Vorlage, nämlich der, sozialen Raum und soziale Zeit als ein kulturspezifisches Produkt zu verste-

---

1   M. Löw vertritt in ihrer repräsentativen Arbeit eine ähnliche Position. Sie leitet „Raum aus einer (An)Ordnung sozialer Güter und Menschen ab." (2001: 269) Soweit herrscht Übereinstimmung. Ähnlich wie ich, verweist auch M. Löw auf die Bedeutung von Routinen, vor allem unter Bezug auf A. Giddens. Dieser Bezug macht allerdings „zeitblind", da es so erscheint, als seien in dieser Repetitivität Handlungsvollzüge durch ihre Plazierungen hinlänglich beschrieben.

hen. Das bedeutet, dass sozialer von mentalem und physikalischem Raum unterscheidbar wird. Er wird weder durch eine Ansammlung von Dingen allein noch als Aggregat von Sinnesdaten konstituiert, obwohl gleichzeitig beide nicht wegzudenken sind. Er ist ein Raum sozialen Handelns, das allerdings wie oben bereits betont wurde, wesentlich vom Vorhandensein von Dingen geprägt und mitgetragen wird.

Mentaler Raum unterscheidet sich vom Raum gesellschaftlicher Praxis. Allerdings bedingen sich beide. Mentaler Raum stellt die idealisierten Bilder – Raumbilder – zur Verfügung, die den erlebten Raum begreifbar werden lassen.

Begriffe, wie „Straße, Markt, Wohnraum" dienen dazu, verschiedene Räume zu unterscheiden, ohne sie zu isolieren. Sie entsprechen einem spezifischen Gebrauch dieser Räume, also einer raumspezifischen Praxis, und sie beschreiben so einen gesellschaftlichen oder „sozialen Raum". Solcherart erzeugte Räume können decodiert, das heißt, „gelesen" werden. Beispiel wäre die Zuweisung von Räumen zu Personen, etwa Kinderzimmer u.ä., die in vielen Kulturen praktisch unbekannt ist.

So besaß auch die antike Stadt ihre eigene räumliche Praxis. Sie schmiedete ihren eigenen, ihr eigentümlichen und angemessenen, Raum[2], der sich wesentlich von späteren bzw. heutigen Städten unterscheidet. Es gilt somit, dass jede Gesellschaft ihren je eigenen Raum erzeugt. Die Genese von sozialem Raum, sowie seine Form mit dazugehörigen Zeiten, Rhythmen und Zentren ist folglich sorgfältiger Analyse zu unterwerfen.

Sozialer Raum weist den

(a) Beziehungen der gesellschaftlichen Kooperation und Reproduktion, wie auch
(b) den Beziehungen in und bei der Produktion (von Dingen, Gütern) geeignete Orte zu.

In der Realität verbindet der „soziale Raum" die sozialen Handlungen sowohl individueller, wie auch kollektiver Akteure. Er „versammelt" die sozialen Handlungen, wobei zu betonen ist, dass solches Sammeln sowohl synchron als auch asynchron verlaufen kann und trotzdem aufeinander bezogen – also sozial – bleibt.

Die Herstellung (Produktion) von Raum

Es bedarf keiner großen Begabung, dem Substantiv „Raum" das Verb „räumen" in ähnlicher Weise beizuordnen, wie Elias (1984) „time" mit „timing" verband.

---

2 R. Sennett (1998) zeigt diesen Zusammenhang in einer Vielzahl historischer Beispiele in anschaulicher Weise auf.

Dieses „Räumen" bezieht sich zunächst auf eine Tätigkeit, die in engem Zusammenhang steht mit dem, was in den romanischen Sprachen mit „rus", lateinisch: Feld, bezeichnet wird[3], d.h. Schaffen von Raum für oikisches Handeln. Dieses „Räumen" – Schaffen von Raum – erzeugt zunächst einen Freiraum oder Lebensraum, der nach dem Aus-räumen, „lichten", um einmal Heidegger zu bemühen, mit Hilfe von Dingen ein Ein-räumen in den Bereich des Möglichen stellt[4]. Solcher Raum ist zwangsläufig begrenzt, hebt sich von dem, was um ihn her gegeben wurde, seiner Um-gebung, ab. Das Setzen von Raum erfordert eine markante Differenz, die durch eine Grenze markiert, durch die Setzung einer Marke erzeugt, produziert oder her-gestellt wird. Diese zu be-merken ist von Be-deutung, denn nur dann wird der Raum er- oder ge-fasst.

Man könnte demnach festhalten: Raum ist das Feld, das benötigt wird, um etwas herzustellen. Nicht aus den Augen zu verlieren ist dabei das Faktum, dass auch dieses Feld hergestellt werden muss. Darauf sich einigen zu können, gibt die Freiheit, auch dem Internet Raum zuzusprechen.

Herstellen ist eine Form von Handeln, das in der Mehrzahl aller Fälle ein soziales Handeln ist. Raum räumt so die Möglichkeit zu sozialem Handeln ein, ist eine wesentliche Determinante beim Durchführen von Pro-duktion (Vor-führung).

Formen sozialen Handelns

Bei Weber ist soziales Handeln solches, das am vergangenen, gegenwärtigen oder zukünftigen Verhalten anderer orientiert ist. Er unterscheidet bekanntlich verschiedene Handlungsformen nach den bekannten Kriterien, zweck- oder wertrational, traditional oder affektiv. Über Form, Inhalt und Art sozialer Handlungsabläufe, oder um dasselbe mit anderen Worten zu wiederholen, über Handlungsketten oder -sequenzen spricht er meines Wissens nicht. Es sind aber gerade Handlungssequenzen, die das Einräumen von Raum maßgeblich bestimmen. Sie be-dingen eine Verflechtung von Raum und Zeit, wie Munn (1986) das am Beispiel der Insel Gawa anschaulich werden lässt.

---

3   Im Wort „rustikal" verbirgt sich etwa noch diese Wurzel.
4   M. Löw (2001) zieht den englischen Begriff „spacing" vor, weil ihr dieses „Entleeren" des Räumens widersinnig erscheint. Ich fürchte, dass mit dieser Position ein wesentlicher Aspekt der Schaffung von Raum verloren geht. Durch „spacing" wird eine Handlungssequenz auf einen einzigen Tat-Bestand verkürzt. Die, durch die Gegenwart von Objekten gegenwärtige, Vergangenheit bleibt bestehen, ohne wahrgenommen zu werden. Zeit wird damit vernichtet, Handeln objektiviert, d.h. gleichfalls zu einem Gegenstand gemacht. Löw geht dadurch auch der Möglichkeit verlustig, zwischen ein-richten und ein-räumen zu differenzieren.

Damit etabliert sich eine Dialektik, die eine Handlung oder Handlungskette in Gawa erst sinnhaft werden lässt, wenn daraus eine andere folgt. So ist Gartenarbeit sinnlos, die darauf ausgelegt ist, hohe Erträge zu erbringen, die den eigenen Bedarf weit überschreiten, wenn ihr nicht Handlungen des Speisengebens – und zwar an fremde Besucher – folgen. Produzieren oder Herstellen ist demnach wesentlich bestimmt von einem Handeln, das wir als Geben bezeichnen. Doch auch solches Geben stellt keinen Abschluss einer Handlungskette her, ist doch seinerseits der Akt des Gebens wieder in Handlungsweisen integriert, die in diesem Fall den Empfänger integrieren. Dieser wird verpflichtet, in Zukunft ähnliche Handlungen zu setzen und das Hohe Lied der erwiesenen Gastfreundschaft zu singen. Munn (ebd.) verweist mit Nachdruck auf die solcherart geschaffene Raum- und Zeitstruktur, die Gawa mit anderen Inseln, die Gegenwart mit der Zukunft, aber auch mit der Vergangenheit der Gartenarbeit und der Enthaltsamkeit im eigenen Konsum, verknüpft. Es entsteht solchermaßen ein raumzeitliches Geflecht, das berechtigterweise auch mit dem Modewort „Netzwerk" bedacht werden kann.

Sprachspiele[5] beim „Wort genommen"

Solche sozialen Handlungssequenzen konstituieren offenbar Raum und Zeit. Die Frage, die sich an dieser Stelle ergibt, wäre, lassen sich paradigmatische Handlungsfolgen anderen Inhalts, aber mit ähnlichen Wirkungen ausmachen? Die Beantwortung einer solchen Frage sprengt nahezu zwangsläufig die etablierten Weisen soziologischer Forschung, ist diese doch heute überwiegend einem individualistisch-rationalistischem Verständnis von Gesellschaft verschrieben. Ich vermisse daher eine Methode zur Erfassung des Kollektiven. Deshalb möchte ich einen anderen Ansatz versuchen, der sich auf die Annahme stützt, dass sich sozial wesentliche Erscheinungen des Handelns wie der Objekte in den gängigsten Ausdrucksweisen widerspiegeln und entdekken lassen. Jedoch nicht nur dies, sondern sie legen sich rückwirkend in prägender Weise auf viele Formen des Handelns.

Betrachtet man Deutsch im Vergleich zu Englisch, so fällt auf, dass es in vielem über einen archaischeren Formenschatz verfügt. Obwohl die Tendenz besteht, sich einer ausgeprägteren analytischen Sprachform anzunähern, sind charakteristische Flexionsformen nach wie vor erhalten. Altgriechisch ver-

---

5 Der Begriff wurde von Wittgenstein (1958) geprägt. Dieser erklärt ihn in folgender Weise: „Wir können uns auch denken, dass der ganze Vorgang des Gebrauchs der Worte... eines jener Spiele ist, mittels welcher Kinder ihre Muttersprache erlernen. Ich will diese Spiele ‚*Sprachspiele*' nennen... Ich werde auch das Ganze: der Sprache und der *Tätigkeiten*, mit denen sie erworben ist, das ‚*Sprachspiel*' nennen." (Nr.7)

fügt etwa noch über acht casus, Latein nur über sechs, Deutsch über vier und Englisch, darf man wohl sagen, über einen.

Derartige Sprachformen drücken, wie sich allein aus obiger Variation ablesen lässt, sozial wesentliche Beziehungen und nicht Bezeichnungen von Naturvorgängen aus. Das oben angesprochene Geben, das, wie seit Mauss (1923) Arbeit über das Geschenk bekannt ist, ein konstitutives Element sozialen Handelns darstellt, findet in der grammatikalischen Form des Dativs (lat. dare= geben) seinen Ausdruck. Die grammatikalische Form spezifiziert somit einen bedeutenden sozialen Handlungsbezug. Analog dazu repräsentiert der Akkusativ einen weiteren, sozial bedeutenden Handlungsbezug, nämlich jenen des Beschuldigens oder Anklagens. Solche Anklagen, die von Munn (ebd.) in ihren Abhandlungen über Hexerei behandelt werden, beziehen sich zunächst weniger auf individuelle Schuldverhältnisse als vielmehr auf kollektive Bringleistungen. Es handelt sich um die Konstituierung eines funktionstauglichen sozialen Körpers, der durch bestimmte Handlungsweisen bereits in seiner Genese bedroht werden kann. Wiederum ist dabei von unleugbarem Interesse, wie die Bedrohung des sozialen Körpers dargestellt und in die Vorstellung eines zerstückelten Körpers der Hexe, wie auch eines ähnlich gespaltenen Zustandes des Beschuldigten, übersetzt wird. Dieser gespaltene Zustand kann auch als Resultat eines nichtstrukturierten, sozialen Bereichs aufgefasst werden, wie das Douglas (1966) bereits vorschlug. Um dasselbe in anderen Worten zu sagen, handelt es sich dabei um soziale Ungeordnetheit – zweideutige soziale Beziehungen –, die Widersprüche erzeugen kann.

Die Thematisierung kollektiver Forderungen und generischer Handlungsweisen leitet zwanglos zu den beiden anderen Fällen, dem Genetiv und dem Nominativ, über. Der Genetiv, bei uns heute vorwiegend als Ausdruck eines Besitzverhältnisses verstanden, verweist auf wesentlich mehr. Es handelt sich dabei um jene Form, die die Herkunft einer Person wie auch einer Sache anzeigt. Genus und generieren, woraus sich „Genetiv" herleitet, machen den Umstand mehr als deutlich. Es wird damit aber auch gleichzeitig deutlich, dass Produktion und gesellschaftliche Reproduktion nicht nur wesentliche Aspekte sozialen Handelns sind. Zugleich werden weitere Denkmuster vermittelt, nämlich die Vorstellung eines Anfangs oder Ursprungs, wie auch jenes für uns heute dominant gewordene, eines Verfügungs- oder Besitzanspruchs.

Nominare, bezeichnen oder benennen, hat darüber hinaus auch die Bedeutung von „rühmen" und „anklagen". Damit wird nicht nur ein neuerlicher Bezug zum *accusare* hergestellt, sondern auch auf die doppelte Wertigkeit des Bezeichnens verwiesen. Doch sieht man von dieser Dialektik der Wertigkeiten ab, so wird über solches Bezeichnen zunächst, ähnlich wie beim Genetiv, ein Bezug und eine Zugehörigkeit zum Ausdruck gebracht, die jenseits der Produktion oder Reproduktion angesiedelt ist. Dieses Benennen erzeugt Kollektive anderer Art, etwa auf der Basis besonderer Merkmale wie Geschlecht, oder auf der Basis von Tätigkeiten wie Hirte oder Gärtner. Welchen Aspekt man auch immer ins Auge fassen möchte, ein Faktum bleibt zentral, dass nämlich solches „Benennen" ein eminent soziales Handeln darstellt. Benennen bedeutet ja, zum Zweck der Kommunikation soziale Kategorien zu benutzen, somit eine soziale Ordnung zu akzeptieren, aber auch bestimmte Ordnungen zu setzen, wie das u.a. in Fällen von Stigmatisierung praktiziert wird.

Die hervorragende Bedeutung dieser Typen sozialen Handelns ist aus dem Umstand abzuleiten, dass zu ihrer Charakterisierung eigene Sprechweisen entwickelt wurden und sich über lange historische Epochen erhalten haben. Sie bringen – wie oben bereits angesprochen – ihre je eigenen raumzeitlichen Muster hervor. Gleichzeitig wird die Tatsache nicht zu ignorieren sein, dass sich zumindest aus sozialwissenschaftlicher Sicht, die raumzeitlichen Muster grundlegend verändert haben. Dabei wird von vielen Seiten die Vermutung ventiliert, dieser Wandel sei auf einen vorausgehenden technologischen Wandel zurückzuführen. Genau genommen wird damit die Ogburn'sche These (1922) vom Nachhinken der Kultur im Konnex des Internets neu aufgelegt.

Diese Befunde sind dringend einer Diagnose zu unterziehen.

Raummuster

An mehr als einer Stelle kann man die Feststellung finden, dass es zwei unterschiedliche und sich gegenseitig ausschließende Vorstellungen von Raum gibt. Löw (2001) unterscheidet etwa zwischen absolutistischen und relativistischen Raumkonzepten, wobei sie sich für ein relationales als Verknüpfung von beiden Konzepten entscheidet.

Die beiden Typen werden gerne mit folgenden Begriffen benannt, die ich der Einfachheit auch übernehmen werde. Der absolutistische Raum wird meistens als „Container" bezeichnet und als eine Art Kiste vorgestellt, in die irgendwelche materiellen Körper gepackt sind. Der zweite wird im Gegensatz dazu als „Netzwerk" bezeichnet und auch als solches verstanden[6].

Charakteristisch für die erste Vorstellung ist, dass sich Körper im Raum befinden, für die zweite hingegen, dass sich Körper und Raum nicht vermischen. Raum befindet sich in dieser Sicht offenbar nur dort, wo keine Körper sind, er verbindet also die Körper. Raum ist aus dieser Sicht „*Spatium*" – *space* – was Zwischenraum oder Abstand bedeutet.[7]

---

6 Offen bleibt dabei allerdings, ob Raum selbst schon das Netz ist oder ob es darüber hinaus nicht noch zusätzlich ein Netz gibt. Um diese Vorstellung zu illustrieren, sei auf die gängige Metapher zurückgegriffen, die Raum und Meere gleichsetzt (dazu: M. Schroer, in diesem Band). Zwar kann man behaupten, alle Orte an den Küsten seien durch das Meer verbunden, das heißt aber noch nicht, dass alle auch erreichbar, und schon gar nicht, dass sie in ein Netzwerk von Schifffahrtslinien eingebunden sind.

7 Damit wird auch Raum zu bloßer Quantität und somit messbar.

Nun scheint beiden Vorstellungen eine merkwürdige Einseitigkeit zu eigen zu sein. Das absolutistische Konzept hantiert zwar mit dem Bild, dass sich Körper im Raum befinden, das sich daraus ergebende Zweite wird jedoch kaum artikuliert, nämlich, dass sich Raum in den Körpern befindet. Raum wird ein-genommen. Solches „Einnehmen" ist aber nicht nur ein „Besetzen", sondern vor allem auch ein „In-korporieren".

Umgekehrt wird die Paraphrase vom Raum als Relationennetz gleichfalls einseitig präsentiert. Das Meer wird nur von jenen, die der Schifffahrt, insbesondere der Hochseeschifffahrt, kundig sind, als Netz potentieller Beziehungen verstanden. Von jenen, die dieses Instrument nicht beherrschen, wird es, weil sie – wie etwa die Armeen des expandierenden Islam – vorwiegend Reitervölker waren oder ähnliches sind, als trennend verstanden. Schmiegt sich also Raum um Körper, so ist damit noch nicht gesagt, dass er auch vermittelt, er kann auch abschirmen und trennen.

Diese unterschiedlichen Interpretationsmöglichkeiten und Bilder – bzw. noch viel mehr jene, die ausgelassen werden – scheinen es nahe zu legen, sich mit dem Begriff und der symbolischen Signifikanz von Raum und auch von Zeit noch einmal im Detail auseinander zu setzen.

Stellraum: Ewigkeit und Wiederkehr – Herstellen und Darstellen

Die oben gewählte, aktivistische Darstellung von Raum ist in gewisser Weise irreführend. Raum selbst räumt nichts ein, sondern „erleidet" – passiv – ein Einräumen, das ihn erst zu einem Handlungsraum werden lässt.

Als Handlungsraum mögen unterschiedliche Ordnungsprinzipien zur Geltung kommen. Wie oben bereits angedeutet, kann sich eine derartige Ordnung unmittelbar aus der gängigen Praxis ergeben (Lurija 1972). Solche Praxis ist allerdings stets auch in ein zeitliches Schema eingebunden, da ja spezifische Handlungsabläufe Sequenzen kennen, die kaum ignoriert werden dürfen. Wer ernten will, muss säen, wer bauen will, muss zuerst die nötigen Materialien beschaffen und wer einräumen will, muss zuvor Raum schaffen. Aus solchen Handlungsabläufen ergeben sich zweckmäßige Raumstrukturen, die, wie das White (1962) gezeigt hat, ganze Siedlungsformen hervorbringen können. Es mag dabei ennuyierend sein, auch in diesem Kontext nochmals auf die Bedeutung des eingesetzten Geräts, der verwendeten Technologien hinzuweisen. Damit wird aber nicht behauptet, dass ihnen eine kausale Bedeutung zugeteilt wird.

Nicht zu vergessen sind darüber hinaus Praktiken, deren Handlungsablauf nicht der zwingenden Ordnung einer produktiven Alltagspraxis entspringt, sondern häufig nicht mehr entschlüsselbaren Ritualen. Diese sind oft

Zeitgemäße Zeiträume 79

einer noch viel eindringlicheren zeitlichen Ordnung unterworfen als jene anderen. Es handelt sich dabei um das Herstellen von Vor-stellungen, denn „... Rituale sind Darstellungen sozialer Beziehungen, und indem sie diesen Beziehungen einen sichtbaren Ausdruck verleihen, ermöglichen sie es den Menschen, ihre eigene Gesellschaft zu erkennen."... und folglich auch angemessen zu handeln. „Die Rituale wirken durch das symbolische Medium des physischen Körpers auf den politischen Körper." (Douglas 1988: 169) Anfügen darf man, dass selbstredend auch andere Medien, wie Zeit und Raum, eingesetzt werden und zum Tragen kommen.

Solche, in Räume eingeschriebenen, Routinen alltäglichen Handelns, die eingeräumte Räume hervorbringen, sind offenbar Zeit-räume. Es wird sich in ihnen Zeit kaum vom Raum absondern lassen, sondern im Gegenteil werden Raum und Zeit ineinander verflochten sein, so wie unter diesen Voraussetzungen Gegenwart, Zukunft und Vergangenheit aufgrund der inhärenten Repetitivität ineinander verfließen.

Verstehen wir Raum und Zeit als eine Ordnung von Handlungen und Dingen,[8] dann werden in einem derartigen Feld Dinge wie Körper von beiden durchdrungen, ähnlich wie Schwämme von Wasser. Raum und Zeit entstehen durch Abgrenzung von einem anderen raumzeitlichen Bereich, einem, dem weder Zyklizität noch Grenzen eignen. Durkheim hat ihn als den Raum des Heiligen oder auch die Zeit des Heiligen bezeichnet. Diese Zeit des Heiligen hat auch ihre eigene Kommunikationsform entwickelt. Es entspricht ihr im Deutsch die Sakralsprache des Präteritums (heute zum Imperfekt banalisiert), mit welchem die konstitutiven Ereignisse in der großen Zeit der Helden und Ahnen, der *longue durée*, geschildert wurden.

Einem solcherart eingeräumten Zeitraum, in dem die Zeit ihre Dinge und die Dinge ihre Zeit haben, ist eine Qualität eigen, die durch die damit verknüpften, je spezifischen Handlungsformen geschaffen wird. Zeiten des Beschuldigens und Richtens wechseln mit Zeiten des Gebens und Nehmens, mit Zeiten des Generierens und Re-produzierens[9], sprich Ernten, Säen, Heiraten, Kriegen (etwas durch Anstrengung bekommen). Ohne in Details gehen zu müssen, kann festgestellt werden, dass diese Handlungsabfolgen in den Zuschreibungen der Astrologie festgehalten wurden und aus deren sozialwissenschaftlicher Analyse nachvollzogen werden können. Die Abfolgen der Handlungsweisen sind wiederkehrend und sind keineswegs nur durch jahreszeitliche Rhythmen bedingt.

---

8 Es drängt sich auf, diese Ordnung mit Mundart zu vergleichen. Sie ist gewachsen, „naturbelassene Kultur".
9 Hillier (1996) unterscheidet zwischen Räumen der Produktion und Räumen der gesellschaftlichen Re-produktion. Er lokalisiert diese Differenz vor allem in Stadtplänen. In Analogie dazu könnte man auch zwischen Zeiten der Produktion und Reproduktion unterscheiden. „Heilige Zeiten" sind der Reproduktion gewidmet (dazu: Durkheim 1912), „profane" der Produktion.

Es wird offenkundig, dass nicht nur Raum durch soziales Handeln und die Platzierung von Dingen konstituiert wird. Die Zeit bildet keine Ausnahme. Um kurz anzudeuten, wie Dinge in der Zeit platziert werden, sei an Bekanntes erinnert. Ein Maibaum oder Weihnachtsbaum kann nur zu seiner, der richtigen Zeit, platziert werden. Ähnliches gilt für verschiedene Speisen, wie Ostereier, Hochzeitstorten oder vielleicht sogar Knabbergebäck. Menschen wie Sachen sind von raumzeitlichen Qualitäten durchtränkt – man möchte sagen: eingefleischt – so wie sie ihrerseits, durch ihre raumzeitlichen Platzierungen, rückwirkend beide konstituieren.

Stellwerke und Kraftkammern

Ein solcherart erzeugter, oder besser, entstandener Raum ist mächtig, doch kraftlos. Anders als es etwa die Impetustheorie nahe legt, wirkt in solchen Räumen keine Kraft auf die sich dort befindlichen Körper. Sie verharren und beharren. Raum wird eingeräumt, das Feld bestellt. Abgesehen davon, dass es gepflegt und gehegt werden muss, bleibt ein Großteil dieses Geschehens sich selbst oder dem natürlichen Lauf der Dinge überlassen.

Wir kennen jedoch auch andere Felder. Nicht nur die Impetustheorie und die aristotelische Physik haben Wirkungen vom Raum auf die darin befindlichen Körper postuliert. Die Konzeption des elektromagnetischen Kraftfeldes – gleichfalls ein Raum, in dem sich Körper befinden – richtet den Raum in spezifischer Weise aus und ein. Es handelt sich hier nicht mehr allein um eine sich aus Handlungssequenzen ergebende Ordnung, sondern um eine konzipierte, präformierte oder angeordnete Ordnung. Solcher Ordnung kommt eine ausgezeichnete Richtung zu, solche Räume sind nicht mehr nur ein-geräumt, sie sind gerichtet, egal ob ein- oder aus-[10]. Es herrscht quasi ein Machtgefälle zwischen zwei Polen, das Kraft erzeugt. Trotzdem handelt es sich noch immer um einen „Behälter", in dem sich Körper befinden, bzw. um Raum, der die Körper durchdringt, wie das Wasser den Schwamm. Doch um bei diesem Bild zu bleiben, strömt diesmal das Wasser und bewegt so die Körper in der Raumzeit. Anschaulich repräsentiert wird diese Vorstellung in Hägerstrands (1970) Zeitgeografie.

Es scheint nicht unwesentlich festzuhalten, auf welchen Entwicklungspfaden die Vorstellungen von Zeit diesem neuen Muster unterworfen werden,

---

10 Ein anschauliches Beispiel für eine solche Aus-richtung bietet die sogenannte „Ostung" christlicher Kirchen, die selbst in einem aufwendigen Ritual (zeitliche Ausrichtung) bestimmt wurde. Eine umfangreiche Darstellung und theoretische Aufarbeitung solcher Richtungsprozesse finden sich in B. Hillier, J. Hanson (1984). Hillier (1996) zeigt in der Folge sogar, dass die Missachtung solcher Vorgaben „*social malaise*", ich übersetze dies als „Anomie", erzeugen kann.

bzw. wie sich die ver-messene Zeit erst aus neuen Handlungsvorgaben eines vorhergehenden Ausrichtens oder zu-messenden Müssens ergibt.

In jenen Epochen, wo außer einem undifferenzierten Präsens nur die große Zeit der heldenhaften Ahnen gedacht wurde, deren Leistungen mithilfe des Präteritums gewürdigt wurden, war Zeit richtungsloses Sein. Dann, als sich die Gesellschaften zu differenzieren begannen, indem das Kriegen (Erhalten, Bekommen) von Kriegern und Kriegen wesentlich mitbestimmt wurde, und das Geben zunehmend zu einem Nehmen transmutierte, in dieser Zeit beginnt sich Zeit zuzurichten. Die Gegenwart der Lebenden sondert eine Vergangenheit der Lebenden aus, das seltsam klingende „Perfekt der Gegenwart" oder „Perfekt Präsens". Wenig später, als Vasalleneide den edlen Kriegern nicht nur Pfründe, sondern auch Schuldleistungen zuteil werden ließen, wurde das so zugemessene Eigentum zur schuldhaften Verpflichtung. *I shall, you will*. Damit erhielt Zeit eine Richtung[11]. Ewig ist sie allerdings nicht, sie nimmt einen Anfang und strebt zu einem Ende. Jenseits davon befindet sich das Jenseits ohne Zeit und Ort.

In „dieser Welt", die durch Grenzen de-finiert (de-finire), d.h. end-gültig festgelegt wurde, herrschten hingegen zentralistische Vorstellungen vom Raum,[12] von der Gerichtetheit der Zeit vom *Big Bang* eines *Fiat Lux* hin zum Wärmetod im Höllenfeuer des Jüngsten Tages und das Prinzip einer hierarchischen Welt- und Gesellschaftsordnung vor.[13]

Solch ordnende Kraft erfordert eine vorauseilende Vorstellung und muss auch zur Darstellung gebracht werden. Im Mittelalter waren solche Vorstellungen eingebettet in das Konzept einer gottgewollten Ordnung, die nicht nur Raum und Zeit durchdrang, sondern auch ein Ziel festlegte, das zum ewigen Heil führen sollte. Dieser Weg zum Heil war der Endpunkt eines Plans des

---

11 Die „Betonung der Sukzessivität und der linearen Gerichtetheit (kommt) erst in der gotischen Zeit zum Durchbruch", schreibt Wendorff (1980: 103). Diese Sicht mag auch richtig sein, aus der Position der Etymologie lässt sich allerdings feststellen, dass die Entwicklung eines Perfekt Präsens vor jener eines Futurs stattfindet und letztere etwa zeitgleich mit dem Beginn der Feudalordnung anzusetzen ist.

12 Mittelalterliche Landkarten zeigen Jerusalem als Zentrum der Welt und weltlichen Repräsentanten des himmlischen Jerusalem.

13 Allerdings sollte aufgrund dieser Skizze nicht der falsche Eindruck entstehen, als würden diese Entwicklungen alle Schichten der Gesellschaft synchron erfassen. Die Struktur der wachsenden Gesellschaften war im Vergleich zu früheren Gegebenheiten komplexer geworden. Die Auflösung oder Auffächerung der traditionalen drei Stände ist allgemein bekannt und braucht nicht wiedergegeben zu werden. Zu betonen ist allerdings, dass sowohl die sprachlichen, wie auch weltanschaulichen Entwicklungen in den unterschiedlichen Segmenten der mittelalterlichen Gesellschaft gleichfalls unterschiedlich verliefen. Sichtweisen, aus dem Lebensrhythmus der Klöster entstanden, sind nicht unmittelbar auch bei den leibeigenen Bauern noch ihren aristokratischen Herren aufgetreten. Analoges gilt für städtische Bürger, höfischen Klerus etc…

Schöpfers.[14] Pläne, wenn sie Teilnahme zu ihrer Verwirklichung einfordern, müssen vermittelt werden, indem sie dargestellt werden. So entsteht ein doppelter Handlungsraum. Er ist auch Vorstellungsraum im doppelten Sinn. Einerseits entsteht ein Raum, der nach den Vorstellungen des Planers gestaltet und verwirklicht wird, andererseits wird in diesem vorgestellten Raum richtiges, ge-richtetes soziales Handeln seine Stätte finden und Platz greifen. Der so gestaltete Raum leitet und führt die Handlungen und Handelnden in die gewiesene Richtung.[15] Ein solcher Vorstellungsraum ist faktisch Bühne, auf welcher Vorstellungen geboten werden. Vorstellungen von Raum beinhalten zwangsläufig Vorstellungen von sozialem Handeln. Dieses wird auf Bühnen abgehandelt und, dem Bild angemessen idealisiert, vor- und dargestellt.

Es mag der Einwand erhoben werden, dass auch in eingeräumten Räumen Vorstellungen geboten werden. Doch sind Vorstellungsräume dieser Art heilige Räume, die nur unter der Drohung des Sakrilegs anderweitigen Handlungen zur Verfügung stehen. Noch einmal anders ausgedrückt handelt es sich bei eingerichteten Räumen um Vorstellungen vom Alltag, die vorgegeben und inszeniert werden. Mittels einer Vorschrift, die auf viele Zeichensysteme rekurrieren kann, werden Dinge wie Körper geformt und raumzeitlich platziert, womit ihnen Handlungsweisen eingeschrieben werden. Foucault (1975) nannte solche Räume Disziplinarräume. Sie werden fein säuberlich in Kataster aufgeteilt, analog der Zeit, die gleichfalls in kleinste Elemente zerteilt und mechanistisch, dem Vorbild der Uhren folgend, additiv resynthetisiert wird.

Diese neue Zeit möchte ich als Zeit der Neu-Zeit bezeichnen, wobei eine Abfolge von Qualitäten durch Vorgabe von qualitätslosen Quantitäten ersetzt wurde. Ich argwöhne, dass als notwendiges Korrelat Raum zum ausschließlichen Repräsentanten von Qualität hochstilisiert wurde.

Raum ist Gesellschaft

Eingerichtete Räume als soziale Handlungsräume verfügen auch über ihre eigenen sprachlichen Codes. Nicht nur anweisende richtungsgebende Zeichensysteme vermitteln die Art der Handlungsweisen. Nicht anders als bei den Deklinationen stellt auch hier die deutsche Sprache ein Repertoire zur Verfü-

---

14 Der Verlauf kannte verschiedene Stadien, doch auch hier war ein Ereignis zentral, die Menschwerdung des Heilandes. Naheliegend waren daher auch die Geschichten vom Zeitenlauf einer Heilsgeschichte. Dabei wurden alle wichtigen Ereignisse im Leben eines Christen von der Lebensgeschichte Christi ausgehend definiert. Diese *Imitatio Christi* wurde zu einer ewig gegenwärtigen Geschichte, die wenig mit Uhrzeit oder Kalender gemeinsam hatte (Senett 1998).
15 Hillier bezeichnet diese Art von Raum als „long model", womit er „space adapted to support the rules, and behavioural rules must also support it." (1996: 7; 242 ff.)

gung, die sogenannten Modalverben, mit deren Hilfe die Kraftströme differenziert zum Ausdruck gebracht werden. Die Verben „müssen, sollen, dürfen" schreiben Handlungen jene Weisen ein, die den Adressaten solcher Weisungen zugemessen wurden. Umgekehrt drücken „wollen, können, mögen" aus, wo der Ursprung solcher Ordnungen liegt; woher Können und Vermögen zu solchen Weisungen kommt. Erste Zukunftsformen wurden im Deutsch mit den Worten „müssen, sollen (engl. *shall*) und wollen (engl. *will*)" gebildet. Zukunft war also offenbar zuerst ein soziales Verhältnis, bevor es zu einem zeitlichen wurde.

Resümiert man die bisherige Darstellung von Raum als Behälter – Raum in dem sich Körper befinden – und Zeit, die über spezifische Handlungssequenzen Qualität erzeugt, wird deutlich, dass die Einbettung, ja Durchflutung der Körper diese prägt und bildet. Ein derartiges Ein-nehmen von Raum verleitet, an Durkheim – oder auch Elias – zu erinnern, die beide die Position vertreten, dass Gesellschaft nichts Äußerliches sei, sondern sich in uns befinde.[16] Auch Bourdieus Habitus- und Habitatkonzeptionen finden hier ihre berechtigte Anwendung.

Somit sollte man aber einen anderen Konnex nicht aus den Augen verlieren. Etymologisch betrachtet leitet sich der Begriff „Gesellschaft" aus dem althochdeutschen Wort „sal" her. Dieses Wort bezeichnet das, was heute SAAL geschrieben wird, einen abgeschlossenen Raum – einen Behälter. Die Gesellschaft ist demnach jene gesellige Runde von Gesellen, mit denen man einen Saal, einen Behälter, teilt. Diese Gesellschaft prägt die Handlungsweisen und Denkmuster, Art und Qualität der in den Raum gestellten Personen und Gegenstände.

Wenn es stimmt, dass Raum erzeugt wird und nicht quasi naturgegeben vorhanden ist, dann dürfen wir annehmen, dass das, was wir als Raum bezeichnen, nichts anderes als ein Synonym für Gesellschaft ist. Raum ist eine Projektionsfläche, auf die die Charakteristika gesellschaftlicher Existenz geworfen und von dort quasi naturalisiert abgelesen werden.

Es ist Ahrens (in diesem Band) im Prinzip zuzustimmen, wenn sie darauf hinweist, dass über Raum und Zeit Ordnung hergestellt wird. Allerdings würde ich meinen, dass es sich dabei um einen Re-produktionsprozess handelt, bei dem soziokulturelle Kategorien repliziert werden. Wie unsere bisherige Auseinandersetzung zeigt, gilt diese Aussage auch für den Behälterraum und nicht nur, wie Ahrens vorzuschlagen scheint, für das relationale Raumverständnis. Denn, welcher Form von Differenzierung wäre größere Ordnungskraft zuzuschreiben als der Unterscheidung zwischen „wir und sie", der Unterscheidung zwischen Innen und Außen, Dazugehören oder nicht.

---

16 So meint Durkheim in der Religionssoziologie, dass das in allen Religionen auffindbare Bild einer unsterblichen Seele genau diesen Sachverhalt zum Ausdruck brächte. Unsterblich sei in uns die Gesellschaft, von der wir Teil sind.

Raum als Behälter, der nicht nur enthält, sondern auch durchdringt, ist die Reflektion einer Form gesellschaftlichen Lebens mit genau diesen Eigenschaften. Aus hier nicht weiter auszubreitenden Gründen soll diese Form gesellschaftlichen Lebens nicht mit dem Begriff der „Gemeinschaft" bedacht werden. Der Begriff der „Ge-sell-schaft" ist ja wesentlich vielsagender. Die Tatsache, dass in dieser Form des Zusammenlebens die einzelnen Mitglieder eingehegt und der prägenden Kraft der *communitas* unterworfen sind, bildet das sie auszeichnende Charakteristikum.

Der relationistische Raum

Wird Raum als das verstanden, was sich zwischen den Körpern befindet, dann ist dieser Raum außerhalb der Körper. Er ist das, was dazwischen ist, *space*. Nahezu zwangsläufig ergibt sich aus dieser Vorstellung, dass Raum unbegrenzt ist, da seine Grenzen mit den Oberflächen der Körper zusammenfallen, infinite Körper aber unbekannt sind. Raum bekommt aus dieser Sicht die strukturellen Qualitäten von Emmentaler Käse, nur dass die Löcher mit Materie besetzt sind und nicht leer zu sein scheinen und der Käse plastisch ist.

Doch Raum erhält dadurch eine eigenwillige Materialität, er ist kein Feld, sondern ein Netz, aus mehr oder weniger starken Fäden gewebt. Anders als ein Kraftfeld ist er auch nicht gerichtet, doch scheint er Leitungsfähigkeiten und folglich auch Widerständigkeit zu besitzen.

Raum, der verbindet, kann auch trennen. So wie Fischernetze umfassen und auf diese Weise isolieren können, lässt sich damit der weite Raum, wie durch die Spinne, auf einem Knoten sitzend, unter Kontrolle bekommen.

Faber Ludens: Netzwerk und Spielwerk[17]

Das lateinische Wort für „verbinden" lautet „*sociare*". Es wurde in seiner substantivierten Form ins Englische übernommen und lautet „*society*", das Verbindungsgeflecht. Der deutsche wie der englische Begriff lassen die unterschiedlichen Determinanten der Vorstellungen vom Zusammenleben und von Raum deutlich werden. Auf der einen Seite der prägende Raum der Ge-

---

17 J. Huizinga (1938) bestimmt als erstes Hauptkennzeichen des Spiels dessen Freiheit. Des Weiteren betont Huizinga aber auch das „Spielelement der Kultur" (ein Vortragstitel aus 1937). Damit will er auf den Spielcharakter von Kultur schlechthin hinweisen. Er stellt den Homo Ludens gleichberechtigt neben den Homo Faber, genauer sind beide nur zwei Seiten des einen Homo. Faber Ludens könnte man sagen und dies soll in „Spielwerk" angesprochen sein und so gleichzeitig den Kontrast zum „Stellwerk" ausdrücken.

Zeitgemäße Zeiträume 85

sellschaft, auf der anderen die un-verbindlichen Verbindungen einer „*society*". Die beiden Begriffe „Gesellschaft" und „*society*" zu kontrastieren mag neu sein, wird doch meistens der eine Begriff unhinterfragt in den anderen übertragen. Andererseits existiert ein etabliertes Begriffspaar, „Gesellschaft und Gemeinschaft", das die Differenzen auf den Punkt zu bringen scheint. Unter Bezug auf die Raumzeitthematik wäre die schlichte Übernahme dieses Begriffspaares irreführend. Es mag zwar der eingeräumte Raum den Vorstellungen der Gemeinschaft sehr nahe kommen, der eingerichtete Raum erfüllt jedoch diese Anforderungen nicht.[18]

Umgekehrt legt es die Unterscheidung von „Gesellschaft" und „*society*" nahe, ein der angelsächsischen Welt entsprechendes Interpretationsmodell zu wählen. Dieses scheint sich in den Auffassungen des Pragmatismus, wie sie von W. James formuliert wurden, anzubieten. Bekanntlich unterliegt diesem Verständnis ein psychologisches Konzept, das auf individuellem Erleben, auf einer ausgeprägten Sensualität der Empfindungen, einem utilitaristischen Praxisbezug und der Vorstellung von der Bedeutung konkreter Relationen zwischen Dingen und Menschen beruht. Die Prägungen der Persönlichkeit ergeben sich gleichfalls aus individuellen Erfahrungen und nicht, wie im anderen Konzept, über eine durchgängige Sozialisation. Wird dieser Ansatz in das zutreffende Raumkonzept übersetzt, so ergibt sich genau jene Situation, wie sie oben beschrieben wurde: In den Knoten eines „Spinnennetzes" sitzen isolierte Individuen, die durch Raum von einander getrennt sind, aber gleichzeitig auch über diesen miteinander in Verbindung stehen. Was allerdings den James'schen Ansatz noch zusätzlich würzt, ist ein Zeitverständnis, das von seinem Schüler G.H. Mead in der „Philosophie der Gegenwart" vervollständigt wird.

Durchaus in Analogie zu dem, einem eingeräumten Raum zugehörigen, Zeitkonzept einer umfassenden Gegenwart und eines durchgängigen Seins entwickelt auch James ein Verständnis von Zeit, das Zukunft und Vergangenheit in der Sensualität augenblicklichen Erlebens aufgehen lässt. Die Gerichtetheit der Zeit löst sich im praktischen Erleben auf; sie suggeriert das (die) Omni-Präsens(z) ewiger Jugend.[19] Wodurch sich allerdings diese pragmatische Zeitsicht von der archaischen unterscheidet, ist das Fehlen einer Gegenzeit, wie sie im Präteritum zum Ausdruck gebracht wurde. In Konkordanz zum begrenzten archaischen Raum ist auch die archaische Gegenwart durch die Existenz einer großen Zeit begrenzt, um einmal Eliade (1957) zu bemühen. Der unbegrenzte Raum der Netzwerke kennt hingegen keine durch

---

18 Die Unterscheidung zwischen System- und Lebenswelt ist in den Gesellschaftswissenschaften deutscher Provenienz gängig. Diese korrespondiert nicht mit der hier getroffenen Differenzierung, wo Lebenswelt und Hierarchien (Bürokratien, Staat) zusammengefasst und in Kontrast zur Wirtschaft (Markt) gesetzt werden.

19 Wunschvorstellungen, wie sie sich etwa in medizinischen Forschungsprogrammen und der plastischen Chirugie manifestieren, sind als integraler Bestandteil solcher Raumzeitkonzepte zu betrachten.

Ewigkeiten begrenzte Zeit, beide scheinen endlos offen. Die Frage, die sich fast zwangsläufig aufdrängt, ist, ob diese Ähnlichkeiten wie auch Unterschiede zufälliger Natur sind oder Ergebnis tiefer liegender Gemeinsamkeit – bzw. Unterschiede? Dieser Frage werden wir uns abschließend stellen.

Zuvor sollten aber zwei nicht unwesentliche Anmerkungen gemacht werden. Meads Sozialpsychologie ist eine Auseinandersetzung zwischen Fremden. Ein Ego und Alter treffen aufeinander und treten in einen Prozess des Zeichenaustauschs oder der Kommunikation ein. Indem sie kommunizieren, lernen sie zu verstehen. Diese soziale Figur verwendet er gleichfalls in seiner Philosophie der Gegenwart, wo er z.B. von einem „*newcomer*" spricht, wenn er die Emergenz eines hypostasierten neuen Planeten meint, der das alte planetarische System insgesamt verändert. Es ist nahe liegend, an das Chicago seiner Zeit zu denken, wo solche Neuankömmlinge zweifellos wesentliche Bestandteile des Alltags waren. Interaktion und Kommunikation zwischen Neuen und Alten zählten zu den vorherrschenden Schwierigkeiten dieser Welt, da jeder Neuankömmling seine ihm eigenen Selbstverständlichkeiten einbrachte. Das Selbst und der Andere definierten die Handlungsweisen dieses Raums. Zu diesen Selbstverständlichkeiten zählten die je individuellen Gegenwarten mit ihren Vergangenheiten und möglichen Zukünften.

Hillier (1996) vertritt eine analoge Position in dem, was er als „*short model*" bezeichnet. Damit benennt er einen Raum, in dem zufälliges Aufeinandertreffen so gefördert wird, dass es mit hoher Wahrscheinlichkeit eintritt. Diese Form des Raums ordnet er in Städten dem Produktionsbereich und nicht dem Reproduktionsbereich zu, den er dem „*long model*" zuschreibt. Der *Homo Oeconomicus* ist – wie uns ja „*rational choice*" und die Wirtschaftsentwicklungen der letzten dreißig Jahre deutlich machen – tändelnder Spieler.

Interaktion erfordert Kommunikation, die erst zur Wirksamkeit gelangt, wenn das „Event", das Ereignis der Ankunft der Zeichen eingetreten ist. An dieser Stelle treffen sich aber Einstein und Mead. So wie in der Relativitätstheorie Gleichzeitigkeit durch die Ankunft eines Signals von einem anderen System hergestellt wird, wobei das Signal, quasi außerhalb der Zeit bewegt, seine eigene Zeit mitbringt und beide Systeme durch den Raum voneinander getrennt oder durch ihn verbunden sind, so geschieht dies auch in der „*society*" gegenseitig Fremder. Raum- und Zeitbilder ergänzen einander auch hier und finden ihre Parallelen im Verständnis der Natur wie in der Gesellschaft. Um jedoch dasselbe in anderen Worten nochmals zu sagen, Raum und Zeit treten wiederum als Projektionsflächen auf, auf denen soziale Muster, wenn auch verfremdet, zum Erscheinen und über angemessene Gestaltung zur Wirksamkeit gebracht werden. „*Space is the Machine*" behauptet deshalb Hillier.

Spielraum und Eremitage

Netze können, wie oben bereits festgestellt wurde, aber nicht nur ein Medium der Interaktion, sondern auch eines der Abschottung, ja des Ausschlusses sein. „Gefangen im eigenen Netz", ist eine Phrase, der mehr soziale Bedeutung zukommt, als manche annehmen würden. Dieser Situation entsprechen Bilder von Menschen, die in kokonartige Behälter gepackt sind, oder, wie das Mumford (1967) bereits vor vielen Jahren bezeichnete, die Vorstellung vom *„encapsulated man"*. Ein ähnliches Bild zeichnet Elias (1969) mit der Phrase vom „Homo Clausus". Um diese Vorstellungen mit Asimov auf die Spitze zu treiben, und damit auch gleich den Brückenschlag zum Internet anzubahnen, handelt es sich dabei um eine im Weltall frei schwebende Intelligenz, konkret, um ein in einem Container mit Nährlösung befindliches Gehirn, das über Telekommunikation alle nötigen und gewünschten Informationen erhält.

Dieser Entwurf wird auf den ersten Blick überzogen erscheinen, doch ist in manchen Bereichen die Realität von den Phantasien nicht so weit entfernt, wie es scheinen will. Beck hat dazu bereits vor geraumer Zeit Anschauungsmaterial und diagnostische Aussagen geliefert. Er bezeichnet diese Gegebenheiten als „institutionenabhängige Individuallagen", bzw. als „individualisierte Privatexistenz".[20] Veranschaulicht wird dieser Zustand etwa durch seine Darstellung von zeitgenössischem Familienleben, wo selbst innerhalb einer Familie jeder vereinzelt hinter seiner „Flimmerkiste" sitze. Für diesen Zustand prägt er den vielsagenden Begriff des „standardisierten Kollektivdaseins der vereinzelten Massen-Eremiten" (1986: 213). Daraus ergibt sich eine medienvermittelte räumlich-soziale Doppelexistenz, bei der die Betroffenen zugleich hier und ganz woanders sind. Die daraus entstehende „Doppelörtlichkeit" verwische die Grenzen von „innen und außen", obwohl sie de facto weiterbestehen. Gleichlaufend wird über die Programme der Sendeanstalten zeitliche Ordnung gestaltet, sodass diese Form der Individualisierung zusammenfällt mit einer beträchtlichen „Außensteuerung", die aber auf der Basis von Standardisierungen und weitläufigem Massenkonsum diffus und unbestimmt bleibt. Diese Tendenz der individualisierten Privatexistenz hat seitdem wesentlich an Deutlichkeit gewonnen, indem die Mehrzahl dieser Ere-

---

20 Obwohl Beck zunächst zwischen bürgerlichen und proletarischen Individualisierungstendenzen unterscheidet, scheint für ihn das ausschlaggebende Kriterium der Individualisierung die Herauslösung aus lebensweltlichen Zusammenhängen und damit ein verstärktes „auf-sich-selbst-verwiesen"– Sein (1986: 131) zu sein. Irgendwie nähern sich aber beide wieder an, sodass letztlich zweierlei Sozialbeziehungen im Zuge der Individualisierungstendenzen entstehen: Soziale Isolation oder „selbstgebaute Netzwerke" (1986: 138). Ich möchte daher terminologisch diese zwei Arten von Individualismus auch differenzieren und einerseits von „Isolierten", andererseits von „Individualisten" sprechen. Diese Unterscheidung korrespondiert dann auch mit den zwei Raumtypen relationistischer Raumauffassung.

miten in ihre ureigensten Container in Form standardisierter Single-Appartements geschlüpft sind.[21]

Beck konstatiert schließlich, dass aufgrund sich wiederholender und zunehmender Individualisierungsschübe die Menschen vermehrt aus sozialen Bindungen herausgelöst werden und damit „private und ahistorische" Wahrnehmungsformen (ebd.: 216) gefördert, wenn nicht geschaffen werden. Geschichte wird zur ewigen Gegenwart, wobei sich alles um die Achse des eigenen Ichs zu drehen beginnt. Diese „Isolation der verselbständigten Privatexistenzen" führt zu Schuldgefühlen, Ängsten, Neurosen und wäre, so Beck, Wurzel für die konstatierte „Psychowelle" (ebd.: 159). Summarisch konstatiert Beck einen „Verlust des gesellschaftlichen Denkens" (ebd.: 33), der nicht einmal Soziologen auffalle.

Wenn unsere These, dass Raumbilder Projektionen gesellschaftlicher Gegebenheiten sind, richtig ist, so lässt sich Becks Analyse als Fallstudie für eine Situation nehmen, wo räumliche Isolierung mit gesellschaftlicher zusammenfällt. Raum wirkt in diesen Fällen trennend und nicht, wie im umgekehrten Beispiel oben, verbindend. Wir haben es hier also mit den oben angesprochenen Isolationstendenzen zu tun. Anders als im Fall eines gerichteten Feldes hierarchisch-zentralistischer Durchdringung sind hier kaum richtende Kräfte am Werk, sondern vorwiegend solche, die diese Distanzierungen aufrechterhalten. Wie Beck richtig konstatiert, entstehen in solchen Situationen Ängste und Schuldgefühle, denen begegnet werden muss. Solche Gegebenheiten sind in der Geschichte keineswegs einmalig oder neu.[22] Sie bringen meistens ein Zeitgefühl zustande, das einerseits extrem gegenwartsbezogen ist, andererseits aber ein unklares Zukunftshoffen erzeugt, welches mit dem Begriff des Chiliasmus abgedeckt werden kann.[23]

---

21 R. Kecskes (1997) zeigt den rapiden Anstieg der Einpersonenhaushalte in Deutschland seit den sechziger Jahren. In Großstädten und vor allem im innerstädtischen Bereich machen diese bereits 40%, manchmal sogar über 50% aus. Die Population besteht dabei einerseits aus Personen über 65 Jahren, überwiegend Frauen, oder aus gut ausgebildeten Personen bis 35 Jahren, überwiegend Männer. Nun sind Haushalte und soziale Kontakte sicher nicht identisch. Insofern ist verständlich, dass H. Bertram dieser Darstellung widerspricht, wenn er schreibt: „ Der bindungs- und beziehungslose Städter ließ sich jedenfalls bisher nicht nachweisen." (1998: 122)
22 Die Kreuzzugsbewegung ist u.a. als verdrängter Chiliasmus aufzufassen. Zu den mancherlei religiösen, ökonomischen und privaten Motiven kam bei vielen der vorwiegend romanischen Ritter offenbar eine „innere Unruhe, die in der räumlichen und zeitlichen Begrenzung des Daseins, in der Geschlossenheit und geordneten Festigkeit der Verhältnisse kein Genügen fand". (Wendorff 1980: 119)
23 „Die von der Kirche als häretisch unterdrückten chiliastischen Zukunftshoffnungen beflügelten im Rahmen der Kreuzzüge nicht die Kirche als eigentlichen Veranstalter und nicht die Ritter als die Hauptakteure, sondern das ‚Fußvolk', die Bauern und die Armen, die *in dieser Bewegung eine neue Lebenschance, eine private Hoffnung erkannten.*" Aber auch in einigen Orden regten sich chiliastische Vorstellungen, die die

Zeitgemäße Zeiträume

Zukunftshoffen hat seine Funktion, ähnlich wie die Vergangenheit der heldenhaften Ahnen im archaischen Modus. Es bildet die Folie zur undifferenzierten Gegenwart. Andererseits liegt es in seinem Bezug dieser Vergangenheit diametral gegenüber. Sie ist weder kollektiv geteilt, wie es die mythische Zeit der Heroen ist, noch vermittelt sie jene Legitimation gegenwärtigen Handelns, die Mythen leisten. Bei dieser Zukunft handelt es sich um Träumereien[24] von einer möglichen, einer virtuellen Welt.

Ich stimme also mit Ahrens (in diesem Band) überein, wenn sie kategorisch fordert, zwischen virtuellen Räumen und Simulationen zu unterscheiden. Sind letztere nichts als möglichst präzise Repräsentation von realen Gegebenheiten, so sind virtuelle Räume solche, die losgetrennt sind von diesen Gegebenheiten. Sie gestatten tätige Umsetzung von Wunschdenken – Träumen – in Handlungen, die allerdings in der realen Welt keine Konsequenzen zeigen. Dieser Raum „besitzt einen anderen Wirklichkeitsstatus als der reale Raum" (ebd.). Im Unterschied zu den (T)Raumzeiten früherer Nachtfahrender (Duerr 1978), die andere Techniken einsetzten, ist dieser das Produkt moderner Technologien und hat ohne sie keine Existenz. Er stellt jene Therapie zur Verfügung, die die oben angesprochene „Psychowelle" zu brauchen scheint, und die aufgrund ihrer sozialen Wirkungslosigkeit im realen Raum gesellschaftspolitisch tragbar erscheint. Ich teile daher Ahrens´ Position, wenn sie von „Zusatz-räumen" spricht, bei welchen ich nicht widerstehen kann, sie als *„Spiel-räume"* zu bezeichnen.

Fassen wir an dieser Stelle das relativistisch/relationistische Raum – und Zeitverständnis zusammen, so sehen wir Folgendes: Raum als Netz gedacht, kann zweierlei zum Ausdruck bringen. Wir können eine aktive Variante ausmachen, die die verbindenden Aspekte solcher Netze betont. Solche Netze existieren in gesellschaftlichen Situationen, bei denen soziales Handeln gesucht wird, aber noch keiner Routinisierung unterworfen wurde. Soziales Handeln wird selbst zum Gegenstand von Ver-handeln, es muss geklärt und erprobt werden. Solches experimentelle Probehandeln kann sich weder auf eine vorgebende Vergangenheit noch auf eine zu erwartende Zukunft berufen. Es ist notwendig gegenwartsbezogen. Es fußt in der Annahme der Unbeeinflussbarkeit und somit eigenständigen Unabhängigkeit der Interaktionspartner, die miteinander in Verbindung treten können und aufeinander zugehen. Netze, elektronische wie Verkehrsnetze, erfüllen hier die Funktion des

---

Kreuzzüge mit ihrer Motivation erfüllten, so beim Zisterzienser Bernhard von Clairvaux. (ebd.: 119)

24 Wendorff (1980) beschreibt eine analoge Situation zum Beginn des Frühmittelalters: „Chiliasmus kann nur noch innerhalb von ketzerischen Sekten und bei Außenseitern leben. Aber außerhalb des kirchlichen Raums regen sich zuweilen *politisch-soziale Sehnsüchte, Hoffnungen auf ein besseres Friedensreich auf Erden.* Die Einfälle der Barbaren, die große Pest des 6. Jahrhunderts und immer wieder ausbrechende Hungersnöte bedeuten für viele Menschen ein Leben zwischen Ängsten und Hoffnungen, durch die chiliastische Träume wiederholt belebt werden. (ebd.: 104)

Vermittlers. Sie verbinden. Das Internet als elektronisches Netz platziert spezifische soziale Handlungen in entsprechenden Räumen, denen allerdings noch immer eine gewisse Materialität – etwa in Form von Festplatten etc. – anhaftet.

Wesentlich anders verhält es sich in jenen Fällen, wo der umgebende Raum zur undurchdringbaren Hülle wird. Dieser wirkt trennend. Hier degeneriert soziales Handeln zu virtuellem Handeln insofern, als das unverzichtbare Alter von Ego nur mehr imaginiert wird. Es handelt sich also um Probehandeln oder Surrogathandlungen, die wir in virtuellen Räumen und Zeiten angesiedelt haben. Sie sind Emanationen, denen aber gesellschaftliche und politische Relevanz nicht abgesprochen werden darf. Hier verweise ich nochmals auf Beck. Für sozialwissenschaftliche Analysen empfiehlt es sich, diese beiden „Gesichter" elektronischer Netze säuberlich auseinander zu halten.

Resümee

Betrachten wir das Ergebnis unserer bisherigen Analyse, so wäre zunächst festzuhalten, dass wir von auf breiten Konsens ruhenden Annahmen ausgehend, letztlich doch zu anderen Ergebnissen gelangt sind, als sie weitläufig vertreten werden. Die Annahme, dass Raum aus sozialem Handeln und dessen Platzierung sowie den damit verknüpften Gegenständen konstituiert wird, war eine dieser wesentlichen Annahmen.

Allerdings wurde in diesem Beitrag soziales Handeln nicht als Summe von einzelnen Handlungen, sondern als Sequenz aufeinander bezogener Handlungen verstanden. Daraus ergab sich zwangsläufig eine Dynamik, die Zeit – als gleich konstitutiv wie Raum – in unsere Überlegungen einbeziehen musste.

Damit wurde das heute oftmals konstatierte, dominierende Interesse an Raum und das mangelnde an Zeit hinterfragt. Eine mögliche Erklärung für diese eklatante Fokussierung auf Raum mag in den vorherrschenden sozialen Gepflogenheiten selbst zu finden sein.

Ein möglicher Erklärungsansatz für diese dominante Präferenz liegt in der hier formulierten Sicht, dass die umgreifende Quantifizierung von Zeit auch ihre notwendige De-qualifizierung zur Folge hatte. Da aber die Differenzierung von Qualitäten für soziales Handeln unabkömmlich ist, wurden Qualitäten zunehmend in unterschiedliche Raumsegmente verpackt. Einen programmatischen Markstein stellt die 1933 formulierte Charta von Athen dar. Doch 365 Tage Weihnachten in Christkindl, zwölf Monate Karneval in Venedig inmitten der Wüsten Nevadas, Sommerurlaub im Winter in der Karibik und Winterurlaub im Sommer am Gletscher, das Mittelalter in Erlebnisburgen oder Jura im *Jurassicum* oder in Disneywelten, etc. verdeutlichen diese Tendenzen gleichwohl.

Abgesehen von solchen Details wurde das gängige Modell zweier unterschiedlicher Raumkonzepte übernommen. Diese wurden einer Inhaltsanalyse unterworfen, die die jeweils zweite Seite der Medaille sichtbar machte. Die erzielte Vervollständigung der beiden Raumbilder legt nahe, dass Raum quasi als Metapher gesellschaftlicher Idealtypen verstanden werden sollte, wobei der Begriff der „Gesellschaft" sich etymologisch selbst, als auf ein Raumkonzept rückführbar erwies. Wir haben es somit nicht mit Raum, sondern mit Vorstellungen von Raum-, oder Raum-Zeitbildern zu tun. Dies verleitete dazu, auch das zweite Raumkonzept des Netzes in analoger Weise zu betrachten, wobei sich der Begriff der *„society"* als adäquater Terminus anbot.

In Anbetracht der Tatsache, dass Behälter und Netz als konstitutive Eigenschaften einerseits Begrenztheit, andererseits Offenheit aufweisen, wurden diese Systemvariablen durch eine weitere ergänzt, ihre interne Strukturiertheit. Dabei kann nicht unbedingt angenommen werden, dass jedes System auch eine erkennbare innere Struktur aufweist. Daher wurde das Vorhandensein von erkennbaren Strukturen oder deren Absenz als konstitutives Unterscheidungsmerkmal angesetzt. Damit ergibt sich eine vierfache Differenzierung. Diese entspricht den Vorgaben der *Cultural Theory*, wie sie von Douglas (1996) entwickelt wurde. Der Ansatz der *Cultural Theory* stellt zugleich einen nicht zu übersehenden Bezug zwischen sozialen Verhältnissen, die die Basis ihrer Überlegungen bilden, und Werten, sowie kognitiven Mustern, wie sie z.B. in Raum/Zeit-Präsentationen artikuliert werden, her. Der Unterschied zwischen sozialen Beziehungen kann nach diesem Ansatz am besten durch die Differenz zwischen individueller Autonomie und kollektivistischer Eingliederung erfasst werden. Dabei wird angenommen, dass diese beiden Kategorien voneinander unabhängig sind und nicht die eine nur die Negation der anderen sei.

Es finden sich somit vier Typen sozialer Beziehungen. „Hierarchien" verfügen dabei über ein hohes Maß an Kollektivität, mit nur geringer individueller Autonomie. „Isolierte" leiden gleichfalls unter großem Mangel an Autonomie – sie sind fremdbestimmt, wie das auch Beck gezeigt hat – ohne aber in eine Kollektivität integriert zu sein. „Individualisten" zeichnen sich dagegen durch einen hohen Grad an Autonomie aus, sind jedoch nicht Teil einer Kollektivität, sondern in flexible Netzwerke integriert, wogegen „Egalitäre" individuelle Autonomie mit Kollektivität verbinden können. Diese Darstellung lässt sich auch in Form unterschiedlicher Grenzziehungen präsentieren. Ziehen jene mit hoher Kollektivität Grenzen um eine Gruppe, so wird in den beiden anderen Fällen die Grenze um einzelne Individuen gezogen. Daraus ergeben sich dann zwangsläufig jene Raum-Zeitvorstellungen, die hier behandelt wurden.

In der Einleitung zu diesem Aufsatz wurde auch die Frage nach Rezepturen gestellt, die verständlich machen, woher unterschiedliche Raum/Zeitkonzepte ihre Inhalte beziehen. Diese Frage lässt sich nun beantworten: Aus den unterschiedlichen sozialen Relationen, wobei gesellschaftliche Offenheit, oder im Gegensatz dazu Abgrenzung, maßgeblich für die zwei Raumbilder von Netz oder Container ist. Die interne Strukturierung durch Machtgefälle findet in den gängigen Sichtweisen allerdings keine Vertreter. Solche Gerichtetheiten zu übergehen, erscheint mir als Defizit, lassen sie doch intern strukturierte Raum- und Zeitqualitäten (Gegenwart, Zukunft, Vergangenheit) erst verstehen.

Es wurde weiterhin nicht nur auf die Bedeutung von Raum/Zeitbildern hingewiesen, sondern zu zeigen versucht, dass solche Bilder auch eine eigentümliche sprachliche Form besitzen. Über derartige Codierungen bestimmen sie Denken und Vorstellungen. Komplementär zu den Begriffen prägen aber auch Dinge, die Bestand-teile unserer Handlungsweisen sind, Vorstellungen und Denken. Zu diesen Dingen zähle ich auch das Internet. Über Dinge werden Raumbilder in die Dynamik der Handlungssequenzen eingebunden, wobei nicht übersehen werden darf, dass überholte, „un-zeit-gemässe" Dinge durchaus in der Lage sind, Handlungsräume zu verstellen. Solche Gegen-Stände werden folglich nicht immer an Ort und Stelle belassen, sondern häufig aus- oder abgeräumt, wie etwa die Salben der Nachtfahrenden. Neuer Raum wird dadurch für andere, neuen Interaktionsmustern angemessenere, Handlungsweisen geschaffen. Analoges kann allerdings auch sprachlichen Codierungen widerfahren. Wenn sich heute z.B. ein „doppeltes Perfekt" zu etablieren scheint, wie das Linguisten behaupten, so wäre zu fragen, welche sozialen Zusammenhänge sich hier ihre angemessene Ausdrucksweise suchen. Umgekehrt sind Tendenzen zu zunehmender Substantivierung – Verdinglichung im wahrsten Sinn des Wortes – von Verben, die Handlungsweisen benennen, gleichfalls als Ausdruck einer umfassenden Verdinglichung gesellschaftlichen Handelns zu verstehen. Als solche Verdinglichung ist das Internet zu betrachten. Auch der sich andeutende Verlust mancher Deklinationsformen, wie des Genetivs, sind Zeugen für neue und ernstzunehmende Veränderungen sozialer Gegebenheiten, wo Herkunft, wie im relationistischen Modus in einer vergangenheitslosen Gegenwart, kein Stellenwert mehr zukommt, hingegen „Sachdominanz in Sozialstrukturen" (Linde 1972) waltet. Sachen werden in diesem Modus zu Statthaltern des Sozialen, wie ein Vergleich von sozio-ökonomisch festgemachtem Status und „zugeschriebenem" Status schnell zeigt.

Solche Entwicklungen sollten nicht außer Acht gelassen werden, woraus folgt, dass „neuartige Sachwalter" – wie das Internet – die Phantasien mehr beschäftigen. Anders als der von Beck konstatierte „Verlust des gesellschaftlichen Denkens", der angeblich von vielen Soziologen nicht wahrgenommen wird, sind sie konkret und damit leicht zu fassen. Man mag folglich versucht sein, das Ensemble von Transistoren, Glas- und Kupferkabeln samt dazugehörigen Softwarepaketen leichtgläubig als die Ursache für neue Raumkonzeptionen zu verstehen.

Verliert man die Historie des Internets, wie es sich nahezu unbemerkt aus dem für militärische Zwecke geschaffenen ARPANET entwickelt hat, nicht aus den Augen, so muss deutlich werden, dass nicht der Wagen das Pferd, sondern das Pferd den Wagen zieht.[25] Ogburns These vom „*Cultural Lag*" greift zu kurz. Die Entwicklungen, die zu dem führten, was Beck als Risikogesellschaft bezeichnet, wurden nicht vom Internet initiiert, sondern umgekehrt. Die Praxis der Nachtfahrenden ist zeit- und raumlos. Ihre Techniken haben sich allerdings verändert. Genauso existierten die Tendenzen zu einem offenen, weltumspannenden Netz sozialer Interaktionen lange vor dem Internet. Marx und Engels mögen meine Zeugen sein. In jenen Formationen, die Tönnies als Gemeinschaft bezeichnet hat und die Cultural Theory als „Egalitäre", würde das verlockendste Internet so wenig Resonanz finden, wie es damals das Telefon, die Dampfmaschine oder das elektrische Licht gefunden hat.

Ich wiederhole daher gerne, was Funken und Löw (2002) aussprechen, dass es nämlich soziale Veränderungen (im alltagsweltlichen Handeln) sind, die erst eine technische Neuerung, das Internet, als Raum wahrnehmen lassen. „Die Mythen, die um das Internet gesponnen werden, sind Mythen über den Raum" (ebd.: 123), wobei ich anfügen möchte, dass unsere Raumbilder selbst Projektionen gesellschaftlicher Wirklichkeiten und Erfahrungen sind.

Literatur

Ahrens, D. (dieser Band): Die Ausbildung hybrider Raumstrukturen am Beispiel technosozialer Zusatzräume.
Beck, U. (1986): Risikogesellschaft – Auf dem Weg in eine andere Moderne. Frankfurt a. M.
Bertram, H. (1998): Lebensformen, städtische und ländliche. In: Häußermann, H. (Hg.): Großstadt. Opladen
Bourdieu, P. [1984] (1994): Die feinen Unterschiede – Kritik der gesellschaftlichen Urteilskraft. Frankfurt a. M.
Bourdieu, P. [1980] (1987): Sozialer Sinn – Kritik der Theoretischen Vernunft. Frankfurt a. M.
Duerr, H. P. (1978): Traumzeit – Über die Grenze zwischen Wildnis und Zivilisation. Frankfurt a. M.
Douglas, M. [1966] (1988): Reinheit und Gefährdung – Eine Studie zu Vorstellungen von Verunreinigung und Tabu. Berlin
Douglas, M. (1996): Thought Styles. London
Durkheim, E. [1912] (1981): Die elementaren Formen des religiösen Lebens. Frankfurt a. M.
Eliade, M. [1957] (1972): Myths, Dreams and Mysteries. London
Elias, N. [1969] (1976): Der Prozess der Zivilisation, 2 Bde., Frankfurt a. M.
Elias, N. (1984): Über die Zeit. Frankfurt a. M.
Foucault, M. [1975] (1977): Überwachen und Strafen – Die Geburt des Gefängnisses. Frankfurt a. M.
Funken, C.; Löw M. (2002): Sektion Wissenschafts- und Technikforschung, Soziologie 1/2002
Goethe, J.W. v. [1808] (1957): Faust – Eine Tragödie, Teil I, Ges. Werke Bd.3

---

25 Vorsichtshalber stelle ich fest, dass der Wagen das Pferd nur dann zieht, wenn es bergab geht. Diese Situation will ich aber ausschließen.

Hägerstrand, T. (1970): What about People in Regional Science? Papers of the Regional Science Assoc. 24. S. 7-21
Hillier, B., Hanson J. [1984] (1990): The Social Logic of Space. Cambridge
Hillier, B. (1996): Space is the Machine. Cambridge
Huizinga, J. [1938] (1962): Homo Ludens – Vom Ursprung der Kultur im Spiel. Reinbek b. H.
Jörges, B. (1979): Überlegungen zu einer Soziologie der Sachverhältnisse. In: Leviathan 7, S. 129-137
Kecskes, R. (1997): Sozialräumlicher Wandel in westdeutschen Großstädten. Ursachen, Folgen, Maßnahmen. In: Friedrichs, J. (Hg.): Die Städte in den 90er Jahren. Opladen
Löw, M. [2000] (2001): Raumsoziologie. Frankfurt a. M.
Lurija, A. R. (1974): Die historische Bedingtheit individueller Erkenntnisprozesse.
Mauss, M. [1923] (1968): Die Gabe, Suhrkamp, Frankfurt a. M.
Mead, G. H. (1932): The Philosophy of the Present. The Paul Carus Fdt. Lectures, III. Open Court Publ. Co.
Mumford, L. [1964] (1974): Der Mythos der Maschine. Wien
Munn, N. D. [1986] (1992): The Fame of Gawa – A Symbolic Study of Value Transformation in a Massim (Papua New Guinea) Society. Durham and London
Ogburn, W. F. [1922] (1969): Kultur und sozialer Wandel. Berlin
Schroer, M. (dieser Band): Raumgrenzen in Bewegung – Zur Interpretation realer und virtueller Räume.
Sennett, R. [1994] (1997): Fleisch und Stein – Der Körper und die Stadt in der westlichen Zivilisation. Frankfurt a. M.
Weber, M. [1922] (1985): Wirtschaft und Gesellschaft. Tübingen
Wendorff, R. [1980] (1985): Zeit und Kultur – Geschichte des Zeitbewusstseins in Europa. Opladen
Wittgenstein, L. [1958] (1977): Philosophische Untersuchungen. Frankfurt a. M.
White jr., L. (1962): Medieval Technology and Social Change. Oxford

Raum als kommunikatives Erzeugnis

Klaus Kuhm

Telekommunikative Medien und Raumstrukturen der Kommunikation

I

Die Soziologie könnte besser auf die Beobachtung der aktuellen Veränderungen im Bereich der telekommunikativen Medien und vor allem der computervermittelten Kommunikation vorbereitet sein, als sie es gegenwärtig ist. Mit diesem Befund ist nicht gemeint, dass sie sich an der Forschung zu diesem Thema nicht ausreichend beteiligt hätte. Vielmehr fällt auf, dass der Vielzahl an Einzelforschungen keine vergleichbare kognitive Zentralisierungsanstrengung gegenübersteht, mit der das unübersichtliche Wissen auf diesem Gebiet zusammengeführt und Möglichkeiten der interdisziplinären Anregung geprüft werden könnten.

Mein Eindruck ist, dass dieser Sachstand durch zwei Versäumnisse verursacht ist, die beide auf Theoriedefizite hindeuten. Zum Ersten fehlt es an einer angemessenen Historisierung in der soziologischen Beschreibung der Neuerungen, die sich aus der Einführung der elektronischen Medien in die Kommunikation ergeben. Und zum Zweiten macht es sich negativ bemerkbar, dass die Soziologie bislang nur sehr zögerlich auf wichtige Entwicklungen außerhalb ihres Faches reagiert hat, die den Kommunikationsbegriff und den eng mit ihm verwandten Begriff der Information betreffen. Deshalb begegnet man der Tendenz, dass, wo immer von Kommunikation oder Information in den soziologischen Publikationen die Rede ist, dies regelmäßig ohne eine Distanz zu ihrer Verwendung in allgemeinen gesellschaftlichen Kontexten geschieht, als meinten beide Wörter in etwa dasselbe Phänomen (vgl. Stichweh 1998: 439-40).

Damit handelt sich die Soziologie freilich eine problematische Verengung ihrer Beobachterperspektive ein, wenn sie nach dem Zusammenhang von Sozialität und Kommunikationstechniken im Allgemeinen wie von Sozialität und computervermittelter Kommunikation im Besonderen fragen will. Ohne dass man dies ausreichend kontrollieren könnte, verstellt sich der Fokus der Beobachtung auf die Seite der Technologie. Man ist in erster Linie mit den Eigenschaften der elektronischen Maschinen und dem Verhältnis zu ihren Benutzern befasst. Man untersucht, was Computer in der Kommunikation leisten und was sie womöglich besser leisten als die anderen, die menschlichen

Teilnehmer an Kommunikation (siehe auch Esposito 1993: 338; Fuchs 1991: 3-5). Aber ist das der Aspekt, auf den es ankommt? Ist der Bereich der Beobachtung der gesellschaftlichen Auswirkungen telekommunikativer Medien mit Betrachtungen dieser Art, bei denen der Mensch im Vergleich mit der Maschine nur schlecht abschneiden kann, wirklich wissenschaftlich überzeugend abgesteckt?

Wer hier Zweifel hat, wird zusätzliche Anhaltspunkte für ein Defizit in der Behandlung des Gegenstandes in der Orientierungslosigkeit der Diskurse der empirischen Forschung zu den neuen Kommunikationstechniken finden. Es ist augenfällig, dass die hier vorgelegten Resultate nur schlecht auf das Wissen aus den etablierten Forschungsfeldern der Soziologie abgestimmt werden können. Diese Unverträglichkeit mag eng mit dem rasanten und publizitätsträchtigen Start der Forschung zur Computerisierung der Gesellschaft zusammenhängen. An ihm zeigt sich deutlich, dass notwendige begriffliche Klärungen unbearbeitet liegen geblieben sind. So haben Barry Wellman und Milena Gulia kürzlich eine Polemik publiziert, die sich gegen die Engstirnigkeit und Kurzatmigkeit in den wissenschaftlichen Beschreibungen der Nutzungsfolgen computervermittelter Kommunikation wendet. Darin machen sie übertriebene Emphase wie übertriebenen Pessimismus in den Zeitdiagnosen zu den Wirkungen dieses Mediums dafür verantwortlich, dass der Zusammenhang zu unserem Wissen über Gruppenbildung und Vergemeinschaftung abgerissen ist. Das zentrale Argument besagt, dass sich Gemeinschaften (*communities*) als soziale Phänomene mittlerer Reichweite längst aus jeder Form von Anwesenheitsbedingung herausgelöst haben. Ihre Strukturen bilden sich vielmehr in der Form von Netzwerken, die weder von räumlicher Nähe noch von interaktioneller Kopräsenz abhängig sind. Überlieferte Vorstellungen über nachbarschaftliche Bindung als Voraussetzung jeder Gruppenbildung können sich demgegenüber kaum noch bewähren. Telekommunikativ realisierte Kontaktnetze unterscheiden sich also nicht wesentlich von Kontaktnetzen, die durch episodische Verkettung von Interaktionen entstehen. Auch sie sind durch eine primäre Differenz von *strong* und *weak ties* zwischen Personen konstituiert. Auch sie verfügen über Muster symmetrischen und asymmetrischen Tauschs unter Zugehörigen, und vor allem gilt eines: In ihrer Entstehung sind beide Formen der Vernetzung füreinander nicht exklusiv, sondern sie ermöglichen Verhältnisse wechselseitigen Strukturaufbaus (Wellman/Gulia 1999: 333-5, 348-50).

Diese Überlegung ist zunächst einmal nicht unplausibel. Und dennoch stellt sich die Frage, ob die soziologische Beschreibung der gesellschaftlichen Folgen telekommunikativer Medien so schnell auf eine Kontinuitätsdiagnose hingeführt werden sollte. Um vieles einleuchtender erscheint mir das entgegengesetzte Argument zu sein, das die Umbrüche im Aufbau gesellschaftlicher Strukturen betont, wenn es zur Einführung neuer Kommunikationstechniken kommt. Will man diese Option aufgreifen, ist es sinnvoll, zwei Theorieperspektiven aufeinander zu beziehen: eine medientheoretische Perspektive, die zwischen verschiedenen Medien der Kommunikation unterscheidet, je nachdem welchen Beitrag sie zur Ermöglichung von Kommunikation leisten und eine evolutionstheoretische Perspektive, die den geschichtlichen Prozess der Strukturänderung der Gesellschaft beleuchtet.

Anhand einer Medientheorie kann man herausarbeiten, dass die Kommunikation verschiedene Unwahrscheinlichkeitsschwellen überwinden muss, um überhaupt starten und in der Folge weiterlaufen zu können. Es ist unwahrscheinlich, dass eine kommunikative Sinnzumutung von anderen verstanden wird, genauso wie es unwahrscheinlich ist, dass Andere als die unmittelbar in einer Situation Anwesenden von einer Kommunikation erreicht werden. Und es ist unwahrscheinlich, dass es einer Kommunikation mit eigenen Mitteln gelingt, diese erreichbaren Anderen in ihrem Anschlussverhalten zu beeinflussen. Auf diese Grundprobleme jeder Kommunikation reagieren die Kommunikationsmedien Sprache, die Verbreitungsmedien wie Schrift, Druck oder Telekommunikation und die Erfolgsmedien wie Geld, Liebe oder Wahrheit, wobei sich die Medien in ihrem Gebrauch einander sowohl ermöglichen und begrenzen als vor allem auch mit Folgeproblemen belasten. Man muss sich nur vorstellen, dass eine richtig verstandene Kommunikation umso mehr Gründe anbietet, den mitgeteilten Sinngehalt abzulehnen. Auch die räumliche und zeitliche Ausdehnung des Einzugsbereichs erreichbarer Anderer auf Grund von Verbreitungsmedien erzeugt neuen Problemdruck. Sie führt typisch dazu, dass das Verstehen der mitgeteilten Kommunikation schwieriger und das Ablehnen leichter fällt. Die Entwicklung der Kommunikationsmedien bewirkt daher nicht nur ein rein zahlenmäßiges Anwachsen von Kommunikation, sondern auch, dass immer voraussetzungsreichere soziale Strukturen entstehen und als normal funktionieren, sofern die Kommunikation überhaupt weiterkommt (Luhmann 1981: 26-9).

Die Evolutionstheorie kann deutlich machen, wie dies geschieht. Sie beleuchtet, wie die Entwicklung in den unterschiedlichen Medienbereichen so ineinander greift, dass die Ausdehnung der Reichweite des Kommunikationsprozesses auf die Inhalte zurückwirkt, die sich in der Kommunikation bewähren (Luhmann 1984: 221). Für die Gegenwart fällt auf, dass mit den elektronischen Kommunikationstechniken letzte Verbreitungsengpässe der Kommunikation abgebaut werden, die sich aus der begrenzten Transportierbarkeit von Personen ergeben hatten. Interaktionsferne Vernetzung von Kommunikation ist nun eine Art Normalfall, und die gesellschaftliche Differenzierung kann unabhängig von den Möglichkeiten der Interaktion unter Anwesenden in einer Weise gesteigert werden, dass sie für die einzelne Interaktion unerreichbar bleibt. Dies ist ein Gedanke, der besonders von Niklas Luhmann und Rudolf Stichweh sehr entschieden betont worden ist. In der modernen Gesellschaft, so ihr Argument, verlagert sich gesellschaftswichtige, folgenreiche Kommunikation zunehmend auf Organisation und Telekommunikation als zwei neuen Mechanismen der Intensivierung global vernetzter Kommunikation, die mit der funktional differenzierten Weltgesellschaft ihrerseits eine Makroumwelt bereitstellt, in der organisatorische und telekommunikative gegenüber anderen, strikt raumgebundenen Kommunikationszusammenhängen begünstigt sind (Luhmann 1984: 551-592; Stichweh 2000a).

II

Eine erste Zwischenbetrachtung sollte also festhalten, dass telekommunikative Medien über die bloße Ergänzung eines bereits vorhandenen Inventars an Kommunikationsmöglichkeiten weit hinausreichen. Mit ihnen gewinnt die Gesellschaft eine Raum und Zeit in neuartiger Weise überspannende Infrastruktur hinzu, die mit festlegt, welche Kommunikation mit Aussicht auf Erfolg begonnen werden kann und welche Kommunikation angesichts ungewisser Erfolgschancen eher unterbleibt. Indes – auch die Zustimmung zu dieser Deutung geht nicht ohne Temposchäden ab. Es wird nicht genügend beachtet, dass in der referierten Position eine theoretische Grundentscheidung steckt, die das Spektrum der anschließbaren Aussagen ordnet: Wieso eigentlich Kommunikation, wenn es um das Sozialität konstituierende Element geht? Und wieso nur Kommunikation? Wieso nicht zwischenmenschliche Beziehungen, oder – wie man auch häufig lesen kann – „interpersonale Kommunikation" (z.B. Debatin 1998: 13)?

Dass hier überhaupt eine Theorieentscheidung liegt, wird noch zu selten gesehen.[1] Außerdem bleibt in aller Regel offen, wie der Begriff der Kommunikation wissenschaftlich zu benutzen ist. In diesem Zusammenhang ist es ein erheblicher Nachteil, dass es in den unterschiedlichsten gesellschaftlichen Kontexten ganz selbstverständlich ist, von „Tele-Kommunikation" zu sprechen und damit Informationsaustausch über große räumliche wie zeitliche Entfernungen hinweg zu meinen. Die Übereinstimmung in den Begriffen für die sozialtheoretische Analyse und für die technischen Infrastrukturen der neuesten Verbreitungsmedien, vom Telefon bis zur computervermittelten Kommunikation, bewirkt jedoch nicht schon von selbst, dass sich beide Beschreibungssprachen wechselseitig unterrichten (vgl. auch Fuchs 1991: 3). Das Gegenteil ist der Fall. Der Vielgebrauch des Wortes Telekommunikation trägt mit dazu bei, dass die Ausarbeitung eines soziologisch fundierten Ei-

---

1 Stattdessen lässt sich die Soziologie nach wie vor durch eine Kontroverse zwischen Handlungs- und Systemtheorie faszinieren, obwohl man angesichts der vorliegenden Theorien, bei allen Differenzen in der jeweiligen Ausarbeitung ihrer Leitbegriffe, nur sehr bedingt von einer theoretischen Alternative sprechen kann. Wann immer es um das Problem der Erklärung sozialer Ordnungsbildung trotz getrennter Existenz der an ihr beteiligten Personen geht, müssen Handlungstheorien eine Makrostruktur von Systemen und Systemtheorien eine Mikrostruktur von Handlungen voraussetzen (Stichweh 2000b: 6-7).

genkontextes der Begriffe Information und Kommunikation belastet wird. Es ist immer noch üblich, Kommunikation als Sonderfall sozialen Handelns anzusehen, der in einzelnen Teilbereichen der modernen Gesellschaft vermehrt vorkommt, besonders in den gedruckten oder gefunkten Mitteilungen der Massenmedien. Kommunikation wird danach vorrangig als ein Mitteilungshandeln aufgefasst, das der Übertragung von Informationen dient (z.B. bei Burkart 2000: 211). Diese Begriffsbestimmung enthält jedoch eine Reihe wissenschaftlich nicht kontrollierter Prämissen. Sie distanziert nicht ausreichend gegen den technischen Aspekt des Geschehens und fokussiert zu sehr auf den Akt der Übertragung. Damit entsteht der Eindruck, als könne die Information als das, was übertragen wird, wie ein objektiver, in der Zeit stabiler Tatbestand behandelt werden. Eine Information wäre unter diesen Voraussetzungen für alle Beteiligten und in wechselnden Kontexten das Gleiche. Man könnte sie nach Maßgabe technischer Möglichkeiten wie einen Gegenstand besitzen und aufbewahren, oder, und genau darum spräche man von Kommunikation, von einem Absender an einen Empfänger weitergeben, ohne dass sich die Information verändert (Luhmann 1996: 1).

Diese ontologisierende Verengung des Verständnisses von Information hat zu einem peripheren Status des Kommunikationsbegriffs in der Soziologie beigetragen, zu dem es mit der soziologischen Systemtheorie gegenwärtig nur eine einzige Ausnahme gibt. Die Leistung der Systemtheorie besteht darin, dass sie den Informationsbegriff der mathematischen Informationstheorie für die Soziologie verfügbar macht (vgl. Stichweh 2000b). Der maßgebliche Begriffsvorschlag dort stammt von Claude Shannon und Warren Weaver. Sie definieren Information über den in einer konkreten Situation gegebenen Bereich, aus dem eine Information eine Möglichkeit auswählt. Eine Information ist also selbst nie ein Zustand, sondern immer ein überraschendes und prinzipiell nicht wiederholbares Ereignis, das den Zustand des Systems ändert, das sich mit ihr befasst (Shannon/Weaver 1949: 8-9). Gregory Bateson hat daran anknüpfend ergänzt, dass es bei der Verarbeitung von Information auf die Umformung von Differenzen ankommt. Eine Information ist ein Unterschied, der einen Unterschied macht, lautet seine treffende Formulierung. Sie weist uns darauf hin, dass immer zwei selbstreferentielle Systeme am Zustandekommen einer Information beteiligt sind: ein erstes System, das seinen eigenen Zustand durch Selektion ändert, und ein zweites System, in dem dieses Ereignis eine Differenz auslöst (Bateson 1981: 488, 582).

Von hier aus ist es nur ein kurzer Schritt zu einer Neubestimmung des Begriffs der Kommunikation und zu der systemtheoretischen Einsicht, dass Kommunikation als die Einheit eines dreistelligen Geschehens aus Information, Mitteilung und Verstehen die elementare soziale Operation ist. Jedes Ereignis der Kommunikation setzt demnach voraus, dass ein an der Kommunikation beteiligtes Bewusstseinssystem von einem anderen teilnehmenden Bewusstsein anhand der Unterscheidung von Mitteilung und Information beobachtet wird und dass dieser Unterschied von dem System verstanden wird, dass so beobachtet.[2] Eine weitere, retrospektiv ansetzende Beobachtung kann die drei Komponenten zwar wieder unterscheiden, aber in der Operation der Kommunikation können sie nicht voneinander isoliert oder wie die Perlen einer Kette eine nach der anderen aufgereiht werden. Es ist leicht zu sehen, dass diese Fassung des Begriffs der Kommunikation bedeutet, dass allein die Kommunikation kommunizieren kann, was auch immer die an ihr beteiligten Menschen davon halten mögen. Nur wenn die Komponenten Information, Mitteilung und Verstehen zusammenkommen, entsteht Kommunikation, und zwar als emergentes, soziale Realität konstituierendes Phänomen, für das es in der Umwelt der Kommunikation keine Entsprechung gibt (Luhmann 1984: 191-200).

In der Sprache der Systemtheorie heißt es deshalb, dass Kommunikation nur im Anschluss von Kommunikation an Kommunikation, also „nur als selbstreferentieller Prozess" möglich ist, über den sich das Sozialsystem Gesellschaft durch Strukturierung eines selektiven Verhältnisses zur Umwelt selbst einrichtet und mit Grenzsicherheit versorgt (Luhmann 1984: 198). Außerhalb dieses Systems kommt Kommunikation nicht vor. Es agiert als operativ geschlossenes System, das alles Soziale in sich einschließt. Was damit gemeint ist, lässt sich in der Wiederaufnahme der medientheoretischen Überlegungen klären. Information, Mitteilung und Verstehen sind als selektive und deshalb unwahrscheinliche Vorkommnisse beschrieben worden, die jeweils mehr als die eine Möglichkeit bereithalten, die zum Zuge kommt. Noch unwahrscheinlicher ist demnach die Koordination dieser drei Selektivitäten in der Einheit einer kommunikativen Operation. Für ein einzelnes Kommunikationsereignis ist es praktisch unmöglich, diese zweite Unwahrscheinlichkeit in Wahrscheinlichkeit zu überführen. Die Kommunikation bliebe auf Gesten und Laute reduziert und käme über unmittelbare körperliche Einmalabstimmung weniger Beteiligter nicht hinaus. Ausreichend Anhaltspunkte zur Bewältigung der in der Kommunikation liegenden Unwahrscheinlichkeit liefert erst die Einordnung der Einzelkommunikation in den Zusammenhang anderer Kommunikationen, also die Bildung sozialer Systeme (Luhmann 1997: 190-1). Solche Bezugnahmen können nach zwei Richtungen hin hergestellt werden: Die Kommunikation kann auf frühere Operationen zurück- oder auf künftige vorausgreifen. Aber wie dies geschieht und welche Arten sozialer Systeme möglich werden, bestimmt sich ausschließlich in der Form medial vermittelter Einwirkungen von Kommunikation auf Kommunikation, und damit aus den Einschränkungen, die sich im Netzwerk der füreinander erreichbaren Elemente dieses Operationstyps ergeben.

---

2   Was ein Missverstehen des Mitteilungsverhaltens oder der mitgeteilten Information nicht aus-, sondern einschließt, da es auf die Erfassung der Differenz von Information und Mitteilung durch den Adressaten der Kommunikation ankommt und darauf, dass diese Unterscheidung dem Anschlussverhalten in der Kommunikation zu Grunde gelegt wird. Unterbleibt die Unterscheidung von Mitteilung und Information, hat man (möglicherweise) einen Fall der Wahrnehmung des Verhaltens anderer vor Augen, nie aber Kommunikation (Luhmann 1984: 196).

III

Diese Einsicht in den Zusammenhang von Kontingenzbehandlung und Systembildung ist in der Systemtheorie gut ausgearbeitet (vgl. Ashby 1962). Sie schließt intentionale Deutungen aus, die eine ausgeführte Kommunikation entweder nur dem einen oder nur dem anderen Beteiligten an der Kommunikation zurechnen möchten. Akteurstheoretische Konzepte dieser Art erklären zu wenig. Sie halten an der Rede von den sozialen Beziehungen zwischen Menschen fest und projizieren Ordnungsleistungen, die im Kommunikationssystem Gesellschaft erbracht werden, auf externe Verursachung in der Umwelt dieses Systems. Sie pflegen das Modell einer interaktionsnah gebauten Gesellschaft und unterschätzen das globale Ausmaß an kommunikativer Verflechtung, das heute erreicht ist. Und sie übersehen besonders eines: dass in der Neuzeit jede einzelne Interaktion vor der Voraussetzung vieler weiterer Kommunikationschancen anläuft und dass diese Möglichkeiten in die Steuerung der Interaktion einbezogen sind, ohne dass räumliche Entfernungen in sozialer, sachlicher oder zeitlicher Hinsicht relevant werden müssen (Stichweh 2000a: 257-8).

Eine mittlerweile hinreichend bekannte Implikation dieses Arguments ist die Idee, dass sich in der Gegenwart ein einziges, singuläres System der Weltgesellschaft herausgebildet hat, das alle füreinander erreichbaren Kommunikationen auf sich vereint (vgl. Luhmann 1971; Stichweh 1995). Wie sieht nun aber das Verhältnis zwischen einem als Weltgesellschaft realisierten Gesellschaftssystem, telekommunikativen Medien und Raumstrukturen der Kommunikation genauer aus? Ich möchte drei Punkte ansprechen: *Kommunikationsbasierung, Lateralisierung, Medienbeziehungen.*

Sie sind im Zusammenhang mit der generellen These zu nennen, dass telekommunikative Medien an der endgültigen Herauslösung des gesellschaftlichen Geschehens aus jeder Form räumlicher Bindung mitwirken. Eine zusätzliche Bestimmung zu dieser These ist angebracht. Sie bezieht sich nicht etwa auf einen gesellschaftsexternen Raum in der physischen oder biotischen Umwelt, der das Gesellschaftssystem von außen wie ein Behälter mit exogenen Grenzen versorgt. Gegen diesen Raum ist die Gesellschaft immer schon ausdifferenziert, was auch immer an kausalen Abhängigkeiten gegenüber den Gegebenheiten in ihrer Umwelt bestehen mag. Andernfalls wäre sie gar kein System. Wenn von einer generellen Abkopplung der neuzeitlichen Kommunikation von räumlichen Formen die Rede ist, meint dies vielmehr rein interne, kommunikativ erzeugte Raumdifferenzen in Form von Raumgrenzen (*borders*) oder Raumdistanzen, die auf einer Leitunterscheidung von Stellen und Objekten aufruhen und die im System der Weltgesellschaft auf markante Weise an formprägender Kraft verlieren (Kuhm 2000: insb. 330-4).[3]

---

3   Es gehört zu Erkenntnislasten der soziologischen Beobachtung der sozialen Relevanz des Raumes, dass sich die in dieser Diskussion engagierten Autoren zu wenig um eine

Kommunikationsbasierung: Telekommunikative Medien dienen – soviel war schon gesagt – dazu, Information über längere Zeiträume hinweg an mehr Adressaten zu verbreiten, als in einer konkreten Situation erreichbar sind. Sie erlauben es, die an einer bestimmten Raum- oder Zeitstelle Abwesenden in die Kommunikation einzubeziehen, und insofern hat Niklas Luhmann zu Recht darauf hingewiesen, dass die Telekommunikation mit der Erfindung von Schrift beginnt (Luhmann 1997: 257). Bereits das Medium Schrift führt strukturelle Neuerungen in die Gesellschaft ein, die heute vorzugsweise bei den elektronisch gestützten Kommunikationstechniken abgebucht werden. Ihre primäre Auswirkung ist die, dass Schrift die Distanz der Gesellschaft zu den spezifisch begrenzten Möglichkeiten der Interaktion vergrößert, indem sie die Komponenten der Kommunikation auseinanderzieht. Zunächst wird die Erfahrung der Differenz von Information und Mitteilung forciert. Wenn der Kontext nicht mehr durch Anwesenheit gesichert ist und wenn der situationstypische Mitteilungsdrang der Kommunikation unter Anwesenden an Bedeutung verliert, verschiebt sich der Schwerpunkt der Kommunikation in Richtung auf Information. Das reine Teilnahmebedürfnis tritt zurück, während die Orientierung auf Sachverhältnisse wichtiger wird. Parallel dazu lockert sich der für mündliche Kommunikation unvermeidbar enge Konnex von Mitteilung und Verstehen. Das Verstehen einer schriftlichen Mitteilung erfolgt irgendwann anderswo, ist jedenfalls nicht mehr unmittelbar durch Interaktion oder den Autor des Textes kontrollierbar. Der Sinn der Mitteilung lässt sich unter diesen Umständen immer weniger als Bezugspunkt des Sinnverstehens aktivieren. Darin liegt ein kaum zu überschätzender Doppeleffekt auf die Intensivierung des Sachbezugs der Kommunikation. Zum einen kann die Kommunikation für immer differentere Themen geöffnet werden, wenn der in Interaktionen präsente Annahmedruck weg- und Ablehnung oder Indifferenz leichter fällt. Und gleichzeitig wird dieser Trend zur Versachlichung noch dadurch verstärkt, dass die Wahrnehmung als Selektionshilfe des Verstehens ausfällt, wenn der Direktkontakt von Absender und Adressat in der Kommunikation fehlt. Dann wird es erforderlich, in der Aus-

---

theoretische Bestimmung des Begriffs des Raumes bemühen. Die schon standardmäßige Distanzierung gegen ein Behälterraum-Konzept und der ebenso standardmäßige Verweis auf Konstruktion bieten sich als bloßes Bekenntnis an. Sie lassen offen, was – wenn nicht Kommunikation – als elementare Einheit der Konstruktion räumlicher Formen fungieren könnte und sehen im Raum ein universelles Ordnungsprinzip, das alles in der Welt Vorkommende – menschliche Körper, physische, biologische oder chemische Objekte, soziale Akteure – zu einem Ganzen verbindet. Ebenso irreführend sind gängige Vorstellungen über Kommunikationsräume, die nicht zwischen einem über Kommunikation laufenden Prozess der Bestimmung räumlicher Formen und dem *"unmarked space"* als einem in jedem Akt der Bezeichnung mitabgesonderten Möglichkeitsbereich anderer, im Moment der Bezeichnung noch offen gelassener Möglichkeiten unterscheiden (zum *unmarked space* als einem Horizontbegriff siehe Spencer Brown 1969: 5).

wahl wie im Verständnis der mitgeteilten Information von Personenkenntnis auf Sachkenntnis umzuschalten, so dass die Möglichkeiten der Störung einer Kommunikation durch Personalisierung geringer werden (Luhmann 1997: insb. 289-90).[4]

Schriftgebrauch steht also am Beginn einer Medienentwicklung, die eine gegen Interaktion sich absetzende Ausdifferenzierung des Gesellschaftssystems vorantreibt. Mit dem Buchdruck treten ab dem 16. Jahrhundert Neuerungen gewaltigen Ausmaßes hinzu. Sie bestehen vor allem in der Entwicklung der Potentialitäten der Schrift, wenn die Kontrollchancen hinsichtlich des Kreises der Leser geschriebener Manuskripte durch unkontrollierbare Verbreitung gedruckter Texte schwinden und Fernkommunikation normal wird (Esposito 1993: 342; Esposito 1998: 282-3). Dass es auch nach der Erfindung der Druckerpresse noch vier Jahrhunderte gedauert hat, bis die Techniken elektronisch gestützter Kommunikation auftauchten, macht freilich darauf aufmerksam, dass die Entwicklungschancen der Verbreitungsmedien von der Evolution der Gesellschaftsstruktur abhängig sind. Erst wenn mit den symbolisch generalisierten Kommunikationsmedien situationsübergreifende Überzeugungsmittel bereitstehen und durch Systemdifferenzierung konsolidiert sind, kann die Kommunikation in den gesellschaftlichen Teilsystemen endgültig von räumlich verdichteten Interaktionszusammenhängen abgekoppelt werden. Erst dann ist der Übergang zu einer Form der Systemdifferenzierung möglich, die sich mehr und mehr und schließlich endgültig, von der hierarchisch fixierten Ordnung der Kommunikation im Kontaktnetz der Oberschicht ablöst (Kieserling 1999: 223-9). Erst dann bildet die Gesellschaft globalisierte Teilsysteme mit sachthematischer Schließung über rechtliche, wirtschaftliche, wissenschaftliche, politische oder religiöse Kommunikation. Erst dann verzichtet sie vollends auf territoriale oder demografische Entsprechungen ihrer internen Ordnung. Aber nun muss sie es tun, weil das Prinzip der funktionalen Differenzierung ausschließt, einzelne Menschen auf je eines der Funktionssysteme und einzelne Funktionssysteme auf je unterschiedliche Territorien zu verteilen (Luhmann 1997: 744).

Telekommunikativ gesicherte Erreichbarkeit und funktionale Gesellschaftsdifferenzierung machen es unrealistisch, weltweite Verflechtungen sozialer Ereignisse nach dem Muster ortsabhängiger Kontaktverdichtung zu beschreiben. Was zunächst nicht ausschließt, dass solche Beschreibungen angefertigt werden: Noch die Soziologie der Chicago-Tradition hatte so optiert, indem sie die Großstadt als räumlich lokalisierbares Laboratorium der Moderne begriff, in dem eine zahlenmäßig große, dicht gedrängte und heteroge-

---

4 Mit Niklas Luhmann (1984: 224) kann man Schrift – und nach ihr den Buchdruck und die elektronisch gestützte Kommunikation – auch als eine kommunikativere Form der Kommunikation betrachten. Und ebenso naheliegend ist es, dass Entfremdung nun zu einem möglichen und wahrscheinlichen Thema der Kommunikation wird (a.a.O.: 592).

ne Bevölkerung die soziale Differenzierung vollzieht (Wirth 1974). Das ist bekannt und wird seither in der *Urban sociology* ohne weitere Reflexion der Prämissen in vielen Publikationen tradiert. Weniger vertraut sind wir dagegen mit den frühen Versuchen der *Chicago-School*, die soziologische Analyse von Populationskonzepten auf Kommunikation umzuschreiben: „*movement*" als Transport von Menschen oder Gütern von „*mobility*", als Komplexitätsmaß eines Sozialsystems zu unterscheiden und die strukturelle Abschwächung räumlicher Distanzen als Effekt neuer telekommunikativer Techniken wie Telegrafie und Telefon herauszuarbeiten (Burgess 1925: 58-62; Park 1925: 2, 17-9).[5]

An diesen Umstellungsversuchen sind nicht die damals erzielten Resultate bedeutsam. Worauf es vielmehr ankommt, ist der Sachverhalt, dass an der Einführung elektronisch gestützter Kommunikationstechniken wie dem Telefon urplötzlich und zunächst nur momenthaft sichtbar wird, dass das gesellschaftliche Geschehen auf Kommunikation gegründet ist. Die Bindung des Gesellschaftsbegriffs an eine auf Beziehungen zwischen Menschen fokussierte Analytik hat verhindert, dass diese Einsicht der Chicago-Soziologie ausgearbeitet wurde. Heute ist die Soziologie insofern in einer besseren Lage, als ihr – zumindest der Möglichkeit nach – ein leistungsfähiger Kommunikationsbegriff zur Verfügung steht. Zugleich erlaubt es das Vordringen der computervermittelten Kommunikation, den Zusammenhang von neuer Kommunikationstechnik und Sichtbarkeit der Kommunikationsbasierung von neuem zu überprüfen. Und in der Tat: Was gegenwärtig an der Beobachtung der Veränderungen, die durch den Computer ausgelöst werden, hervorsticht, ist ihre Deutung aus dem Horizont des Kommunikationsbegriffs. Computer sind nicht einfach „*number-crunching machines, but general purpose symbol manipulation machines*", heißt es bei Murray Turoff und Starr Roxanne Hiltz (1988: 357). Sie agieren nicht bloß als technische Maschinen, mit denen sich Daten verarbeiten und Berechnungen anstellen lassen, sondern sie wirken selbst als Anlauf- und Verbreitungspunkte in einem Netzwerk von Kommunikationen, das für sich als soziales System geschlossen ist (vgl. Turoff 1991).[6]

---

5   "*Mobility*", schreibt (!) dazu Robert E. Park (1925: 17-8), "*depends, not merely upon transportation, but upon communication*" Das läuft auf eine Zunahme unpersönlicher, vor allem rein kommerzieller, aber z.B. auch rein sexueller Beziehungen hinaus, die in Verbindung mit der Einbeziehung der Frauen in politische und wirtschaftliche Rollenzusammenhänge selbstverständlicher werden; also auf einen Trend zur Versachlichung. Und dafür ist es mehr und mehr von Bedeutung, erzogen und im Hinblick auf Lesekenntnisse unterrichtet worden zu sein (a.a.O.: 32-3, 18).

6   Auch heute wird die Ausarbeitung dieses Befundes noch durch Vorstellungen beschränkt, die soziale Systeme als Beziehungsgeflecht zwischen konkreten Menschen verstehen wollen: von daher die Reduktion des Bereichs der telekommunikativen Medien auf *face-to-face*-, Telefon-, Mail- und Audio/ Videokonferenzkontakte. Was un-

In operativer Hinsicht war das zwar noch nie anders. Kommunikation vollzieht sich im rekursiven Anschluss an andere Kommunikation. Aber spätestens mit der Ablösung der Telekommunikation von den Personen und Dinge transportierenden Verkehrstechniken treten die Möglichkeit wie die Notwendigkeit hinzu, entsprechend zu beobachten (vgl. Lübbe 1996: 134-5). Auch ohne theoretische Ausrüstung ist jetzt für jedermann erfahrbar, dass soziale Systeme nicht im Raum begrenzt sind. Es ist diese Erfahrung, die die populäre Vorstellung von der Schrumpfung des Raumes erzeugt (vgl. Berger 1995: 108-11). Und es ist auch diese Erfahrung, die den soziologischen Beobachter dazu zwingt, genauer anzugeben, wie räumliche Formen im globalen Kommunikationsnetz einer Weltgesellschaft relevant werden können.

Lateralisierung[7]: Neben die vermehrte Sichtbarkeit von Kommunikation als der elementaren Operation sozialer Systeme tritt ein weiterer Aspekt hinzu. Telekommunikative Medien ändern die Richtung der Kommunikation – oder genauer gesagt, sie disprivilegieren jede Engführung ihrer Richtung zugunsten multilateraler Formen des Anschließens von Kommunikation an Kommunikation. Auch diese Änderung setzt schon mit der Schrift ein. Schriftgebrauch eröffnet Spielräume für die Neuordnung von Sequenzen der Kommunikation, die nicht mehr – wie noch unter den Bedingungen der Mündlichkeit – in die Form eines linearen Nacheinanders gebracht werden müssen. Texte konservieren Mitteilungen für eine letztlich unüberschaubare Zahl von Lesern, ohne festzulegen, wann und vor allem wie die Mitteilung aufgegriffen wird. Daraus resultieren ganz neue Möglichkeiten der gleichzeitigen, unkoordinierten Fortsetzung von Kommunikation und des indirekten Anschlusses, etwa Sammlung, Auswertung und Wiederverbreitung von Daten, die in noch völlig unbekannten Lesekontexten zu Informationen verarbeitet werden (Luhmann 1997: 267).

Infolgedessen entziehen sich bereits schriftbasierte Strukturen der Kommunikation der Möglichkeit nach einer hierarchischen Kontrolle in zentralisierten Ordnungen. Einen enormen Schub in Richtung auf faktische Durch-

---

berücksichtigt bleibt, sind typisch alle Formen schriftlicher oder gedruckter Kommunikation (z.B. bei Turoff/Hiltz 1988: 358).

7   Ich formuliere hier abweichend zu einer Begriffsentscheidung der Systemtheorie, die zur Bezeichnung des nun zu behandelnden Sachverhalts den Begriff der Dezentralisierung gebraucht (z.B. Stichweh 2000a: 261-2). Ich spreche von Lateralisierung, um die Diagnose zu übernehmen, dass in der Weltgesellschaft Asymmetrien in der Ressourcenausstattung zwischen Zentren und ihren Peripherien erodieren, die allein durch große räumliche Distanzen gehalten werden. Ich spreche nicht von Dezentralisierung, um den Fall einzuschließen, dass in den Funktionssystemen gleichwohl nicht-räumliche Zentrum/Peripherie-Differenzen gebildet werden, z.B. im Wirtschaftssystem die Zentrum/Peripherie-Differenzierung in weltwirtschaftlich tätige Finanzmärkte, die in Form von Finanzierungen (Handel mit Zahlungsversprechen) an jeder einzelnen wirtschaftlichen Operation beteiligt sind, und in periphere, regionalwirtschaftlich sensitive Vorgänge wie Produktion, Konsum, Arbeit (vgl. Luhmann 1995a: 574-5).

setzung eines heterarchischen Strukturaufbaus des Gesellschaftssystems bringen allerdings erst die typografischen Medien. Innerhalb kürzester Zeit intensivieren sie den Prozess der Zirkulation von Informationen, an die immer neue Informationsverarbeitung angeschlossen werden kann. Das begünstigt die Bildung und Diffusion nicht zentralisierter sozialer Ordnungen, wie Märkte oder Netzwerke, die von Beginn an zu globaler Ausweitung tendieren. Im Europa der frühen Neuzeit werden Bücher als erste Artikel für einen Massenmarkt geschrieben und gedruckt. Raumbezogene Zentralismen der Politik und des Rechts geraten demgegenüber ins Hintertreffen. Zensierende Intervention des Dirigierens der Informationsflüsse über territoriale oder gesetzliche Grenzen wird zwar versucht, muss sich aber recht bald in einer Art permanenter Erfolglosigkeit einrichten, die seit dem 18. Jahrhundert den Ehrentitel „Öffentliche Meinung" trägt (Giesecke 1991: 395-7, 441-70, insb. 452). Ähnlich folgenreich ist dann wieder der Umbruch, der sich aus der Einführung elektronisch gestützter Kommunikationstechniken, in jüngster Vergangenheit besonders der computervermittelten Kommunikation, ergibt. Über Druckwerke geführte Kommunikation war insofern durch residuale räumliche Zugangsbarrieren beschränkt gewesen, dass die Texte vor Ort vorhanden sein und aufbewahrt werden mussten. Elektronische Kommunikationsmedien ändern auch dies noch, bis hin zu einer heute schon deutlich absehbaren Situation, in der alle möglichen für ein Thema bedeutsamen Informationen von einem einzelnen Rechnerarbeitsplatz aus erreichbar sind.[8] Die Ordnung des Systems, das auf der Basis dieser medialen Möglichkeiten operiert, ist dann in einer irreversiblen Art nicht-linear. Sie kann nicht in der vorgezeichneten Bahn strikt aufeinanderfolgender Sequenzen gehalten werden, weil alles, was passiert, in einem Kontext einer globalen Gleichzeitigkeit passiert, in der auf unkontrollierbare Weise neue Verbindungen hergestellt werden können (Luhmann 1997: 314).[9]

Ein Lateralismus dieses Typs unterläuft jede Form von Zentralisierung, besonders aber jede Form räumlicher Zentralisierung, ohne dass es deswegen zu Prozessen der Homogenisierung im System der Weltgesellschaft kommen muss. Regional selbstbezügliche Entwicklungen bleiben weiterhin möglich, im Gegenteil: sogar wahrscheinlich, da Variationen nun von überall herkommen können und allenfalls für begrenzte Zeitspannen durch temporäre

---

8 An Informationen kann es weiterhin fehlen. Das liegt nun aber nicht länger an der Abwesenheit der Dokumente, sondern an den Problemen der Informationsverarbeitung, die aus der konstanten Anwesenheit einer unbewältigbar großen Menge verfügbarer Dokumente resultieren (Esposito 1993: 244-5).
9 Das Modell einer solchen Ordnung ist der Hypertext, der auf jede Form sequentieller Ordnung verzichtet und textinterne wie textübergreifende Verknüpfungen ermöglicht, die neben dem Selektionshorizont seines Lesers nur noch von der programmierten Software des Computers abhängig sind (Rho/Gedeon 2000: 220-1; Esposito 1993: 352-3).

Telekommunikative Medien und Raumstrukturen der Kommunikation 109

Zentrumsbildung kontrollierbar sind (Stichweh 2000a: 261-4).[10] An der computervermittelten Kommunikation ist auffällig, dass die Evolution der technischen Infrastrukturen von den bereits etablierten Sozialstrukturen ausdifferenzierter Funktionssysteme ausgeht und in diesem Sinne strukturerhaltend wirkt. Computernetzwerke als die Schlüsselinnovation der kommunikativen Nutzung des Computers besitzen bekanntlich zwei technische Voraussetzungen: dezentralisierte Rechnerkapazitäten und leistungsstarke, kostengünstige Übertragungsnetzwerke (Stichweh 1989: 11-5). Beide Voraussetzungen waren jedoch zu Beginn so nicht gegeben. Im Fall des ersten Computernetzwerks überhaupt, dem „Arpanet", war es 1969 noch vordringlich darum gegangen, die Ressourcen einer zentralen Großrechenanlage durch Vernetzung von für das US-Verteidigungsministerium arbeitenden Forschungseinrichtungen und Rüstungsunternehmen über Distanzen hinweg zu teilen. Einer der überraschendsten Effekte der Benutzung dieses Netzwerkes war jedoch, dass dieses einseitig gerichtete Technikmodell einer rationalen Auslastung von Kapazitäten im Kontakt mit multilateralen Kommunikationsstrukturen transformiert wurde. *Electronic mail, Bulletin Boards* und computergestützte Konferenzen waren aus technischer Sicht also unerwartete Entwicklungen, die sich in Prozessen gesellschaftlicher Selektion herausgebildet haben (Newell/Sproull 1982: 848).[11]

An der computervermittelten Kommunikation ist deshalb hervorzuheben, dass sie ihrer Form nach zu einer ohne Spitze oder Zentrum auskommenden Gesellschaftsstruktur passt. Zugleich geht es nie nur um bloße Leistungssteigerung in der Erreichbarkeit von Kommunikation, sondern immer um ein Verhältnis reziproker Intensivierung von medialer Innovation und weltgesellschaftlicher Strukturbildung, das emergente Phänomene der Verkettung von Kommunikationen in den globalisierten Funktionssystemen hervorbringt.[12]

---

10 Ähnlich Lübbe (1996: 138-40), der das zunehmende Vorkommen sichtbarer sozialer Unterschiede auf engstem Raum betont, was zugleich die Kontingenz dieser Unterschiede schärfer hervortreten lässt und vermehrt Anlass zu ihrer reflexiven Bekräftigung gibt.
11 Siehe dazu auch Stichweh (1989: 26-9). In neueren Darstellungen ist schon zu beobachten, wie diese Überraschung wieder vergessen wird, indem man die eigentlich unerwartete Entwicklung im Nachhinein durch die Zuschreibung entsprechender Intentionen normalisiert (so Laxton 2000: 64). Zu analogen Effekten der sozialstrukturellen Selektion der Entwicklung neuer Techniken am Beispiel der Durchsetzung des Mobiltelefons siehe Burkart (2000).
12 Anders formuliert: Auch Strukturerhaltung erzeugt in einem nächsten Schritt etwas Neues, das anders so nicht da wäre. Die soziologische Technikbeobachtung sieht sich durch Technikinnovation häufig und ohne Grund in der Sache zur Entscheidung der Alternative von Strukturerhaltung (Kulturdeterminismus) und Strukturtransformation (Technikdeterminismus) gedrängt. In einer frühen Position, die beide Seiten zu berücksichtigen versucht, ist Technik als Vergesellschaftungsform konzipiert (Linde 1972). Gegen einen reduzierten menschbezogenen Gesellschaftsbegriff wird dort auch die Sozialität der Maschinen als Produkte menschlicher Aktivität angemahnt. Die hier

Die Computerliteratur hat zur Bezeichnung dieser Sachlage den Begriff der „*superconnectivity*" erfunden (Hiltz/Turoff 1993). Worauf „*superconnectivity*" verweist, ist eine globalisierte Adressenordnung der Kommunikation, an der mir zweierlei interessant zu sein scheint. Zunächst müssen wir mit einer Pluralisierung der Teilnahme an Kommunikation rechnen, wenn es keine plausiblen Gründe gibt, zwischen der Kommunikation unter Personen und der Verarbeitung von Informationen in einem Computersystem zu unterscheiden. Auch die sprachförmigen Operationen an der Außenseite eines Computers können, was immer an physikalischen, logischen und abstrakten Interna in der Maschine passiert, anhand der Unterscheidung von Information und Mitteilung beobachtet, also verstanden werden (Fuchs 1991: 12-4). Um ein Beispiel zu geben: Wer auch immer heute an der Börse Aktien verkauft oder kauft, tut dies in einer kommunikativen Situation, in der er registrieren muss, dass neben anderen Brokern auch Computer Orders platzieren, und dies häufig schon deswegen, weil sie über die überlegene Informationsverarbeitungskapazität verfügen (Stichweh 1989: 9-11; Hiltz/Turoff 1993: 504). Zweitens tritt das Merkmal der Ortsunabhängigkeit der Adressen hervor. Damit ist eine strukturelle Leistung der neueren Medien elektronisch gestützter Kommunikation gemeint, die den Zusammenhang von präziser Adressierbarkeit und Lokalisierung des Adressaten an einer bestimmten Stelle im physischen Raum aufhebt. Email und „Mobiltelefonie" halten Adressen global konstant, ganz unabhängig davon, auf welchem Territorium, in welchem Gebäude, in welchem Raum sich der zu erreichende Adressat zu einem bestimmten Zeitpunkt physisch aufhält (Stichweh 2000c: 227-8). Eine solche Adressenordnung hat freilich weder ein Zentrum im Raum noch ist sie von einer Interaktionslogik aus zugänglich. Für Hektik an den Börsen braucht es kein Parkett, sondern eben – den Computer und die über ihn erreichbaren elektronischen Marktplätze.[13]

---

vorgestellte Theorie optiert genau entgegengesetzt. Sie schließt nicht nur die Technik, sondern auch den Menschen aus ihrem Gesellschaftsbegriff aus und behandelt die technischen Objekte wie die Benutzer als kommunikationsexterne Umwelt, zu der die Gesellschaft ein Verhältnis struktureller Kopplung unterhält.

13 Das schließt Handel auf dem Börsenparkett nicht aus, sofern auch dort eine entsprechende Infrastruktur für elektronisch gestützte Kommunikation vorhanden ist. Aufwendige Infrastrukturmaßnahmen dieser Art vonseiten der *London Stock Exchange* werden von Hiltz und Turoff (1993: 510) als Fehlentscheidungen eines mit den neuen Kommunikationstechniken nicht vertrauten *Senior Managements*, also als Generationenproblem gedeutet. Möglicherweise geht es aber nur darum, dass an der Spitze der Organisation besser bekannt ist, dass auf riskante Operationen spezialisierte Organisationen wie Börsen immer auf eine Kontaktfläche zu einem Publikum angewiesen sind, das nicht allein aus anderen Brokern besteht. Eine solche Kontaktfläche sind die Sendungen der Massenmedien, die wenn nicht vom Parkett aus, von wo dann berichten. Sie lokalisieren die Kommunikation an einer bestimmten Stelle im Raum: "*Wall Street*". Über räumliche Repräsentation im globalen Kommunikationssystem Wirtschaft entsteht auf diese Weise ein stabiler Zurechnungspunkt der Kommunikation,

Telekommunikative Medien und Raumstrukturen der Kommunikation 111

Medienbeziehungen: Unter dem Stichwort Medienbeziehungen möchte ich ein Forschungsthema umreißen, das mehr Beachtung verdient. In seiner systemtheoretischen Fassung macht der Begriff des Mediums auf Zusammenhänge der Einschränkung aufmerksam, die festlegen, was an Formenbildung im Medium möglich ist. Medien sind also stets Voraussetzung, nie aber die Ursache der Formen, und das gilt selbstverständlich auch für die Medien der Kommunikation. Sprache legt niemals fest, welcher nächste Satz geformt wird, aber sie oktroyiert, dass Sprache nur zum Sprechen verwendet werden kann. Das Gleiche gilt für das Wirtschaftsmedium Geld, das zwar auf Zahlung verpflichtet, aber damit noch offen lässt, aufgrund welcher Präferenzen es zu Zahlungen kommt. Eine Implikation dieses nicht-kausalen Medienbegriffs ist, dass die im Medium gebildeten Formen aus ihrer rekursiven Vernetzung mit anderen Formen erklärt werden können, während das Medium als Medium einer direkten Beobachtung entzogen ist (Baecker 1999: 174-5). Sprache ist nicht an sich, sondern nur an Satzbildung zu erkennen, Geld nur an Vorkommnissen der Zahlung, Macht nur an Machtbenutzung. Diese Formulierung macht auch deutlich, dass Medium und Form nicht getrennt zu denken sind. Sie kommen nur zusammen vor, als Unterschied von rigider, durchsetzungsfähiger Form und weichem, aber gerade darum zeitlich stabilem Medium, das anhand der in ihm temporär realisierten Formen erschlossen werden muss (Luhmann 1995b: 168, 171).[14]

Was uns für Sprache und für Erfolgsmedien der Kommunikation unmittelbar nachvollziehbar erscheint, wirft deutlich mehr Denkprobleme auf, wenn es um Verbreitungsmedien geht. Einstweilen sitzt die Assoziation auf Maschinentechnik, auf ratternden Druckerpressen, klingelnden Telefonen und blinkenden Computern fest, während es unter dem Aspekt der Beobachtung von Kommunikation auf interne Prozesse der Informationsverarbeitung unter Einschluss räumlich und zeitlich entfernter Anderer – Personen und sich überdies in exponentieller Vermehrung befindliche Computer – ankommt (Esposito 1993: 338). Auch für Verbreitungsmedien gilt deshalb, dass man auf die Formen achten muss, wenn man das Medium erkennen will. Was die computervermittelte Kommunikation mit ihren Leitmedien Email, Internet und „Mobiltelefonie" betrifft, wäre meine Vermutung die, dass sich die Beobachtung ihrer Auswirkungen auf die Kommunikation seit einiger Zeit verschiebt: weg von der Fokussierung auf Substitutionseffekte hin zu der Frage, ob es dem neuen Medium gelingt, etwas zu erzeugen, was es vorher in

---

der Vertrauen im Umgang mit der als besonders riskant erlebten doppelten Kontingenz an der Börse schaffen und Unsicherheiten absorbieren kann (zu dieser Funktion räumlicher Schemata Kuhm 2000: 334-5).

14   „Mediumvorgänge sind unwichtig", heißt es bei dem Wahrnehmungspsychologen Fritz Heider, von dem die an den Wahrnehmungsmedien Licht und Luft entwickelte Unterscheidung vom Medium/Form stammt. „Nur insofern Mediumvorgänge an etwas Wichtiges [an eine Form; K.K.] gekettet sind, haben sie Wichtigkeit, für sich selbst sind sie meist ‚Nichts'". (Heider 1927: 130)

sozialen Systemen so nicht gab. Offensichtlich gehört die Diskussion um den Abbau räumlicher Beschränkungen durch computervermittelte Kommunikation noch in die erste Rubrik. Beobachtungen dieser Art haben ihr volles Recht – vor allem, wenn man Schrift, Druck und Funk mitberücksichtigt. Eine auf evolutionäre Variation zielende Beobachtung wird meinem Eindruck nach jedoch vermehrt andere Aspekte in den Vordergrund bringen und nach den Beziehungen zwischen den elektronisch gestützten Kommunikationsmedien und den Erfolgsmedien der Kommunikation fragen, und danach, welche Rückwirkungen dies auf die Funktionssysteme der Gesellschaft hat.

Funktionale Gesellschaftsdifferenzierung in primäre Teilsysteme, die mit Universalzuständigkeit eine spezifische Funktion für das Gesamtsystem erfüllen, impliziert bekanntermaßen nicht, dass die Entwicklungschancen für alle Funktionssysteme gleich gut sind. Schon deshalb ist es wenig wahrscheinlich, dass alle Funktionssysteme in der gleichen Weise mit der Entwicklung neuer Kommunikationstechniken zurechtkommen.[15] Ohne Anspruch auf Vollständigkeit möchte ich dazu nur vier Bereiche ansprechen, die um vergleichende Analysen in allen Funktionssystemen erweitert werden müssten. Zunächst einmal ist es überraschend, welch optimistische Erwartungshaltung aktuell zu den Einsatzmöglichkeiten computervermittelter Kommunikationstechniken im Gesundheitssystem und mehr noch im Erziehungssystem aufgebaut wird.[16] Erfolgreiche Kommunikation in diesen Funktionssystemen gelingt nicht allein in Bezug auf sich selbst, sondern ist primär auf die Veränderung der Körper oder Psychen von Menschen in der Umwelt dieser Teilsysteme ausgerichtet. Das ist der Grund, weshalb beide Funktionssysteme ohne symbolisch generalisiertes Kommunikationsmedium auskommen müssen. Stattdessen werden hohe Anforderungen an organisierte Interaktion zwischen professionalisiertem Personal und betreuten Klienten gestellt. Systembildungskapazitäten gewinnt die Kommunikation dadurch, dass sie Anwesenheit zur Einrichtung einer Ebene von Nichtnegierbarkeit oder Nichtignorierbarkeit benutzt, auf die soziale Interventionen durch ständiges Produzieren und Testen von Unterstellungen an den zu unterrichtenden oder zu therapierenden Menschen zurückgreifen können (Willke 1987: 342-8).

Wechselseitige Wahrnehmung und indirekte Kommunikation erleichtern hier das Mitlaufen der Orientierung an den Reaktionen des anderen, was die vorzubringende Kommunikation dem Stil wie dem Inhalt nach generieren hilft. Zwar ist schon absehbar, dass etwa die Programme computervermittelter Erziehung darauf ausgerichtet werden, diese Konstellation über die Integration akustischer (siehe Brigitte Schulte-Fortkamp in diesem Band) und visueller Medien nachzukonstruieren. Aber man wird bezweifeln dürfen, ob die

---

15 Umso mehr gilt dieses Argument natürlich auch für andere Typen oder Ebenen der Systembildung, v.a. für Organisationssysteme.
16 Vgl. die umfangreiche Diskussion um *virtual classrooms* und *learning networks*, z.B. Harasim et al. 1995

computervermittelte Kommunikation in diesen Funktionssystemen tatsächlich die Effekte entfalten wird, die ihr gegenwärtig zugesprochen werden. Das gilt umso mehr, als mit der computergestützten Wissensvermittlung gleichzeitig professionstypische Anforderungen wie Autorität und Prestige der Experten enttäuscht werden.[17] Es entfällt jedoch nicht das Problem, das durch professionelle Autorität gelöst worden war, nämlich Absorption von Unsicherheiten der Kommunikation durch Fixierung ihres Verwendungssinns, so dass weiteres Nachfragen unterbleiben kann (vgl. March/Simon 1958: 164-6). Internetbasierte Informationsverarbeitung im Erziehungs- und Gesundheitssystem multipliziert die Anschlussmöglichkeiten der Kommunikation, transformiert mittels Programmen wie *"search engines"* auf unkoordinierbare Weise bestehende Wissenslagen durch ständig wachsende Kapazitäten der Selbstüberraschung und erzeugt deshalb ein Mehr an Unsicherheit, für das es unter den Bedingungen computervermittelter Kommunikation an Auffangeinrichtungen fehlt (Laxton 2000; Esposito 1998: 292-3). Unter diesen Umständen bleibt nur noch Systemvertrauen (Luhmann 1997: 313), aber das wäre ja umso dringender auf ein eigenes Erfolgsmedium angewiesen. Und dann lautet die für den Strukturaufbau in den Bereichen der Erziehung und der Krankenbehandlung entscheidende Frage: Ist ein solches Medium tatsächlich im Entstehen?

Anders als in diesen beiden Teilsystemen ist der Fall für die Funktionssysteme gelagert, die in ihrer Systembildung auf symbolisch generalisierte Kommunikationsmedien zurückgreifen. Aber auch hier sind erhebliche Unterschiede zu erwarten, wenn es um das Zurechtkommen dieser Funktionssysteme mit evolutionären Änderungen des Entwicklungsstandes der Verbreitungsmedien geht. Aufschlussreich erscheint mir besonders ein Vergleich von Wirtschaft und Politik. Politische Kommunikation gebraucht ihr Medium Macht zur Motivation von Unterlassungen auf der Seite des Machtunterworfenen, während die auf Wirtschaft spezialisierte Kommunikation zu Transaktionen in der Form von Eigentumsübertragungen oder Geldzahlungen anreizt. Der Unterschied liegt im Modus der Sanktionierung, mit der der Adressat einer Kommunikation in eine spezifisch konditionierte Entscheidungssituation über Annahme oder Ablehnung der Kommunikation gebracht wird: negative Sanktionierung im Fall des Machtmediums der Politik, positive Sanktionierung im Fall des Geldmediums der Wirtschaft (Parsons 1963: 236-42, hier 238). Diese Mediendifferenz ruft sehr unterschiedliche Strukturbildungseffekte hervor, was die Sicherstellung kommunikativen Anschlussverhaltens betrifft. Unter diesem Aspekt hat man immer eine längere sequentiell vernetzte Kette von Kommunikationen im Blick. Und es fällt auf, dass die Anschlussmöglichkeiten insofern voneinander abweichen, als wirtschaftliche

---

17 Man kann nun – und tut dies vermehrt: Gesundheitsinformationen über Internet sind in den USA gefragter als Sportergebnisse, Aktienkurse oder Online-Shopping-Angebote (Fox/Rainie 2000) – an anderer Stelle nachfragen.

Transaktionen um vieles spezifischere und direktere Anschlüsse als die politisch motivierten Akte des Unterlassens eines Verhaltens erlauben. Letztere laufen auf der Seite des kollektivierten Publikums der Staatsbürger auf weitaus diffusere Vermeidungsalternativen hinaus. Wie Kay Junge (1999: 374-6) im Anschluss an Parsons gezeigt hat, resultieren aus diesem Unterschied sehr verschiedene Formen der Ordnungsbildung, die in der Wirtschaft zum Netzwerkcharakter des Marktes und in der Politik zur Durchsetzung der Staatsgewalt auf einem lückenlos kontrollierten Territorium beitragen. Trifft man im ersten Fall auf punktförmige, heterarchische Anordnungen von miteinander verknüpften Orten (*places*), so handelt es sich im zweiten um homogene, eindeutig räumlich abgegrenzte Gebiete (*areas*), die der staatlichen Gewaltkontrolle unterworfen sind. Es ist nicht schwer, sich vorzustellen, dass sich die Neuentwicklungen im Bereich der elektronisch gestützten Kommunikationstechniken – computervermittelte Kommunikation, aber auch schon Funk, Telefon und Fernsehen – auf diese Systemstrukturen höchst unterschiedlich auswirken. Und man wird unterstellen dürfen, dass das politische System sich langsamer auf Veränderungen einstellen wird, die sich aus der kommunikativen Verwendung neuer Verbreitungstechnologien ergeben. Schließlich ist es mit dem Raum vor allem ihr Mechanismus der Ordnungsbildung, der hier transzendiert wird (Luhmann 2000: 220-1).

IV

Zum Abschluss dieses Aufsatzes kann man fragen, was diese Überlegungen zum Zusammenhang von telekommunikativen Medien und Raumstrukturen der Kommunikation für Semantiken wie Cyberspace, Chatroom oder *global village* bedeuten. Meine Antwort fällt eindeutig aus. Wortbildungen dieses Typs sind viel zu nah an den Selbstverständlichkeiten des Alltags gebaut, um von sich aus Leitgesichtspunkte für die wissenschaftliche Beobachtung geben zu können. Würde man diese Option ernsthaft verfolgen und aus dem Vorkommen von räumlichen Metaphern auf die gesellschaftsstrukturelle Relevanz des Raumes zurückschließen, läge es mindestens ebenso nahe, auch den Beitrag von Geschwätz (Chat) für die Fortsetzbarkeit der Kommunikation in der modernen Gesellschaft hervorzuheben.[18]

---

18 Und das ist tatsächlich eine Option: Meine Vermutung ist, dass Geschwätz als permanente Neuverfügbarkeit einer Unmenge diffuser, nicht auf Folgenverantwortung festgelegter Kommunikationschancen durch computervermittelte Kommunikation in der Zukunft weitaus mehr Beachtung der Soziologie erzwingen wird, als es die Diskussion um eine angeblich noch bevorstehende Enträumlichung der Kommunikation gegenwärtig tut.

Davon habe ich in dieser Form noch nichts gelesen. Dass solche Semantiken entwickelt werden, und dass sie sich auch in die soziologische Beobachtung hineinschieben, muss andere Gründe haben. Ich sehe sie darin, dass sich die Berufung auf räumliche Semantiken in allgemeinen gesellschaftlichen Kontexten als klares und interaktionsnahes Schema der Orientierung bewährt. Wie sonst als durch Vereinfachungen dieser Art sollte das Sich-Einstellen auf das erhebliche Unsicherheitspotential motiviert werden, das in immer unwahrscheinlicheren und voraussetzungsreicheren Formen gesellschaftlicher Strukturbildung liegt? Aber diesem Impuls kann die Soziologie in ihrer Beschreibung der Gesellschaft nicht folgen. Eine Analytik der interpersonalen Beziehungen ist für sie ebenso unbrauchbar wie ein unspezifizierter Begriff des Raumes, der offen lässt, auf welches System er sich bezieht. Eine theoretische Ausarbeitung, die auf den Begriff der Kommunikation abstellt und Kommunikation als die elementare soziale Operation identifiziert, kann geeignetere Ausgangspunkte gewinnen, wenn es um die Beschreibung der modernen Gesellschaft geht. Sie ist besser in der Lage, sich auf einen sozialen Wandel einzustellen, der auf ein einziges, umfassendes System der Weltgesellschaft zuläuft. Sie kann besser zeigen, wie dies geschieht: über die medial vermittelte Vernetzung von Kommunikation, die auf Sprache, telekommunikativen Medien und Erfolgsmedien aufruht. Und das sind Medien der Kommunikation, die ihrer Logik nach von Anfang an über bloße Interaktion und Raumzusammenhänge hinausweisen.

Literatur

Ashby, W. R. (1962): Principles of the Self-Organizing System. In: von Foerster, H.; Zopf, G.W. (Hg.): Principles of Self-Organization. New York, S. 255-278
Baecker, D. (1999): Kommunikation im Medium der Information. In: Maresch, R.; Werber, N. (Hg.): Kommunikation, Medien, Macht. Frankfurt a. M., S. 174-191
Bateson, G. (1981): Ökologie des Geistes. Anthropologische, psychologische, biologische und epistemologische Perspektiven. Frankfurt a. M.
Berger, P. A. (1995): Anwesenheit und Abwesenheit. Raumbezüge sozialen Handelns. Berliner Journal für Soziologie 5, S. 99-111
Burgess, Ernest W. [1925] (1967): The Growth of the City: An Introduction to a Research Project. In: Park, R.E.; Burgess, E.W. (Hg.): The City. Suggestions for Investigation of Human Behavior in the Urban Environment. Chicago/London, S. 47-62
Burkart, G. (2000): Mobile Kommunikation. Zur Kulturbedeutung des "Handy". Soziale Welt 51, S. 209-232
Debatin, B. (1998): Analyse einer öffentlichen Gruppenkonversation im Chat-Room. Referenzformen, kommunikationspraktische Regularitäten und soziale Strukturen in einem kontextarmen Medium. In: Prommer, E.; Vowe, G. (Hg.): Computervermittelte Kommunikation. Öffentlichkeit im Wandel. Konstanz, S. 13-37
Esposito, E. (1993): Der Computer als Medium und Maschine. Zeitschrift für Soziologie 22, S. 338-354
Esposito, E. (1998): Fiktion und Virtualität. In: Krämer, S. (Hg.): Medien, Computer, Realität: Wirklichkeitsvorstellungen und neue Medien. Frankfurt a. M., S. 269-296

Esposito, E. (1999): Das Problem der Reflexivität in den Medien und in der Theorie. In: Korschorke, A.; Vismann, C. (Hg.): Widerstände der Systemtheorie: Kulturtheoretische Analysen zum Werk von Niklas Luhmann. Berlin, S. 113-119

Fox, S.; Rainie, L. (2000): The Online Health Care Revolution: How the Web Helps Americans Take Better Care of Themselves, Pew Online Life Report. Online im Internet. URL: http: //www.pewinternet.org/reports/toc.asp?Report=26 [Stand: 28. November 2000]

Fuchs, P. (1991): Kommunikation mit Computern? Zur Korrektur einer Fragestellung. Sociologia Internationalis 29, S. 1-30

Giesecke, M. [1991] (1998): Der Buchdruck in der frühen Neuzeit. Eine historische Fallstudie über die Durchsetzung neuer Informations- und Kommunikationstechnologien. Frankfurt a. M.

Heider, F. (1927): Ding und Medium. Symposion 1, S. 109-157

Harasim, L.M.; Hiltz, S.R.; Teles, L.; Turoff, M. (1995): Learning Networks: A Field Guide to Teaching and Learning Online. Cambridge (Massachusetts)/London

Hiltz, S.R.; Turoff, M. (1993): The Network Nation. Human Communication via Computer. Cambridge (Massachusetts)/London

Junge, K. (1999): Staatlichkeit und Territorialität. Soziologische Überlegungen zum Verhältnis von sozialer Ordnung und deren räumlicher Ortung. In: Honegger, C.; Hradil, S.; Traxler, F. (Hg.): Grenzenlose Gesellschaft? Verhandlungen des 29. Kongresses der Deutschen Gesellschaft für Soziologie, des 16. Kongresses der Österreichischen Gesellschaft für Soziologie und des 11. Kongresses der Schweizerischen Gesellschaft für Soziologie in Freiburg i.Br. 1998. Opladen, S. 370-386

Kieserling, A. (1999): Kommunikation unter Anwesenden. Studien über Interaktionssysteme. Frankfurt a. M.

Kuhm, K. (2000): Raum als Medium gesellschaftlicher Kommunikation. Soziale Systeme 6, S. 321-348

Laxton, R. (2000): The World Wide Web as Neural Net. Implications for Market-Driven Web Enabling. Technological Forcasting and Social Change 64, S. 55-70

Linde, H. (1972): Sachdominanz in Sozialstrukturen. Tübingen

Lübbe, H. (1996): Netzverdichtung. Zur Philosophie industriegesellschaftlicher Entwicklungen, Zeitschrift für philosophische Forschung 50, S. 133-150

Luhmann, N. (1971): Die Weltgesellschaft, Archiv für Rechts- und Sozialphilosophie LVII, S. 1-35

Luhmann, N. (1981): Die Unwahrscheinlichkeit der Kommunikation. In: Ders.: Soziales System, Gesellschaft, Organisation. Soziologische Aufklärung. Bd. 3. Opladen, S. 25-35

Luhmann, N. (1984): Soziale Systeme. Grundriß einer allgemeinen Theorie. Frankfurt a. M.

Luhmann, N. (1995a): Politik und Wirtschaft. Merkur 49, S. 573-581

Luhmann, N. (1995b): Die Kunst der Gesellschaft. Frankfurt a. M.

Luhmann, N. (1996): Entscheidungen in der „Informationsgesellschaft". Ms., Bielefeld

Luhmann, N. (1997): Die Gesellschaft der Gesellschaft. Frankfurt a. M.

Luhmann, N. (2000): Die Politik der Gesellschaft. Frankfurt a. M.

March, J. G.; Simon, H.A. (1958): Organizations. New York

Newell, A.; Sproull, R.F. (1982): Computer Networks: Prospects for Scientists. Science 215, S. 843-852

Park, R.E. [1925] (1967): The City. Suggestions for Investigation of Human Behavior in the Urban Environment. In: Park, R.E.; Burgess, E.W. (Hg.): The City. Suggestions for Investigation of Human Behavior in the Urban Environment. Chicago/London, S. 1-46

Parsons, T. (1963): On the Concept of Political Power, Proceedings of the American Philosophical Society 107, S. 232-262

Rho, Y.J.; Gedeon, T.D. (2000): Academic Articles on the Web: Reading Patterns and Formats. International Journal of Human-Computer Interaction 12, S. 219-240
Shannon, C.E.; Weaver, W. [1949] (1998): The Mathematical Theory of Communication. Urbana/Chicago
Spencer Brown, G. [1969] (1972): Laws of form. New York
Stichweh, R. (1989): Computer, Kommunikation und Wissenschaft: Telekommunikative Medien und Strukturen der Kommunikation im Wissenschaftssystem. MPIFG Discussion Paper 89/11, Köln
Stichweh, R. (1995): Zur Theorie der Weltgesellschaft. Soziale Systeme 1, S. 29-45
Stichweh, R. (1998): Die Soziologie und die Informationsgesellschaft. In: Friedrichs, J.; M. Lepsius, R.; Mayer, K. U. (Hg.): Die Diagnosefähigkeit der Soziologie. KZfSS. Sonderheft 38. Opladen, S. 433-443
Stichweh, R. (2000a): Zur Genese der Weltgesellschaft – Innovationen und Mechanismen. In: Ders.: Die Weltgesellschaft. Soziologische Analysen. Frankfurt a. M., S. 245-267
Stichweh, R. (2000b): Systems Theory as an Alternative to Action Theory? The Rise of "Communication" as a Theoretical Option. Acta Sociologica 43, S. 5-13
Stichweh, R. (2000c): Adresse und Lokalisierung in einem globalen Kommunikationssystem. In: Ders.: Die Weltgesellschaft. Soziologische Analysen. Frankfurt a. M., S. 220-244
Turoff, M. (1991): Computer Mediated Communication Requirements for Group Support. Journal of Organizational Computing 1, S. 85-113
Turoff, M.; Hiltz, S.R. (1988): Computer Mediated Communications and Developing Countries. Telematics and Informatics 5, S. 357-376
Wellman, B.; Gulia, M. (1999): Net-Surfers Don't Ride Alone: Virtual Communities as Communities. In: Wellman, B. (Hg.): Networks in the Global Village. Life in Contemporary Communities. Boulder (Colorado), S. 331-366
Werber, N. (1998): Raum und Technik. Soziale Systeme 4, S. 219-232
Willke, H. (1987): Strategien der Intervention in autonome Systeme. In: Baecker, D.; Markowitz, J.; Stichweh, R.; Tyrell, H., Willke, H. (Hg.): Theorie als Passion. Niklas Luhmann zum 60. Geburtstag. Frankfurt a. M., S. 333-361
Wirth, L. (1974): Urbanität als Lebensform. In: Herlyn, U. (Hg.): Stadt- und Sozialstruktur. Arbeiten zur sozialen Segregation, Ghettobildung und Stadtplanung. München, S. 42-66

Klaus Beck

No sense of place?
Das Internet und der Wandel von
Kommunikationsräumen

Einleitung: Raum-Metaphern

Unsere alltägliche Wahrnehmung des Internet ist in auffallendem Maße durch räumliche Metaphern geprägt, die offenbar dazu dienen, uns unbekanntes, nicht kartografiertes Gelände vertraut zu machen: So sprechen auf der einen Seite die Protagonisten (und Propagandisten) des Internet von der „*Datenautobahn*", dem „*Cyberspace*", der „*Telepolis*" und dem „*Global Village*". Die Anbieter im World Wide Web gestalten ihre Sites als *Portale*, *Shopping Malls* oder *Digitale Städte*, die wir dann mit Hilfe von Programmen wie „Explorer" oder „Navigator" erkunden und durchreisen können. (vgl. zu den Metaphern auch Schroer in diesem Band)

Hinter den verschiedenen Raum-Metaphern stehen unterschiedliche Technik-Leitbilder: Die *Superhighway*-Metapher (vgl. hierzu auch Canzler, Helmers und Hoffmann 1995) mit ihren Phänotypen „Datenautobahn" und „Infoautobahn" ist eine sehr nordamerikanische Vorstellung: Ein wilder, unbekannter Raum wird kolonisiert und zivilisiert, nur geht die Bewegung diesmal nicht westwärts, sondern von Kalifornien aus in (fast) alle Welt.

Auf der anderen Seite beschreiben auch die Nutzer des Internets ihren alltäglichen Gebrauch des Mediums als räumliche Erfahrung: Man „geht ins Netz", navigiert oder surft dort, trifft sich im Chat-*Room* und legt Wert darauf, eine persönliche E-Mail-*Adresse* oder gar eine eigene *Domain* (*Uniform Ressource Locator*) im enger und längst zum Politikum gewordenen „Adressraum" des Web zu besitzen.

Und schließlich ist auch die kommunikationspolitische Debatte über Computernetze in hohem Maße von der – nicht ganz zutreffenden – Vorstellung des Internet als „rechtsfreier Raum" geprägt, den es durch Überwindung des Territorialprinzips zu regulieren gilt.

Die Analyse der räumlichen Metaphern soll hier nicht weiter vertieft werden, aber wir können feststellen, dass diese Raummetaphern eine symbolische Ordnung herstellen. Die Komplexität des Neuen wird durch Rückgriff auf Altbekanntes reduziert, schwer fassbares Virtuelles wird territorialisiert, Immaterielles – zumindest semantisch – materialisiert. Die Tatsache, dass nahezu alle an der Netzkommunikation beteiligten Akteure Raummetaphern verwenden, sollte für Sozial- und Kommunikationswissenschaftler Grund genug sein, die Frage nach einer Theorie des Kommunikationsraums zu stellen. Allerdings fällt eine Bestandsaufnahme, zumindest hinsichtlich der Kommunikationswissenschaft und der Medientheorie, eher ernüchternd aus, wie ich im Folgenden kurz zeigen möchte.

Zum Forschungsstand: Kommunikation, Medien und Raum

Kommunikation und Raum: Kommunikationsraumanalyse und Medienatlanten

Kommunikation und Raum sind keine völlig neuen Topoi in der Kommunikationswissenschaft, denn bereits aus den 80er Jahren stammen die ersten Überlegungen, vor dem Hintergrund der Debatte um die damals neuen Medien Btx und Kabelfernsehen eine publizistik- und kommunikationswissenschaftliche „Kommunikationsraumanalyse" zu begründen (vgl. Jarren 1987; Maier-Rabler 1987; Maier-Rabler 1991).

Otfried Jarren (1987: 561) beklagte in einem metatheoretischen Übersichtsartikel über den Stand der Kommunikationsraumanalyse die theoretischen Defizite der raumbezogenen empirischen Kommunikationsforschung. Bis in die 80er Jahre hinein war „eine systematische Auseinandersetzung über die Interdependenzen zwischen Raum- und Kommunikationsstrukturen" in der Publizistik- und Kommunikationswissenschaft ausgeblieben. Auch Anstöße aus anderen sozialwissenschaftlichen Disziplinen konnten nicht nachhaltig in die kommunikationswissenschaftliche Theoriebildung integriert werden. Die vor allem beim – zuweilen sozial-romantisch verklärten – lokalen Kommunikationsraum ansetzende Forschung, die ihren Niederschlag in den 80er Jahren u.a. in einer Reihe von Kommunikations- und Medienatlanten fand (vgl. Expertenkommission Neue Medien – EKM Baden-Württemberg 1981; Lange/Pätzold 1983; Bentele/Jarren/Kratzsch 1990 sowie Jarren 1987: 572-579), begründete allenfalls – so Jarren selbstkritisch – eine „als additiv zu bezeichnende" Forschungstradition. (Jarren 1987: 565).

Erkenntnisziel der publizistikwissenschaftlichen Kommunikationsraumforschung war primär eine Bestandsaufnahme der kommunikativen Infrastrukturen sowie der räumlichen und sozialen Disparitäten, ohne dass ein theoriegeleitetes und strukturiertes Forschungskonzept erkennbar war (vgl. Jarren 1987: 580 u. Maier-Rabler 1987: 593-594).

In den 90er Jahren wurde dann – vor dem Hintergrund der europäischen Integration – der Versuch gemacht, Europa als Kommunikationsraum zu beschreiben (vgl. Kleinsteuber 1995 sowie den Berichtsband der Jahrestagung der DGPuK 1994; Erbring 1995). Doch auch hier wurde Raum bestenfalls als Analysekategorie genutzt: Herausgearbeitet wurde die Bedeutung von politischen Territorien (Staaten), Wirtschafts- und Sprachräumen sowie geografischer Reichweiten bestimmter Medientechnologien für die öffentliche Kommunikation. Der Kommunikationsraum Europa wurde jedoch nicht anhand kommunikativer Kategorien im engeren Sinne definiert.

Maier-Rabler (1991: 25) kritisierte, dass der Raum in den meisten bis dahin vorliegenden Studien „nur hinsichtlich einer seiner Funktionen für Kommunikation einbezogen worden ist: nämlich Raum als Begrenzung für die Untersuchung kommunikativer Strukturen; Raum als etwas, in dem etwas stattfindet." Zu kurz sei demgegenüber die „Funktion der Förderung oder Verhinderung", die „Verbindungs- oder Vernetzungsfunktion von Räumen" gekommen. Zudem – so Maier-Rabler (1991: 27) – gehörten Raumkategorien in der Kommunikationswissenschaft zu einer vernachlässigten Residualkategorie.

Auch Franz Ronneberger (1990: 257) bemängelt, dass Räume meist nur als Behälter für Kommunikation aufgefasst werden, wenn er schreibt: „Kommunikation ist nicht nur durch Räume bedingt, sie stiftet auch Räume und gestaltet sie." Martina Löw (2001: 228; 271) hat in ihrer Raumsoziologie grundlegend darauf hingewiesen, dass Raum kein vorgegebener euklidischer Behälter ist, sondern durch *Spacing* und Synthetisierung erst konstituiert wird.

Offenkundigster Ausdruck für das zu konstatierende Theoriedefizit ist das ungelöste Problem, „Kommunikationsraum" schlüssig zu definieren: Bentele und Jarren (vgl. Jarren 1987: 582) haben 1985 Kommunikationsraum als „geografisch und/oder sozial bestimmbaren Raum (d.h. eine durch Ortskoordinaten definierte zwei- oder dreidimensionale Ausdehnung), der durch die ein- oder zweiseitige Übermittlung von Informationen konkretisiert wird und zeitlich begrenzt ist", definiert. Jarren fasst den Forschungsstand zwei Jahre später zusammen, wenn er Kommunikationsraum als „offenes soziales System" bezeichnet und vor allem die Abhängigkeit des Raumes und der Raumvorstellungen von der jeweiligen sozialen Gruppe sowie biografischen Lebenssituationen betont (Jarren 1987: 581). Immerhin kann man daraus ableiten, dass Kommunikationsraumforschung von einem pluralistischen Konzept auszugehen hat: Kommunikationsräume sind wie Sozialräume allgemein dynamisch, also durch herkömmliche Kartografierungsmethoden nicht hinreichend erfassbar. Sie existieren nicht nur nebeneinander, sondern können sich überlagern und stehen miteinander in Verbindung.

Bislang wurde bei den Versuchen, Kommunikationsräume begrifflich zu definieren, vor allem auf theoretische Ansätze anderer Sozialwissenschaften zurückgegriffen: In der Sozialgeografie wird Raum „als verortetes Bezugssystem sozialen und gesellschaftlichen Handelns" begriffen (Maier-Rabler 1987: 590 unter Bezugnahme auf ein unveröffentlichtes Manuskript von Franz Rest und Benno Signitzer 1982). Räume werden als Funktionsräume für Arbeiten, Wohnen, Lernen etc. begriffen, der Kommunikation kommt eine „Vermittlerrolle zwischen den Lebensgrundfunktionen" (Maier-Rabler 1987: 591) zu.

Peter Gräf (1992) beschreibt den Wandel von Kommunikationsräumen aus sozialgeografischer Sicht: Ausgehend von einer geografischen Identität von Lebensraum und Erfahrungsraum des Menschen vor der Verwendung von technischen Medien kommt es historisch demnach zu einer „Reichweitenausdehnung des Kommunikationsraums" und zu einer Enträumlichung der Kommunikationsstrukturen. Medienangebote ermöglichen nun, Informationen zu erhalten, die nicht aus dem eigenen Lebensraum stammen; auf Informationen aus dem Lebensraum kann (bis zu einem gewissen Grad) verzichtet werden, was aus medien- und kommunikationsökologischer Sicht kritisch bewertet wird (vgl. Mettler-Meibom 1992: 389): Aktionsraum und Kommunikationsraum entkoppeln sich voneinander.

Gräf schließt mit seinem Modell an die theoretische Geografie Eugen Wirths an, der die Begriffe „Informationsfeld, Kontaktfeld und Interaktionsfeld" eingeführt hat: Bei Wirth bezeichnet das Kontaktfeld den engsten Raum des *Face-to-face*-Kontaktes und das „Informationsfeld" letztlich die Reichweite der Massenmedien. Das „Interaktionsfeld" nimmt eine Mittelstellung ein als „räumliches Korrelat sozialen Handelns im Sinne von Max Weber" (Wirth 1979: 221).

Gräf (1992: 376) unterscheidet zwei „Anwendungsbereiche" von Kommunikationsräumen: den „Raum der Verteilung der Kommunikationsakteure" (bei der Massenkommunikation der „Rezipientenraum") und den „Raum der inhaltlichen Reichweiten von Informationen" („Informationsraum"). Der Informationsraum enthält die „subjektiv oder gruppenspezifisch verstandene[n] und verwertbare[n] Nachrichten und ist somit Teil eines weiter gefassten Nachrichtenraumes". Dieser Unterscheidung liegt letztlich die Differenzierung von Beziehungs- und Inhaltsaspekt von Kommunikation (Watzlawick) zugrunde. Als zwei Dimensionen eines Kommunikationsraumes lassen sich also aus dem sozialgeografischen Modell die Sozialdimension und die Sach- oder Referenzdimension ableiten. Bei Gräf sind damit letztlich die beiden Dimensionen benannt, die sich – zumindest theoretisch – kartografieren lassen, denn ihm geht es bei den beteiligten Akteuren wie bei den Informationen um deren geografische Positionen und Relationen.

Zur Beschreibung eines Kommunikationsraumes gehören aber weitere, qualitative Dimensionen: Zum einen stellt sich auf der Ebene der Akteure die Frage nach der Anzahl und dem Verhältnis der Beteiligten: Handelt es sich um dyadische Dialoge, um Gruppen-, Organisations- oder um öffentliche Kommunikation (Massenkommunikation)? Handelt es sich um einseitige Informationsübermittlung, eine wechselseitige Verständigung oder einen gesellschaftlichen Diskurs?

Zum Zweiten handelt es sich bei Kommunikation um einen Prozess: Aus kommunikationswissenschaftlicher Sicht macht es einen Unterschied, ob der sich entfaltende Kommunikationsraum periodisch oder einmalig genutzt wird, ob es sich um dauerhafte Kommunikationsbeziehungen oder um die einmalige Übermittlung von Daten handelt usw. Erst der Einbezug dieser zusätzlichen Dimensionen erlaubt es, die Dynamik von Kommunikationsräu-

No sense of place?

men und ggf. auch den Wandel von Kommunikationsräumen aufgrund eines medienökologischen Wandels zu analysieren.

In einem weiteren Schritt entwickelt Gräf nun Binnendifferenzierungen oder Skalierungen von Sozial- und Sachdimensionen. Bezogen auf die Sachdimension ist die Unterscheidung von „Nachrichtenraum" und „Informationsraum" sein Ausgangspunkt. Allerdings vermischen sich bei seiner weitergehenden Hierarchisierung Sachdimension und Sozialdimension miteinander: In der Sachdimension befinden sich unterhalb des Informationsraums im Modell von Gräf (1992: 377) in abnehmender Hierarchie drei weitere, sich konzentrisch umschließende Kommunikationsräume: „interaktiver Telekommunikationsraum (= interaktive, individuelle Kommunikation unter Nutzung von Telekommunikationstechnik oder „Gelber Post"), „kommunikativer Begegnungsraum" (= Aktionsraum der *Face-to-face*-Kontakte und der Informationsgewinnung durch persönliche Erfahrung) sowie schließlich der „alltägliche kommunikative Begegnungsraum" (= alltäglicher Aktionsraum von Haushalt, Arbeitsplatz und Wohnumfeld). Hier werden also soziale und sogar zeitliche Kriterien eingeführt. Durch diese Vermischung verlieren die Dimensionen des Kommunikationsraums an Trennschärfe. Gleichwohl ist mit dem Vorschlag Gräfs eine erste hilfreiche Systematisierung gewonnen, die vor dem Hintergrund des Wandels von Kommunikationskulturen ergänzt und verfeinert werden kann.

Einen anderen Skalierungsansatz für die Sozialdimension von Kommunikationsräumen schlägt Maier-Rabler (1991: 30-31) in Anlehnung an McQuail (1987) vor, der sechs Ebenen vorsieht: *intrapersonal, interpersonal* (Dyade), *intragroup, intergroup or association, institutional/organizational* sowie *society-wide*. Maier-Rablers Ableitung, dass der Kommunikationsraum auf der massenmedialen Ebene immer größer sei als auf den darunter liegenden Ebenen, ist jedoch nicht (mehr) zwingend, denn spätestens seit der regionalen und zielgruppenspezifischen Ausdifferenzierung der Massenmedien in den 90er Jahren und erst recht seit der partiellen Integration von Massen- und Telekommunikation im Internet trifft diese Annahme schon hinsichtlich der beteiligten Personenzahl nicht mehr ohne weiteres zu. Massenkommunikation definiert sich nicht ausschließlich über die massenhafte Reichweite, sondern anhand weiterer Kriterien wie Öffentlichkeit und einseitiger Verbreitung von Kommunikaten.

Fasst man den Stand der kommunikationswissenschaftlichen Forschung in wenigen Sätzen zusammen, so ergibt sich folgendes Bild: Es gibt zwar eine Reihe empirischer Studien mit überwiegend regionaler medienwirtschaftlicher und medienpolitischer Stoßrichtung, doch mangelt es an einer fundierten Theorie des Kommunikationsraums, weil die Anregungen aus den anderen sozialwissenschaftlichen Disziplinen zumindest bislang nicht erfolgreich integriert werden konnten. Immerhin lassen sich einige Hinweise und Anforderungen für ein Konzept des Kommunikationsraums festhalten:

Kommunikationsräume können nicht als geografisch definierte und kartografierbare Behälter begriffen werden, sondern müssen als dynamische Sozialgebilde aufgefasst werden, die durch Kommunikation – und nicht allein durch politische, ökonomische, technische oder sonstige Rahmenbedingungen von Kommunikation – definiert werden. Der Begriff des Kommunikationsraums sollte nicht allein medialisierte Kommunikationsmodi einschließen, sondern auch direkte Formen der Kommunikation, damit der kommunikative Wandel umfassend analysiert werden kann.

Medialisierte Kommunikation und medialer Wandel führen zumindest potenziell zu einer Entkopplung vom geografischen Raum und damit vom „Interaktionsfeld" (im Sinne E. Wirths) oder vom „kommunikativen Begegnungsraum" (Gräf), ohne dass ihre Relevanz vollständig verloren ginge: Kommunikationsräume verdrängen sich nicht, sondern sie können sich überlagern, durchdringen oder restrukturieren.

Bei der Analyse von Kommunikationsräumen müssen neben der Sozial- und der Sachdimension im Sinne von Gräf weitere kommunikative Qualitäten berücksichtigt werden: In der Sozialdimension interessiert nicht nur die geografische Verteilung der Akteure, sondern auch deren Anzahl sowie die Qualität der kommunikativen Beziehung bzw. des Kontakts. Außerdem ist die Zeitdimension (Aktualität/ Simultanität, Periodizität/ Okkasionalität, Serialität usw.) des Kommunikationsprozesses konstituierend für einen Kommunikationsraum.

Vom Global Village zum Verschwinden des Raumes

Die Impulse zur intensiveren Auseinandersetzung mit Kommunikation und Raum gingen in letzter Zeit – gerade vor dem Hintergrund der stürmischen Entwicklung der Netzkommunikation – verstärkt von der sog. neuen Medientheorie bzw. der Grauzone zwischen gehobenem Feuilleton und medienphilosophischem Essay aus. Dabei handelt es sich letztlich um eine Art spekulativer Medienwirkungsforschung, die nach den gesamtgesellschaftlichen und kulturellen Wirkungen von Kommunikationstechniken fragt.

Dem kanadischen Wirtschafts- und Medienhistoriker Harold Adams Innis kommt wohl das Verdienst zu, als erster auf die Raum- und Zeitwirkungen von Medien hingewiesen zu haben. Ausgangspunkt von Innis, McLuhan und anderen Medientheoretikern ist dabei nicht „Kommunikation" als Prozess sozialer Verständigung, sondern die technische und kulturelle Form bestimmter Medien.

Jedem Medium, so die zentrale These von Innis, wohne entweder ein „Zeit-" oder ein „Raum-bias", also eine Neigung zur Begünstigung der Raum- oder der Zeitbeherrschung inne. Je leichter ein Schriftmedium transportierbar sei, um so geeigneter sei es für die Entfaltung politischer (theokratischer) Herrschaft im Raum; je haltbarer das Schriftmedium sei, um so besser tauge es für die Wahrung politischer Kontinuität von Macht und Überlieferung. (vgl. Innis 1991)

No sense of place?

Das Problem des Ansatzes von Innis liegt darin, dass bei ihm die jeweilige Technik ihren sozialen Gebrauch determiniert. Nach allem, was wir aus der Techniksoziologie wissen, ist eine solche Annahme nicht haltbar. Der gleiche Einwand gilt gegenüber der Medientheorie des Innis-Schülers und Literaturwissenschaftlers Marshall McLuhan, dessen Werke in jüngster Zeit in den Kulturwissenschaften eine Renaissance (und Neuauflagen) erfahren haben. McLuhan hat mit dem durch ihn popularisierten Begriff des „*Global Village*"[1] eines der Schlagworte geliefert, die heute oft mit dem Internet in Verbindung gebracht werden. Allerdings – wie ich denke – zu Unrecht: McLuhan betrachtet nämlich das Radio als „Stammestrommel" (*tribal drum*), weil es als auditives Medium die Menschen direkt bzw. sogar „subliminal" anspreche und aufgrund seiner Medienspezifika „Psyche und Gesellschaft" zu einer einzigen „*Echo Chamber*" mache (McLuhan 1964: 261):
"It certainly contracts the world to village size ... But while radio contracts the world to village dimensions, it hasn't the effect of homogenizing the village quarters. Quite the contrary. (…) Radio is a ... decentralizing, pluralistic force." (ebd.: 267)

Der Hörfunk, so McLuhan, helfe, die alte platonische Staatsidee zu realisieren, nach der die angemessene Größe eines Gemeinwesens durch die Zahl der Menschen bestimmt werde, die die Stimme eines Redners hören können (vgl. 1974: 268). Gerade weil das Radio als auditives, sprachbezogenes Medium an lokale Sprachgemeinschaften (Stämme) gebunden ist, lässt es die Welt nicht zu einem homogenen Kommunikationsraum implodieren. Eine Übertragung auf das ganz überwiegend textbasierte „Medium Internet" ist – wenn man McLuhan im Original liest – alles andere als zwingend: Eine Entgrenzung des Raumes durch Kommunikation bzw. die Entstehung eines entgrenzten Kommunikationsraumes durch Computernetze, wie einige Euphoriker glauben, ist aus den Überlegungen McLuhans jedenfalls nicht abzuleiten. Und diese These entspricht, wie ich weiter unten zeigen möchte, auch nicht der tatsächlichen Entwicklung und den hierzu vorliegenden empirischen Befunden. Die technikdeterministischen, auf Einzelmedien fixierten Ansätze von Innis und McLuhan bieten somit keine valide Grundlage für eine Theorie des Kommunikationsraums.

Noch weitreichender als die These von der Entgrenzung sind die Thesen von der Implosion des Raumes oder gar der Enträumlichung als Folge der computervermittelten Kommunikation, wie sie in Deutschland beispielsweise von dem Soziologen Achim Bühl (1996: 205) vertreten werden, der einen Verlust des realen Raumes durch Virtual Reality prognostiziert. In der neueren Medientheorie haben vor allem die Essays des französischen Urbanisten und selbst ernannten „Dromologen" Paul Virilio, der ein „Verschwinden des Raumes" konstatiert bzw. prognostiziert, rege Diskussionen ausgelöst.

---

1   Der Begriff stammt laut Auskunft seines Sohnes ursprünglich aus James Joyce's „Finnegans Wake" oder aus einem Roman von Wyndham Lewis

Die Ursache für dieses „Verschwinden des Raumes" ist bei Virilio die Beschleunigung der technischen Medien, insbesondere der Bildmedien: „Mit der Beschleunigung gibt es kein Hier und Da mehr, sondern nur noch die geistige Vermischung des Nahen mit dem Fernen, der Gegenwart mit der Zukunft, des Realen mit dem Irrealen, die Vermischung der Geschichte mit der furchteinflößenden Utopie der Kommunikationstechniken." (1996: 44)

Die „Zerstörung" der raum-zeitlichen Perspektive führt nach Virilio zur Aufhebung des politischen Territorialitätsprinzips, wir „gleiten" in eine „atopische Gemeinschaft eines Planetenstaates" (1996: 45) hinein. Und weiter behauptet er, „die Entstehung der auf den Eigenschaften der elektromagnetischen Wellen basierenden mediatischen Nähe ... mindert ... den Wert der unmittelbaren physischen Nähe der Gesprächspartner." (1996: 116; Satzumstellung KB). Es entsteht ein „Metakörper", mit dessen Hilfe der Mensch Erfahrungen unabhängig vom realen Raum machen kann (1996: 130). Der Datenanzug der Virtual Reality „leitet ... die ... Entdeckung einer ‚Psychogeografie' ein ... (1996: 158). An die Stelle des geografischen Raumes tritt „die direkte Übertragung ... aus mehr oder weniger großer Nähe, die ihrerseits zu einem neuen Typus von ‚Ort', von teletopografischer Örtlichkeit wird..." (1997: 11) Das „öffentliche Bild" ersetzt „den öffentlichen Raum" (1997: 26), der Mensch wird zur bewegungslosen Besatzung des „letzten Vehikels" (1997: 60-61), das nicht mehr für Mobilität, sondern für Immobilität steht.

Unverkennbar sind auch hier die technikdeterministischen Züge: Weder die Art und Weise der Aneignung neuer Kommunikationstechnologien, noch ihre tatsächliche Verbreitung und Nutzung werden von Virilio berücksichtigt. Für ihn ist allein das technische Potenzial entscheidend, dessen Kausalitäts- und Wirkungsrichtung eindeutig sind: Vollständige Destrukturierung des Raumes bis hin zum Verschwinden der elementaren menschlichen Anschauungsform Raum (Kant). Die Postmoderne verabschiedet sich einmal mehr von der Aufklärung.

Virilio verzichtet auf eine Definition der Grundbegriffe „Daten", „Information" und „Kommunikation". Offenbar hält er jede technische Datenübertragung, insbesondere wenn es sich um die Übertragung von Bilddaten in „Echtzeit" handelt, bereits für Kommunikation. Eine qualitative Differenzierung fehlt weitgehend, so dass die ebenso alte wie fragwürdige These von der Substitution direkter Kommunikation durch neue Medien ihre Auferstehung feiert. Vielleicht noch stärker als bei Innis und McLuhan sind bei Virilio die sozialen Tatsachen von der Technologie abhängige Variablen.

Den hier zugegebenermaßen verkürzt dargestellten Medientheoretikern gebührt jedoch das Verdienst, zumindest die Frage nach kulturellen und gesamtgesellschaftlichen Folgen von Medientechnologien gestellt zu haben, während sich der Mainstream der Kommunikationswissenschaft noch immer primär mit individuellen Medienwirkungen, also den kognitiven (und in geringerem Maße: den affektiven) Effekten der Rezeption von Medieninhalten beschäftigt und allenfalls versucht, durch Datenaggregation zu soziologisch (und politisch) relevanten Schlussfolgerungen zu gelangen.

In die „Falle des technologischen Determinismus" gehen jedoch glücklicherweise nicht alle Medientheoretiker: Der US-Kommunikationswissenschaftler Joshua Meyrowitz hat ausgehend von den Medientheorien McLuhans und Innis', aber durch Goffmans Rahmenanalyse soziologisch bereichert, schon 1985 ein Buch mit dem Titel „No Sense of Place" vorgelegt, das den Untertitel „The Impact of Electronic Media on Social Behavior" trägt. Die Untersuchung beschäftigt sich vor allem mit Fernsehen und sozialem Wandel (was ihr den unsäglichen deutschen Titel „Die Fernsehgesellschaft" eingetragen hat). Gleichwohl eignen sich einige Grundgedanken von Meyrowitz für eine „Theorie des Kommunikationsraums":

Meyrowitz geht davon aus, dass soziales Verhalten, soziale Situationen, Identitäten und Sozialisationsphasen wesentlich an bestimmte Orte geknüpft sind. Und er analysiert die sozialen Veränderungen, die sich durch die medial bedingten Veränderungen dieser sozialen Orte ergeben. Während früher die sozialen Welten der Menschen gruppenspezifisch getrennt waren, erlauben elektronische Medien nun die Aufhebung dieser Grenzen: „... die elektronischen Medien [haben] die traditionelle Beziehung zwischen physischen und sozialen Umgebungen zerstört. Die elektronischen Medien haben neue Situationen geschaffen und alte ausgelöscht." (Meyrowitz 1987: 17; Textumstellung KB) Elektronische Medien „... trennen den physischen vom sozialen ‚Ort' vollständig. Wenn wir per Telefon, Radio, Fernsehen oder Computer miteinander kommunizieren, hat der Ort, an dem wir uns physisch befinden, nichts mehr damit zu tun, wo und wer wir – sozial gesehen – sind." (Meyrowitz 1987: 93)

Seit Erfindung der Telegrafie (und nicht erst seit der Diffusion von Computernetzen) „strukturieren ... die elektronischen Medien soziale Situationen und Identitäten vollkommen um, indem sie die informativen Eigenschaften von Orten verändern." (Meyrowitz 1987: 94, Textumstellung KB)

Die Veränderungen der Medienkommunikation und die Medialisierung der Kommunikation zeitigen Folgen für die Identitäten von Gruppen. Ursprünglich bildeten sich Gruppenidentitäten, indem die Gruppenmitglieder gemeinsam an einem Ort lebten. Diese Orte waren klar umgrenzt und wiesen physische, soziale und informatorische Unterschiede zu anderen Orten (und Gruppen) auf, worauf Georg Simmel übrigens bereits 1903 in seiner Soziologie des Raumes hingewiesen hat.

„Die elektronischen Medien torpedieren die Gruppenidentitäten, die auf ‚gemeinsamer Präsenz' beruhen, und schaffen viele neue Zugangsformen, die wenig zu tun haben mit der früheren physischen Ver-Ortung", so Meyrowitz (1987: 111). Und nicht nur soziale Identitäten, auch soziale Rollen und Sozialisationsräume werden durch die Medialisierung und die Entgrenzung der Orte betroffen:

"Wenn Ort und Informationszugang nicht mehr miteinander verbunden sind, dann verschwinden allmählich die ortsspezifischen Verhaltensweisen und Aktivitäten. Die psychologische und soziale Distanz zwischen physischen Orten wandelt sich. (...) Wenn an verschiedenen Orten gleiche Informationen erhältlich sind, beginnen sich die sozialen Definitionen für unterschiedliche Orte zu mischen. (...) Wenn vormals getrennte Situationen kombiniert werden, mischen sich die früher getrennten Verhaltensmuster." (Meyrowitz 1987: 114)

"Traditionell war jedes Sozialisationsstadium verbunden mit einer eigenen physischen Verortung. (...) [Haushalt der Familie, Kindergarten, Schule, Betrieb etc., KB] Die elektronischen Medien jedoch umgehen die Isolation der Menschen an unterschiedlichen Orten und verwischen dadurch die Unterschiede zwischen Menschen in verschiedenen Sozialisationsstadien und -arten." (Meyrowitz 1987: 121).

Allerdings werden Ort und Raum nach Meyrowitz keineswegs völlig bedeutungslos, denn nach wie vor gibt es sozial bedeutsame Interaktionen („vom Geschlechtsverkehr bis zum Mord"), die eine räumliche Kopräsenz voraussetzen (vgl. Meyrowitz 1987: 137-138).

Auch Computer bzw. Computernetze wirken als elektronische Medien im Sinne einer Aufhebung des Orts-Sinns: „... der Computer und andere neue Technologien fördern sicherlich den wichtigsten Unterschied zwischen elektronischen und allen vorherigen Arten von Kommunikation: Sie schwächen die Beziehung zwischen sozialem Ort und physischem Ort." (Meyrowitz 1987: 21)

Was folgt nun aus den vorgestellten medientheoretischen Ansätzen für eine mögliche Theorie des Kommunikationsraums und die potenziellen Veränderungen dieses Kommunikationsraums durch das Internet? Technikdeterministische Medientheorien (Innis, McLuhan, Virilio) übersehen oder unterbewerten Prozesse der sozialen Aneignung und die Vielfalt des alltäglichen Gebrauchs von Medien. Kommunikation als sozialer Prozess wird zu einer abhängigen Variable; das technische Potenzial hingegen wird verabsolutiert und die unterstellten, weitreichenden Wirkungen der Medientechnologien verlaufen einsinnig, zuweilen exponenziell: Grenzenlose Entgrenzung und absolute Enträumlichung werden prognostiziert, ohne dass hierfür hinreichende empirische Belege angeführt werden (können).

Die Beschränkung auf ein Medium erschwert die Sicht auf den gesamten Kommunikationsraum, die medienökologischen Wechselwirkungen und den Wandel des Kommunikationsraumes.

Medien können – in Abhängigkeit von ihrer sozialen Verwendung – einen Wandel der Kommunikationsräume mit sich bringen, der soziale Rollen, Verhaltensweisen, Gruppenidentitäten und Sozialisationsphasen (kurz: sozialen Wandel) tief greifend beeinflusst. Dabei spielt die „Materialität der Medien" eine Rolle, die vom Mainstream der Kommunikationswissenschaft (einschließlich der „Kommunikationsraumanalyse") nicht angemessen beobachtet wird.

No sense of place?

Vorüberlegungen zu einer Theorie des Kommunikationsraums

Die soziale Konstitution von Räumen ist das Resultat – meist gleichzeitig ablaufender – Spacing- und Syntheseprozesse: Dabei bezeichnet Spacing das Positionieren und Platzieren von sozialen Gütern und Menschen, ihre Relationierung. Die Synthese ist eine Leistung menschlichen Wahrnehmens, Vorstellens und Erkennens, die die sozialen Güter und Menschen zu Räumen ordnet und zusammenfasst (vgl. Löw 2001: 158-159). Überträgt man diese Erkenntnisse der Raumsoziologie auf das Problem des Kommunikationsraums, dann wird deutlich, dass auch Kommunikationsräume als Ergebnis eines Kommunikationsprozesses begriffen werden müssen, und nicht als strukturell vorgegebene Behälter, in denen Kommunikation stattfindet. Kommunikationsräume haben nicht nur eine materielle, sondern auch eine symbolische Komponente (vgl. Löw 2001: 228).

Erst wenn der Versuch gemacht wird, Kommunikationsraum multidimensional zu beschreiben, werden seine Dynamik und der medienkulturelle Wandel analysierbar, der zum Beispiel durch neue Medien ausgelöst oder gestaltet werden kann. Auf der Grundlage der vorangegangenen Überlegungen sollte der Begriff des Kommunikationsraums die folgenden Dimensionen enthalten: Sozial- oder Beziehungsdimension, Sach- oder Referenzdimension, Vermittlungsdimension, Zeitdimension.

Veränderungen in einer der vier Dimensionen werden mit hoher Wahrscheinlichkeit Rückwirkungen auf die gesamte Gestalt eines Kommunikationsraums haben. Dabei muss der Wandel der verschiedenen Dimensionen keineswegs gleich gerichtet, und Veränderungen innerhalb einer Dimension müssen keineswegs kontinuierlich verlaufen: Erweiterungen der technischen Reichweite des Datenraumes sind eben nicht zwangsweise gleichbedeutend mit einer Erweiterung oder gar Entgrenzung des Kommunikationsraums. Die Berücksichtigung soziodemografischer und sozioökonomischer Variablen in der Beziehungsdimension, aber auch der kommunikativen Qualitäten (also der Voraussetzungen für die Bedeutungsvermittlung), erlaubt es, nicht nur Entgrenzungs- sondern auch Restrukturierungsprozesse des Kommunikationsraums zu beobachten.

Beziehungsdimension

Konstituierend für Kommunikationsräume – wie für alle anderen Sozialräume – sind zunächst die Akteure; entscheidend sind ihre Anzahl, ihre Platzierungen bzw. Konstellationen (Dyade, Familie, Gruppe, Organisation, Öffentlichkeit/Gesellschaft), ihre sozial-räumliche Nähe bzw. Distanz sowie sozialstrukturelle Fragen wie Hierarchie und Heterarchie. Grundsätzlich können – je nach Fragestellung – alle soziodemografischen Merkmale herangezogen werden, um individuelle Akteure und ihre Konstellationen als relationalen Raum zu beschreiben.

Als Skalierung dieser Sozial- oder Beziehungsdimension bietet sich in Anlehnung an Maier-Rabler und McQuail (vgl. o.) an: Dyade, Gruppe, Organisation (Institutionen und Unternehmen), Öffentlichkeit (Gesamtgesellschaft) sowie ggf. Weltöffentlichkeit (interkulturelle Kommunikation). Gruppen- und Organisationskommunikation meint hierbei jeweils die Binnenkommunikation (wie bei der Dyade), die nach außen gerichtete Kommunikation ist eine (spezifische) Form öffentlicher Kommunikation.

Referenzdimension

Die zweite Dimension zur Bestimmung eines Kommunikationsraumes umfasst die Themen von Kommunikation, also den Inhaltsaspekt (Watzlawick) oder die Informationsfunktion der Sprechakte und medialen Aussagen (Nachrichten etc.) sowie ihren absoluten und relativen räumlichen Bezug zu den Kommunikanden. Zum einen lassen sich Aussagen über etwas in vielen Fällen geografisch verorten (etwa die klassische Nachricht) und in Beziehung setzen zu den beteiligten Kommunikanden (bei der Massenkommunikation: den Kommunikatoren und Rezipienten). Auf diese Weise lassen sich „Informationsflüsse" empirisch erfassen, wie dies bspw. zur Untersuchung der Weltinformationsordnung seit den 70er Jahren erfolgt. Neben den objektiven geografischen Distanzen (Spacing) lassen sich dabei Strukturen des Kommunikationsraums analysieren und auf individueller und sozialer Ebene kognitive Landkarten (Synthese) erstellen, auf denen wahrgenommene, subjektive Entfernungen dargestellt werden können. Dieser Ansatz ist grundsätzlich nicht auf die Massenkommunikation beschränkt, sondern auf alle Kommunikate anwendbar, die einen inhaltlichen Raumbezug aufweisen. Allerdings besitzen nicht alle Kommunikate solche eindeutigen Raumbezüge, sondern viele beziehen sich auf „allgemein Menschliches". Hier stellt sich das Problem der „Verortung" in einer eigenen Sphäre des „Universellen". Zugleich verdeutlicht diese Frage, dass die Raumbezüge in der Referenzdimension über den realen geografischen oder physischen Raum hinausreichen.

An Gräf, vor allem aber an Alfred Schütz und Thomas Luckmann anknüpfend kann man von einer „räumlichen Aufschichtung der alltäglichen Lebenswelt" ausgehen: Die „Welt in aktueller Reichweite" (Hör-, Seh- und Riechweite) bildet den engsten Kreis um das Subjekt, die „Welt in potentieller Reichweite" bzw. „in wiederherstellbarer Reichweite" bildet den nächsten Kreis, gefolgt von der „Wirkzone", die alles enthält, worauf das Subjekt Wirkungen ausüben kann. Schütz unterscheidet schließlich zwischen primärer und sekundärer Wirkzone, wobei die erste durch das unmittelbare Handeln, die zweite durch den Stand der Technik für mittelbares Handeln definiert wird. (vgl. Schütz/Luckmann 1988: 62-72)

Als Skalierung für diese Sach- oder Referenzdimension des Kommunikationsraums bietet sich an: selbstbezüglich, intim, privat, sublokal, lokal, regional, national, inter- und supranational, global, universell.

Vermittlungsdimension

Kommunikation ist ein unwahrscheinlicher und voraussetzungsvoller Prozess. Versteht man unter Kommunikation nicht jeden einseitigen Transfer oder Austausch von Daten, sondern die wechselseitige Verständigung über Bedeutungen (also die Vermittlung von Sinn), dann ergeben sich Abstufungen, mit Hilfe derer verschiedene Modi in der Vermittlungsdimension unterschieden werden können. Die Grundlage dieser notwendigen und hilfreichen Differenzierung ergeben sich aus der Kommunikationstheorie, in der unterschieden werden kann zwischen:

- der Übermittlung von Daten oder Sinnesreizen (direkte oder technische Übermittlung);
- der Konstruktion von Informationen, also einer Aktivität von kognitiven Systemen, die auf der Grundlage der übermittelten Daten Bedeutung oder Sinn konstruieren und
- der Kommunikation, im anspruchsvollen Sinne wechselseitiger, intendierter und vollzogener Verständigung über die erfolgte Bedeutungskonstruktion.

Als zusätzliches, mit dieser qualitativen Skalierung korrespondierendes Kriterium schlage ich vor, zwischen (a) einseitigen, (b) zweiseitigen und (c) mehrseitigen Prozessen zu unterscheiden.

Daraus ergibt sich, dass Kommunikation (in dieser anspruchsvollen Form) immer nur als zwei- oder mehrseitiger Prozess denkbar ist, die Übermittlung von Daten hingegen auch als einseitiger, zum Beispiel im Falle nicht gelingender Kommunikation. Kommunikation setzt intentionale, auf einen anderen Menschen bezogene Akte (kommunikative Handlungen) voraus; oder semiotisch formuliert: intentionale Zeichenprozesse, während die Interpretation von indexikalischen Zeichen (Anzeichen) nicht zu Kommunikation (Bedeutungsvermittlung) führt. Kommunikation basiert zwar immer auf der Übermittlung von Daten und der Konstruktion von Information; Datenübertragungsprozesse allein entfalten jedoch noch keinen Kommunikationsraum. Aus kommunikationstheoretischer Sicht können der Kommunikationsraum (als sozialer Raum) vom Datenraum (als geografischem oder technischem Raum), und der Prozess der Kommunikation von technischen Basisprozessen abgegrenzt werden. Nicht jede Veränderung der Datentechnik führt dann automatisch zu einem Wandel des Kommunikationsraums; und umgekehrt kann sich der Kommunikationsraum auch auf der Basis derselben Datentechnik verändern.

Als Differenzierung oder Skalierung ergibt sich hieraus für die Verständigungs- oder Vermittlungsdimension:

- Datenübermittlung (ein-, zwei- oder mehrseitig),
- kommunikative Handlung (einseitiger, aber intentional auf den anderen bezogener Akt),
- Kommunikation (zwei- oder mehrseitiger Prozess wechselseitiger Vermittlung von Bedeutungen) auf der Basis der Konstruktion von Information.

Die beiden ersten Stufen sind notwendige, aber nicht hinreichende Bedingungen für Kommunikation.

Zeitdimension

Versteht man Kommunikation als Prozess, dann spielt Zeit als vierte Dimension des Kommunikationsraums eine konstitutive Rolle (vgl. hierzu auch den prozessualen Raumbegriff von Löw 2001: 264). Die Gestalt eines Kommunikationsraums hängt demnach davon ab, ob es sich um einen einmaligen Kommunikationsprozess, z.B. aufgrund eines besonderen Anlasses handelt (Okkasionalität), ob simultan (oder „live") kommuniziert wird oder mit zwischengeschalteten technischen Speichermedien.

Die genauere Analyse temporaler Qualitäten von Kommunikation (vgl. Beck 1994: 208-261) ergibt eine komplexe Zeitstruktur, die sich nicht auf Beschleunigungstheoreme reduzieren lässt. Allerdings lassen sich einige Leitdifferenzen formulieren, die bei der Untersuchung der zeitlichen Dimension von Kommunikationsräumen hilfreich sind: synchron vs. asynchron, okkasional vs. periodisch, aktuell vs. persistent.

Die zeitliche Gestalt von Kommunikation kann auf diesen drei Ebenen konturiert werden, d.h., Kommunikation kann zugleich asynchron, periodisch und aktuell sein, wie beispielsweise die Berichterstattung der Tageszeitungen.

Der Wandel von Kommunikationsräumen

Auf der Grundlage einer – noch weiter auszuformulierenden – vierdimensionalen Theorie des Kommunikationsraums lässt sich der kommunikative Wandel beschreiben, was im Folgenden nur in Gestalt einiger Thesen über den Wandel von Kommunikationsräumen durch das Internet angedeutet werden kann. Deutlich wird dabei, dass viele der populären Entgrenzungs-, Enträumlichungs- und Virtualisierungsvermutungen bei differenzierter Betrachtung zumindest ins Wanken geraten.

Aus kommunikationswissenschaftlicher Sicht scheint es mir vorab dringend geboten, nicht länger von dem Internet zu sprechen, als ob es sich um ein Medium handele. Vielmehr handelt es sich um eine Datentechnik, auf deren Protokoll (IP) unterschiedliche Kommunikationsmodi oder Medien basieren. Führt man sich die Variablen der Beziehungsdimension und der Kommunikationsdimension vor Augen, so wird deutlich, dass E-Mail, World Wide Web, Chat, Newsgroups, File Transfer usw. sehr unterschiedliche Anwendungen sind, die wahrscheinlich ebenso unterschiedliche Kommunikationsräume hervorbringen bzw. eröffnen.

Auch der Wandel von Kommunikationsräumen wird dann nicht mehr ohne weiteres auf einer Achse zu beschreiben sein, vielmehr ändern sich mit hoher Wahrscheinlichkeit die Verhältnisse zwischen den vier Dimensionen, also die Konfigurationen der Kommunikationsräume. Es ist von einem Komplexitätszuwachs des Gesamt-Kommunikationsraums auszugehen, den es genauer zu analysieren gilt, und zwar nicht allein auf der Grundlage des technischen Potenzials, sondern anhand der tatsächlichen Nutzung, also der kommunikativen Handlungen und Kommunikationsprozesse, der Spacing- und der Synthesekomponente von Kommunikationsräumen. Nicht die „revolutionäre" Substitution einzelner Modi von Kommunikation (bspw. der *Face-to-face*-Kommunikation) und der ersatzlose Wegfall räumlicher Bestimmtheiten, sondern eine Rekonfiguration mit neuen Grenzen und sozialen Ungleichheiten steht zu erwarten.

Werfen wir einen kurzen Blick auf den Wandel der vier Dimensionen des Kommunikationsraums, der sich im Kontext computervermittelter Kommunikation ergibt:

Die meisten Studien liegen derzeit hinsichtlich der Beziehungsdimension vor. Sichtbar werden dabei sehr starke, aus der Telekommunikation und der Massenkommunikation bekannte, regionale bzw. internationale Ungleichgewichte. Saskia Sassen fasst die Ergebnisse ihrer Untersuchungen zusammen: „Die sich verschärfende Ungleichheit der Aufteilung der Infrastruktur für den elektronischen Raum ... trägt ... zu einer neuen Geografie der Zentralität ... bei." (Sassen in Münker 1997: 217) Einige der bekannten Zentren wie New York, Tokio, London und – so Manuel Castells – darüber hinaus einige weitere Städte, entwickeln sich zu „*Global Cities*", in denen Computernetze ihren Nutzen in besonders hohem Maße entfalten. Ein überproportionaler Anteil der Nutzer und der Nutzung ist in diesen, miteinander vernetzten *Global Cities* konzentriert, ohne dass die jeweiligen Staaten und Bevölkerungen daran in gleichem Maße teilhaben. Globalisierung bewirkt hinsichtlich des Zugangs zu bzw. und des Nutzens von Computernetzen also gerade keine Homogenisierung des Raumes. Aus der Stadt- und Sozialökologie längst bekannte Prozesse wie Konzentration, Zentralisation, Segregation usw. finden also auch unter Bedingungen computervermittelter Kommunikation statt, und sie verschärfen sich sogar tendenziell.

Überträgt man Server-Standorte und Nutzungsdaten auf geografische Karten, werden räumliche (und soziale) Konzentrationsprozesse deutlich: Es lassen sich ganz bestimmte Stadtgebiete von New York, San Francisco und Los Angeles identifizieren, die ein Vielfaches an Hardware- und Softwareausstattung sowie an Datenströmen aufweisen, als der gesamte afrikanische Kontinent. Ein Blick auf die groben Durchschnittszahlen der jüngsten OECD-Statistiken macht die Ungleichverteilung nach dem bekannten globalen Muster sichtbar: In den Industriestaaten verfügt etwa ein Drittel der Bewohner über einen Netzzugang, in Afrika kommt ein Anschluss statistisch gesehen auf 200 Einwohner. (Peters 2001)

Die Ursachen für die Nachhaltigkeit der räumlichen Muster nennt Steven G. Jones (1997: 8): "The Internet does not create social spaces *per se*, as it relies on existing communication infrastructure and is integrated into current economic processes in the telecommunications industries." Die Verschärfung der kommunikationsräumlichen Disparitäten lässt sich mit Manuel Castells These erklären, dass aus dem „*Space of places*" ein „*Space of flow*" geworden sei: Die *Mega Cities* und *Global Cities* sind „*globally connected and locally disconnected*" (Castells 2000: 436); entscheidend für die Bedeutung der zentralen Orte sind nicht mehr allein die Orte selbst, sondern die räumliche Vernetzung, ihre Lage im Fluss der Daten. In der Folge dürfte sich die individuelle wie die soziale Raumerfahrung und -wahrnehmung ändern: Raum wird nicht mehr als objektiver Behälter, sondern als „diskontinuierlich, konstituierbar und bewegt erfahren. An einem Ort können sich verschiedene Räume herausbilden. "Raum wird als „fließendes Netzwerk" vorgestellt. (Löw 2001: 266), ohne dass sich jegliche Raumwahrnehmung und -erfahrung auflösen würde.

Die Segregation des nominell weltweiten Netzes nimmt eine neue technische Gestalt an: Mittlerweile wird Software erprobt, die einer Entgrenzung der Beziehungsdimension entgegen arbeiten sollen. Mit Hilfe sogenannter *Geolocation*-Programme kann der geografische Standort von Web-Nutzern lokalisiert werden, und es können bestimmte Angebote für einzelne Regionen gesperrt bzw. freigegeben werden. Stand hinter diesen Programmen zunächst die werbetreibende Industrie, die das World Wide Web eben nicht als weltweites Netz, sondern zur Ansprache regionaler Märkte nutzen möchte, so interessieren sich mittlerweile auch Staaten wie China für die Möglichkeiten, die Kommunikation mit Partnern aus bestimmten Regionen aus politischen Gründen zu unterbinden (vgl. Will 2001).

Fragt man nach den Themen und Referenzen der Kommunikation bzw. der Informationsangebote in Computernetzen (Referenzdimension), so wird man zwar das gesamte Spektrum finden, das Kommunikation – gleich welcher Art – schon immer kennzeichnete. Vermutlich würde man, so meine These, aber einen besonders hohen Anteil an selbstbezüglichen Botschaften entdecken, der sich in Gestalt von privaten oder professionellen PR-Homepages manifestiert. Betrachtet man die Dependancen der Massenmedien im Netz sowie die Mehr-

No sense of place? 135

zahl der *Electronic-Commerce*-Angebote im Web, so werden auch hier die lokalen und regionalen Bezüge und Themen vermutlich dominieren, auch wenn das Angebot technisch weltweit abrufbar ist. Die „inhaltliche Reichweite" des Webs geht qualitativ grundsätzlich nicht über die Reichweite der traditionellen Massenmedien oder im Fall des *E-Commerce* über die Reichweite des Versandhauskataloges und der Gelben Post hinaus. Unser mediales „Fenster zur Welt", so die Fernseh-Metapher der 50er und 60er Jahre ist durch das Web vielleicht breiter geworden. Ob wir deshalb weiter sehen können, wage ich zu bezweifeln. Im besten Fall hat die Tiefenschärfe an bestimmten Punkten zugenommen – vielleicht auf Kosten des Überblicks.

Entscheidender scheint mir die Öffnung des Persönlichen, ja Intimen für die potentiell weltweite Kommunikation zu sein. Das Web, vor allem aber die Formen der elektronischen Gruppenkommunikation haben es enorm erleichtert, selbstbezügliche und private Informationen zu verbreiten und zumindest im Falle von Chat, Newsgroups, Foren oder Mailinglisten kann man davon ausgehen, dass auch eine Verständigung zustande kommt, die ohne diese Medien zumindest nicht in dieser Breite und zwischen zunächst unbekannten Kommunikanden denkbar wären.

Allerdings gehe ich auch hinsichtlich der Referenzdimension nicht von einer absoluten Entgrenzung oder Enträumlichung aus: Es wird weiter Themen geben, die nicht kommuniziert werden und vielleicht auch nicht kommuniziert werden können. Begrenzungen des Persönlichen stellen beispielsweise *Nicknames*, Pseudonyme, künstliche Identitäten und anonyme Botschaften dar, bei denen die Autorenschaft mehr oder weniger unklar und die Authentizität der ganzen Person eben nicht gegeben ist.

Bezüglich der Vermittlungsdimension, also den Möglichkeiten tatsächlich Verständigung zu erzielen, ist wiederholt auf die Vorherrschaft der englischen Sprache – oder eines ihrer Derivate – sowie der lateinischen Schrift, die den Adressraum dominiert, hingewiesen worden. Auch hier sind die Verständigungschancen strukturell sehr ungleich verteilt. Aus kommunikationswissenschaftlicher Sicht muss ferner zwischen den Modi computervermittelter Kommunikation unterschieden werden: Adressierte E-Mails oder Beiträge in Chats besitzen andere Verständigungspotentiale als das Ablegen von Daten auf einem Webserver oder das *Posten* einer News.

Hinsichtlich der Zeitdimension lassen sich die vielleicht grundlegendsten Veränderungen feststellen: Allerdings ist hier die technische Beschleunigung des Datentransports nur ein Aspekt. Von tief greifender Bedeutung ist ein neues Verhältnis von Synchronizität und Asynchronizität, wofür die E-Mail ein gutes Beispiel ist. Beim Mailing haben wir als Nutzer – in Abhängigkeit von sozialen Normen und Medienregeln – im Gegensatz zum Telefon die Wahl, entweder nahezu synchron oder mit erheblicher zeitlicher Verzögerung zu kommunizieren.

Bei der computervermittelten Kommunikation werden durch *Multitasking* oder *Windowing* generell neue Formen der Synchronizität möglich: Mit oszillierender Aufmerksamkeit kann man beispielsweise in verschiedenen Chatrooms oder Channels parallel präsent sein. Offenbar scheint gerade beim Chatten die Parallelnutzung anderer Online-Medien eher die Regel als die Ausnahme zu sein. In einer nicht repräsentativen Studie (n=108) hat Husman (1998: 72) ermittelt, dass nur 18% der Chatter nicht parallel auch in anderen Kommunikationsräumen waren; 57% nutzen gleichzeitig das WWW. Hinzu treten vielfach Anschlusskommunikationen in anders strukturierten Kommunikationsräumen: Dieselben Kommunikanden wechseln Kommunikationsräume, Kommunikation im „virtuellen Raum" ersetzt also nicht immer Mobilität, sondern erzeugt sie im Gegenteil – Synthese und Spacing spielen auch hier zusammen. Laut einer Untersuchung von Parks & Floyd (1997) setzte rund ein Drittel der Mitglieder einer *Online-Community* ihre Kommunikation *face-to-face* fort.

Diese Schlaglichter sollten verdeutlichen, dass alle vier Dimensionen des Kommunikationsraumes einem Wandel durch die Nutzung von Computernetzen unterliegen, der jedoch weder revolutionär noch einsinnig in eine Richtung verläuft. Eine vertiefende Analyse sollte aus kommunikationswissenschaftlicher Sicht vor allem das Zusammenspiel der vier Dimensionen beobachten und die hieran ablesbare Komplexitätssteigerung, die Ent- und Restrukturierungsprozesse des Kommunikationsraumes analysieren. Vielleicht kann man „das Internet" dann als Vernetzung von bislang weitgehend separierten bzw. sequentialisierten Kommunikationsräumen begreifen.

Literatur

Beck, K. (1994): Medien und die soziale Konstruktion von Zeit. Über die Vermittlung von gesellschaftlicher Zeitordnung und sozialem Zeitbewußtsein. Opladen
Bentele, G.; Jarren, O.; Kratzsch, U. (1990): Medienlandschaft im Umbruch. Medien- und Kommunikationsatlas Berlin. Berlin
Bentele, G.; Jarren, O. (1985): Das Projekt „Medien- und Kommunikationsatlas Berlin (MuKAB)". Referat im Rahmen des Arbeitskreises „Politik und Kommunikation" innerhalb der „Deutschen Vereinigung für Politische Wissenschaft", 16. Wiss. Kongress, Bochum 7-10.10.1985 (unveröffentlichtes Manuskript)
Bühl, A. (1996) : CyberSociety. Mythos und Realität der Informationsgesellschaft. Köln
Canzler, W.; Helmers, S.; Hoffmann, U. (1995): Die Datenautobahn. Sinn und Unsinn einer populären Metapher. WZB Discussion Paper FS II 95-101. Wissenschaftszentrum Berlin
Castells, M. (2000): The Rise of the Network Society. Second Edition. Oxford
Erbring, L. (Hg.) (1995): Kommunikationsraum Europa. Konstanz
Expertenkommission Neue Medien – EKM Baden-Württemberg (1981): Abschlußbericht. Bd. III: Kommunikationsatlas – Medien in Baden-Württemberg. Stuttgart
Gräf, P. (1992): Wandel von Kommunikationsräumen durch neue Informations- und Kommunikationstechnologien. In: Hömberg, W.; Schmolke, M. (Hg.): Zeit, Raum, Kommunikation. München, S. 371-386
Husmann, H.(1998): Chatten im Internet Relay Chat (IRC). Einführung und erste Analyse. München

Innis, H. A. (1997): Tendenzen der Kommunikation. In: Barck, K. (Hg.): Innis, H. A. - Kreuzwege der Kommunikation. Ausgewählte Texte. Wien und New York, S. 95-119
Jarren, O. (1987): Kommunikationsraumanalyse – Ein Beitrag zur empirischen Kommunikationsforschung? In: Bobrowsky, M.; Langenbucher, W.R. (Hg.): Wege zur Kommunikationsgeschichte. München, S. 560-588
Jones, S. G. (1997): The Internet and its Social landscape. In: Jones, S. (ed.): Virtual Culture. Identity and communication in cybersociety. London, S. 7-35
Kleinsteuber, H. J. (1995): Faktoren der Konstitution von Kommunikationsräumen. Konzeptionelle Gedanken am Beispiel Europa. In: Erbring, L. (Hg.) (1995): Kommunikationsraum Europa. Konstanz, S. 41-55
Lange, B.; Pätzold, U. (1983): Medienatlas Nordrhein-Westfalen. 3 Bde. Bochum
Löw, M. (2001): Raumsoziologie. Frankfurt a. M.
Maier-Rabler, U. (1987): Raumbezogene Kommunikationsforschung als Grundlage kommunikationspolitischen Handelns. Projekt: Kommunikationsatlas Salzburg-Stadt. In: Bobrowsky, M.; Langenbucher, W.R. (Hg.): Wege zur Kommunikationsgeschichte. München, S. 589-601
Maier-Rabler, U. (1991): Raum und Kommunikation. Impulse für die Forschung. In: Publizistik 1/1991, S. 22-35
McLuhan, M. (1964): Understanding Media. The extensions of man. Second Edition. New York and Scarborough
McQuail, D. (1987): Mass Communication Theory. An introduction. London
Mettler-Meibom, B. (1992): Raum – Kommunikation – Infrastrukturentwicklung aus kommunikationsökologischer Perspektive. In: Hömberg, W.; Schmolke, M. (Hg.): Zeit, Raum, Kommunikation. München, S. 387-401
Meyrowitz, J. (1987): Die Fernsehgesellschaft. Wirklichkeit und Identität im Fernsehzeitalter. Weinheim
Meyrowitz, J. (1985): No Sense of Place. The impact of electronic media on social behavior. New York u. Oxford
Parks, M. R.; Floyd, K. (1997): Making Friends in Cyberspace. http: //www.asucs.org/jcmc/vol1/issue4/parks.html (2.12.1997)
Peters, C. (2001): Digitaler Graben – Afrika setzt zum Sprung ins Internet-Zeitalter an. Frankfurter Rundschau 17.2.2001, S. 9
Ronneberger, F. (1990): Wandel von Raumvorstellungen durch Medienkommunikation. In: Publizistik 3/1990, S. 257-266
Sassen, S. (1997): Cyber-Segmentierungen. Elektronischer Raum und Macht. In: Münker, S.; Roesler, A. (Hg.): Mythos Internet. Frankfurt a. M., S. 215-235
Schütz, A.; Luckmann, T. [1979] (1988): Strukturen der Lebenswelt. Bd. 1. Frankfurt a. M.
Schütz, A.; (1981): Der sinnhafte Aufbau der sozialen Welt. Eine Einleitung in die verstehende Soziologie. 2. Aufl. Frankfurt a. M.
Simmel, G. [1903] (1983): Soziologie des Raumes. In: Jahrbuch für Gesetzgebung, Verwaltung und Volkswirtschaft im Deutschen Reich 27, 1903, S. 27-71; gekürzte Fassung. In: Georg Simmel. Schriften zur Soziologie. Eine Auswahl. Herausgegeben und eingeleitet von Heinz-Jürgen Dahme und Otthein Rammstedt. Frankfurt a. M., S. 221-242
Virilio, P. (1996): Die Eroberung des Körpers. Vom Übermenschen zum überreizten Menschen. Frankfurt a. M.
Virilio, P. (1997): Rasender Stillstand. Essay. Frankfurt a. M.
Will, W. (2001): Schnitte ins Netz. Geolocation-Software sperrt Surfern aus bestimmten Ländern den Zugriff auf Webseiten. Frankfurter Rundschau 10.4.2001, S. 25
Wirth, E. (1979): Theoretische Geographie. Stuttgart

Johannes Wirths

Über einen Ort des Raumes
Vorbereitende Bemerkungen im Blick auf aktuelle raumbegriffliche Konjunkturen

Man scheint um Raumbilder, -begrifflichkeiten und oder -konzepte kaum herum zu kommen. In der alltagsweltlichen Begegnung wie im massenmedial geprägten Umgang in der Öffentlichkeit kann dies noch als durchaus normal gelten. Gleiches gilt für einige in dieser Hinsicht traditionsreiche Expertenbereiche, wie etwa die am Bauen oder am Planen, wie auch an der bildenden Kunst oder der persönlichen Bildung orientierten Diskurse. In der Breite der humanwissenschaftlich-intellektuellen Debatten der Gegenwart muss dieser Umstand jedoch als recht auffällig bezeichnet werden. Sicher, auch in und von diesen übergreifenden allgemeineren Diskursen her hat es modern immer Bereiche und Phasen gegeben, in denen man im gesellschaftlichen Leben vermehrt räumliche Phänomene beobachtete beziehungsweise gesellschaftliche Phänomene eher räumlich betrachtete. Gelegentlich bediente man sich dann auch, wie etwa in der ersten Hälfte des zwanzigsten Jahrhunderts im Diskurs der Geopolitik (Kost 1988, Sprengel 1996) oder dem der Landschaft (Schultz 1980: 269-382), mehr oder minder intensiv – und zumeist nicht ohne zeitgeistige Inspiration und institutionellen wie persönlichen Nutzen – eines ‚räumelnden Idioms'. Zudem wurde Raum, modern insbesondere aber Zeit als fundamentale, wenn auch zumeist hintergründig wirksame Dimension von menschlicher Existenz wie Welt gesehen und dann auch philosophisch-psycho-logisch beziehungsweise -natur-wissenschaftlich bearbeitet. Insgesamt jedoch, und dies gilt vor allem für das sozialwissenschaftlich geprägte zwanzigste Jahrhundert, hatten Raumbegrifflichkeiten und -konzepte in diesen Diskursen einen kategorial doch deutlich peripheren Status. Kritiker dieser Lage sprachen so von „Sachabstinenz" (Linde 1972: 12), von „einer vernachlässigten Dimension" (Konau 1977) oder von „Raumblindheit" (Läpple 1991: 163), um nur die Literaturstandards der jüngeren sozio-logischen Vergangenheit zu bemühen.

Diese Verhältnisse scheinen sich nun geändert zu haben. Denn in den unterschiedlichsten Zusammenhängen humanwissenschaftlicher Forschung und Reflexion ist gegenwärtig, letztlich aber schon aus den soeben annotierten siebziger und achtziger Jahren heraus ein reger Gebrauch von Raumbegriffen zu verzeichnen. „Space matters", um eine diese Tendenz früh markierende Formel von Doreen Massey (1984) zu variieren. Einmal eher metaphorisch, ein anderes mal eher substanziell gemeint, wird über bloße Wortverwendungen hinaus Raum vor allem aber auch direkt zum Thema. Das geschieht in diesem Feld, wie nicht zuletzt das breitenwirksame Beispiel der Giddensschen Sozialtheorie und Zeitdiagnose zeigt (Giddens 1995), in durchaus zentralen Diskurspositionen und an ebensolchen -stellen. Man sucht nun offensichtlich „Wege zum Raum" (Sturm 2000), entwirft das Programm einer „Raumsoziologie" (Löw 2001) und versucht sich auch an „Raum(de)konstruktionen" (Thabe 2002). Kann diskursiv also durchaus von der Präsenz, von einer „Wiederkehr des Raumes" (Osterhammel 1998) gesprochen werden, ist die Lage in sachlicher Hinsicht nicht ganz so eindeutig. Diesbezüglich redet man mehr von der „Ohnmacht des Raums" (Sonnemann 1990) und tendiert insgesamt eher zu der vorsichtigen Frage: „Verschwindet der Raum" (Hasse 1995) im gegenwärtig sich entfaltenden medial-globalisierten Zeitalter? Das schließt allerdings nicht aus, dass immer wieder auch auf einer „mediale(n) Großraumordnung" (Werber 2000), also auf der Macht und damit auf der auch sachlichen „Rückkehr des Raums" (Maresch 2001) bestanden wird. Doch auch so, und vielleicht gerade so kontrovers, wird Raum zu einem außerordentlich präsenten Thema. Ein angesichts der publizistischen Fülle eher knapp und oberflächlich gehaltener Gang entlang der Auslagen des deutschsprachigen intellektuellen Marktes soll dies zeigen und dabei außerdem verdeutlichen, wie dieses Thema gelagert ist. Zu beschreiben ist damit dann auch der Ort des Raumes in den politisch-kulturellen Debatten der Gegenwart – ein alltäglicher, öffentlicher Ort, an dem gesellschaftliche Teilbereiche und Diskurse in durchaus unterschiedlicher Weise präsent sind. In der Regel rekurriert Raum hier in irgendeiner Form auf die materiale, sichtbare Welt, selbst da noch – negativ oder ambivalent – wo diese virtuell (unsicher) geworden ist. Raum erscheint in diesem Sinne als Erdraum und wenn über diese Art von Erfahrungsbezug hinaus gehend zumindest als „real gegebenes, unsichtbares ‚Ding', ... als etwas Existierendes" (Reichert 1996a: 17). Explorationen hinsichtlich einer anderen Form des Raumes sind selten. Für einen mit „Raumfragen" (Hard 2002: 253) von diesem Grunde her, von alltäglicher Erfahrung wie darauf bezogener disziplinierter Reflexion, befassten Geografen handelt es sich dabei um einen Ort und eine Form von Raum, der beziehungsweise dem man als (spät)moderner Fachvertreter noch durch Abstraktion, Kritik und Praxis (sozial)wissenschaftlich zu entkommen trachtete. Räumlichkeit erschien im Blick auf die Gesellschaft als zu trivial, zu nahe an den Alltagswirklichkeiten, zudem als eine politisch nicht unverfängliche Dimension und bei genauer Betrachtung daher allenfalls noch als eine für Bil-

Über einen Ort des Raumes

dungs- und Planungsfragen relevante Größe. Nach einem dann auch allgemein proklamierten „Ende der Geografie" (Flusser 1992: 31) nötigen nun jedoch solche trivialen, aber auch andere Räumlichkeiten wieder – und doch nicht nur wieder – zur Beobachtung.

„Der Raum" (Schubert 1987) erfreut sich im politisch-kulturellen Diskurs der Gegenwart also einer deutlich gesteigerten Aufmerksamkeit. Angesichts der aktuellen massenmedialen Vergegenwärtigung (post)moderner gesellschaftlicher wie technologischer Phänomene beziehungsweise Entwicklungen scheint sich das Interesse dabei insbesondere auf „die Zukunft des Raums" (Meurer 1994) zu richten. Das gilt selbst dort, wo es wahrnehmungshistorisch um die „Metamorphosen von Raum und Zeit" (Burckhardt 1994) oder kulturhistorisch um die „Symbolik von Ort und Raum" (Michel 1997) geht. Auch in solch rekonstruktiven Vergewisserungen und Elementarisierungen ist eine meist noch unbestimmte Besorgnis, manchmal auch eine gewisse Hoffnung, zumindest aber eine erkennbare Irritation im Reden über Räume zu beobachten. Wesentlich prägnanter zeigen sich diese Reaktionen, hinter denen Änderungen in Erfahrung und Perspektivierung von Raum beziehungsweise Räumlichkeit zu vermuten sind, natürlich in zeitdiagnostischen Versuchen aller Art. Mit einem im diskurskonjunkturellen Aufschwung von Globalisierung und Medialisierung manchmal noch eher euphorischen, manchmal auch apokalyptischen Unterton redet man so etwa „vom Verschwinden der Ferne" (Decker/Weibel 1990) oder auch – dem thematisch sehr nahe – über „das Verschwinden der Dinge" (Langenmaier 1993). Künstler, Wissenschaftler und Philosophen bemühen sich, die derart markierten Erfahrungen gegenwärtiger „Zeiträume (und JW) Raumzeiten" (Bergelt/Völckers 1991) zu beschreiben und mit einem Kontext zu versehen, individuelle Erfahrung und kollektive Vorstellung also zu fassen. Im allseits diagnostizierten „Zeitalter elektronischer Medien" betrachtet man so, die neuen (vielleicht aber doch nur neuen-alten) „Außen...(- beziehungsweise JW) InnenRäume" (Gesellschaft für Filmtheorie 1991) des Menschen, seine medial gegebenen und nicht zuletzt gelebten Weltentwürfe. Unter diesen Bedingungen geraten auch die Beziehungen von „Zeit, Raum (und JW) Kommunikation" (Hömberg/Schmolke 1992) wieder ins thematische Visier, insbesondere die konkreten Auswirkungen der sich ändernden materialen raum-zeitlichen Verhältnisse auf kommunikative Prozesse. Kulturtheoretisch reflektiert wird in diesem Zusammenhang dann auch, historisch wie theoretisch weiter ausgreifend, das Verhältnis von „Raum und (medialem JW) Verfahren" (Huber/ Müller 1993). Raum oder Räumliches erscheint dabei als medial zuallererst ermöglicht, vermittelt, aber auch als zutiefst gefährdet und zumindest in äußerer, physischer Form (post)modern nun beinahe endgültig der technischen Vernichtung anheim gegeben. Gleichzeitig öffnen sich auf demselben Wege technischer Medien über „Wirklichkeitsmaschinen" (Steinmüller 1993) neue Räumlichkeiten. Und diese unbekannten Welten können dabei augenscheinlich nicht allein als schrift- oder bildlich motivierte innere Räume gelten, wie man sie bereits aus der älteren und nicht ganz so alten Mediengeschichte kennt.

Diese neuen Räume beziehungsweise das eine räumliche Formatierung nicht allein begrifflich, kommunikativ, sondern auch bildlich, perzeptiv, benötigende Phänomen des „Cyberspace" (Rötzer/Weibel 1993, Faßler/Halbach 1994) ist ein aus kulturellem wie sozialem Blickwinkel wichtiger Fixpunkt der Diskussion über die neuen elektronischen und hier insbesondere die digitalen Medien – eben verstanden im Sinne einer ungewöhnlichen, unbehausten Sphäre in der neuen „Wirklichkeit der Medien" (Merten/Schmidt/Wieschenberg 1994). Dieser Raum – darum handelt es sich augenscheinlich – muss erst noch erschlossen, erobert, geordnet werden. In seiner Bewertung noch zwischen „Illusion und Simulation" schwankend, sucht man hier doch schon „Begegnung mit der Realität" (Iglhaut/Rötzer/Schweger 1995). Als „schöne neue Welten" (Rötzer 1995), „synthetische Welten" (Hamel 1996) „künstliche Paradiese (oder JW), virtuelle Realitäten" (Krapp/Wägenbaur 1997) interessieren die dort verorteten Räumlichkeiten insbesondere ob ihrer noch ungewissen und (nicht allein praktisch) unregulierten (Lebens)Verhältnisse. Es geht um die darin liegenden, vom jeweiligen Standpunkt abhängigen Bewegungsmöglichkeiten – die Spielräume. Bei diesem Raum handelt es sich also in gewisser Weise um einen leeren, einen der wenn auch nicht unbegrenzten, perspektivisch gebundenen Möglichkeiten. „Die Himmelstür zum Cyberspace" (Wertheim 2000) steht somit weit offen und lädt – wie zumeist bei solchen Nicht-Orten und hier nicht zuletzt bei den nicht-geografischen – zu allerlei Erwartungen wie auch Befürchtungen ein. Dies zeigt bereits deutlich die gegenwärtig realisierte Form des Cyberspace in dem spekulativ in unterschiedlichste Richtungen wuchernden „Mythos Internet" (Münker/Roesler 1997). Aber auch jenseits solcher Medienhysterie – in der kritisch-reflexiven Betrachtung – können die Verhältnisse in den neuen „Medien-Welten, (den anderen JW) Wirklichkeiten" (Vattimo/Welsch 1999) noch keinesfalls bestimmt oder auch nur annähernd klar gefasst werden. Davon muss ausgegangen werden, trotz einer gewissen (medienevolutionären) Vorbereitung der zukünftigen Bewohner und auch trotz zahlreicher Parallelen zu anderen Welterschließungsprozessen. Ein lakonischer bis kritischer Optimismus hinsichtlich der psycho-sozial letztlich verträglichen Realisierung medialer Optionen in „alle (den JW) möglich (geworden JW)en Welten" (Faßler 1999) scheint sich im Diskursverlauf aber durchzusetzen.

Jenseits solcher eher pragmatisch gehaltenen, wie auch der vorgängigen tendenziell hysterischen Überlegungen, wird in grundsätzlichen Erwägungen zur Medialität aber auch deutlich, dass die gegenwärtig sich abzeichnenden medialen „Konfigurationen" (Schade/Tholen 1999) so einlinig kritisch beziehungsweise unkritisch nicht zu begreifen sind. Deren Potential – zeitdiagnostisch wie theoretisch – erschöpft sich darin nicht. Schon die unmittelbaren Wirkungen der neuen Medien-Welten sind gegenwärtig kaum abzusehen, weder auf zukünftige Wirklichkeitsvorstellungen hin – Stichworte

Über einen Ort des Raumes 143

„Medien, Computer, Realität" (Krämer 1998) – noch bezogen auf die mögliche Ausgestaltung gesellschaftlicher Wirklichkeiten – Stichworte „Kommunikation, Medien, Macht" (Maresch/Werber 1999); und vielleicht ist der aufgeregte wie pragmatische Umgang mit diesen Phänomenen deshalb kommunikativ auch durchaus funktional, im Sinne etwa einer Generierung von Aufmerksamkeit und einer metaphorischen Vermessung dieses Feldes. Der genaue Blick auf die besondere Qualität des „Computer(s) als Medium" (Bolz/Kittler/Tholen 1994) könnte jedoch (auch) eine andere Perspektive eröffnen, eine die vielleicht jetzt schon klarer erkennen und reden ließe. Die hier zentralen Fragen der Digitalisierung, Virtualisierung und Interaktivität durch dieses und in diesem neue(n) Medium zielen auf die sich für Kognition und Kommunikation abzeichnenden Veränderungen, die aus der computertechnisch ermöglichten medialen Integration und Vernetzung erwachsen. Zuerst einmal geht es dabei natürlich um die konkreten Konsequenzen des Fernsehens, -hörens, -sprechens und -handelns für die individuellen und gesellschaftlichen Raum-Zeit-Verhältnisse und von dort her dann auch um die Folgen für das Realitätsverständnis an und für sich. Was resultiert aus der mediengeschichtlich „wachsende(n) symbolische(n) Verfügung über nicht-anwesende Räume und Zeiten" (Krämer 1998a: 13), die mit dem Computer nun auch der Interaktion geöffnet werden können? In der Bearbeitung dieser Problemstellung, und hier insbesondere die der Verflüssigung und Vervielfachung von Wirklichkeit in den und durch die medientechnisch erzeugten künstlichen Welten, kommt dann aber auch die grundlegende, reflexiv nicht einholbare Mediengebundenheit kognitiver und kommunikativer Praktiken in den Blick. „Medien übertragen nicht einfach Botschaften, sondern entfalten eine Wirkkraft, welche die Modalitäten unseres Denkens, Wahrnehmens, Erfahrens, Erinnerns und Kommunizierens prägt" (Krämer 1998a: 14). Man stößt mit den digitalen Medien auf den elementar medialen Charakter von Welt(Repräsentationen) überhaupt. Und dies lässt dann manchen auch nach der grundsätzlichen „Zäsur der Medien" (Tholen 2002) fragen. Eine solch historisierende, generalisierende und technisch nicht fixierte Perspektive könnte im Sinne eines tiefergelegten Vergleichs auch den Blick auf den Raum in den Zeiten des (digitalen) Mediums weiten helfen. Man könnte dann – und letztlich geschieht dies schon hier und da, wie etwa auf der HyperKult IX – über den „augmented space", über die Vielfalt „reale(r), virtuelle(r) und symbolische(r) Räume" (Coy/Großmann/u.a. 2000) reden. Vielleicht würden sich dann bestimmte Schwierigkeiten mit dem Räumlichen auch unterhalb der Proklamation von Raumgewinnen und -verlusten relativieren, wie beispielsweise die Frage nach der "Adresse des Mediums" (Andriopoulos/Schabacher/Schumacher 2001). Und man müsste dann auch nicht immer gleich das alte Spiel von „Raum, Wissen (und JW) Macht" (Maresch/Werber 2002) spielen, wenn es um Raum als sozial und psychisch bedeutsame Größe ginge. Hingegen könnte diese als solche erst einmal einer gegenwärtigen Bestimmung zugeführt werden.

Überhaupt scheint es so, als habe man in diesem geistes- und sozialwissenschaftlich dominierten Diskursfeld tendenziell Probleme mit der „Materialität der Kommunikation" (Gumbrecht/Pfeiffer 1988), mit dem Reden über die Dinge und Sachverhältnisse, über das kognitiv wie kommunikativ unverfügbare Äußere als Bedingung und Thema des Diskurses. Man empfindet und erkennt hier gewisse Schwierigkeiten im Umgang mit der Wirklichkeit oder genauer vielleicht dem Äußeren von Sinnphänomenen. Ein unvermittelter Bezug auf ein sogenanntes objektives Außen kann dabei ja bereits neuzeitlich als weitgehend diskreditiert gelten, ein Umstand des Denkens, der sich dann noch, Vermittlung und Objektivierung einbegreifend, bis in die Sprachreflexionen des 20. Jahrhunderts hinein radikalisiert hat. Das dabei in der sprachkritischen Wende endgültig problematisierte Repräsentationsdenken kann, wiewohl im Selbstbezug der Sprache noch einmal strukturell wiederholt, nicht einfach wiederaufgenommen, aber eben auch nicht umstandslos übergangen werden. Und es reicht in einem solch inneren, selbstbezüglichen, quasi intellektualistischen Rahmen auch nicht, sich allein pragmatisch der sprachlichen Äußerung zuzuwenden. Sprachliches verlangt irgendwie nach Verkörperung, erschließt sich anscheinend eher über seine materiale Praxis, denn über Schemata, Muster oder Regeln. Dies jedenfalls legt etwa die Darstellung des modernen Sprachdenkens bei Krämer (2001) nahe. Ein Außen, eine Materialität von Sprache und Denken drängt sich gegenwärtig offensichtlich vermehrt auf – ein spezifischer Umstand der sich über den Medienbereich hinaus auch generell im Blick auf „Technik als soziale(n) Prozess" (Weingart 1989), also im Verhältnis von „Technik und Sozialtheorie" (Rammert 1998) ergibt. Und davon dann nicht allzu weit entfernt lassen sich vergleichbare Schwierigkeiten auch im Bereich der jüngeren Wissenschaftsforschung beobachten, also bei der anderen dieser beiden „ungleichen Schwestern" (Strübing 2000). In der durchgeistigten beziehungsweise durchsozialisierten Welt der Humanwissenschaften zeigen die Ding(verhältniss)e gegenwärtig (wieder einmal) eine gewisse Härte.

Andernorts in den weitläufig verzweigten Auseinandersetzungen über die „Perspektiven der Weltgesellschaft" (Beck 1998) tut man sich mit den für den Raumdiskurs so typischen Materialitäten auf den ersten Blick offensichtlich weniger schwer, besonders natürlich in den diesbezüglich seit je her offenen Bereichen der Humanwissenschaften. Auch hier wird durchaus grundsätzlich – das eine mal abstrakter, das andere mal konkreter – über „Raum als Imagination und Realität" (Jüngst/Meder 1988) debattiert; doch lässt sich Sichtbares wie „Stadt (und JW) Land ..." (Dörhöfer 1990) oder Greifbares wie „Fleisch und Stein" (Sennett 1995) in seiner elementaren Bedeutung für das individuelle wie gesellschaftliche Leben offensichtlich nur schlecht ignorieren, selbst im Horizont eines allgemeinen, deshalb allerdings nicht immer trennscharfen Sozialkonstruktivismus. Dieser Umstand, das heißt diese in ihrer Oberflächlichkeit alltagsnahe Offenheit gegenüber der „Sprache der Dinge" (Assmann 1988) bedeutet jedoch noch nicht, deren Hartnäckigkeit immer auch schon begriffen zu haben; denn allzu leicht lässt man sich von solch evidenten, praktisch fundierten und moralisch aufgeladenen Tatsachen zu einer ihnen angemessenen Reaktion verführen. Dem kann sich ein solch sozialkritisch und -technologisch grundierter, öffentlichkeitswirksamer Diskurs wie der sozial- und kulturwissenschaftliche über die Globalisierung vielleicht auch nur schwer entziehen. Dies zumindest legt schon das thematisch vorgängige Beispiel sozialstruktureller und auch kultureller Materialitäten in der soziologischen Diskussion über „Lebenslagen, Lebensläufe (und JW) Lebensstile" (Berger/Hradil 1990) nahe, insbesondere die Auseinandersetzung über die schwierige Theorieform(el) „Lebensstil zwischen Sozialstrukturanalyse und Kulturwissenschaft" (Schwenk 1996). Denn die je eigenen Materialitäten wurden von der einen, wie der anderen Seite nicht nur dann bemüht, wenn man das alte soziologische (Kern)Paradigma (der Erforschung) sozialer Ungleichheit hinterfragte, sondern viel eher und intensiver noch, wenn das Fragile sozialer Differenzierung an und für sich (personenbezogen) thematisiert werden sollte. Eine solche Verführung des Denkens endet(e) dann zwar auch selten in krudem Materialismus, ebenso wenig allerdings in den interessanten, wenn auch sozial grenzwertigen Sphären „wilde(r) Semiose" (Assmann 1988). Es geht, wie in der räumlich-material besonders affinen Stadt- und Regionalforschung, eher – mehr oder weniger kritisch, manchmal auch affirmativ – um die semantische Aufladung des Materiellen, der Sachverhältnisse im Rahmen gesellschaftlicher Auseinandersetzungen, also beispielsweise um „das neue Gesicht der Städte" (Borst/Krätke/u.a. 1990); oder es geht auch um die metaphysische Überhöhung von Dingen und Verhältnissen, wie etwa im „Mythos Metropole" (Fuchs/Moltmann/Prigge 1995). Aber selbst kritische Betrachtungen dieser Art, die solche Prozesse ja als soziale erkannt haben, bemühen letztlich doch häufig wieder nur die gleichen materiellen Evidenzen, um die in ihren Augen tatsächlichen, dahinter verborgenen Verhältnisse (in) der Gesellschaft zu beschwören. Gesagtes beziehungsweise Gedachtes und Gegebenes fließen (wieder) tendenziell in-, rücken zumindest aber nahe zueinander. Die ‚wirkliche' „Unwirklichkeit der Städte" (Scherpe 1988) geht so diskursiv immer wieder verloren, wird kaum begriffen. Offensichtlich kann man sich der Plausibilität des Sicht- und Greifbaren auch und vielleicht gerade bewusst nur sehr schwer entziehen, selbst oder möglicherweise genau dann, wenn dieses kommunikativ lanciert worden ist.

Aber solche Evidenzen können ihre Evidenz auch verlieren, sei es weil Dinge und Sachverhältnisse mit Bezug auf die herrschenden Konventionen häufiger grenzwertig, also anders wahrgenommen werden oder weil Bedeutungen und Themen sich diskursiv zunehmend verändert haben – eben weil Sinn sich verschiebt. Und genau dies scheint bei verschiedenen räumlichen Schemata gegenwärtig der Fall zu sein. Ob nun Nachbarschaft, Milieu, Stadt, Region, Nation oder Welt, die etablierten räumlich konnotierten Beschreibungen gesellschaftlicher Verhältnisse haben im Horizont der „Globalisierung" (Schmidt/Trinczek 1999) ihre Plausibilität, ihre ordnende Kraft verloren. Sie funktionieren nicht mehr richtig, erzielen angesichts der aktuellen weltgesellschaftlichen Verhältnisse zumindest in den überkommenen Formen nicht mehr hinreichend Bindungswirkung. Und genau das wird in der massenmedial formierten Öffentlichkeit, den allgemeinen intellektuellen Debatten wie den davon nicht unabhängigen Expertendiskursen der Architektur, der Raumplanung, der Stadt- und Regionalforschung, der Geografie oder der Politologie thematisiert. Auch das breite und heterogene Bemühen um Kulturwissenschaft zeigt sich vielfach „vom Ende der Humboldt-Kosmen" (Henningsen/Schröder 1997) her bestimmt. Man versucht sich hier in den „hybride (erfahrenen und beschriebenen) Kulturen" (Bronfen/Marius/Steffen 1997) der Gegenwart neu zu orientieren, sucht letztlich (auch räumlich) „Perspektiven der Weltgesellschaft" (Beck 1998). Im Verhältnis von „Lebenslauf und Raumerfahrung" (Bertels/Herlyn 1990) mag es partiell und in mancherlei Hinsicht noch zahlreiche Anknüpfungspunkte an die überkommenen modernen Muster geben, insbesondere wenn man eine elementar(-personal)e, also etwa eine entwicklungspsychologische oder sozialisationstheoretische Perspektive wählt. Oberhalb solcher Ansatzpunkte jedoch und auch insgesamt – kulturell sozusagen – zeichnen sich deutliche Verschiebungen in wichtigen räumlichen Schemata beziehungsweise Änderungen im individuellen wie gesellschaftlichen Gebrauch derselben ab. Dies scheint aus den neuen Erfahrungen des Cyberspace – vom gegenwärtig vorherrschenden Status des Internet bis zum zukünftigen einer von Datenanzügen ermöglichten virtuellen Realität im engeren Sinne – ebenso zu erwachsen wie aus den neuen-alten Erfahrungen mit der städtischen und auch der natürlichen Umwelt. Dabei sieht es so aus, als ob sich die erstgenannte Erfahrungswelt über die beiden letzteren zu legen begonnen habe. So ist die Frage nach der sich etwa im Ringen um „neue Urbanität" (Häußermann/Siebel 1987) manifestierenden städtischen Erfahrung – changierend zwischen Städtebau, Lebensqualität und Öffentlichkeit – ohne den Blick auf die entstehende „Telepolis", ohne die Frage nach einer anderen „Urbanität im digitalen Zeitalter" (Rötzer 1995), nur noch von begrenzter Reichweite.

Raum hat augenscheinlich wesentlich mit Erfahrung und heute, angesichts einer technisch fundamental erweiterten Medialität, deutlicher erkennbar mit medial ermöglicht-vermittelter Erfahrung zu tun. Es geht um „Medien-Zeit (und JW) Medien-Raum" und damit gegenwärtig um den „Wandel der ... Wahrnehmung in der Moderne" (Großklaus 1995). Vermuten und nachvollziehen lässt sich dieser Konnex vielleicht gerade anhand der angesprochenen Erfahrung mit natürlichen Umwelten. Denn diese gelten nicht nur nicht als künstlich erzeugte, sondern erscheinen auf den ersten Blick auch als in einem geringeren Maße sozial konstruierte und der individuellen Wahrnehmung damit irgendwie nähere Welten. Diese können beziehungsweise der auf sie gerichtete Diskurs kann als Versuchsfeld für das Verhältnis von Ding und Wahrnehmung verstanden werden. Einen solchen Eindruck vermittelt zumindest das seit etwa 1980 vermehrt um sich greifende, in einem umfassenden Sinne humanökologische Bemühen um eine erfahrungs- und handlungsorientierte Auseinandersetzung mit dem Phänomen Natur als ‚Natur für uns'. Die hier unternommenen Versuche einer nicht selten ‚aisthetisch-ethisch' motivierten „ökologische(n) Naturästhetik" (Böhme 1989) richten sich im Kern entweder direkt am wahrnehmenden Naturerleben aus oder reklamieren dieses zumindest, wenn um ein wirkliches Verstehen von und damit dann auch ein angemessenes Handeln in Natur gerungen wird. Neben und in den hier häufig zu findenden kulturhistorisch(-kritisch)en Betrachtungen der menschlichen Auffassung und Aneignung von Natur geht es in diesem Diskursstrang damit also nicht zuletzt um eine aktuelle Konzeption von erfahrener sinnlich-leiblicher Natur. Als „Phänomenologie der Natur" (Böhme/Schiemann 1997) beispielsweise sieht diese sich als definitive Alternative zur wissenschaftlich-technischen Konstruktion von Natur. In einem solchen Rahmen versucht man sich dann zwangsläufig in nicht unerheblichem Maße an neuen-alten „Natur-Bilder(n)" (Sieferle/Breuninger 1999), an Landschaften und Atmosphären, an „Natur-Raum" (Großklaus 1993). Nach der tendenziellen Auflösung des mimetischen wie semiotischen Bildbegriffs in den Erfahrungen moderner Kunst sind diese Bemühungen auf das in der Wahrnehmung zu klärende Verhältnis von, traditionell verstanden, Ding und Betrachter gerichtet. Den gegeben erfahrenen Wahrnehmungseinheiten eignet dabei in der Regel etwas (kommunikativ wie bewusst) Ungreifbares, Unhintergehbares, Unverfügbares, auf das es als deren Eigenes aber gerade in ästhetischer wie ethischer Hinsicht anzukommen scheint. Irgendwie geht es hier um „mediale Räume" (Hasse 1997). Vorbereitet und grundiert sieht sich dieser Themenkreis, wie sollte es bei einer Natur in diesem Sinne anders sein, durch eine nicht zuletzt technik- und wissenschaftsorientierte Kulturkritik. Präludiert und begleitet aber wird er durch ein materiales Interesse am „Begriff der Erfahrung" (Freudiger/Graeser/Petrus 1996), insbesondere an „ästhetische(r) Erfahrung heute" (Stöhr 1996). Und diese außerordentliche „Aktualität des Ästhetischen" (Welsch 1993), die als „Aisthesis" (Barck/Gente/u.a. 1990) auch über den etablierten Sinnhorizont hinauszukommen sucht, muss wohl überhaupt als ein wesentliches Grundmotiv in der direkten Aufwertung der ‚Äußerlichkeiten von Sinn' und damit auch der diskursiven Präsenz von Raum und Räumlichkeit gesehen werden.

Diese Bindung an Wahrnehmung positioniert Raum am Menschen, nicht aber in dessen Verfügbarkeit. Sie markiert einen psychischen Ansatzpunkt, nicht jedoch allein innen. Raum zielt auf ein Außen im Innen, öffnet eine Welt. Diese will erlebt, erschlossen, geordnet werden. Doch dieses Innen harrt eines Außen, bedarf der sinnlichen und sinnhaften Anregung. Diese wird durch untergründige Kopplung gewährleistet, auch in Form von Raum. Eine diskursive Gegenwart von Räumlichkeit deutet da auf massive Umschichtungen im individuellen wie gesellschaftlichen Haushalt von Raum. Die Passung beziehungsweise Funktionalität räumlicher Schemata kann augenscheinlich nicht mehr als gegeben angenommen werden. Ein daraus notwendig erwachsender Wandel derselben ist in Auseinandersetzungen über bislang vertraute Räumlichkeiten gut zu verfolgen. Einsichten in deren Wirksamkeit sind dabei vor allem aus der öffentlichen Diskussion über „Orte und Nicht-Orte" (Augé 1994) zu erwarten beziehungsweise – im angelsächsischen Diskurs offensichtlich(unverstellt)er – in der Debatte über „Spaces of Culture" (Featherstone/Lash 1999) beziehungsweise pointierter noch „Spaces of Identity" (Morley/Robins 1995). Ein, wenn nicht der Kristallisationspunkt dieser Diskussion ist die Stadt, genau genommen die „Großstadt" (Häußermann 1998) im Sinne der Metropole, also als Ort sozio-kultureller Vielfalt und Dynamik. Diese Stadt repräsentiert in ihrer gewordenen Äußerlichkeit, in ihrem jeweils spezifischen Verhältnis von „Zeit, Raum und Architektur" (Prigge 1986), die ferne Gestalt der Welt. Sie ist konkreter, sinn(lich) geladener, darin aber auch ambivalenter Erfahrungs- und Handlungsraum, erscheint als Konkretion von Gesellschaft. So gilt sie als Ort der Einsamkeit, des Konsums, des Fremden, des Aufeinandertreffens, der Macht, der Freiheit und was da mehr an Zuschreibungen zu finden ist. Ob in seiner eher romantischen oder eher klassischen Variante, dieses moderne Bild der Stadt – und um solche je konkretisierbaren „Raumbilder" (Ipsen 1997) geht es hier – zeigt mehr als nur erste Verfallsspuren. Dies belegt schon eine geraume Zeit der Urbanitätsdiskurs, in dem vor allem die Stadt als öffentlicher Ort, also das Verhältnis von „städtischem Raum und Verhalten" (Schubert 2000) zum Problem wird. „Wem gehört der öffentliche Raum" (Kail/Kleedorfer 1991) wird so durchaus konkret räumlich, aber eben auch darüber hinaus gehend, generalisierend unräumlich gefragt. Und diese kritische Tendenz verschärft sich noch im Blick auf die Schaffung öffentlichen Raums, insbesondere wenn dann das Verhältnis von „Medien und Öffentlichkeit" (Maresch 1995) ins Spiel kommt. Die Großstadt der Gegenwart, der städtische Raum verliert an Bedeutung. Er wird nicht mehr nur als unwirtlich, sondern zunehmend auch als unwirklich erfahren. „Die Zeit der Metropolen" (Zimmermann 1996) scheint damit und mit dem heraufziehenden globalen „Informationszeitalter" (Castells 2001/2002) nun endgültig vorüber zu sein. Suchbewegungen in „New York" (Häußermann/Siebel 1993) und mehr noch in anderen Agglomerationen der Welt hinterlassen eher unscharfe fragmentierte Eindrücke von Metropole, als dass sie ein neues Bild derselben zu zeichnen erlauben. Beschreibungsversuche – prominent etwa unter dem Namen der Global City – schließt das natürlich nicht aus.

Man macht sich in einer solchen Situation dann auch grundsätzlich über „Stadt und Raum" (Häußermann/Ipsen/u.a. 1991) seine Gedanken, lässt etablierte, teilweise auch bislang eher randständige Ansätze der humanwissenschaftlichen Stadtforschung noch einmal Revue passieren und unternimmt einen Abgleich von deren grundsätzlichen Einsichten mit den Strukturen und Phänomenen gegenwärtiger Stadtgesellschaft(en). Gleichzeitig sucht man auch im weiteren sozial- und kulturtheoretischen Diskursumfeld nach Anknüpfungspunkten für die Beobachtung der „Stadt-Räume" (Wentz 1991) und verbindet dies zumeist mit einer eingehenden, dann aber eher um sozialkritische denn -theoretische Einordnung bemühten Betrachtung des „neue(n) Gesicht(s) der Städte" (Borst/Krätke/u.a. 1990) – der „neue(n) Stadtträume ... zwischen Musealisierung, Medialisierung und Gestaltlosigkeit" (Breuer 1998). Raum und Räumliches erhält in diesen Reflexionen über „Globalisierung, Stadtträume und Lebensstile" (Noller 1999) aber nicht nur kritische zeitdiagnostische Qualitäten, die im Sinne etwa einer „Epistem(ologi)e des Städtischen" (Prigge 1994) auch durchaus einmal tiefer zu greifen suchen. Gerade über solche diagnostisch motivierten Vertiefungen gerät Raum von der bislang eher latenten oder peripheren in eine zunehmend zentralere konzeptionelle Position. Damit geht es diesem hier ähnlich, wie der den Blick auch räumlich, regional und global weitenden Ökonomie. Ja, es konstituiert sich an dieser Stelle ein neues Zusammenspiel von „Stadt, Raum, (und JW) Ökonomie" (Krätke 1996). Raum wird dabei anders zu fassen, elementar in das Verständnis von (Mensch und) Gesellschaft zu integrieren versucht. Was nach all der unaufgeregt ironischen, raumreservierten Stadtkritik und -pragmatik der letzten Jahrzehnte dazu nötigt, ist offensichtlich der mit Globalisierung sicher nicht nur leichthin räumelnd bezeichnete Problemkomplex gegenwärtiger gesellschaftlicher Bewegung. Globalisierung steht ja wesentlich für die maximale Ausdehnung, Beschleunigung, Differenzierung und Verflechtung gesellschaftlicher Prozesse und zeigt sich der Stadt darin nicht unähnlich. Stadt als die paradigmatische Formel, der klassische Ort sicht- wie fühlbarer sozio-kultureller Differenz(ierung) und Dynamik wird hier aber auch aufgesucht, um dieser Bewegung näher zu kommen, sie erfahrbarer werden zu lassen. Ziel ist also nicht oder kaum mehr eine Erneuerung des Bildes oder gar der Strukturen der Metropole, als eben vielmehr der Versuch, „die Revolution der Städte(, präziser aber wohl des Städtischen und darin der Globalität zu JW) lesen" (Prigge 1991). Beobachtet wird dieser umwälzende Prozess wesentlich an und in den sich diversifizierenden Formen städtischer Milieus, den „Räume(n) der Milieus" (Matthiesen 1998). Diese, wie die Räumlichkeit von Stadt insgesamt, sind mit den modernen Verhältnissen, den Vierteln und Quartieren längst nicht mehr oder doch nur noch bedingt und in anderer Weise zusammen zu bringen. Dem Beobachter stellt sich so die Frage nach dem „Leben in der Stadt" (Herlyn 1990). Wie reagieren die Menschen auf die sich ändernden Verhältnisse? Wie leben sie ihren Alltag, orientieren und bilden sich? Wie wandeln sich ihre Räume? Man spricht angesichts dieser Verhältnisse von einer neuen-alten, einer anderen „Stadt-Welt" (Noller/Prigge/Ronneberger 1994), in der dann auch die „Metropolen des Weltmarkts" (Sassen 1996) als Zentren, als dessen Knotenpunkte, im Blick auf das gesamte Netzwerk aber auch in dem auf den jeweiligen städtischen Raum nur eine spezifische Dimension markieren. Altes und Neues von Stadt liegen nahe beieinander. Globalisierung und Lokalisierung greifen im konkreten Raum der Stadt erfahrbar ineinander. Ersteres wird in letzterem sicht- und erkennbar.

Die modern noch durchaus „aufgeräumte Welt" (Mayr 1993) hat im Horizont der Globalisierung augenscheinlich ihre angestammte Ordnung verloren. Es ist unübersichtlich geworden und das nicht nur in der Stadt. Man verspürt allerorten das Bedürfnis, neu zu sortieren, zu gruppieren, Gemeinschaften zu bilden. Erkennbar ist einerseits das vorsichtige Bemühen neue, auch organisatorisch passende Räumlichkeiten anzubieten und andererseits die latente Bereitschaft sich selbst zu verorten. Historisch-politisch(territorialisierend)e Fragen nach „Region, Nation, Europa" (Lottes 1992) liegen da dann nicht mehr allzu fern und es wundert angesichts der institutionellen Präsenz in diesem Feld auch nicht, dass bei diesen zumeist politisch-planerische Untertöne mitschwingen. Aber wie diese Fragen und die gegebenenfalls mit ihnen verbundenen Raumprojekt(ion)e(n) auch immer öffentlich aufgenommen werden; wenn man den Prozess solcher Raumbildungen (akademisch dann natürlich vor allem historisch) thematisiert, gelangt man unweigerlich zu Fragen nach etwa „Deutschlands Grenzen in der Geschichte" (Demandt 1991) oder dem „Grenzland" (Weisbrod 1993), nach „Grenzen und Raumvorstellungen" (Marchal 1996) oder eben ganz allgemein zu Fragen und Reflexionen über „die Grenze" (Bauer/Rahn 1997). Und von jenseits derselben grüßen (thematisch) dann auch bald „Fremde der Gesellschaft" (Fögen 1991), steht „die Herausforderung des Anderen" (Suhrbier 1995), „die Begegnung mit dem Fremden" (Schuster 1996) (kulturhistorisch) ins Haus. Die gesellschaftlichen Sachverhältnisse müssen, das belegen diese Themen historisch-politischer Diskussion nur zu deutlich, offensichtlich auch oberhalb städtischer Konkretionen neu geordnet werden. Damit sind dann auch die kollektiven Projektionsflächen politischer Öffentlichkeit neu oder anders zu spannen. Und das betrifft schließlich auch und nicht zuletzt die hinter solchen diskursiven Materialisierungen und oder Verräumlichungen verborgenen beziehungsweise stehenden, damit verbundenen, sich dieser bedienenden Konzepte.

An erster Stelle rangiert da natürlich „das Prinzip Nation in modernen Gesellschaften" (Estel/Mayer 1994), mit dem man sich entlang machtpolitischer und verwaltungstechnischer Vorgaben ja zu einem nicht unerheblichen Teil territorialisierender Strategien der Popularisierung politischer Vorstellungen bediente. Wenn auch von Anfang an umstritten, so waren die quasi zur generellen politischen Inklusion verwendeten Raumbilder und -begriffe doch recht erfolgreich. Sie waren in ihrer Bindungs- und Mobilisierungswirkung so (fatal) erfolgreich, dass man in der demokratisierten Öffentlichkeit der Nachkriegsgesellschaft beinahe durchgängig gegen eine offensichtlich aggressiv raumgreifende Politik, also „gegen die Restauration der Geopolitik" (Faßler/Will/Zimmermann 1997) opponierte. „Der geografische Anteil an der Erfindung der Nation" (Schultz 2000) wurde somit politisch, aber nicht immer sachlich korrekt äußerst reserviert behandelt. Dies lässt die das nationale Prinzip schließlich selbst aushöhlende und dies wiederum gleichzeitig reflektierende Diskussion über „die Erfindung der Nation" (Anderson

Über einen Ort des Raumes 151

1988) deutlich erkennen. Die allgemeine, weit über das Nationale hinausgehende Präsenz und Funktionalität von gesellschaftlichen Raumbildern und -begriffen, die, wie auch immer vermittelt, zumeist aus dem im weiteren Sinne politischen Feld stammen, wird so trotz und vielleicht gerade wegen all der „Ideologiekritik politischer Raumkonzepte" (Kritische Geografie 2001) tendenziell übersehen. Ob die politischen Umwälzungen der letzten beiden Jahrzehnte – in Europa und auch darüber hinaus – daran etwas ändern werden, ist noch nicht abzusehen. Die politisch-intellektuelle Szene zeigte sich jedenfalls von den hier zu beobachtenden „Grenzfällen" (Jeismann/Ritter 1993), dem unerwarteten Auftauchen eines „neuen, vielleicht aber auch nur neuen-alten Nationalismus zutiefst beunruhigt. Und jenseits der üblichen naturaltypologischen beziehungsweise politisch-funktionalen Deutung des Phänomens sah man sich dann auch aufgerufen, dem Erfolg und der Banalität des Schemas Nation erst einmal ‚richtig' auf den Grund zu gehen. Es steht zu erwarten, dass man dabei auch (wieder) auf Räumlichkeit stoßen wird, zumindest aber auf diesem Schema ähnliche Mechanismen. Ungeachtet solcher Bemühungen aber befinden sich „nationale Selbst- und Fremdbilder (seit diesen Umbrüchen wieder vermehrt JW) im Gespräch" (Czyzewski/Gülich/Hausendorf/Kastner 1995) und mit ihnen die entsprechenden territorialen Projektionen. Handfeste Alternativen zu den überkommenen Muster drängen sich dabei aber (noch) nicht auf. Wie jedoch die spät-post-moderne Diskussion um Nation und Nationalismus nahe legt, greift diese politische Größe nicht mehr durchgängig. „Nationalismus und Moderne" (Gellner 1991) scheinen doch eng aufeinander bezogen (gewesen) zu sein und damit auch das dort manifestierte Verhältnis von „Kultur und Macht" (Gellner 1999) – dessen kulturell-räumliche Dimensionierung. Diese beginnt sich nun endgültig zu verändern. Mit der „Nation als Form" (Richter 1995) sind so auch deren Räume, die gesellschaftlichen Räumlichkeiten insgesamt in Bewegung geraten. Aber auch diese Unruhe und die damit einhergehende Unübersichtlichkeit kann dazu führen, dass „ein altes Konzept ... neu befragt (wird)" (Politischer Club Potsdam 1994), dass man aus einem Bedürfnis nach Orientierung und oder politischer Sorge wieder einmal Vergangenheit und Gegenwart der „Geopolitik" (Diekmann/Krüger/Schoeps 2000) bemüht. Aber auch wenn es so scheint, dass „an allen Begriffen und Institutionen des Politischen (immer noch die Scholle) klebt, ... der Mainstream der politischen Theorie der Gegenwart ... auf einer obsessiven Gleichsetzung von Ort und politischem Selbst (beruht)" (Beck 1999), so bedeutet dies nicht, dass schon entschieden wäre, wie Globalisierung und Medialisierung den Menschen in der Gesellschaft zurücklassen – „ohne Raum/im Raum" (Werber 2001) und oder in „andere(n) Räume(n)" (Foucault 1991).

Angesichts des schwierigen, langwierigen und umstrittenen „Abschied(s) vom Nationalstaat" (Albrow 1998), das heißt von der spezifisch modernen Ausformung dieser politischen Größe, erscheint der Umgang mit der Raumformel „Region" (Wentz 1994) weniger problematisch. Ja er erweist sich sogar, und dies nicht nur politisch, als durchaus attraktiv. Doch auch Sinn und Status dieser Formel, das zeigt der in einigen Themenheften der ‚Informationen zur Raumentwicklung' recht gut zu verfolgende Diskurs über Regionalbewusstsein, Regionalkultur, Regionalismus, Regionalentwicklung, Regionalplanung und Regionalpolitik seit spätestens 1980, muss im Horizont der Globalisierung in alle den hier angesprochenen Hinsichten neu verhandelt werden. Politisch modern changierend zwischen Rückzug und Selbstbestimmung steht „die Wiederkehr des Regionalen" (Lindner 1994) offensichtlich für eine neue, etwas andere politisch-kulturelle Orts- und Verhältnisbestimmung von Individuen und Kollektiven in der Öffentlichkeit einer spät-post-modernen (Welt)Gesellschaft. „Regionalismus und Spätmoderne" (Mordt 2000) markieren so eine sich wandelnde politisch-kulturelle Lage. Dabei sind ältere und teilweise auch alte Konnotationen dieses Konzepts, inklusive der Markierung einer mittleren Maßstabsebene und der Abgrenzung organisationsbezogener Handlungsreichweiten, noch durchaus und nicht nur zufällig präsent. So kann es das eine Mal eher alltäglich-kulturell um „Region(en als JW) Heimaten der individualisierten Gesellschaft" (Schilling/Ploch 1995) gehen oder ein anderes mal eher politisch-planerisch um „Region und Regionsbildung in Europa" (Brunn 1996). Wie aber vielleicht am deutlichsten die im engeren Sinne nicht regional(istisch)e, sich räumlicher Bezüge aber nicht entziehen könnende Diskussion um „hybride Kulturen" (Bronfen/Marius/Steffen 1997) zeigt, ist das ganze BeDeutungsfeld des Regionalen in Bewegung geraten. Neben etablierten, in der Regel auch nicht mehr ganz einheitlichen Orientierungen stehen andere, fragmentierte alte und neue. Der Prozess einer „Verortung der Kultur" (Bhabha 2000), um den es auch bei allem Regionalen augenscheinlich geht, erweist sich gerade jenseits überkommener Strukturen vielfach als ein durchweg und notwendig ambivalenter, darin aber unabweisbarer Vorgang – wie alle an „Identitäten" (Assmann/Friese 1998) gebundenen und auf diese zielenden Prozesse. In einem derart problematischen Vorgehen ist dann aber auch und überhaupt erst auszuhandeln, ob und inwiefern Raum beziehungsweise Räumlichkeit in solchen Bildungs- und Findungsprozessen eine Rolle spielen. Unabhängig davon zeigt der gesamte an herkömmlichen Raumformen orientierte Diskurs aber deutlich, dass nach dem Verblassen der Nation Region, mit wie auch immer gearteten Materialisierungen, als aussichtsreichste Projektionsfläche für (kollektive) Identitäten gehandelt wird – eine aufgrund gewisser struktureller und semantischer Persistenzen auch von organisatorisch-institutioneller Seite bevorzugt(betriebne)e Lösung. Deutliches Zeichen dafür ist das breite politisch-planerisch-wissenschaftliche Bemühen um „Regionalisierung" (Benz/ Fürst/u.a. 1999), also um die Projektierung und Bildung von Regionen. Dabei zeigt sich, dass man sowohl bei den Instrumentarien, etwa dem Konzept „regionale(r) Akteursnetzwerke" (Schubert/Fürst/u.a. 2001), als auch bei den regionalen Konstrukten, etwa den an die Stadt anknüpfenden Metropolregionen, die bislang geltenden räumlichen wie institutionellen Zuschnitte hinter sich zu lassen sucht.

Über einen Ort des Raumes 153

Regionalisierung kann als Antwort auf Globalisierungsprozesse gelesen werden. Die Region als räumliche Form ist dabei, ähnlich wie Kultur, eine Größe des Vergleichs – eines verräumlicht-verorteten, sichtbar gemachten Vergleichs. „Eine (Region wäre JW) ... demnach (quasi JW) die Form der Bearbeitung des Problems, dass es auch andere (Regionen JW) ... gibt. Sie ist (so in gewisser Weise JW) eine Distinktionsformel" (Baecker 2000: 17) und soll wie vormals Nation gesellschaftliche Prozesse und Zusammenhänge für alle Beteiligten überschau- und organisierbar halten. Als gegenwärtig verallgemeinerte Raumform(el), wie auch als spezifisches räumliches Konstrukt hat sie Gesellschaft also sicht- und greifbar zu machen – was auch immer Initiatoren und Träger von Regionalisierung damit jeweils noch erreichen wollen. Region erscheint somit als Resultat einer Weltgesellschaft, die „die Realität kultureller Distinktionen in die Bezeichnung dieser Distinktionen (transformiert), das heißt sie vollzieht diese Unterschiede nicht mehr (oder nicht mehr nur), sondern sie spricht (auch) über sie. Doch der Vergleich weckt den Zweifel und erst dann wird es nötig, von der ‚Identität' und ‚Authentizität' ... (solcher JW) Unterscheidungen zu reden (– und dann benötigt man unter anderem Region JW). Tatsächlich jedoch ist es dazu zu spät beziehungsweise sind diese Formeln allenfalls Zusatzformeln der Beobachtung disponibler kultureller Unterscheidungen." (Baecker 2000: 24). Globalisierung ist dann als Hinweis auf das Problem zu lesen, „dass die Weltgesellschaft nicht mehr nach dem Muster der Differenzierung politischer Territorialgesellschaften zu begreifen ist, sondern (Kommunikationsformen JW) ... üblich werden lässt, die auf nationale Grenzen aus unterschiedlichen Gründen Rücksicht nehmen, aber nicht die eigenen Grenzen mit diesen politischen Grenzen zusammenfallen lassen. ... (Im Sinne einer JW) Ausweitung des Erwartungshorizonts möglicher Kommunikationen zum Welthorizont" (Baecker 2000: 19, 20) erscheint Globalisierung so als übergreifende Formel einer Revision der gesellschaftlichen Raum- und Zeitverhältnisse, ohne dass in der Regel allerdings genauer gesagt werden könnte, worin die anderen Verhältnisse jenseits der genannten ZusatzForme(l)n und weitläufiger empirischer Zustandsbeschreibungen eigentlich bestehen. Klar ist offensichtlich nur, dass die überkommenen Strukturen beziehungsweise Orientierungsmuster zerbrechen und eine lose unübersichtliche Gemengelage bilden, in der etablierte Muster fragmentiert übrig bleiben, ältere Elemente wieder ins Spiel geraten und mit neuen Formen experimentiert wird. Man ist bemüht, sich räumlich und darin nicht zuletzt regional zu reorganisieren. Oder man versucht, zurückhaltend-wagemutiger sich auf neues Terrain zu begeben, versucht sich – Raum konsequent als historisch-gesellschaftlich produziert begreifend – an einem „Umzug ins Offene" (Fecht/Kamper 2000). Der Ausgang dieses Versuchens ist dann eben auch (noch) offen und ein Ergebnis sicher nicht mehr in modern fixierter Weise zu erwarten. Es wird aber doch immerhin erkennbar, dass es „Grenzen der Enträumlichung" (Ahrens 2001) gibt, dass man Raum und Räumlichkeit auch in einer Weltgesellschaft benötigt, wie hier hinsichtlich Stadt, Region und Nation gezeigt werden konnte – aber auch im Blick auf den Cyberspace und die Medienentwicklung, sowie nicht zuletzt die Natur. Die einzige Tendenz, die sich in der Globalisierungsdiskussion bisher deutlich abzeichnet, ist denn auch der etwas veränderte, diesen Dispersionsprozess nun akzeptierende Umgang mit den Verhältnissen. Waren frühe Reaktionen noch oft von Erwartungen oder Befürchtungen geprägt, die sich nicht selten in einer polemisch politisierenden Gegenüberstellung von etwa Globalisierung und Regionalisierung äußerte, so sieht man dieses Verhältnis nun eher (ebenen)-vermittelt. Gefragt wird nach den Wirkungen von ersterer auf dem Niveau der letzteren; oder man hält Globalisierung ohnehin nur in Form von spezifischen Regionalisierungen für beobachtbar. Global ist irgendwie das Ganze und der Rest.

Als das weithin proklamierte „Spiel ohne Grenzen" (Rademacher/Schröer/Wiechens 1999) wird die globalisiert erscheinende Weltgesellschaft mittlerweile also eher zurückhaltend, damit aber eben auch nicht mehr so überzogen kritisch betrachtet. Das bedeutet jedoch nicht, dass der Diskurs der Globalisierung weniger politisiert sei. Globalisierung gibt sich im Gegenteil immer deutlicher als „Kampf um die politische Form der Zukunft" (Schwengel 1999) zu erkennen. Dies ist evident im Blick auf den in dieser Formel enthaltenen Hinweis, dass modern noch weitgehend bindende, territorial organisierte politische und rechtliche Grenzziehungen nicht mehr in der gewohnten Weise wirksam sind. Dass es um Politik, um das Politische geht, legt aber auch die räumliche Formel selbst nahe. Denn der gegenwärtige globale und damit offene „Kampf um Anerkennung" (Honneth 1992) kommt augenscheinlich kaum um sicht- und greifbare Verräumlichungen herum, wenn auch nicht mehr unbedingt immer territorialer Art. Im kulturell formierten „Kampf um Differenz" (Fuchs 1999) entstehen andere Räumlichkeiten, andere Folien für ein individuelles wie gesellschaftliches Identitätsmanagement. Selbst im medial-globalisierten Zeitalter geht es bei Raum also immer auch um Politik und bei Raum und Politik immer auch um Identitäten – „Identitäten in der modernen (und oder postmodernen) Welt" (Hettlage/Vogt 2000). Es verwundert deshalb nicht, dass man gegenwärtig etwa über „Mensch und Lebensraum" (Steiner 1997) oder „Raumbildung (und JW) Bildungsräume" (Ecarius/Löw 1997), alles in allem also über „Räume der Identität (und die JW) Identität der Räume" (Thabe 1999) redet. Sehr ausgeprägt ist dies natürlich in subjekt- beziehungsweise individuumsorientierten Debatten und Ansätzen – nicht zuletzt wenn es dort um „Geschlechterverhältnisse und Raumstrukturen" (Dörhöfer/Terlinden 1998) ,also um „die Aneignung der gesellschaftlichen Räume" (Brückner/Meyer 1994) geht. „Wem gehört der öffentliche Raum?" (Kail/Kleedorfer 1991) fragen so feministisch orientierte Diskutantinnen, wobei diese Frage im Blick auf das Verhältnis von „Medien und Öffentlichkeit" (Maresch 1995) der Einschätzung von Räumlichkeit ja noch einmal eine besondere Wendung gibt. Es ergeben sich so nämlich viele verschiedenartige Räumlichkeiten, deren gemeinsamer

Nenner vielleicht gerade noch in der diese Räume jeweils öffnenden Figur liegt. Unabhängig davon aber zeigen feministische Diskussionen nicht zuletzt aufgrund des immanenten Bezugs auf Körperlichkeit durchgängig einen sowohl deutlich politischen Ton, wie auch ein entsprechendes Interesse an Raum. Gegen die bestehenden Verhältnisse hegt man dort „Bewegungs(t)räume" (Patzkill/Scheffler/Sobiech 1991), begibt sich direkt auf „Ortssuche" (Bühler/Meyer/u.a. 1993), will „durch die Wand" (Bauhardt/Becker 1997). Dem Themenkomplex „Frauen – Räume" (Kröner/Pfister 1992) vergleichbare Diskursverhältnisse finden sich tendenziell überall dort, wo um Ansprüche von Minderheiten und Unterdrückten gerungen wird.

Viele der hier genannten Bemühungen um Raum und Räumlichkeit – und das betrifft nicht zuletzt auch die realistisch und gesellschaftskritisch ambitionierten – bewegen sich bei näherem Hinsehen in einem thematischen Horizont, der sich mit den Begriffen „Raum und Zeichen" (Hess-Lüttich/Müller/Zoest 1998) markieren ließe, oder genauer noch, mit denen von Raum, Zeichen und Kultur. Das soll nun nicht heißen, dass all diese Versuche über den Raum letztlich (kultur)semiotisch formiert seien. Es bedeutet aber, dass sich deren Problemgehalt in oder von einem solchen konzeptuellen Rahmen her interessant reformulieren und dann auch in mancherlei Hinsicht klären ließe. Schon weil Raum sich hier zumeist und in erster Linie wahrnehmungsorientiert auf Raum „als etwas Existierendes" (Reichert 1996a: 17), Äußeres und damit zu Repräsentierendes bezieht, böte sich eine solche Theoriebasis an. Für diese spräche aber vor allem, dass sich dieser erste Bezug von dem ihm innewohnenden zweiten her rekonzeptualisieren ließe, nämlich von dem, Raum als spezifische Ordnungsweise in und durch Sprache und Denken zu betrachten. Dass ein semiotischer Ansatzpunkt sehr geeignet sein kann, zeigen Überlegungen zu „Raum, Raumsprache und Sprachräume(n)" bei Wenz (1997), die das semiotische Theoriefeld erkenntnis- und medientheoretisch weitet. Eine solche Semiotik von Raum und Kultur hätte sich elementar mit „the construal of space in language and thought" (Dirven/Pütz 1996) zu beschäftigen, im Grunde also mit den psychischen und sozialen Bedingungen, sowie den Möglichkeiten der Produktion von Räumlichkeit. Und von diesem Punkt aus erscheint der Weg dann auch nicht mehr allzu weit zu den im humanwissenschaftlichen Diskurs gelegentlich anzutreffenden grundsätzlichen Reflexionen zum Problem des Raumes, in denen es dann um „räumliches Denken" (Reichert 1996) an und für sich geht, also um Kognition und Kommunikation im Horizont einer Ordnung des Koexistierenden, um die Grundlagen, Bedingungen und Qualitäten eines solchen Denkens in verschiedenen sachlichen und thematischen Kontexten, bis hin zu der Frage nach der Räumlichkeit des Denkens selbst. In diesem letzteren Blickwinkel wäre dann auch das gesteigerte Interesse für „Räume des Wissens" (Rheinberger/Hagner/Wahrig-Schmidt 1997) zu nennen, dass heißt für deren spezifische Form, die Herstellung, Lagerung und Bewegung unterschiedlichster Symbolräume und Bedeutungssysteme. Das Spektrum reicht letztlich hin bis zu Bemühungen um eine generelle, gegenwärtige, auch erfahrungsbezogene „Dekonstruktion von Raum und Zeit" (Scholl/Tholen 1996). Es räumelt allerorten, nicht nur in Alltag, Öffentlichkeit und einigen Expertendiskursen, wo dies offensichtlich seinen Platz hat. Auch in anderen, normalerweise nicht derart räumlich form(at)ierten Diskussionszusammenhängen und hier insbesondere den humanwissenschaftlich-intellektuellen Debatten der Gegenwart ist dies zu beobachten. Und man räumelt, wie hier gezeigt werden konnte, in einem nicht allein metaphorisch zu verstehenden Sinne. Ob als realer, virtueller oder symbolischer, Raum oder Räumlichkeit ist diskursiv von breitestem Interesse. Es lässt sich dabei kaum übersehen, dass diese Thematik fest in das Feld von Lebenswelt, Alltag, Öffentlichkeit und Politik eingespannt ist. Sie bewegt sich damit also im weiten Horizont der modernen, momentan vor allem als „Cultural Identity" (Hall/du Gay 1996) wieder äußerst virulenten Identitätsproblematik. Das legt schon, wiewohl natürlich auch darüber hinaus weisend, das konzeptuelle Umfeld von Raum nahe, welches gegenwärtig etwa mit den Begriffen Natur und Mensch, Körper und Geschlecht, Gewalt und Macht, Technik und Medien, Ding und Wahrnehmung sowie nicht zuletzt Individuum und Gemeinschaft zu umreißen ist. Hier geht es beinahe immer um Selbstbestimmung, um Abgrenzung, um ein notwendiges aber unerreichbares Außen. Die in der Verwendung von Räumlichkeiten aller Art zu beobachtenden Motivlagen erscheinen deshalb, deshalb aber doch auch allzu oft seltsam vertraut. Das gilt zumindest dann, wenn man modernes „geografisches Denken" (Eisel/Schultz 1997) im Blick hat, insbesondere wie es in den geografietheoriehistorischen Reflexionen Hards (1970, 1973, 1988, 2002, 2003) herauspräpariert worden ist. Räumliches gibt sich in diesen weitgehend so zu erkennen, wie gegenwärtig vielfach auch im humanwissenschaftlichen Diskurs. Es wird da (spät-post-)modern verwendet, um eines zu entschwinden drohenden Teils gesellschaftlicher Wirklichkeit wieder habhaft oder doch ein letztes mal seiner ansichtig zu werden – geografisch das Motiv Tradition. Raum hält fest, verdeutlicht, macht sichtbar. Außerdem ermöglicht es das Schema Raum, den unübersichtlich gewordenen (post)modernen Wirklichkeiten wieder vergleichend und beschreibend Herr zu werden, wenn auch vielleicht erst einmal nur heuristisch – „räumliches Denken als Ordnen der Dinge" (Reichert 1996a). Raum legt fest, bestimmt, grenzt ab. Und nicht zuletzt versucht man mit ihm auch an ein Anderes, ein Außen der individuellen wie gesellschaftlichen Verhältnisse zu erinnern und oder auf dieses auszugreifen – geografisch das Motiv Natur. Diese tendenziell unterschwelligen Motive mit den dazugehörigen Problemlagen plausibilisieren dann auch leicht den aufgezeigten thematischen Rahmen der allgemeinen diskursiven Orientierung an Raum und Räumlichen.

Die aktuelle Prominenz solcher Begrifflichkeiten ist an die beiden vielfach miteinander verwobenen Themenkomplexe der Globalisierung und Medialisierung gebunden, die in dieser Perspektivierung weitreichende gesell-

Über einen Ort des Raumes 157

schaftliche Prozesse der Raumvernichtung, -gewinnung und oder -veränderung markieren. Von auch öffentlich zentraler Bedeutung wird in beiden Bereichen die gegenwärtige gesellschaftliche Lage als eine solche des sich nun sichtbar durchsetzenden ‚epochalen' Umbruchs (post)moderner Weltverhältnisse bearbeitet. Dabei können diese Diskurse, im Unterschied zur üblichen (inter)disziplinären Arbeitsteilung, als durchaus transdisziplinär und als in besonderem Maße offen gelten – womit sie auch organisatorisch der besagten Lage entsprechend besondere Qualitäten zeigen. Das kann hinsichtlich der Raumproblematisierung nicht unbedingt behauptet werden, bleibt diese doch allzu oft dem Alltagsverständnis beziehungsweise dem der bürgerlichen Öffentlichkeit verhaftet. Bezeichnend für diese vage Begriffsverwendung ist dann auch, dass so mancher Raumversuch oft nur lose Anknüpfungspunkte mit den in dieser Hinsicht erfahrenen Expertendiskursen aufweist, insbesondere mit den dort vorhandenen avancierteren Raumbegriffen. So ist trotz einer gelegentlich tieferen thematischen Durchdringung nicht immer ersichtlich, wohin diese allgemeineren Bemühungen um Räumlichkeit konzeptionell führen sollen. Vor allem wird häufig nicht ganz klar, was – jenseits der sogenannten ‚harten physisch-materiellen Bedingungen' des individuellen wie gesellschaftlichen Lebens – mit Raum gemeint sein beziehungsweise was damit thematisiert werden könnte. Hier besteht für den geografisch informierten Beobachter der Verdacht, dass diese sozial- und geisteswissenschaftlich geprägten Diskurse nach dem paradigmatischen Durchlauf von Bewusstsein, Bedeutung und Sprache, also in der Krise von Interpretation und Repräsentation mit Raum und Räumlichem wieder einmal auf der Suche nach der wirklichen, widerständigen Welt sind. „Körperlichkeit, Härte, Konstanz, Widerständigkeit und Verlässlichkeit werden neu geschätzt. Es gibt ein neues Bedürfnis nach Wirklichkeit" (Welsch 1998: 169). Bei dieser Lage und dem daraus erwachsenden Ansinnen handelt es sich – deshalb der kritische Blick – um einen Weg, den die moderne Geografie in der anderen Richtung, also von den materialen Dingen und Verhältnissen her auf die Gesellschaft hin letztlich vergeblich zu gehen versucht hatte. Dabei hat es kaum eine Rolle gespielt, ob diese Ding-Verhältnisse als solche oder als wahrgenommene angesetzt wurden. Zu welchen gedanklichen Komplikationen wie auch disziplinären Verrenkungen dies unter modernen Bedingungen des Denkens beinahe zwangsläufig führen musste, hat Eisel (1980) hinlänglich dargelegt. Alles in allem erscheint die Debatte zum Raumbegriff in diesen Feldern als vielfältig gebrochen, als widersprüchlich und kontrovers, was angesichts der genannten organisatorischen Strukturen nicht allein durch die sehr unterschiedlichen Herkünfte ihrer Beiträger zu erklären ist. Die bisher schon oder nun überhaupt erst als räumlich erfahrenen, beobachteten, begriffenen Phänomene selbst scheinen ambivalent, wenn nicht gar diffus (geworden) zu sein. Anders lässt sich das vielfältige Reden über Räume kaum verstehen. Die etablierten Raumvorstellungen und Raummodellierungen in Alltag, Öffentlichkeit und Wissenschaft sind offensichtlich in Bewegung geraten. Von daher erklärt sich dann vielleicht auch in gewisser Weise, dass es in den gegenwärtigen humanwissenschaftlich-intellektuellen Raumbemühungen – im wörtlichen wie übertragenen Sinne – schon irgendwie um die materialen Dinge und Verhältnisse, um die ‚harten Bedingungen des individuellen Lebens' gehen muss. Dies legt ja auch das umrissene semantische Umfeld der Raumthematik nahe. Für eine solch situative Einschätzung spricht zudem, dass diese Bemühungen einen diskursiv deutlich explorativen Charakter haben, dass sie vor einem immanent sozialkonstruktivistischen Horizont thematisch auf ein an und für sich ungreifbares Außen (des Diskurses, der Systeme) zuzugreifen versuchen und dass sie irgendwie mit der wieder zu besetzenden Position des Subjekts zu tun haben – das heißt mit der Position wie mit dem Subjekt. Die spät-postmodern wesentlich leitende und letztlich stets auf sich selbst, auf den Beobachter zurückweisende Frage nach dem Anderen, dem Außen (einer Unterscheidung) hat auch nach der kritischen Bilanzierung der „Postmoderne" (Bohrer/Scheel 1998) von ihrer Dringlichkeit offensichtlich wenig verloren. Und das gilt nicht nur für erkenntniskritische Fragestellungen, sondern zeigt sich auch in der breiten materialen Kulturalisierung des humanwissenschaftlichen Diskurses. Das Außen-Innen von Bewusstsein, Bedeutung und Sprache tritt so deutlicher hervor, wie auch die kaum zu umgehenden Schwierigkeiten einer ‚räumelnden' Innen-Außen-Differenzierung.

Dem Geografen als einem Angehörigen der angesprochenen Expertendiskurse müssten diese Diskursverhältnisse trotz oder vielleicht gerade wegen der unspezifischen Raumbegrifflichkeiten tendenziell entgegenkommen. Denn im Blick auf die häufig beklagte periphere Position des eigenen Diskurses bieten sie ihm doch unverhofft zahlreiche Möglichkeiten, wieder stärker Anschluss an die allgemeinen kulturellen Debatten zu gewinnen. Es verwundert deshalb nicht, dass so mancher Geograf die Chance genutzt und sich – deutlich sichtbar insbesondere im angelsächsischen und frankophonen Sprachraum – in die disziplinübergreifenden Diskussionen vor allem im Feld der Globalisierung eingeschaltet hat. Jenseits persönlicher Interessen und manchmal allzu gewichtiger disziplinpolitischer Erwägungen steht man als Geograf diesem regen Gebrauch von Raumbegrifflichkeiten dann vielfach aber auch skeptisch gegenüber; zumindest müsste man dies. Eine solche Haltung resultiert dabei weniger aus intellektuellen Berührungsängsten, denn aus den besagten disziplinär gesammelten Erfahrungen mit verschiedenen Formen räumlichen Denkens – eines Denkens in Räumen und über Räume. Räumliches meint dabei in der Regel etwas physisch-materielles Äußeres oder bezieht sich doch zumindest wahrnehmend auf solches. „Raum bedeutet (geografisch also durchweg JW) Erdraum, ... (begriffen als JW) sichtbare, materielle Welt" (Reichert 1996: 15). Bis in die Gegenwart hinein entspricht dies weitgehend dem alltäglichen, öffentlichen Raumverständnis. Der disziplinär konstruierte geografische Raum zeigt sich dabei aber über zweihundert Jahre hinweg in verschiedenen Formen, wenn auch immer, und sich dessen zunehmend bewusster, als der Raum der nationalen gebildeten bürgerlichen

Öffentlichkeit. Darin war er der imaginäre, forschungsreisend und statistisch erfasste, sowie bildlich und schriftlich dargestellte Raum von Karte und Literatur. Erschien er anfangs als der dinglich erfüllte, den Betrachter mit einschließende konkrete Raum des Landes, so wurde er danach eher zum materialen, an den sich bewegenden Körper gebundene Lebensraum, also zu dem den Betrachter implizit ausnehmenden, damit aber auch bemächtigenden Raum der Umwelt. Späterhin zeigte er sich – quasi seiner selbst ansichtig werdend – auch als der definitiv wahrgenommene, perspektivisch konstruierte, darin aber immer noch sichtlich erfüllte Raum der Landschaft, bevor er schließlich in selbstkritischer ironischer Wendung zu einem abstrakten und leeren euklidischen Raum des Denkens, zu einem Ordnungsraum wurde. Damit hatte er seinen lebensnahen bildenden Zauber verloren, war nun aber endlich spätmodern ordnend und planend in die klassische Moderne eingetreten. D(ies)er Raum und seine semantischen Derivate besaß für den Geografen im modernen humanwissenschaftlichen Kontext aber nicht allein einen hohen Objektwert, sondern stellte auch den zentralen disziplinären Reflexionswert dar. Und das führte, wie Schultz (1980, 1989) aber auch andere gezeigt haben, zu weiteren Schwierigkeiten in den Versuchen, Gesellschaftliches von Räumlichem her zu denken.

Als spätmoderner Geograf suchte man dieser misslichen Lage – nicht zuletzt auch wegen der fatalen politischen Verstrickungen eines solchen Denkens – vor allem (sozial)wissenschaftlich zu entkommen. Man konnte jedoch von dem vorfindlichen geografischen Raum, an den, wenn auch eher negativ, die eigene Identität gebunden war, man konnte also von sich selbst nicht lassen und war daher bemüht, diesen Raum zu läutern. Dies geschah, wie angesprochen, anfangs vornehmlich durch Abstraktion, später auch vermehrt durch Ideologiekritik und oder durch diverse Formen von Praxisbezug. Raum und auch durchaus dieser geografische Raum tauchte dann aber unvermittelt genau aus dieser gesellschaftlichen Praxis wieder als Problem auf. Der spät-post-moderne Geograf, der die genannten disziplinär allerdings vergeblichen, da konzeptuell eher kontraproduktiven Reinigungsbemühungen mittlerweile inkorporiert hat(te), konnte nun zwar in seiner planungspraktischen wie in seiner ideologiekritischen Orientierung an diesen Trend anschließen, stand und steht diesem Erscheinen konzeptionell jedoch etwas hilflos gegenüber. Denn jenseits disziplinpolitischer Überlegungen war und ist er selbst bei geringen Reflexionsneigungen doch zu sehr mit den Aporien und Ambivalenzen eines räumlichen Denkens vertraut, als dass er sich einem solchen bedenkenlos hingeben könnte. Scheinbar zwangsläufig entstehen für ihn schwer auszubalancierende Unwägbarkeiten, wenn man versucht, in einem explizit sozialwissenschaftlichen Rahmen sinnvoll und theoretisch avanciert über Raum zu reden. Der Geograf sieht sich dann genötigt, auf sozialwissenschaftlich kaum plausible oder doch wenig ergiebige Programme auszuweichen, etwa wenn er aus einem Ensemble materieller Artefakte oder einem Distanzrelationengefüge derselben soziale Phänomene zu erklären sucht, aber auch dann noch, wenn er es unternimmt, solche Gefüge mit sozialwissenschaftlichen Ansätzen zu fassen. Ältere wie jüngere geografische, aber auch viele zeitgenössische nicht-geografische Bemühungen um den Raum als physisch-materielle Gegebenheit des individuellen wie gesellschaftlichen Lebens hält er theoretisch-konzeptionell lediglich noch in einem sozial orientierten semiotischen Rahmen für disziplinär wie auch allgemein humanwissenschaftlich sinnvoll: Geo-grafie als Spurenlesen, als Ikonographie der Landschaft. Solche Bemühungen erscheinen ihm dann zudem auch noch bedingt kompatibel mit neueren Bestrebungen, Raum als soziales Konstrukt zu fassen. Diese Versuche, Raum – auch den geografischen Raum – strikt als historisch und sozial produzierte Größe zu konzipieren, liegen für ihn jedoch jenseits des (disziplinär) modern paradigmatisch Möglichen. Und auch in diesen Versuchen, selbst in ansprechenden, wie etwa denen von Klüter (1986) oder Werlen (1987, 1995, 1997), erweisen sich in seinen Augen die materiellen und in gewisser Weise auch die positionellen Konnotationen des Raumbegriffs erfahrungsgemäß als sozio-logisch äußerst sperrig.

Strukturell ähnliche Probleme mit dem Raum, dem umgebenden Physisch-Materiellen im Bezug auf Kognition und vor allem Kommunikation scheint auch der prosperierende, oben angezeigte Diskurs über die gesellschaftlichen Konsequenzen der neueren (wie älteren) Medienentwicklung zu haben – unabhängig davon, ob die hier zu findenden Positionen im einzelnen nun eher sprach- und literaturwissenschaftlich oder eher sozial- und kulturwissenschaftlich initiiert beziehungsweise eher technik- oder eher kommunikationsorientiert sind. Zwar wird in diesem Diskurs – jenseits der Analyse ihrer (nicht nur) ideologisch bedeutsamen metaphorischen Qualitäten – weniger über die vielfältig verwendete Raumbegrifflichkeit reflektiert, aber innerhalb des gemeinsamen sozial- und kulturtheoretischen Horizonts verweist das Verhältnis kommunikations- und technikorientierter Ansätze auf eine der Geografie durchaus vergleichbare Problemlage. Es stellt sich hier nämlich die Frage, wie man in einem solchen Horizont angemessen die Technizität – das Andere, das Außen – der (neuen) Medien realisieren und damit Medialität überhaupt erst den eigenen Ansprüchen entsprechend bestimmen kann? Es geht bei dieser Frage um die Materialität der medientechnischen Apparaturen, die im Blick auf die „Technisierung der Information im Sinne ihrer Übertragung, Speicherung und Verarbeitung durch Artefakte" (Krämer 1998: 11) augenscheinlich auch für die Kommunikation selbst eine wichtige Rolle spielt. Diese Problemstellung führt über den Horizont der traditionell werkzeugorientierten, aber auch der instrumentellen Technikdiskussion hinaus. Wie die oben aufgeführte Literatur signalisiert, stellt sich „die Frage nach der Technik" (Tholen 2002: 169) und als ihr Pendant die nach der Kunst(,) der Wahrnehmung im Blick auf die digitalen Medien neu und anders. Und dies gilt dann parallel auch und nicht zuletzt von diesem Blickpunkt her für die Erfahrung und das Verständnis von Raum und Zeit.

Oberhalb solch fundamentaler Erwägungen ist in zahlreichen Studien zu den neuen Medien auch der deskriptiv explorative Charakter von Raumbegrifflichkeiten kaum zu übersehen. Denn das noch relativ neue Beobachtungsfeld und hier insbesondere der Bereich der virtuellen Realität – der Cyberspace – muss offensichtlich mit entsprechenden Vokabeln erschlossen werden. Raum hat da zuerst einmal erobernde und ordnende Konnotationen, hinter denen Vorstellungen von einem mehr oder weniger offenen Feld stehen, dass es, etwa als Territorium, zu besetzen gilt. Raum spricht so, wie mehrfach aufgezeigt wurde, von Möglichkeiten, von Optionen, die aber, wie soeben angemerkt, auch hinter die eines leeren Raumes zurückreichen können. In dieser Metaphorik steckt jedoch noch mehr, geht es in einer solchen doch immer auch um die begriffliche Vermessung eines neuen Feldes. Diese Bezüge sind aus den unterschiedlichsten gesellschaftlichen Kontexten her vertraut, ebenso wie die möglichen politischen Konsequenzen eines solchen Denkens. Ein Blick in die fachliche wie öffentliche Diskussion über den Cyberspace zeigt aber auch, dass die Prominenz von Raum noch über diesen metaphorisch-ideologischen Wert hinaus etwas mit dem Objekt der Betrachtung zu tun haben muss. Ähnlich wie in beziehungsweise bei raumbegrifflich relevanten, vergleichbaren Phänomenen und Diskursen – prominent etwa in und bei dem in dieser Hinsicht skizzierten der Globalisierung – scheint man auch jenseits der Erschließungsmetaphorik ohne räumliche Beschreibungen, Schlagworte und Begriffsbildungen nicht auskommen zu können. Hier – im Cyberspace, in den Netscapes, im Global Village, in den Cyberhoods, den Chat Rooms, auf dem Information Highway – ist die Welt auf quasi natürliche Weise räumlich erfasst und begriffen, und dies sowohl bei den Medienenthusiasten wie den Medienskeptikern und immer wieder auch bei distanzierteren Medienbeobachtern. Dies hat ganz offensichtlich mit den besonderen Wahrnehmungsqualitäten der neuen medialen Wirklichkeiten zu tun.

Raum und Räumlichkeit ist augenscheinlich konstitutiver Bestandteil des Cyberspace und des Diskurses über dieses Phänomen. Gleichzeitig aber soll Raum in weitverbreiteter medien- und sozialtheoretischer Perspektivierung gerade durch die dieser ‚schönen neuen Welt' zugrundeliegenden technologischen Entwicklung massiv an gesellschaftlicher Bedeutung verloren haben. Als oberflächlicher Grundtenor dieser Debatte kann die in vielen Variationen vorgebrachte Feststellung gelten, dass Raum als individuelle wie gesellschaftliche Größe (post)modern beinahe bedeutungslos geworden sei. Präziser gefasst wird postuliert, dass die (welt)gesellschaftliche Entwicklung nicht zuletzt durch diverse technisch-mediale Errungenschaften die räumliche Differenzierung ihrer selbst zunehmend hat unerheblich werden lassen – jedenfalls in der Frage des Wie der Lebensverhältnisse. Mediengeschichte, zumindest als technisch fixierte, zeigt sich da als Prozess der Überwindung raumzeitlicher Beschränkungen (in) der gesellschaftlichen Entwicklung. Im mittels Datenanzug geöffneten Cyberspace der Zukunft soll der wirkliche Raum dann medientechnisch ersetzt und beinahe ohne Relevanz sein. Medienentwicklung erwiese sich, in dieser Weise perspektiviert, dann generell als Prozess der permanenten Enträumlichung von Kommunikation und damit des an diese Techniken gebundenen Sozialen überhaupt. Dem Computer und den mit ihm verbundenen Innovationen wird hier als medientechnischen Apparaten, die der Erfahrung im Umgang mit Symbolsystemen außerordentliche Möglichkeiten eröffnen, offensichtlich eine besondere Qualität zugesprochen. Aufgrund der mit ihm realisierten durchgehenden medialen Digitalisierung gilt er als besonders wirksames Instrument der Bewältigung raumzeitlicher Komplexität. Doch gilt dies nicht in zweifacher Weise, im Sinne der Raumvernichtung und der Raumproduktion? Was besagt dann das augenscheinliche mediale Bestreben, in den differenzierten modernen Kommunikationswelten den Stellenwert der Situation interaktiver Kopräsenz (als sozialer ‚Urszene') durch Potentialisierung zu steigern, ja dieser Szene virtuell möglichst nahe zu kommen? Hier gehen Ent- und Verräumlichung offensichtlich Hand in Hand. Beides ist Raum, aber es ist nicht der gleiche Raum. Wo aber liegt dann der gegenwärtige konzeptionelle Wert des Raumes, vielleicht von Raum generell?

Für einen Beobachter, zumal einen Geografen, liegt es nahe, diese Begriffsverhältnisse insgesamt als eine im gewöhnlichen Sinne metaphorische (Übergangs)Erscheinung zu bewerten – eine Erscheinung, wie sie sich in einem gerade öffnenden gesellschaftlichen Handlungsfeld eben typischerweise zeigt. Von einem entsprechenden Insider-Jargon auf der einen und einem modischen quasi-ideologischen Gerede auf der anderen Seite hätte man sich als seriöser Analytiker da natürlich fernzuhalten. Und eine solche Distanzierung des professionellen Beobachters erschiene auch durchaus angebracht; sie wäre (gerade sozial)wissenschaftlich üblich. Doch würde man das Phänomen sozial- und kulturtheoretisch damit nicht gleich zur Seite schieben, es in seinen metaphorischen Qualitäten einem sprachwissenschaftlichen Spezialisten überlassen oder diese Semantik vielleicht gerade noch als Indikator gesellschaftlicher Zustände lesen? Wäre angesichts der dargelegten komplexen Begriffsverhältnisse Raum, die räumliche Semantik nicht einmal selbst in den Blick zu nehmen? Hätte man in einem avancierten sozialtheoretischen Sinne und Rahmen nicht einmal einen dem Phänomen Raum angemessenen Ort zu bestimmen – eine Theoriestelle, die es erlauben würde, den vielfältigen gesellschaftlichen Gebrauch von Raumbegrifflichkeiten adäquat zu plausibilisieren? Gerade die in dieser Hinsicht knapp skizzierte Diskussion über die Neuen Medien böte, mit ihren begrifflich noch relativ offenen Verhältnissen, zu einer solchen Ortsbestimmung interessante Ansatzpunkte. Zu vertiefen wäre ein solcher Versuch, indem man von der oben skizzierten skeptischen Position her die aufgezeigte Begriffsverwendung verschiedener räumelnder Diskurse konsequent vergliche. Wozu Raum, könnte man im Sinne einer solchen Perspektivierung dann fragen. Wo taucht Raum als Konzept auf? Wie wird es verwendet? Und nicht zuletzt wer verwendet es? Welches Problem

Über einen Ort des Raumes 163

bearbeitet man also mit der Formel Raum? Dies sind Fragen, die eine sozial- und kulturtheoretisch relevante Ortsbestimmung von Raum leiten könnten.

Entgegen vielleicht manch naheliegender theoretischer Erwartung, aber durchaus im Sinne einiger neuerer Theoriebemühungen, wird der für einen humanwissenschaftlichen Raumbegriff mit am interessantesten erscheinende Theorierahmen in der von Luhmann geprägten Systemtheorie gesehen – verstanden im Sinne einer Beobachtungs- beziehungsweise Diskurstheorie. Der dort anvisierte Ort von Raumbegrifflichkeiten liegt, wie schon zahlreiche kritische Kommentare zu diesem Ansatz nahe legen, im Bereich der strukturellen Kopplung von psychischen und sozialen Systemen. Im Unterschied zu vielen kulturtheoretischen Einlassungen wird hier jedoch die These vertreten, dass diese Theorie gerade, weil sie psychische und soziale Wirklichkeiten auseinanderzieht, viel deutlicher zu sehen erlaubt, wie Raum psychisch als fundamentale Dimension von Wahrnehmung und sozial als elementares kommunikatives Schema funktioniert. Vielfältige alltägliche und wissenschaftliche Beobachtungen zum Phänomen Raum ließen sich in diesen konzeptuellen Rahmen einlesen. Man vergegenwärtige sich im Blick auf eine solche Positionierung und Konzeptualisierung noch einmal die hier immer wieder aufgezeigten Begriffskonnotationen und -relationen von Raum und seinen Derivaten. Als diskursives Phänomen scheint Raum dann beinahe unabhängig vom jeweils spezifischen gesellschaftlichen Kontext immer dann ins Spiel zu kommen, wenn es darum geht, die Kopplung von Bewusstsein und Kommunikation zu gewährleisten. Schon das oben aufgerissene konzeptuelle Umfeld von Raum legt dies nahe.

Es geht bei Raum offensichtlich um die Notwendigkeit von Externalisierung, um ein Innen-Außen-Verhältnis und um die mit der Grenzziehung für ein Innen zu bewältigenden Probleme. Diese werden, aufgrund der perspektivischen Gebundenheit des Innen, quasi durch das Außen gestellt. Denn dieses erweist sich als unerreichbar, also ‚nur' als konstruiertes InnenAußen möglich. Bei diesem Außen handelt es sich dann augenscheinlich immer irgendwie um ein Außen von Sprache, Kommunikation, Sozialem oder Gesellschaft. Dieses Außen aber ist vor allem das und bedarf vordringlich des ‚Subjekt(s)', des Bewusstsein(s), des Psychische(n). Dafür sprechen die unvermeidlichen, an Wahrnehmung gebundenen Materialitätskonnotationen von Raum und Räumlichkeit. Ohne Wahrnehmung in einem grundsätzlichen und weit gefassten, auch Imaginatives einschließenden Sinne geht es nicht (hinaus). Raum entsteht und steckt in Wahrnehmung und in allem von ihr affizierten – also etwa auch in Sprache und Denken, wie man anhand dieses Textes gut verfolgen kann. Raum ist in diesem Sinne und an dieser Stelle „conditio humana" (Fuchs 2001: 25). Er erweist sich für das an Wahrnehmung gebundene Bewusstsein als unvermeidlich, als unhintergehbar. Gleiches gilt aber damit auch für Kommunikation, gibt sich doch Bewusstsein als deren erstes Außen, und gelangt diese doch offensichtlich nur mit dessen Hilfe nach draußen, in die ‚wirkliche' Welt. Kommunikation muss daher vorsichtig sein, muss in

Form von Räumlichem Rücksicht nehmen. Räumlichkeiten diversester Art bedienen so über die und in der Sprache bewusste und weniger bewusste Ansprüche. Sie liegen dort in schematisierter, durchaus variabler Form bereit. Als soziale Konstrukte sorgen sie mit für das möglichst reibungslose Zusammenspiel von Kommunikation und Bewusstsein. Dort ist ihr Ort, oder genauer der von Raum auf der einen und Räumlichkeit auf der anderen Seite. Diese spezifische Stellung macht diese Raumkonstrukte so erfolgreich und es so schwer, sie bewusst zu hintergehen. Sie haben eine ihnen eigene Evidenz, vor allem wenn neben und über Wahrnehmung noch Körperlichkeit ins Spiel kommt. Diese elementare Bedeutung von Räumlichem scheint von interaktiven über organisatorische hin zu funktionalen gesellschaftlichen Zusammenhängen abzunehmen, sind – weg von der Situation kommunikativer Kopräsenz – doch immer weniger konkrete Wahrnehmungsbedürfnisse zu befriedigen. Allerdings kann man auch kaum bestreiten, dass gerade auf der für die personennahe Inklusion wichtigen organisatorischen Ebene in besonders engagierter Weise räumliche beziehungsweise räumlich aufgeladene Kommunikationsangebote formuliert werden. Dies lässt sich am Beispiel Nation leicht nachvollziehen und an diesem dann auch, dass bestimmte Schemata nicht nur in einem Kommunikationstyp wirksam sein müssen. Außerdem ist zu beobachten, dass Räumliches in gewisser Weise auch in funktionalen Verhältnissen wichtig werden kann, nämlich dort, wo in besonderer Weise die Relation von Bewusstsein und Kommunikation thematisiert wird. Da geht es etwa um das grundsätzliche Ausgreifen von Kommunikation auf Wahrnehmung in der Kunst, um die kommunikative Aus- und Abrichtung von Bewusstsein in der Erziehung oder um die kommunikativ generelle Wahrung von Anschlussoptionen für Bewusstsein in Massenmedien oder Politik. Vielleicht aber, und hier kommt dann Medienevolution ins Spiel, resultiert aus einer wachsenden Entfernung zur kommunikativen ‚Urszene' überhaupt erst ein gesteigerter Bedarf an explizit Räumlichem in der Kommunikation – also an konkreten, wie auch immer medientechnisch erzeugten, räumlichen Surrogaten für ein wahrnehmungsbezogenes, durch die ‚Vertreibung aus dem sozialen Paradies' erst kommunikativ manifest werdendes Bedürfnis von Bewusstsein.

Literatur

Ahrens, D. (2001): Grenzen der Enträumlichung. Weltstädte, Cyberspace und transnationale Räume in der globalisierten Moderne. Opladen
Albrow, M. (1998): Abschied vom Nationalstaat. Staat und Gesellschaft im globalen Zeitalter. Frankfurt a.M.
Anderson, B. (1988): Die Erfindung der Nation. Frankfurt a.M.
Andriopoulos, S./Schabacher, G./Schumacher E. (2001) (Hg.): Die Adresse des Mediums. Köln
Assmann, A. (1988): Die Sprache der Dinge. Der lange Blick und die wilde Semiose. In: Gumbrecht/Pfeiffer 1988, 237-251

Über einen Ort des Raumes 165

Assmann, A./Friese, G. (1998) (Hg.): Identitäten. Erinnerung, Geschichte, Identität 3. Frankfurt a.M.
Augé, M. (1994): Orte und Nicht-Orte. Vorüberlegungen zu einer Ethnologie der Einsamkeit. Frankfurt a.M.
Baecker, D. (2000): Wozu Kultur? Berlin
Barck, K./Gente, P. u.a. (1990) (Hg.): Aisthesis. Wahrnehmung heute oder Perspektiven einer anderen Ästhetik. Essais. Leipzig
Bauer, M./Rahn, T. (1997) (Hg.): Die Grenze. Begriff und Inszenierung. Berlin
Bauhardt, C./Becker, R. (1997) (Hg.): Durch die Wand! Feministische Konzepte der Raumentwicklung. Pfaffenweiler
Beck, U. (1999): Die ‚Warum-nicht-Gesellschaft'. In: Die Zeit Nr. 48 vom 25.11.1999
Beck, U. (1998) (Hg.): Perspektiven der Weltgesellschaft. Frankfurt a.M.
Benz, A./Fürst, D. u.a. (1999): Regionalisierung. Theorie, Praxis, Perspektiven. Opladen
Bergelt, M./Völckers, H. (1991) (Hg.): Zeit-Räume. Zeiträume – Raumzeiten – Zeitträume. München
Berger, P.A./Hradil, S. (1990) (Hg.): Lebenslagen, Lebensläufe, Lebensstile. Göttingen
Bertels, L./Herlyn, U. (1992) (Hg.): Lebenslauf und Raumerfahrung. Opladen
Bhabha, H.K. (2000): Die Verortung der Kultur. Tübingen
Böhme, G. (1989): Für eine ökologische Naturästhetik. Frankfurt a.M.
Böhme, G./Schiemann, G. (1997) (Hg.): Phänomenologie der Natur. Frankfurt a.M.
Bohrer, K.H./Scheel, K. (1998) (Hg.): Postmoderne. Eine Bilanz. Merkur 594/595. Stuttgart
Bolz, N./Kittler, F./Tholen, G.C. (1994) (Hg.): Computer als Medium. München
Borst, R./Krätke, S. u.a. (1990) (Hg.): Das neue Gesicht der Städte. Theoretische Ansätze und empirische Befunde aus der internationalen Debatte. Basel
Breuer, G. (1998) (Hg.): Neue Stadträume. Zwischen Musealisierung, Medialisierung und Gestaltlosigkeit. Basel
Bronfen, E./Marius, B./Steffen, T. (1997) (Hg.): Hybride Kulturen. Beiträge zur angloamerikanischen Multikulturalismus-Debatte. Tübingen
Brückner, M./Meyer, B. (1994) (Hg.): Die sichtbare Frau. Die Aneignung der gesellschaftlichen Räume. Freiburg i.Br.
Brunn, G. (1996) (Hg.): Region und Regionsbildung in Europa. Konzeptionen der Forschung und empirische Befunde. Baden-Baden
Bühler, E./Meyer, H. u.a. (1993): Ortssuche. Zur Geografie der Geschlechterdifferenz. Zürich
Burckhardt, M. (1994): Metamorphosen von Raum und Zeit. Eine Geschichte der Wahrnehmung. Frankfurt a.M.
Castells, M. (2001/2002): Das Informationszeitalter. Wirtschaft, Gesellschaft. Kultur. 3 Bde. Opladen
Coy, W./Großmann, R. u.a. (2000) (Programmkomitee): Augmented Space – reale, virtuelle und symbolische Räume. HyperKult IX, Juli 2000
Czyzewski, M./Gülich, E./Hausendorf, H./Kastner, M. (1995) (Hg.): Nationale Selbst- und Fremdbilder im Gespräch. Kommunikative Prozesse nach der Wiedervereinigung Deutschlands und dem Systemwandel in Ostmitteleuropa. Opladen
Decker, E./Weibel, P. (1990) (Hg.): Vom Verschwinden der Ferne. Telekommunikation und Kunst. Köln
Demandt, A. (1991) (Hg.): Deutschlands Grenzen in der Geschichte. München
Diekmann, I./Krüger, P./Schoeps, J.H. (2000) (Hg.): Geopolitik. Grenzgänge im Zeitgeist. 2 Bde. Potsdam
Dirven, R./Pütz, M. (1996) (Eds.): The Construal of Space in Language and Thought. Berlin
Dörhöfer, K./Terlinden, U. (1998): Verortungen. Geschlechterverhältnisse und Raumstrukturen. Opladen

Dörhöfer, K. (1990) (Hg.): Stadt – Land – Frau. Soziologische Analysen, feministische Planungsansätze. Freiburg i.Br.
Ecarius, J./Löw, M. (1997) (Hg.): Raumbildung – Bildungsräume. Über die Verräumlichung sozialer Prozesse. Opladen
Eisel, U. (1980): Die Entwicklung der Anthropogeografie von einer ‚Raumwissenschaft' zur Gesellschaftswissenschaft. Kassel
Eisel, U./Schultz, H.D. (1997) (Hg.): Geografisches Denken. Kassel
Estel, B./Mayer, T. (1994) (Hg.): Das Prinzip Nation in modernen Gesellschaften. Länderdiagnosen und theoretische Perspektiven. Opladen
Faßler, M. (1999) (Hg.): Alle möglichen Welten. Virtuelle Realität, Wahrnehmung, Ethik der Kommunikation. München
Faßler, M./Halbach, W.R. (1994) (Hg.): Cyberspace. Gemeinschaften, virtuelle Kolonien, Öffentlichkeiten. München
Faßler, M./Will, J./Zimmermann, M. (1997) (Hg.): Gegen die Restauration der Geopolitik. Zum Verhältnis von Ethnie, Nation und Globalität. Gießen
Featherstone, M./Lash, S. (1999) (Eds.): Spaces of Culture. City, Nation, World. London
Fecht, T./Kamper, D. (2000) (Hg.): Umzug ins Offene. Vier Versuche über den Raum. Wien
Flusser, V. (1992): Das Verschwinden der Ferne. In: Arch plus 111/1992/31-32
Fögen, M.T. (1991) (Hg.): Fremde der Gesellschaft. Historische und sozialwissenschaftliche Untersuchungen zur Differenzierung von Normalität und Fremdheit. Frankfurt a.M.
Foucault, M. (1991): Andere Räume. In: Wentz 1991, 65-72
Freudiger, J./Graeser, A./Petrus, K. (1996) (Hg.): Der Begriff der Erfahrung in der Philosophie des 20. Jahrhunderts. München
Fuchs, G./Moltmann, B./Prigge W. (1995) (Hg.): Mythos Metropole. Frankfurt a.M.
Fuchs, M. (1999): Kampf um Differenz. Repräsentation, Subjektivität und soziale Bewegungen. Das Beispiel Indien. Frankfurt a.M.
Fuchs, P. (2001): Die Metapher des Systems. Studien zu der allgemein leitenden Frage, wie sich der Tänzer vom Tanz unterscheiden lasse. Weilerswist
Gellner, E. (1991): Nationalismus und Moderne. Berlin
Gellner, E. (1999): Nationalismus. Kultur und Macht. Berlin
Gesellschaft für Filmtheorie (1991) (Hg.): AußenRäume, InnenRäume. Der Wandel des Raumbegriffs im Zeitalter elektronischer Medien. Wien
Giddens, A. (1995): Konsequenzen der Moderne. Frankfurt a.M.
Großklaus, G. (1993): Natur-Raum. Von der Utopie zur Simulation. München
Großklaus, G. (1995): Medien-Zeit, Medien-Raum. Zum Wandel der raumzeitlichen Wahrnehmung in der Moderne. Frankurt a.M.
Grundrecht, H.U./Pfeiffer, K.L. (1988) (Hg.): Materialität der Kommunikation. Frankfurt a.M.
Hall, S./du Gay, P. (1996) (Eds.): Questions of Cultural Identity. London
Hamel, E. (1996) (Hg.): Synthetische Welten. Kunst, Künstlichkeit und Kommunikationsmedien. Essen
Hard, G. (1970): Die ‚Landschaft' der Sprache und die ‚Landschaft' der Geografen. Semantische und forschungslogische Studien zu einigen zentralen Denkfiguren der deutschsprachigen geografischen Literatur. Bonn
Hard, G. (1973): Die Geografie. Eine wissenschaftstheoretische Einführung. Berlin
Hard, G. (1988): Selbstmord und Wetter – Selbstmord und Gesellschaft. Studien zur Problemwahrnehmung in der Wissenschaft und zur Geschichte der Geografie. Stuttgart
Hard, G. (2002): Landschaft und Raum. Aufsätze zur Theorie der Geografie 1. Osnabrück
Hard, G. (2003): Dimensionen geografischen Denkens. Aufsätze zur Theorie der Geografie 2. Osnabrück

Über einen Ort des Raumes 167

Häußermann, H./Ipsen, D. u.a. (1991): Stadt und Raum. Soziologische Analysen. Pfaffenweiler
Häußermann, H./Siebel, W. (1987): Neue Urbanität. Frankfurt a.M.
Häußermann, H. (1998) (Hg.): Großstadt. Soziologische Stichwörter. Opladen
Häußermann, H./Siebel, W. (1993) (Hg.): New York. Strukturen einer Metropole. Frankfurt
Hasse, J. (1995): Verschwindet der Raum? In: Wechselwirkung 12/1995/54-59
Hasse, J. (1997): Mediale Räume. Oldenburg
Herlyn, U. (1990): Leben in der Stadt. Zum Zusammenhang von Familienphasen und städtischen Lebensräumen. Opladen
Henningsen, B./Schröder, S.M. (1997) (Hg.): Vom Ende der Humboldt-Kosmen. Konturen von Kulturwissenschaft. Baden-Baden
Hess-Lüttich, E.W.B./Müller, J.E./Zoest, A. van (1998) (Hg.): Signs & Space/Raum & Zeichen. On the Semiotics of Space and Culture. Tübingen
Hettlage, R./Vogt, L. (2000) (Hg.): Identitäten in der modernen Welt. Opladen
Hömberg, W./Schmolke, M. (1992) (Hg.): Zeit, Raum, Kommunikation. München
Honneth, A. (1992): Kampf um Anerkennung. Zur moralischen Grammatik sozialer Konflikte. Frankfurt a.M.
Huber, J./Müller, A.M. (1993) (Hg.): Raum und Verfahren. Basel
Iglhaut, S./Rötzer, F./Schweger, E. (1995) (Hg.): Illusion und Simulation. Begegnung mit der Realität. Ostfildern
Ipsen, D. (1997): Raumbilder. Kultur und Ökonomie räumlicher Entwicklung. Pfaffenweiler
Jeismann, M./Ritter, H. (1993) (Hg.): Grenzfälle. Über neuen und alten Nationalismus. Leipzig
Jüngst, P./Meder, O. (1988) (Hg.): Raum als Imagination und Realität. Zu seinem latenten und manifesten Sinn im sozialen und ökonomischen Handeln. Kassel
Kail, E./Kleedorfer, J. (1991) (Hg.): Wem gehört der öffentliche Raum? Frauenalltag in der Stadt. Wien
Klüter, H. (1986): Raum als Element sozialer Kommunikation. Gießen
Konau, E. (1977): Raum und soziales Handeln. Studien zu einer vernachlässigten Dimension soziologischer Theoriebildung. Stuttgart
Kost, K. (1988): Die Einflüsse der Geopolitik auf Forschung und Lehre der Politischen Geografie von ihren Anfängen bis 1945. Bonn
Krämer, S. (1998a): Was haben die Medien, der Computer und die Realität miteinander zu tun? In: Krämer 1998, 9-26
Krämer, S. (2001): Sprache, Sprechakt, Kommunikation. Sprachtheoretische Positionen des 20. Jahrhunderts. Frankfurt a.M.
Krämer, S. (1998) (Hg.): Medien, Computer, Realität. Wirklichkeitsvorstellungen und Neue Medien. Frankfurt a.M.
Krätke, S. (1996): Stadt – Raum – Ökonomie. Einführung in aktuelle Problemfelder der Stadtökonomie und Wirtschaftsgeografie. Opladen
Krapp, H./Wägenbaur, T. (1997) (Hg.): Künstliche Paradiese – virtuelle Realitäten. Künstliche Räume in Literatur-, Sozial- und Naturwissenschaften. München
Kritische Geografie (2001) (Hg.): Geopolitik. Zur Ideologiekritik politischer Raumkonzepte. Wien
Kröner, S./Pfister, G. (1992) (Hg.): Frauen – Räume. Körper und Identität im Sport. Pfaffenweiler
Läpple, D. (1991): Essay über den Raum. Für ein gesellschaftswissenschaftliches Raumkonzept. In: Häußermann/Ipsen/u.a. 1991, 157-207

Langenmaier, A.V. (1993) (Hg.): Das Verschwinden der Dinge. Neue Technologien und Design. München
Linde, H. (1972): Sachdominanz in Sozialstrukturen. Tübingen
Lindner, R. (1994) (Hg.): Die Wiederkehr des Regionalen. Über neue Formen kultureller Identität. Frankfurt a.m.
Löw, M. (2001): Raumsoziologie. Frankfurt a.M.
Lottes, G. (1992) (Hg.): Region, Nation, Europa. Historische Determinanten der Neugliederung eines Kontinents. Heidelberg
Marchal, G.P. (1996) (Hg.): Grenzen und Raumvorstellungen (11. bis 20. Jahrhundert). Zürich
Maresch, R. (2001): Die Rückkehr des Raums. Über die Notwendigkeit, modische Theorien und Diskurse zu vererden. In: www.heise.de/tp/deutsch/kolumnen/mar/4825/1.html
Maresch, R. (1995) (Hg.): Medien und Öffentlichkeit. Positionierungen. Symptome. Simulationsbrüche. München
Maresch, R./Werber, N. (1999) (Hg.): Kommunikation, Medien, Macht. Frankfurt a.M.
Maresch, R./Werber, N. (2002) (Hg.): Raum, Wissen, Macht. Frankfurt a.M.
Massey, D. (1984): Geography matters. In: Massey, D./Allen, J. (Eds.): Geography Matters! Cambridge 1984, 1-11
Matthiesen, U. (1998) (Hg.): Die Räume der Milieus. Neue Tendenzen in der sozial- und raumwissenschaftlichen Milieuforschung, in der Stadt- und Raumplanung. Berlin
Mayr, J. (1993) (Hg.): Die aufgeräumte Welt. Raumbilder und Raumkonzepte im Zeitalter globaler Marktwirtschaft. Loccum
Merten, K./Schmidt, S.J./Weischenberg, S. (1994) (Hg.): Die Wirklichkeit der Medien. Eine Einführung in die Kommunikationswissenschaft. Opladen
Meurer, B. (1994) (Hg.): Die Zukunft des Raums. Frankfurt a.M.
Michel, P. (1997) (Hg.): Symbolik von Ort und Raum. Berlin
Mordt, G. (2000): Regionalismus und Spätmoderne. Opladen
Morley, D./Robins, K. (1995): Spaces of Identity. Global Media, Electronic Landscapes and Cultural Boundaries. London
Münker, S./Roesler, A. (1997) (Hg.): Mythos Internet. Frankfurt a.M.
Noller, P. (1999): Globalisierung, Stadträume und Lebensstile. Kulturelle und lokale Repräsentationen des globalen Raums. Opladen
Noller, P./Prigge, W./Ronneberger, K. (1994) (Hg.): Stadt-Welt. Über die Globalisierung städtischer Milieus. Frankfurt a.M.
Osterhammel, J. (1998): Die Wiederkehr des Raumes. Geopolitik, Geohistorie und historische Geografie. In: Neue Politische Literatur 43/1998/374-397
Patzkill, B./Scheffel, H./Sobiech, G. (1991) (Hg.): Bewegungs(t)räume. Frauen, Körper, Sport. München
Politischer Club Potsdam (1994) (Hg.): Geopolitik. Ein altes Konzept wird neu befragt. Potsdam
Prigge, W. (1986): Zeit, Raum und Architektur. Zur Geschichte der Räume. Köln
Prigge, W. (1991): Die Revolution der Städte lesen. In: Wentz 1991, 99-112
Prigge, W. (1994): Urbi et Orbi. Zur Epistemologie des Städtischen. In: Noller/Prigge/Ronneberger 1994, 63-71
Rademacher, C./Schröer, M./Wiechens, P. (1999) (Hg.): Spiel ohne Grenzen? Ambivalenzen der Globalisierung. Opladen
Rammert, W. (1998) (Hg.): Technik und Sozialtheorie. Frankfurt a.M.
Reichert, D. (1996a): Räumliches Denken als ordnen der Dinge. In: Reichert 1996, 15-45
Reichert, D. (1996) (Hg): Räumliches Denken. Zürich
Rheinberger, H.J./Hagner, M./Wahrig-Schmidt, B. (1997) (Hg.): Räume des Wissens. Repräsentation, Codierung, Spur. Berlin

Richter, D. (1995): Nation als Form. Opladen
Rötzer, F. (1995): Telepolis. Urbanität im digitalen Zeitalter. Mannheim
Rötzer, F. (1993) (Hg.): Cyberspace. Zum medialen Gesamtkunstwerk. Wien
Rötzer, F. (1995) (Hg.): Schöne neue Welten? Auf dem Weg zu einer neuen Spielkultur. München
Sassen, S. (1996): Metropolen des Weltmarkts. Die neue Rolle der Global Cities. Frankfurt a.M.
Schade, S./Tholen, C.G. (1999) (Hg.): Konfigurationen. Zwischen Kunst und Medien. München
Scherpe, K.R. (1988) (Hg.): Die Unwirklichkeit der Städte. Großstadtdarstellungen zwischen Moderne und Postmoderne. Reinbek
Schilling, H./Ploch, B. (1995) (Hg.): Region. Heimaten der individualisierten Gesellschaft. Frankfurt a.M.
Schmidt, G./Trinczek, R. (1999) (Hg.): Globalisierung. Ökonomische und soziale Herausforderungen am Ende des zwanzigsten Jahrhunderts. Baden-Baden
Scholl, M.O./Tholen, G.C. (1996) (Hg.): DisPositionen. Beiträge zur Dekonstruktion von Raum und Zeit. Kassel
Schubert, H. (2000): Städtischer Raum und Verhalten. Zu einer integrierten Theorie des öffentlichen Raumes. Opladen
Schubert, H./Fürst, D. u.a. (2001) Regionale Akteursnetzwerke. Analysen zur Bedeutung der Vernetzung am Beispiel der Region Hannover. Opladen
Schubert, V. (1987) (Hg.): Der Raum. Raum des Menschen – Raum der Wissenschaft. St. Ottilien
Schultz, H.D. (1980): Die deutschsprachige Geografie von 1800 bis 1970. Ein Beitrag zur Geschichte ihrer Methodologie. Berlin
Schultz, H.D. (1989): Die Geografie als Bildungsfach im Kaiserreich. Zugleich ein Beitrag zu ihrem Kampf um die preußische höhere Schule von 1870 bis 1914 nebst dessen Vorgeschichte und teilweiser Berücksichtigung anderer deutscher Staaten. Osnabrück
Schultz, H.D. (2000): Land – Volk – Staat. Der geografische Anteil an der Erfindung der Nation. In: Geschichte in Wissenschaft und Unterricht 51/2000/4-16
Schuster, M. (1996) (Hg.): Die Begegnung mit dem Fremden. Wertungen und Wirkungen in Hochkulturen vom Altertum bis zur Gegenwart. Stuttgart
Schwengel, H. (1999): Globalisierung mit europäischem Gesicht. Der Kampf um die politische Form der Zukunft. Berlin
Schwenk, O.G. (1996) (Hg.): Lebensstil zwischen Sozialstrukturanalyse und Kulturwissenschaft. Opladen
Sennett, R. (1995): Fleisch und Stein. Der Körper und die Stadt in der westlichen Zivilisation. Berlin
Sieferle, R.P./Breuninger, H. (1999) (Hg.): Natur-Bilder. Wahrnehmungen von Natur und Umwelt in der Geschichte. Frankfurt a.M.
Sonnemann, U. (1990): Die Ohnmacht des Raums und der uneingestandene Fehlschlag der Zeitentmachtung. Zur Aporetik des Staus. In: Tholen, G.C./Scholl, M.O. (Hg.): Zeit-Zeichen. Weinheim
Sprengel, R. (1996): Kritik der Geopolitik. Ein deutscher Diskurs 1914-1944. Berlin
Steiner, D. (1997) (Hg.): Mensch und Lebensraum. Fragen zu Identität und Wissen. Opladen
Steinmüller, K.K. (1993) (Hg.): Wirklichkeitsmaschinen. Cyberspace und die Folgen. Weinheim
Stöhr, J. (1996) (Hg.): Ästhetische Erfahrung heute. Köln
Strübing, J. (2000): Von ungleichen Schwestern. Was forscht die Wissenschafts- und (was die) Technikforschung? In: Soziologie 3/2000/61-80

Sturm, G. (2000): Wege zum Raum. Methodologische Annäherungen an ein Basiskonzept raumbezogener Wissenschaften. Opladen
Suhrbier, U. (1995) (Hg.): Fremde. Die Herausforderung des Anderen. Frankfurt a.M.
Thabe, S. (2002): Raum(de)konstruktionen. Reflexionen zu einer Philosophie des Raumes. Opladen
Thabe, S. (1999) (Hg.): Räume der Identität – Identität der Räume. Dortmund
Tholen, G.C. (2002): Die Zäsur der Medien. Kulturphilosophische Konturen.
Vattimo, G./Welsch, W. (1999) (Hg.): Medien-Welten, Wirklichkeiten. München
Weingart, P. (1989) (Hg.): Technik als sozialer Prozess. Frankfurt a.M.
Weisbrod, B. (1993) (Hg.): Grenzland. Beiträge zur Geschichte der deutsch-deutschen Grenze. Hannover
Welsch, W. (1993) (Hg.): Die Aktualität des Ästhetischen. München
Welsch, W. (1998): ‚Wirklich'. Bedeutungsvarianten, Modelle, Wirklichkeit und Virtualität. In: Krämer 1998, 169-212
Wentz, M. (1991) (Hg.): Stadt-Räume. Frankfurt a.M.
Wentz, M. (1994) (Hg.): Region. Frankfurt a.M.
Wenz, K. (1997): Raum, Raumsprache und Sprachräume. Zur Textsemiotik der Raumbeschreibung. Tübingen
Werber, N. (2000): Mediale Großraumordnungen. Das alte geopolitische Denken ist in die USA emigriert. In: Merkur 54/1031-1037
Werber, N. (2001): Ohne Raum/im Raum. Globalisierung und Geopolitik als Leitsemantiken der Weltgesellschaft. In: www.heise.de/tp/deutsch/special/med/7542/1.html
Werlen, B. (1987): Gesellschaft, Handlung und Raum. Grundlagen handlungstheoretischer Sozialgeografie. Stuttgart
Werlen, B. (1995): Zur Ontologie von Gesellschaft und Raum. Sozialgeografie alltäglicher Regionalisierungen 1. Stuttgart
Werlen, B. (1997): Von der Regionalgeografie zu den alltäglichen Regionalisierungen. Sozialgeografie alltäglicher Regionalisierungen 2. Stuttgart
Wertheim, M. (2000): Die Himmelstür zum Cyberspace. Eine Geschichte des Raumes von Dante bis zum Internet. Zürich
Zimmermann, C. (1996): Die Zeit der Metropolen. Urbanisierung und Großstadtentwicklung. Frankfurt a.M.

Das Internet als soziokultureller Raum

Daniela Ahrens
Die Ausbildung hybrider Raumstrukturen am Beispiel technosozialer Zusatzräume

Einleitung

In den öffentlichen Debatten ziehen elektronische Vernetzungstechnologien, insbesondere das Internet große Aufmerksamkeit auf sich. Das Internet verwickelt uns in Diskussionen, es irritiert unsere gängigen Vorstellungen und lässt neue Erwartungen wie auch Ängste hinsichtlich einer umfassenden Informationsgesellschaft virulent werden. In Metaphern[1] wie „Datenautobahn", „piazza virtuale", „elektronische Agora" oder „globales Dorf" drücken sich für die einen Hoffnungen auf gesteigerte Tempogewinne und verstärkte Vernetzungs- und Beteiligungschancen aus. In dieser Sichtweise wird die technisch ermöglichte Verflüssigung des Raumes herausgestellt. Die Welt schrumpft tendenziell auf einen Punkt zusammen. Das Internet vermittelt das Gefühl ‚am Puls der Welt zu sein'. Als ob die globale Erstreckung des technischen Mediums auf den Körper der Nutzer überginge, vermittelt das Netz dem Nutzer ein Allgegenwärtigkeitsgefühl, das Gefühl am Weltgeschehen, egal in welchem Winkel der Erde, dabei sein und es beeinflussen zu können, sozusagen „unsere Welt als Ganze zu atmen" (Braun 1994: 8).

Kritiker der Vernetzungstechnologien stellen hingegen auf die mit ihnen verbundenen neuen Risiken und Probleme ab: Sie verweisen auf die Gefährdungen, die gerade durch die Auflösung bisheriger raumzeitlicher Orientierungsmuster entständen. Informationelle Geschwindigkeiten, Speicher-, Übertragungs- und Verarbeitungszeiten, die zu einem erheblichen Teil nicht mehr wahrnehmbar sind, führten zu einer weiteren Fragmentierung und Auflösung gegebener Raumzeitordnungen sowie einer Überformung des Realen durch das Virtuelle. Das Ausmaß und die Geschwindigkeit von Änderungen übersteige mithin die menschliche Fähigkeit, Daten in Bedeutung zu übersetzen. Das Nebeneinander von realen, virtuellen und simulierten Welten mache die Übergänge zwischen den „Realitäten" zu kritischen Phasen. Multimedialität ermögliche nicht nur die Kombination bisher getrennter Medien, sondern vermische zugleich unterschiedliche Raumzeitordnungen. Die Expansion der Informationsumwelten bringe erheblich zusätzliche Orientierungs- und Se-

---

1 Vergleiche ausführlich Beck, Schroer u.a. in diesem Band.

lektionsprobleme mit sich. Offenheit und Interaktivität der neuen Vernetzungstechnologien konfrontierten die Nutzer nicht nur mit einer Fülle an Informationen, sondern ebenfalls mit neuen Erfahrungen der Flüchtigkeit, Wandelbarkeit und der Situativität von Bedeutungen.[2]

Die Argumente der Befürworter wie auch der Kritiker zeigen, dass Raumfragen im Zuge der Etablierung elektronischer Vernetzungstechniken eine zentrale, aber keineswegs eindeutige Rolle spielen. Der Zusammenhang zwischen Technik und Raum scheint vielschichtiger zu sein, als uns die Einseitigkeiten der Befürworter wie der Kritiker glauben machen wollen. Sowohl die Erwartungen einer umstandslosen Ausdehnung bisheriger Reichweiten und Einflussphären als auch die Befürchtungen einer Nivellierung des Lokalen zugunsten einer Virtualisierung räumlicher Entfernungen und einer damit einhergehenden Auflösung des Realen im Virtuellen greifen zu kurz.

Das soziologische Interesse ist daher aufgefordert, sich weder von der Konkretheit räumlicher Gegebenheiten noch von der Stofflosigkeit virtueller Szenerien irritieren zu lassen, sondern in Rechnung zu stellen, dass sich das Gewebe der Raumerfahrungen und -muster im Zuge gesellschaftlicher Entwicklung wandelt, und dass sich Verräumlichungspraktiken ausbilden, in denen die verschiedenen Raumqualitäten auf je spezifische Weise kombiniert werden.[3] Während die technischen Besonderheiten der Datennetze (wie etwa Offenheit und Interaktivität) im Hinblick auf die Problematik ihrer Institutionalisierung und Regulierung erforscht wurden und auch die sozio-kulturellen Eigenheiten (wie etwa die Ausbildung spezifischer Netzkulturen und neuer Formen der Vergemeinschaftung) viel Beachtung fanden, wurde den räumlichen Implikationen von Vernetzungstechnologien bisher nur geringe wissenschaftliche Aufmerksamkeit gewidmet. Globale Vernetzungstechnologien arbeiten mit „Räumen" und „Zeiten", die sich der Wahrnehmung entzogen haben. Im Gegensatz zu herkömmlichen Techniken der Raumüberwindung

---

2   Wohl am radikalsten hat dies Virilio formuliert, wonach die „dromkratische Revolution" – die Herrschaft des Tempos – den Geschwindigkeits-Raum (espace-vitesse) bzw. den „dromogenen Raum" erzeugt. Für Virilio wird die alte „Tyrannei der Entfernungen" zwischen Menschen, die geografisch weit verstreut lebten, zunehmend verdrängt durch eine neue „Tyrannei der Echtzeit" (Virilio 1991: 343): „Was dort gegen den Horizont entschwindet, ist die erste Realität, Raum und Gegenstand der Erfahrung, zugunsten der raschen Ortsveränderung, des Gespürs für die Dinge und Stoffe, die zu Zeichen und Anweisungen werden." (Virilio 1990: 51)

3   Trotz seiner unterschiedlichen argumentativen Einbindungen scheint die Augenscheinlichkeit des Raumes seine begriffliche Eindeutigkeit stillschweigend vorauszusetzen. Man redet *im* Raum *über* den Raum im Glauben, über dieselbe faktische Gegebenheit zu reden, denn kaum eine Ordnung in unserer Gesellschaft scheint lesbarer als die räumliche Ordnung. „Kaum eine Ordnung allerdings, das muß aus dem Blickwinkel des Soziologen angemerkt werden, ist angesichts der kommunikativen Komplexität der modernen Gesellschaft irreführender" (Baecker 1990: 99). Wir sollten daher wissen, auf welche Implikationen wir uns einlassen, wenn wir uns auf den Raum als Container und/oder als bebaute Umwelt verlassen.

Die Ausbildung hybrider Raumstrukturen

konfrontiert das Internet uns mit einer neuen Praxis des Raumes. Die Virtualisierung des Raumes sowie der Verlust der materiell-gegenständlichen Referentialität lassen eine Übertragung des geografischen, gegenständlichen Raumverständnisses auf den elektronischen Raum obsolet werden. Verkörperten räumliche Abstände bislang immer auch spezifische Bedeutungsordnungen, werden diese Grenzen als Linien der Differenz – etwa des Eigenen und des Fremden, des Privaten und des Öffentlichen – diffus und verlieren an Eindeutigkeit. Durch elektronische Vernetzungstechnologien büßen territoriale, institutionelle und körperliche Referenzmuster an Orientierungsqualität ein. Dass Institutionalisierungsprobleme wie Kultivierungschancen u.a. deshalb entstehen, weil bisherige Markierungen im Raum durchlässig und neu verknüpfbar werden, wird kaum berücksichtigt.

Der folgende Beitrag diskutiert die Frage, inwiefern mit den elektronischen Vernetzungstechnologien eine erweiterte Herstellbarkeit und Wählbarkeit von Räumen entsteht. In Auseinandersetzung mit den Spezifika der neuen Medien – raumzeitliche Direktheit, Interaktivität und Virtualität – wird in einem ersten Schritt aufgezeigt, dass der elektronische Raum zu einer eigenständigen Bezugsrealität wird. In einem zweiten Schritt geht es um die Frage, inwieweit der virtuelle Raum als „technosozialer Zusatzraum" fungiert, der weder in einem Konkurrenz- noch in einem Ausschließungsverhältnis zum realen Raum[4] steht. Anstelle eines Konkurrenzverhältnisses zwischen technisch vermittelten und nichttechnischen Umgebungen stellen offene Datennetze informationelle und soziale Zusatzräume bereit, die bisher relevante Wirklichkeiten ergänzen und erweitern. Dies wird nicht im Sinne einer bloßen Expansion und Dehnung bisheriger Handlungs- und Kommunikationsräume verstanden. Im Gegenteil: Im Anschluss an medien- und kultursoziologische Arbeiten ist vielmehr davon auszugehen, dass sich in der Aneignung, in der konkreten Nutzung und Bezugnahme auf den elektronischen Raum auch die bislang als stabil gedachten Räume und Grenzen, auf die man sich verlassen konnte, als kontingent erfahrbar werden. Anstelle eines Ausschließungsverhältnisses zwischen realem und elektronischen Raum geht es um wechselseitige Kopplungen in dem Sinne, dass der reale und elektronische Raum aufeinander angewiesen bleiben: Ebenso wie der elektronische Raum von sozialen Systemen durchkreuzt wird, haben virtuelle Kommunikationsformen – etwa News-Groups, Mailinglisten, Chatrooms – auf vorhandene Sozialbeziehungen Einfluss. Ausgehend davon, dass wir es mit wechselseitigen Kopplungsverhältnissen zu tun haben, wird abschließend diskutiert, inwiefern sich diese Vermengungen unterschiedlicher Raumqualitäten als „hybride Raumstrukturen" begreifen lassen.

---

4 Wohl wissend, dass es sich bei dem „realen Raum" um einen symbolisch aufgeladenen, kulturell und sozial indexikalisierten Raum handelt, wird zur besseren Gegenüberstellung zwischen dem virtuellen Raum und dem „nicht-virtuellen" Raum im Text die Rede vom „realen" Raum beibehalten.

Die Realität virtueller Räume

Mit jeder Entwicklung neuer Medien wandelt sich auch unser Umgang mit Raum und unsere Raumerfahrung. Die „klassische" Moderne hatte stets gehofft, räumliche Distanzen durch den immer aufwendigeren Einsatz von immer raffinierterer Technik zu nivellieren. Informations- und Kommunikationstechnologien sowie Transporttechnologien waren und sind immer auch Technologien der Raumerfassung und -durchmessung. Dass das Verhältnis von Technik und Raum, im Gegensatz zum Verhältnis von Technik und Zeit, jedoch erst durch die elektronischen Vernetzungstechnologien und die damit einhergehende Virtualisierung des Raumes in das Blickfeld rückt, liegt nicht zuletzt an der Marginalisierung räumlicher Bezüge zugunsten der Zeit – galt es doch, möglichst große Entfernungen im Raum in immer kürzeren Zeitspannen zu überbrücken. Eine Umrechnung räumlicher Implikationen allein in die Zeit vernachlässigt jedoch die jeweiligen Spezifika moderner Technologien.[5]

Die Etablierung elektronischer Vernetzungstechnologien markiert – so die hier vertretene These – eine qualitativ neue Stufe im Umgang mit dem Raum: Die, bereits durch vorangegangene Informations- und Kommunikationstechniken – wie etwa Telegraf, Telefon, Rundfunk, Fernsehen und Fax – angelegte, schrittweise Ausdehnung der Erreichbarkeits- und Wirkungszonen wird durch die neuen Medien nicht nur radikalisiert, sondern geht auch darüber hinaus.

Räume, die bislang noch unzugänglich und damit nicht verfügbar waren, können jetzt erschlossen werden. Computernetzwerke durchbrechen die isolierende Wirkung von Orten, machen nahezu jeden beliebigen Raum zugänglich und jeden an prinzipiell jedem Ort erreichbar. Die Ortsbezogenheit sozialer Prozesse verliert an Strukturierungskraft. Durch den Verlust einer objektiv messbaren räumlichen Distanz wird das „virtuelle Hier" zu einem „Hier für alle", ohne dass damit eine geografische Ortsangabe verbunden ist: Das „virtuelle Hier" (Chesher 1997: 83) bleibt im medialen Raum solange undifferenzierbar, wie wir Raumbezüge – wie etwa oben/unten, nah/fern, zentral/peripher – an eine materiell-gegenständliche Referentialität binden.

Ehemalige Puffer in Raum und Zeit sowie Zonen des Übergangs entfallen zugunsten einer neuen raumzeitlichen Direktheit. Die *„anyplace and anytime communication"* (Harasim 1996) bietet die Möglichkeit, unabhängig von Raum und Zeit zu kommunizieren. „International oder regional können Nachrichten gelesen und verschickt werden zu jeder Tages und Nachtzeit" (Bart/von Lehn 1996: 227). Das Internet erweist sich als eine Infrastruktur,

---

5 Vergleiche hierzu auch Werbers Kritik an Luhmanns „Raumlosigkeit des Kommunikationsbegriffs" (Werber 1998: 228).

Die Ausbildung hybrider Raumstrukturen

die die Zeit zur Überwindung von Raum vernichtet und damit bestimmte Formen der Raumerfahrung entwertet.

„Wenn wir von Berlin nach San Francisco fliegen, kommen wir zwar auch in einer anderen Welt an, in der zum Teil andere Gesetze herrschen. Aber die Grundkoordinaten unseres Wirklichkeitsverständnisses – Raum, Zeit, Identität – bleiben unverändert. Wenn wir (...) uns ins Netz begeben, ist das anders" (Sandbothe 1997: 61).

Im Vergleich zu bisherigen Transport- und Fortbewegungstechnologien wird durch das Internet die Integrität von Raum und Zeit in dem Sinne unterlaufen, dass Bewegungen im Raum nicht mehr gleichzeitig ein Fortschreiten der Zeit bedeuten. Die Idee des Netzes ist vielmehr, dass prinzipiell jeder Sender, jedes Datum, jede Nachricht erreichbar sein soll. Unabhängig vom momentanen Aufenthaltsort kann nahezu jeder Punkt in der Welt „per Mausklick" erreicht werden. Jeder ist mit allen zeitgleich verbunden. Die bisherige Integrität von Raum und Zeit – das kontinuierliche Durchmessen von Räumen und Distanzen – wird durch sogenannte „Daten-Reisen" unterlaufen.

Neben dem Aspekt der raumzeitlichen Direktheit ermöglichen die neuen Medien eine bislang unwahrscheinliche Form der Interaktivität.[6] Indem der Computer die für Massenmedien - Zeitung, Fernsehen, oder das Buch – typische Trennung zwischen Sender und Empfänger aufzuheben vermag, ermöglicht er eine rezipierende und produktive Teilnahme am Geschehen. Anders gesagt: Die Haltung des distanzierten Betrachters bzw. Zuschauers wird aufgebrochen zugunsten neuer Formen sozialen Handelns. Die mediale Wirklichkeit erschließt sich nicht nur in der Rezeption, vielmehr ist es möglich, handelnd in sie einzugreifen. Elektronische Vernetzungstechnologien integrieren nicht nur bislang auf verschiedene Medien verteilte Funktionen, darüber hinaus ermöglicht die Hypertextstruktur die Entkopplung von Textcorpus und Textdarstellung. Dies ermöglicht sowohl die Erstellung immer wieder „neuer" Texte als auch einen neuen Variationsspielraum, denn: Beiträge können als konventioneller Text, als bewegtes Bild oder aber auch als münd-

---

6   Gegenüber dem Begriff der „Interaktion", der auf die Kopräsenz der Teilnehmer abstellt, wird mit dem Begriff der „Interaktivität" auf die technische Verwobenheit sozialer Interaktionsprozesse abgestellt. Mit Esposito kann Interaktivität als eine Form der Fernkommunikation verstanden werden, „bei der die Kommunikationspartner und -kontexte getrennt bleiben" (Esposito 1998: 151). Medientechnisch gestützte Interaktionsprozesse stellen in dem Sinne eine „versteckte Interaktion" (Faßler 1997b: 179) dar, dass sich die Handlungen und Interaktionen nicht mehr eindeutig zwischen den Personen ausmachen lassen. Genau genommen finden Interaktionen zwischen Mensch und Computer in einer anonymen Zone statt, in der die personalen Beobachtungskategorien nicht mehr ohne weiteres anwendbar sind. Damit wird nicht nur die Verwendung eines subjektzentrierten Interaktionsbegriffes unter erhöhten Begründungsbedarf gestellt, sondern auch die Frage virulent, inwieweit die Technik selbst zum „Mitspieler" in sozialen Interaktionsprozessen wird.

liche Rede dargestellt werden.[7] Der determinierte Charakter des einmal erstellten Textes, der für immer eine bestimmte Wortfolge festlegt, ist aufgelöst (vgl. Coy 1989; Kuhlen 1991). Statt starrer, vorgeschriebener Ablauffolgen werden „mehrdimensionale, speicher- und abrufbare Verknüpfungen möglich, die vom gleichen Anfangstext ausgehend zu ganz unterschiedlichen Lesewegen führen". (Coy 1989: 56)

Als eine weitere, dritte Eigenschaft – neben der raumzeitlichen Direktheit und der Interaktivität – ist die Virtualität zu nennen. Um die Frage, wie sich unsere Raumbezüge durch die neuen Medien wandeln, zu beantworten, werden wir uns auf das Phänomen der Virtualisierung konzentrieren. Wegen seiner disziplinübergreifenden Anwendung dient es uns bei der Suche nach einem angemessenen Raumverständnis als Ausgangspunkt. Obwohl der Begriff „Virtualität" sich mitunter als sperrig erweist und uns als Abgrenzungsbegriff gegenüber der *„real world"* häufig nur „pseudovertraut" ist, scheint es lohnend zu erforschen, was sich hinter dieser Bezeichnung verbirgt, wenn man damit nicht lediglich Netzphänomene bezeichnet. Indem wir den Begriff der Virtualität ins Zentrum stellen, bringen wir die Frage nach dem Wirklichkeitsstatus von Netzphänomenen in die Diskussion. Virtuell bezeichnet jenen Bereich, der potentiell existiert. Wenn virtuell als das definiert wird, was nur im Nicht-Wirklichen existiert, dann haben wir es bei dem Begriff „virtuelle Wirklichkeit" mit einem Oxymoron zu tun, d.h. mit einem Begriff, der in sich widersprechende Phänomene vereinigt:

> „Was wirklich ist, ist nicht virtuell, und was virtuell ist, ist laut Definition nichtwirklich.(....) Die Eigentümlichkeit dieser Paradoxie ist jedoch, dass sie nicht – wie sie es eigentlich tun ‚sollte' – eine Situation der Lähmung und der Erstarrung generiert, sondern einen operativen Raum neuer Art schafft, der sogar die Ebene der Wahrnehmung einbezieht" (Esposito 1995: 188).

Die Verwendung des Begriffs ist interessant, weil in der gängigen Gegenüberstellung von Realität und Virtualität unklar bleibt, wie Virtualität etwa mit anderen Formen der „Nicht-Wirklichkeit" – der Simulation und der Fiktion – in Beziehung steht. Während die Simulation modellhaft, eben so genau wie möglich, reale Gegenstände und Ereignisse reproduziert, geht die Idee der Virtualität darüber hinaus, nämlich eine „alternative Realitätsdimension zu schaffen, „keine falschen realen Objekte, sondern wahre virtuelle Objekte" (Esposito 1998a: 279). Die Erzeugung simulierter Wirklichkeiten hingegen orientiert sich an der Idee, eine „Als-ob-Situation" zu erzeugen, die „so nah wie möglich" an eine vorliegende Realität reicht. Simulationen stehen „für etwas anderes" (vgl. Esposito 1995: 208). An dieser Stelle vollzieht sich der qualitative Sprung zur virtuellen Wirklichkeit. Den virtuellen Raum als Raumsimulation zu begreifen, unterstellt einerseits, dass virtuelle Wirklich-

---

[7] Diese verschiedenen Funktionen unterscheiden Computernetze von bisherigen Techniken und machen ihren medialen Charakter aus (vgl. Esposito 1993; Rammert 1999).

Die Ausbildung hybrider Raumstrukturen 179

keiten auf eine vorliegende Wirklichkeit verweisen und diese möglichst detailgetreu abbilden. Andererseits zeichnen sich Simulationen nicht zuletzt dadurch aus, dass ihre Konstrukteure um die Besonderheiten der simulierten Wirklichkeiten Kenntnisse haben. Beides ist bei virtuellen Wirklichkeiten nicht der Fall: Der virtuelle Raum steht für einen anderen Kontext. Im Gegensatz zur Simulation handelt es sich nicht um eine „Als-ob"-Wirklichkeit. Weder diejenigen, die die Hardware gebaut haben, noch jene, die die Programme geschrieben haben, wissen vorweg um die daraus resultierende Realität. Als symbolverarbeitende Maschinen können auf der Ebene der Zeichen virtuelle Realitäten geschaffen werden, in die – entgegen den fiktiven Räumen eines Romans – handelnd eingegriffen werden kann. Die, auf der Ebene der Zeichen konkretisierte, Wirklichkeit im virtuellen Raum ist eine eigenständige Wirklichkeit insofern, dass sie auf nichts anderes verweist, als auf sich selbst. Die virtuellen Objekte werden wirklich wahrgenommen, können verändert und manipuliert werden.[8]

„In der virtuellen Welt wird kein falscher wirklicher Ball zurückgeschlagen, sondern ein wirklicher virtueller Ball." (ebd.)

Der elektronische Raum besitzt einen anderen Wirklichkeitsstatus als der reale Raum. Es handelt sich um eine Realität, die in ihrer Selbstbezüglichkeit auf drastische Weise die Beobachterabhängigkeit zutage treten lässt.[9] Erst in der Nutzung, in der Interaktion mit der Maschine wird der Raum generiert, d.h. er hat „keine Existenz unabhängig von der Technologie" (Esposito 1995: 190). Durch den medialen Charakter der neuen Medien entsteht ein Raum, der zugleich real und irreal ist, da er außerhalb der Zeichen nicht existiert. Anders gesagt: Erst der mediale Charakter ermöglicht die Generierung eines eigenständigen operativen Raumes. Der mediale Charakter von Technik stellt einerseits auf die bekannte Vermittlungsfunktion (Technik als Übertragungsmittel), andererseits auf die wiederentdeckte Bedeutung des Medialen im Sinne der Plastizität, die Spielräume für Gestaltfixierung, für Formbildung, für die Stabilisierung von Beziehungen offen hält, ab. Im medientheoretischen Verständnis geht es weniger um die Objekthaftigkeit von Technik, sondern um die Offenheit möglicher Verbindungen.[10] Der konkrete Rechner,

---

8 Die auf der Ebene der Zeichen generierten Objekte werden vom Nutzer erzeugt und können von einem anonymen Publikum wahrgenommen werden. Esposito schreibt ihnen daher „eine Art intersubjektiver Objektivität" (Esposito 1995: 189) zu.
9 Dass ontologische Beschreibungen in Bezug auf den virtuellen Raum zu kurz greifen, drückt sich auch in der Formulierung von Paetau aus, der Virtualität „als etwas Reales, als Vorhandenes ohne Dasein" begreift (Paetau 1997: 120).
10 Gerade Computertechnologien treten uns als „merkwürdige Objekte, die Technologie und Kommunikation zugleich sind" (Esposito 1993: 338) gegenüber. Dies verweist darauf, dass es nicht länger ausreicht, Technik allein durch ihre materiellen Eigenschaften zu definieren. Insbesondere mit Blick auf die Computertechnologien und ihre

seine Hardware (Kabel, Schaltungen etc.) verliert gegenüber der „abstrakten Maschine", den Computerprogrammen, an Bedeutung. Parallel dazu geht die Verwendung von Computertechnologien über einen reinen Werkzeuggebrauch hinaus. Zwar ist es möglich, mittels Computertechnologien bisherige Abläufe zu beschleunigen, zu standardisieren, doch gleichzeitig unterläuft der Computer mit seinen Möglichkeiten der Symbolverarbeitung das Werkzeug- und Maschinenkonzept von Technik: Gerade dadurch, dass wir das „maschinelle Gegenüber" nahezu „vergessen", der Computer quasi aus dem Blick gerät, rückt die mediale Qualität des Computers in den Vordergrund bzw. wird es für die beteiligten Personen möglich, ihre Konzentration und Aufmerksamkeit auf das Kommunikationsgeschehen zu richten und gleichsam durch den Computer hindurch in diesen bestimmte Formen einzuschreiben. Die These ist, dass elektronische Vernetzungstechnologien, in noch stärkerem Maße als andere technische Artefakte, erst durch den aktuellen Nutzungskontext „konfiguriert" und damit eindeutig gemacht werden. Sie gewinnen ihre je spezifischen Eigenschaften erst in der konkreten Anwendungssituation, erst durch selektive Aktualisierung spezifischer Nutzungsmöglichkeiten aus der breiten Palette der Verwendungspotentiale.[11] Diese Verwobenheit von soziokulturellen Zuschreibungen und Hervorbringungsprozessen und dem technischen Artefakt lassen die Vorstellung, den Computer respektive seine Bedeutung allein aus seiner materiellen Erscheinungsform heraus ablesen zu wollen obsolet werden. Technik wird stattdessen „als eine sachlich zwingende, zeitlich wiederholbare und sozial zwischen Wünschen und Wirklichkeit vermittelnde Form" (Rammert u.a. 1998: 296) begriffen, die aus der Relationierung dieser Elemente in sozialen Situationen entsteht. Damit wird die Differenz zwischen einer technisierten und nicht-technisierten Beziehung zu einer graduellen. Der Technisierungsgrad bestimmt sich quer zur Technik und zum Sozialen. Statt die Unterschiede zwischen technischen und nichttechnischen Phänomenen hervorzuheben, geht es eher um die verschiedenen Grade der Vermittlung in der mit/durch Technik verwobenen Welt. Damit gewinnt eine relationale Technikauffassung an Bedeutung, die an der „Organisationsweise eines Zusammenhangs" (Rammert 1989: 133) ansetzt. Anliegen eines derartigen Technikverständnisses ist es, Technik jenseits eines substantialistischen Denkens in seiner Prozesshaftigkeit in den Vordergrund zu rücken. Ausgehend davon, dass sich das „Wesen" der Technik nicht eindeutig klären lässt, wird dafür plädiert, Technik in seiner jeweiligen Verwendung

---

Potentiale der Symbolverarbeitung, verliert eine materialistische Technikauffassung an Erklärungskraft.
11 Hinsichtlich des Verhältnisses von Technik und Zeit ist damit zum Beispiel eine Ausdifferenzierung von Zeitpraktiken zu beobachten, die zwar durch die Technik provoziert, aber nicht hinreichend durch sie erklärt werden können (vgl. Hörning/Ahrens/ Gerhard 1997).

Die Ausbildung hybrider Raumstrukturen 181

zu untersuchen.[12] Anders gesagt: Erst durch ihre spezifische Einbettung respektive Kontextualisierung gewinnen technische Artefakte ihre Bedeutung. Ausgehend davon, dass im Zusammenspiel von Virtualität und Interaktivität ein Raum eigener Qualität generiert wird, richtet sich die Frage an das Verhältnis zwischen einem abstrakten – auf der Ebene der Zeichen – konstruierten Raum und dem realen Raum. Zwar scheint es mittlerweile unstrittig zu sein, dass der Raum immer weniger im Sinne eines Containermodells zu begreifen ist, dass also die Rede eines „im Netz" bzw. „außerhalb des Netzes" zu kurz greift, aber wie diese unterschiedlichen Raumbezüge und -qualitäten miteinander in Beziehung stehen, ist nach wie vor eine offene Frage.

Der virtuelle Raum als technosozialer Zusatzraum

Der virtuelle Raum ersetzt nichts – ist nicht prothetisch – noch kann er als völlig losgelöst von der konkreten Ortsgebundenheit gedacht werden. Diese neuen Räume bilden gegebene Realitäten keineswegs nur ab, sondern stellen Zusatzrealitäten bereit. Anstelle einer bloßen Verdopplung von Realität werden neue Wahrnehmungs- und Handlungsräume erschlossen. Durch die Vernetzungstechnologien entstehen neue Foren zur Artikulation lokaler Interessen. Mailing-Listen, Newsgroups sowie virtuelle Konferenzen bieten die Möglichkeit, sich „vor Ort" zu vernetzen und Themen gemeinsam zu bearbeiten und zu verhandeln. Im virtuellen Raum werden neue Umgebungen konstruiert, die als Treffpunkte, als Orte der Selbstdarstellung und Repräsentation und als Plateaus des Meinungaustausches genutzt werden können. Als technosozialer Zusatzräume[13] werden durch den elektronischen Raum neue Formen der Vergesellschaftung und der Identitätsausbildung bereitgestellt und damit unsere bislang relevanten Wirklichkeiten ergänzt und erweitert.[14]

---

12 Auf seinem „Weg zu einer pragmatischen Techniktheorie" sucht Rammert einen Ausweg aus bisherigen Technikkonzeptionen, die je nach theoretischer Orientierung Technik über eines der folgenden vier Kriterien begründen: Erstens ein materielles Technikverständnis, das die Stofflichkeit akzentuiert; zweitens die Form oder Gestalt, die der Technik gegeben wird; drittens der Zweck oder Nutzen, der durch die Technik erfüllt werden soll und viertens die bewirkende Handlung des Menschen. Im Gegensatz zu einer solchen Vorabentscheidung über die Eigenheiten von Technik orientiert sich die pragmatische Technikauffassung an der vermittelnden Rolle, die die Technik zwischen Mensch und Welt spielt: Wenn „es eine besondere Beziehung zur Welt [ist], die Technik konstituiert" (Rammert 1998: 302), dann gilt es, „nach verschiedenen Graden der Vermittlung in der mit Technik verwobenen Welt zu forschen." (ebd.: 304)
13 Vergleiche hierzu Faßler (1997), der jedoch von „sozialen" Zusatzräumen spricht.
14 Hierbei handelt es sich längst nicht mehr nur um die Ausbildung spezifischer Netzkulturen, sondern um soziale Ausdifferenzierungsprozesse. Vergleiche hierzu u.a. Thiedeke (2000)

Elektronische Vernetzungstechnologien lassen den Entwurfscharakter des Raumes zu Tage treten, indem durch sie deutlich wird, dass Kommunikation nicht im sozialen Raum stattfindet, sondern diesen erst generiert. Der elektronische Raum konstituiert sich als Zusatzraum durch seine kommunikativen Anschlüsse. Das Soziale spielt sich damit nicht nur im Raum ab, sondern kreiert ihn. Gerade dadurch, dass der elektronische Raum von sich aus keine Eindeutigkeiten bietet, treten die „komplexen Geografien" als „gemachte" Geografien hervor. Neben der neuen ‚Unabhängigkeit' im Raum tritt damit die „Machbarkeit" und „Gestaltbarkeit" von Raum jenseits gewachsener Raum-Zeit-Geografien zu Tage. Die Folge ist eine Ausdifferenzierung von Beziehungsstrukturen sowie sich vervielfältigende Authentizitätsebenen.

So werden zwar unsere bisherigen Raumvorstellungen in der globalisierten Gesellschaft „in Unordnung" gebracht, ohne dass dies jedoch zu einem Verschwinden jeglicher Grenzen und/oder einer drohenden Gefahr entropischer Sozialverhältnisse sowie der Auflösung des Realen im Virtuellen führt. Vielmehr wird die Grenzziehung und Raumverfassung nun selbst zu einem gesellschaftlichen Akt, der nicht mehr unbeobachtbar bleiben kann. Anstelle der Annahme eines „Raumes an sich", wonach der Raum als ein bereits vorhandenes „Ding" gedacht wird, werden Räume erzeugt und hervorgebracht, mit Bedeutung versehen, die ihrerseits Bedeutungen – in Gestalt von Identitäten, Wissen, Kontexten etc. – evozieren.

Um zu erfahren, wie diese verschiedenen Bezugsrealitäten – die virtuelle und die nicht-virtuelle – in Beziehung zu setzen sind, ist ein erneuter Rückgriff auf den Begriff der Virtualität hilfreich. Das Virtuelle ist interessant aufgrund seines „Spiegelmoments". Virtualität ist ein Begriff aus der Optik und bezieht sich auf die von einem Spiegel produzierten Bilder. Während womöglich die phantasierten, fiktiven Bilder im Kino nicht mehr oder nie existierten, ist bei virtuellen Bildern eine gewisse Interaktivität vorausgesetzt, es muss etwas vor dem Spiegel existieren. Genauso geht es dem Nutzer neuer Medien:

„Es ist der Benutzer selbst, der durch (....) seine Rückspiegelungen, durch seine Arbeit mit der Maschine eigene Kontingenz produziert." (Esposito 1998: 154)

Als Expertensysteme stellen die neuen Medien universelle Sprachen zur Konstruktion und Bearbeitung von Objekten zur Verfügung. Infolgedessen werden lokale Wissensbezüge standardisiert und die Kontrolle über Einflusssphären ausgeweitet. So fungieren sie einerseits als Instrumente, die vereinheitlichende und globalisierende Tendenzen unterstützen. Andererseits werden bisherige Praktiken sich ihrer selbst auf neue Weise bewusst. Das Zusammenspiel von Virtualität, konkreten Nutzerkontexten und Abstraktheit lässt einen „abstrakt-konkreten sozialen Raum" (Faßler 1997: 17) entstehen. Die neuen Medien versorgen uns mit anderen Perspektiven und lassen somit das Eigene als kontingent erscheinen. Mediale Repräsentationen verlangen neben dem „bloßen Durchführen" nach der systematischen Darstellung und

Die Ausbildung hybrider Raumstrukturen

Legitimierung von Praktiken. Als Foren zur Interessenartikulation dienen sie der Organisierung lokaler Anliegen und können eine vermehrte Partizipation an Entscheidungen in Gang setzen.[15] Es entstehen Gelegenheiten zum Feedback, zur Diskussion und zur Reflexion von Praktiken und Entscheidungen. Dadurch, dass Vernetzungstechnologien als Spiegel fungieren, wird bislang Implizites explizit.

Durch die Ausdifferenzierung unterschiedlicher Authentizitätsebenen entstehen „neue Möglichkeiten der Exploration kultureller und geografischer Räume, der Manipulation und Kreation semiotischer Umgebungen" (Kompast/Wagner 1996: 281). Diese „parallelen, nur punktuell koordinierten Welten" (Wagner 1993: 7) verweisen darauf, dass entgegen der weit verbreiteten „*seamless web*" Ideologie, Variationen auf sachlicher und sozialer Ebene mit Variationen im Raum einhergehen. Richtet man den Blick auf die Arten und Weisen der Vermischung von Offline- und Online-Realität, lassen sich neue Formen der Verknüpfung globaler und lokaler Kontexte, neue Spannungsfelder zwischen Abstraktheit und Kontextualität, zwischen Ferne und Nähe erschließen. Die Folge ist eine Vervielfältigung der Ebenen, in denen wir uns bewegen, Beziehungen zu Personen und Artefakten herstellen, Erfahrungen repräsentieren und bewerten:

> „Mit der Installierung elektronischer Räume (...) entsteht die Notwendigkeit, das jeweils Lokale in seiner Beziehung zu globalen, grenzüberschreitenden Handlungsräumen neu zu bestimmen." (Wagner 1996: 279)

Entgegen der Metapher von Meyrowitz vom „globalen Dorf", wonach die Menschen zu einer globalen Gemeinschaft im elektronischen Raum zusammenrücken, werden wir mit neuen emergenten Raumebenen konfrontiert. Um diesen neuen Raummustern auf die Spur zu kommen, reicht ein territoriales Raumverständnis nicht aus, denn es ist zu spezifisch, weil es räumliche Formen und Prozesse auf jene räumlichen Manifestationen beschränkt, die auf einer physisch definierten Oberfläche auftreten. Der Raum verliert seine bisherigen festen, geografisch verankerten Markierungen. Ebensowenig reicht ein Raumverständnis, das sich abstrakt auf den verflüssigten und homogenen – und damit auf keinen – Raum bezieht, aus. Es wird vielmehr notwendig, den Raum im Plural zu denken und auf die verschiedenen Praktiken der Verräumlichung abzustellen.

Der virtuelle Raum reflektiert die Macht bestehender Raumzeitbindungen, so dass die Wählbarkeit raumzeitlicher Synchronisationen augenscheinlich wird und bisherige raumzeitliche Koordinierungs- und Sychronisationsleistungen flexibilisiert werden können. Das vermeintliche „Draußen" steht quasi auf dem eigenen Schreibtisch. Die augenscheinlichen „Territorien des Selbst" (Goffman 1974) werden durch den Einbruch des Anderen, des Fernen

---

15 Mit jedem Eingriff in die Datenmenge verändert diese in Echtzeit ihre Kontur und lässt gleichsam in ihrer veränderten Form den Nutzer aufs Neue reagieren.

aufgeweicht. Ebenso werden Territorien geometrischer Abzirkelung des intimen, privaten oder öffentlichen Raumes „durchlöchert". Elektronische Vernetzungstechnologien fungieren als Spiegel und fordern uns dazu auf, das jeweils Lokale der alltäglichen Lebenszusammenhänge mit den neuen globalen, grenzüberschreitenden Handlungsräumen, mit dem Wissen, den kognitiven Stilen, Reflexionsweisen und Ästhetiken aus nicht eroberten Fernen neu abzustimmen.

Es kommt zu Prozessen der Modifizierung und Neuinterpretation. In Analogie etwa zu Prozessen der Aufwertung der Oralität in den unterschiedlichen Formen der Netzkommunikation, die als „zweite Oralität" bezeichnet wird, könnte man die Lokalisierungsanstregungen als „zweite Lokalisierung" bezeichnen. Indem die elektronischen Medien uns mit externen Perspektiven versorgen, bringen sie ein Bewusstsein des „generalisierten Anderswo" (Meyrowitz 1998: 178) hervor, das uns den eigenen konkreten Ort immer weniger als den Ort erleben lässt, sondern als einen von vielen möglichen Orten. Das generalisierte Anderswo fungiert als Spiegel, in dem wir gegenüber dem eigenen Ort eine reflexive Haltung einnehmen und ihn als „zweite Lokalität" hervorbringen. Der Stellenwert des Lokalen wird auf neue Weise verhandelbar. Es entsteht die Notwendigkeit, das Lokale in seiner Beziehung zu globalen, grenzüberschreitenden Handlungsräumen neu zu bestimmen. Die These, wonach elektronische Vernetzungstechnologien als technische Verkörperung der abstrakten Prozesse der Globalisierung fungieren, ist vor diesem Hintergrund hinsichtlich ihrer Effekte auf das Lokale und den damit einher gehenden Praktiken der Wiedereinbettung zu erweitern. Ebenso wie durch die neuen Technologien Weltgesellschaft „vor Ort" erfahrbar wird, provozieren sie neue Ausformungen hinsichtlich des Lokalen.

Hybride Raumstrukturen

Elektronische Vernetzungstechnologien arbeiten der aktiven, selbsterzeugten Markierung von Terrains für individuelle und kollektive Aktivität zu und ermöglichen neue Formen kooperativer Vernetzung[16]. Im Anschluss an Wagner lässt sich dies als ein permanentes Kreuzen zwischen „realen" sozialen Beziehungen und mediengestützten Kommunikationszusammenhängen begreifen. Das Verhältnis zwischen dem realen und dem virtuellen Raum lässt sich dabei als eines beschreiben, das auf das gegenseitige Angewiesen-sein der ungleichen Räume abstellt, denn: Es ist unstrittig, dass die physische Lokalität eine Konstante, dass unser Körper immer „irgendwo" ist und damit Erfahrungen der Authentizität und Unmittelbarkeit verbunden sind.

---

16 Wagner spricht daher auch nicht von „interaktiven", sondern von „kooperativen Medien" (Wagner 1993).

Die Ausbildung hybrider Raumstrukturen

Gleichzeitig bilden wir neue Kommunikationsformen und Praktiken im Netz aus, synchronisieren uns online und beschaffen uns Informationen aus dem virtuellen Raum, kurz: „Niemals ist man ganz da oder dort; man ist da und dort" (Schachtner 1998: 154). Dieser als „Hybridisierung" bezeichnete Prozess beschreibt Entwicklungen, in denen sich Formen kombinieren, die sich in unterschiedlichen Räumen und Zeiten entwickelt haben (vgl. Schneider 1997: 14). Hierbei geschieht die Vermischung eher im Sinne einer Verkettung, in der die einzelnen Formen gerade nicht zu einem organischen Ganzen verschmelzen.

Das Phänomen, wie hybride Raumstrukturen bisherige Unterscheidungen zu neuen Differenzierungen auffordern können, lässt sich an dem Begriffspaar anwesend/abwesend veranschaulichen. Neben die Differenz von anwesend/abwesend tritt eine weitere Differenz hinzu, und zwar die zwischen Anwesenheit und Fern-Anwesenheit. Es geht um eine Neujustierung räumlicher Begrifflichkeiten, und zwar um die „sozio-kulturelle Neufassung von Ferne, und damit des Anderen und des Fremden" (Faßler 1996: 181). Die Raumbezüge sozialen Handelns haben sich insofern gewandelt, dass nichts mehr ohne Ferne geht, dass wir neue „Routinen der Ferne" (Faßler 1997: 27) ausbilden müssen und infolgedessen eine „sozialtheoretische Eroberung der Fern-Anwesenheit" (ebd.: 199) notwendig wird. Wenn Entfernung immer weniger als Ausgrenzung gedacht werden kann, noch sich ausschließlich messen lässt, dann wird es notwendig, „Ferne und Anonymität als konstitutive Voraussetzung" (ebd.: 194) anzuerkennen, wenn es um das Verständnis von Identität und Gesellschaft geht. Ferne mischt sich als eine „agierende Ferne" (ebd.: 197) ein. Mittels globaler Kommunikationstechniken kann jedes reale Geschehen, wie entfernt auch immer der Ort des Geschehens sein mag, zum Nahereignis werden:

> „Plötzlich steht ‚Ferne' (also telematische Kopräsenz) im Wohnzimmer, im Büro, – und dies nicht als primitive Kolonialware, sondern als intelligente, avancierte und zivile Ferne." (Faßler 1996: 187)

Begreift man Prozesse der Ent- und Wiedereinbettung, der De- und Rekontextualisierung als Austausch- und Vermittlungsprozesse, die nicht mehr raum- und zeiteinheitlich stattfinden, stellt sich die Frage, wie sich soziale Systeme räumlich und zeitlich situieren bzw. über welche Raum-Zeitspannen sie sich erstrecken. Durch die Nutzung globaler Computernetze überschreiten wir unsere sensorischen und motorischen Beschränkungen in einem bislang unbekannten Ausmaß. Die raumzeitlichen Strukturen der Alltagswirklichkeit, die sich aus phänomenologischer Sicht konzentrisch um das „Hier" meines Körpers und das „Jetzt" meiner Gegenwart als unmittelbar gegenwärtige, der direkten Handhabung zugängliche Nah-Zonen und potentiell erreichbare, weniger bedeutsame Fern-Zonen, anordnen[17], werden mit den neuen Medien

---

17 Aus phänomenologischer Perspektive stellt der Körper die Referenz für die „räumliche Aufschichtung der alltäglichen Lebenswelt" (Schütz/Luckmann 1979: 63) dar.

grundlegend verschoben. So kommt es durch die Nutzung des elektronischen Raumes zu einer Verflüssigung räumlicher Grenzen. Mit Blick auf die räumliche Dimension kommt es zu einem „Verlust des materialen und geografischen Raumes als meßbares, begeh- und erfahrbares Prüfkriterium für Wirklichkeitsaussagen" (Faßler 1996: 187). Auf der Sozialebene geht die „Augenzeugenschaft" (ebd.), also die physische Präsenz in *face-to-face*-Situationen, verloren zugunsten einer medial vermittelten „nahen Ferne". Korrespondierte die Unterscheidung von nah und fern bislang mit geografischen Distanzen, werden wir jetzt mit einer Ferne konfrontiert, die sich immer weniger vom Körper aus denken lässt. Vor dem Hintergrund dieser Entwicklungen kann der Begriff der Ferne immer weniger als substantialistische (territoriale oder körperliche) Begrifflichkeit gedacht werden. Wir haben es jetzt vielmehr mit einer „informationellen Ferne" (ebd.) zu tun, die zu „einem Wissens-, Gesprächs-, Informations-Zustand geworden ist" (ebd.). Ferne verliert ihren territorialen Bezug und wird als „informationelle Ferne" (ebd.) zur neuen Zustandsbedingung für Interaktions- und Kommunikationsverhältnisse. Es kommt im Zuge dieser Entwicklung zu einer grundlegenden Umkehrung: Nicht vom Mittelpunkt – des Körpers, des (sozialen) Zentrums – wird Anwesenheit als sinnlich erreichbare oder symbolisch bekannte Umgebung gedacht, sondern „Ferne schreibt sich durch ihre ‚Nutzung' material und in kürzester Handlungszeit in Nähe ein." (Faßler 1996: 188) Anstelle des Körpers als Nullpunkt des Koordinatensystems von nah und fern, ist das *Interface*, „der (...) Ort, an dem der Zustand der Ferne entsteht" (ebd.: 199). Die Übersetzung von Ferne in soziale Nähe findet im „Dazwischen" statt, also weder von Angesicht zu Angesicht noch in der Mensch-Maschine-Schnittstelle, sondern im *interfacialen* Bereich. Es handelt sich hier also um eine Art „Zwischenräumlichkeit", die gerade durch die Differenz des materiellen und elektronischen Raumes entsteht.

Überträgt man diese Spezifizierung der herkömmlichen Unterscheidung von Anwesenheit und Abwesenheit durch eine stärkere Berücksichtigung der „informationellen Ferne" auf die Giddens'sche Argumentation der System- und Sozialintegration, dann reicht es nicht aus, Sozialintegration auf den Aspekt der Kopräsenz zu beschränken (vgl. Giddens 1996). Giddens' Ansatz, dass Mikro-Makro-Schema durch System- und Sozialintegration zu ersetzen, um so die Bedeutung des Raumes als Konstitutionsbedingung für soziale und systemische

---

Die leibliche Präsenz bildet den Nullpunkt respektive den Ausgangspunkt für die Orientierung im Raum: „Relativ zu meinem Leib gruppiere ich die Elemente meiner Umgebung unter die Kategorien rechts, links, oben, unten, vorn, hinten, nah, fern usw." (ebd.: 64). Diese räumliche Gliederung sozialen Handelns, in der soziale Nähe bzw. Distanz mit räumlichen Entfernungen korrespondiert, verliert zwar keineswegs an Plausibilität, sieht sich jedoch angesichts der Möglichkeiten neuer Technologien zunehmend der Konkurrenz räumlicher Verteilungen und Anordnungen ausgesetzt, so dass neben dem Körper neue Referenzen abgestimmt werden müssen, um sich räumlich zu orientieren.

Integration hervorzuheben, sieht sogenannte „Zwischenräumlichkeiten" nicht vor. Indem Systemintegration auf Verbindungen zwischen Akteuren über größere Raum-Zeit-Spannen abstellt und Sozialintegration sich auf die unmittelbar beobachtbare konkrete Lokalität bezieht, verbleibt die damit einhergehende Begrifflichkeit des Raumes zu grob: Es wird zwischen dem körpergebundenen lokalen Ort und dem abstrakten Raum unterschieden.

Mit Blick auf die virtuellen Räume als technosoziale Zusatzräume lässt sich ebenso wenig an der Annahme einer ontologischen Priorität der unmittelbaren Lokalität gegenüber dem virtuellen Raum festhalten wie an der Gegenüberstellung anwesend/abwesend. Notwendig wird vielmehr ein differenzierter Raumbegriff. Um diese unterschiedlichen Raumkonfigurationen zu erfassen, soll hier ein relationaler Raumbegriff vorgeschlagen werden. Der relationale Raumbegriff verzichtet gegenüber einem euklidischen Raumverständnis auf ein festes Referenzsystem, von dem aus der Raum beobachtet und gemessen werden kann. In diesem Verständnis geht es weniger um die Gegenständlichkeit des Raumes, sondern um die Ordnungsleistung, die durch die Bezugnahme auf den Raum entsteht. Räumliches Denken wird hier als eine Möglichkeit, Welt zu ordnen begriffen: „Raum bedeutet logischer Raum, d.h. gedachte Ordnung" (Reichert 1996: 17). Indem der Raumbegriff mit dem Begriff der Ordnung verknüpft wird, existiert der Raum nicht als eine a priori gegebene Tatsache, hat er keine – weder sichtbare noch unsichtbare – Gegenständlichkeit, sondern besteht in den Beziehungen von Phänomenen zueinander. Gesellschaftliche Raumstrukturen bestehen nicht als eine, vor aller menschlichen Erfahrung und ohne menschliches Zutun apriorisch existierende, Erscheinung, vielmehr konstituieren sie sich in Wechselwirkung zu soziokulturellen Praktiken. Das moderne abstrakt-lineare Raumverständnis, das auf Ökonomisierung und Quantifizierung abstellt, gerät als funktionsfähiges Orientierungs- und Synchronisationsmedium immer stärker unter Druck. In den Vordergrund rückt der Bedarf, nicht nur in Raum und Zeit, sondern durch Raum und Zeit Ordnung herzustellen, d.h. nicht nur Räume mittels Technik zu überwinden, sondern Verräumlichungsprozesse variabel zu gestalten. Demnach verweist der Raumbegriff auf das Ordnen, das durch das „In-Beziehung-Setzen" verschiedener Kontexte geschieht. In diesem Raumverständnis geht es um das Konstruieren und Herstellen einer bestimmten Ordnung, die nicht zuletzt durch die Abgrenzung und durch die Differenz zu anderen Räumen respektive Lokalitäten an Kontur gewinnt. Die Betonung liegt somit auf den spezifischen kulturellen Hervorbringungsweisen des Raumes. Damit wird der Tatsache Rechnung getragen, dass spezifische Raumbezüge respektive Lokalitäten in ihrem „So-Sein" erzeugt werden. Ein relationales Raumverständnis begreift den Raum nicht als unbeweglich und stets gleich, sondern rückt die soziokulturelle Verfasstheit unterschiedlicher Räumlichkeiten in den Vordergrund. Damit wird auf die Perspektivenabhängigkeit und Kontextbezogenheit spätmoderner Wirklichkeiten abgestellt.

Von der Kontrolle zur Moderation von Raum

Elektronische Vernetzungstechnologien unterstützen die Tendenzen der Auflösung der Bedeutung des lokalen Zusammenhangs für die Entstehung von Sozialität, gleichzeitig jedoch verdichten sich die zusätzlichen Erlebnis-, Wahrnehmungs- und Interaktionsräume zu „glokalen" Handlungsarenen, in denen sich neue Formen der Organisierung globaler und lokaler Bezüge ausbilden. Man kann daher sagen, dass „nicht die medientechnologischen *Interfaces* für sich soziale Dimensionen [erzeugen]; nicht der Gebrauch als elektronische Gesichtsmaschine baut sozietäre Strukturen auf, sondern der Gebrauch als Raummaschine" (Faßler 1999: 232). Mit der Rede von „Raummaschinen" wird nicht nur darauf abgestellt, mit Hilfe der Computernetze räumliche Entfernungen zu marginalisieren zugunsten einer wachsenden Raumsouveränität, mittels derer wir – angesichts gestiegener Mobilitätserwartungen und -notwendigkeiten – soziale Beziehungen erhalten oder neue Beziehungen eingehen können. Darüber hinaus tragen die neuen Medien dazu bei – in einer für die neue Moderne typischen Form – Prozesse der Rationalisierung von Raum und Zeit verstärkt mit Mobilisierungs- und Veränderungspotentialen zu mischen. In dem komplizierten Wechselspiel der Ent- und Wiedereinbettung gewinnt nicht die Kontrolle sondern die Moderation von Räumen und Zeiten an Bedeutung. Im Vordergrund steht die Kombinatorik unterschiedlicher Realitäten mit dem Ziel einer flexibleren Strukturierung bestehender Raum-Zeitkoordinaten. Es geht dabei um die Ausbildung von raumzeitlichen Spielräumen, die nicht mehr zu kontrollieren, sondern eher zu moderieren sind. In der Abstellung auf Vielfalt, auf Zufall und auf Emergenz in elektronischen Räumen wird eine Praxis der Collage und Montage aktualisiert, d.h. man jongliert mit unterschiedlichen raumzeitlichen Kontexten, fügt Phänomene in neue Kontexte jenseits gewachsener Bedeutungen und Grenzziehungen ein. In dieser Kombinatorik unterschiedlicher Bezugsrealitäten entstehen neue Gelegenheiten zum Feedback, zur Diskussion und zur Reflexion von Praktiken und Entscheidungen. Die Akteure müssen eine Balance finden zwischen verschiedenen Formen der Erfahrung – den unmittelbaren und den medial aufbereiteten – um so die Übergänge zwischen den Medien und den Realitätsebenen praktisch zu meistern.

Literatur

Baecker, D. (1995): Die Dekonstruktion der Schachtel: Innen und Außen in der Architektur. In: Luhmann, N.; Bunsen, F.D.; Baecker, D. (Hg.): Unbeobachtbare Welt. Über Kunst und Architektur. Bielefeld, S. 67-104

Esposito, E. (1993): Der Computer als Medium und Maschine. In: Zeitschrift für Soziologie (22), Heft 5, S. 338-354

Esposito, E. (1995): Illusion und Virtualität. Kommunikative Veränderungen der Fiktion, In: Rammert, W. (Hg.): Soziologie und künstliche Intelligenz. Produkte und Probleme einer Hochtechnologie, Frankfurt a. M./New York, S. 187-216

Esposito, E. (1998): Die Paradoxie, Neues zu beobachten, In: Bardmann, T. (Hg.): Zirkuläre Positionen 2. Die Konstruktion der Medien. Opladen, S. 141-161
Faßler, M. (1996): Privilegien der Ferne. Elektronische Landschaften, transkulturelle Kommunikation und Weltrhetorik. In: Ders.; Will, J.; Zimmermann, M. (Hg.): Gegen die Restauration der Geopolitik. Zum Verhältnis von Ethnie, Nation und Globalität. Gießen, S. 166-203
Faßler, M. (1997a): Netzwerke der Kulturen, Orte der Zivilisationen. In: Ästhetik & Kommunikation. Heft 97, Jg. 28, Berlin, S. 16-31
Faßler, M. (1997b): Was ist Kommunikation. München
Filippov, A. (1999): Der Raum der Systeme und die großen Reiche. Über die Vieldeutigkeit des Raumes in der Soziologie. In: Honegger, C.; Hradil, S.; Traxler, F. (Hg.): Grenzenlose Gesellschaft? Verhandlungen des 29. Kongresses der Deutschen Gesellschaft für Soziologie. Opladen, S. 344-358
Giddens, A. (1996): Konsequenzen der Moderne. Frankfurt a. M
Gilgenmann, K. (1994): Kommunikation mit neuen Medien. Der Medienumbruch als soziologisches Theorieproblem. In: Sociologia, Bd.32, H 1, S. 1-37
Goffman, E. (1974): Das Individuum im öffentlichen Austausch. Frankfurt a. M.
Hörning, K. H.; Ahrens, D.; Gerhard, A. (1997): Zeitpraktiken. Experimentierfelder der Spätmoderne. Frankfurt a. M.
Kompast, M.; Wagner, I. (1996): Der Computer als Architekturlabor. Zur widersprüchlichen Modernisierung professioneller Praktiken und Identitäten. In: Flecker, J.; Hofbauer, J. (Hg.): Vernetzung und Vereinnahmung. Arbeit zwischen Internationalisierung und neuen Managementkonzepten. Österreichische Zeitschrift für Soziologie, Sobd. 3, Opladen, S. 275-303
Koschorke, A. (1990): Die Geschichte des Horizonts. Grenze und Grenzüberschreitung in literarischen Landschaftsbildern. Frankfurt a. M.
Meyrowitz, J. (1998): Das generalisierte Anderswo. In: Beck, U. (Hg.): Perspektiven der Weltgesellschaft, Frankfurt a. M., S. 176-191
Paetau, M. (1997): Sozialität in virtuellen Räumen? In: Ders.; Becker, B. (Hg.): Virtualisierung des Sozialen. Die Informationsgesellschaft zwischen Fragmentierung und Globalisierung. Frankfurt a.M./New York: Campus, S. 103-134
Rammert, W. (1998): Die Form der Technik und die Differenz der Medien. Auf dem Weg zu einer pragmatischen Techniktheorie. In: Ders. (Hg.): Technik und Sozialtheorie. Frankfurt a. M./New York, S. 293-326
Rammert, W. (1999): Virtuelle Realitäten als medial erzeugte Sonderwirklichkeiten – Veränderungen der Kommunikation im Netz der Computer. In: Faßler, M. (Hg.): Alle möglichen Welten: Virtuelle Realität – Wahrnehmung – Ethik der Kommunikation. München, S. 33-49
Reichert, D. (1996): Räumliches Denken als Ordnen der Dinge. In: Dies. (Hg.): Räumliches Denken. Zürich, S. 15-43
Reichertz, J. (1999): „Navigieren" oder „Surfen" oder: Das Ende der Bedrohung? In: Faßler, M. (Hg.): Alle möglichen Welten. Virtuelle Realität, Wahrnehmung, Ethik der Kommunikation. München, S. 207-223
Sandbothe, M. (1997): Interaktivität – Hypertextualität - Transversalität. Eine medienphilosophische Analyse des Internet. In: Münker, S.; Roesler, A. (Hg.): Mythos Internet, Frankfurt a. M., S. 56-83
Stone, A. R. (1991): Will the Real Body Please Stand Up? - Boundary Stories about Virtual Cultures. In: Benedikt, M. (Hg.): Cyberspace: First Steps. Cambridge, S. 81-119
Wagner, I. (1993): Neue Reflexivität. Technisch vermittelte Handlungs-Realitäten in Organisationen In: Dies. (Hg.): Kooperative Medien. Informationstechnische Gestaltung moderner Organisationen. Frankfurt/New York, S. 7-66

Wagner, I. (1999): Fließende Übergänge und Collagen. Ästhetische Produktion in elektronischen Terrains. In: Faßler, M. (Hg.): Alle möglichen Welten: Virtuelle Realität – Wahrnehmung – Ethik der Kommunikation. München, S. 137-157

Werber, N. (1998): Raum und Technik. Zur medientheoretischen Problematik in Luhmanns Theorie der Gesellschaft. In: Soziale Systeme. Zeitschrift für Soziologie, Heft 1/98, Opladen, S. 219-232

Michael Paetau

Raum und soziale Ordnung –
Die Herausforderung der digitalen Medien

Einleitung

Die Folgen der, mit der rasanten Verbreitung digitaler Medien in den letzten zwanzig Jahren verbundenen, Revolution unserer Informations- und Kommunikationsverhältnisse lassen sich gegenwärtig nicht annähernd abschätzen. Für die Soziologie als Wissenschaftsdisziplin – soviel lässt sich jedoch jetzt schon sagen – hat sie die historische Ausgangsfrage des Fachs wieder auf die wissenschaftliche Tagesordnung gesetzt, und zwar in einer sehr grundlegenden Weise: Wie ist unter den veränderten Bedingungen soziale Ordnung überhaupt möglich?

Dass die soziologische Grundfrage in dieser Radikalität erneut gestellt wird, hat etwas damit zu tun, dass eine der wichtigsten Kategorien, die bislang zur Erklärung der Entstehung und Stabilisierung von Sozialität herangezogen wurde, kaum noch empirische Relevanz zu besitzen scheint: der Raum. Während im vergangenen Jahrhundert die empirisch signifikante Einbettung von Kommunikation in örtliche oder räumliche Handlungskontexte (z.B. Dorfgemeinschaft, betriebliche Arbeitsgruppe, Nationalstaat) als Erklärungsmuster für – mehr oder weniger – stabile soziale Verhältnisse benutzt werden konnte (Simmel 1908, Tönnies 1887), kommen die soziologischen Gegenwartsanalysen gegen Ende des 20. und zu Beginn des 21. Jahrhunderts übereinstimmend zu dem Ergebnis, dass, im Zusammenhang mit der digitalen Revolution, soziale Beziehungen sich immer weniger in den Grenzen lokaler oder regionaler Gegebenheiten abspielen (Giddens 1990). Insofern stellt sich die Frage: Wie wichtig oder wie unwichtig sind unter den Bedingungen der Verbreitung informations- und kommunikationstechnisch gestützter sozialer Netzwerke räumlich definierte Faktoren? Inwieweit lassen sich Sozialbeziehungen nicht nur temporär und fluide, sondern längerfristig und stabil aufrechterhalten, deren Einbettung in räumliche Gegebenheiten nicht oder nur rudimentär existiert?

Giddens, auf dessen Analyse die Aussage von der Heraushebung sozialer Beziehungen aus ortsgebundenen Interaktionsbeziehungen („Disembedding") zurückgeht, beantwortet diese Frage bekanntlich mit der These der Entkopplung von Raum und Ort. Die Etablierung Raum-Zeit-Spannen übergreifender Kommunikationsverhältnisse bringt neue Formen von Sozialität hervor, deren Stabilität jedoch noch gänzlich ungewiss ist. Giddens postuliert, dass dem „Disembedding" sozialer Beziehungen aus ortsgebundenen Interaktionszusammenhängen Prozesse des „Reembedding" gegenübergestellt werden müssen. Gemeint sind Formen sozialer Beziehungen, die an lokale raum-zeitliche Gegebenheiten anknüpfen, diese gewissermaßen simulieren können. Festzuhalten ist, dass auch Giddens den Ortsbezug als ein wichtiges Erklärungsmuster für soziale Ordnung beibehält, wenn auch in Form seiner „Verräumlichung" und unter Zuhilfenahme vermittelnder und simulierender „Reembedding-Mechanismen".

Auch Luhmann – der sich zwar im Gegensatz zu Giddens nicht sehr intensiv mit der Raumkategorie auseinandersetzt und diese auch nicht zu einem zentalen Begriff seiner Theorie macht – greift mehrfach auf räumliche Erklärungsmuster zurück (vgl. Werber 1998, Stichweh 1998). Eine sozialitätsprägende Bedeutung weist er dem Raum allerdings nur für segmentäre Gesellschaften zu. In diesen vormodernen Gesellschaften dient der Raum gemeinsam mit Verwandtschaft dazu, die Grenzen größerer sozialer Einheiten zu definieren (1997: 635). Inwieweit Luhmann mit dieser historischen Relativierung die aktuelle Bedeutung des Raumes als Kategorie der Gesellschaftsanalyse verwirft, ist umstritten. Luhmann schreibt, dass eine der modernen Gesellschaft angemessene Theorie so formuliert werden sollte, „daß sie in der Bestimmung der Gesellschaftsgrenzen nicht auf Raum und Zeit angewiesen ist" (1997: 30, Anm. 24). Der Behauptung, dass daraus das Konzept einer „raumlosen Soziologie" abzuleiten sei, wie einige Vertreter der soziologischen Systemtheorie es tun (Stichweh 1998, Werber 1998, Kuhm 2000 sowie in diesem Band), möchte ich jedoch widersprechen.[1] Im Gegenteil, gerade die Luhmannsche Theorie ist wie keine andere geeignet, einen brauchbaren Begriff des »sozialen Raumes« zu gewinnen.

Meine These ist, dass die gesellschaftliche Evolution den Raumbegriff für eine soziologische Beobachtung nicht überflüssig macht – wie Stichweh formuliert – sondern seine Semantik verändert. Gerade die Systemtheorie ermöglicht die Transformation des Raumbegriffs von einer gesellschaftsexternen zu einer sozialen Kategorie.

Mir geht es hier nicht um eine (system-)theorieinterne Debatte, sondern darum, zu hinterfragen, inwieweit sich bestimmte Probleme der sogenannten digitalen Revolution mit einer Theorie, die gänzlich von räumlichen Zusammenhängen absieht, adäquat beobachten lassen.[2] Ich vermute, nicht durch die *Eliminierung* des Raumbegriffs als soziologische Kategorie, sondern über seinen *semantischen Umbau* lässt hierbei einiges gewinnen.

---

1   Merkwürdigerweise wird dieses Zitat von den genannten Autoren nicht als Beleg herangezogen, Luhmann auch eine »zeitlose« Soziologie zu unterstellen.
2   Warum weisen beispielsweise bestimmte Online-Communities mehr, andere weniger soziale Stabiltät auf?

Die soziologische Systemtheorie hat diesen semantischen Umbau vollzogen, ohne dass dies explizit formuliert wurde und, wahrscheinlich sogar, ohne dass dies den Vertretern der Theorie selbst deutlich geworden ist. Allerdings hat dieser Umbau sich lange angekündigt. Er ist selbst ein Produkt der evolutionären Entwicklung der modernen Gesellschaft und von vielen Autoren vorbereitet worden. Georg Großklaus hat bereits 1995 (und in diesem Band) gezeigt, wie im Zusammenhang mit der Entwicklung der gesellschaftlichen Kommunikationsverhältnisse in den vergangenen 150 Jahren traditionelle Grenzziehungen des sozialen Raumes, denen die Bildung sozialer Identitäten und sozialer Systeme gefolgt waren (z.B. Grenzziehungen zwischen verschiedenen Kulturräumen, zwischen öffentlichem und privatem Raum, zwischen Nah- und Fernraum, zwischen Zentrum und Peripherie), in Bewegung geraten sind (vgl. Großklaus 1995). Mit der Luhmann'schen Systemtheorie – so meine These – hat dieser semantische Wandel einen theoretisch fortgeschrittenen Zustand erreicht, in dem von einem paradigmatischen Umbruch der Raumkategorie in den Sozialwissenschaften gesprochen werden kann.

Dabei muss daran erinnert werden, woran Läpple bereits 1991 aufmerksam gemacht hat, dass die Sozialwissenschaften hierbei eine Entwicklung nachvollziehen, die in den Naturwissenschaften bereits vor 70 Jahren eingesetzt hat und dort zu einer Revolutionierung des Raumbegriffs geführt hat.

Semantik des sozialen Raumes

In der Soziologie ist die Frage, was ein *sozialer Raum* ist, bislang erstaunlich wenig thematisiert worden. Implizit wurde jedoch das euklidische Verständnis des Raumes und mit ihm die sogenannte Behälter-Metapher übernommen, was sich bis heute nicht grundlegend geändert hat (Läpple 1991).[3] D.h. ana-

---

3 In der Tradition Euklids wird Raum als eine mit materiellen Objekten gefüllte Ausgedehntheit verstanden, eine Art Behälter, der sich selbst gegenüber den Dingen neutral verhält. Auch Newtons *absoluter Raum* ist ein „vermöge seiner Natur und ohne Beziehung auf einen äußeren Gegenstand, stets gleich und unbeweglich" bleibender Behälter. Davon abgegrenzt wird erstens der *relative Raum*, „welcher von unseren Sinnen, durch seine Lage gegen andere Körper bezeichnet und gewöhnlich für den unbeweglichen Raum genommen wird" und zweitens der *Ort* eines Körpers als Teil des Raumes, den ein faktisch stets gleich ausgedehnter Körper einnimmt (Rösenberg 1987). Kant sieht im Raum keinen empirischen Begriff, keine Kategorie in der Welt der Dinge an sich, sondern ein a priori gegebenes Ordnungsschema der sinnlichen Anschauung. Raum ist „eine notwendige Vorstellung, a priori, die allen äußeren Anschauungen zum Grunde liegt. Man kann sich niemals eine Vorstellung davon machen, daß kein Raum sei, ob man sich gleich ganz wohl denken kann, daß keine Gegenstände darin angetroffen werden. Er wird also als die Bedingung der Möglichkeit der Erscheinungen, und nicht als eine von ihnen abhängige Bestimmung angesehen"(Kant 1781: 72).

log zur Physik wird der soziale Raum als ein homogenes, dreidimensionales Gebilde vorausgesetzt, das mit Körpern angefüllt ist (oder auch nicht: dann handelt es sich um einen leeren Raum). Die Übertragung dieses Raumbegriffs „legt die Soziologie auf die traditierte Topografie fest und suggeriert zudem die illusionäre Vorstellung von einem Zusammenfallen der politischen Räume mit den ökonomischen und menschlichen bzw. sozialen Räumen" (Läpple 1991: 189).

Obwohl, in der Soziologie die Frage nach der Möglichkeit des Sozialen nie direkt an den Raum gebunden worden ist, hat dennoch räumliche Nähe oder Ferne als Bestimmungsfaktor für die Möglichkeit, besonders enge oder weniger enge Sozialbeziehungen aufzubauen, immer eine große Rolle gespielt. Bei Tönnies (1887) findet sich das besonders prägnant. In Abgrenzung zum Begriff der „Gesellschaft" ist die „Gemeinschaft" die ursprüngliche Form des Sozialen, die nicht anders als durch die *Unmittelbarkeit* in den sozialen Beziehungen entstehen kann. Hinzu kommt eine *affektive Nähe* und besonders *enge Verbundenheit,* die *um ihrer selbst willen* gesucht und daher von den Menschen als eine *ursprüngliche* Form des Zusammenlebens empfunden wird (Familie, Freundschaft, Liebe). Auch wenn dieser Begriff in der modernen Soziologie so gut wie keine Rolle mehr spielt, stoßen wir in öffentlichen Debatten immer wieder auf einen Begriff von Sozialität, der eine räumliche Nähe unterstellt. So wird beispielsweise von „wirklicher" und „ursprünglicher" Kommunikation gesprochen und dabei meist eine direkte, interaktive, *face-to-face*-Kommunikation gemeint, in der die Kommunikationspartner sich räumlich nahe sind, ja genauer: sich am selben *Ort* befinden.

Simmel unterscheidet drei Grundformen, in denen die Bedeutung des sozialen Raumes für die „Gestaltungen des Gemeinschaftslebens" zum Ausdruck kommt: Erstens die „„natürliche Gemeinheit', d.h. die Vereinigung von Wohnstätten unter dem Schutz von Wall und Graben, das städtische Schöffentum, durch welches die Gemeinde zur juristischen Person wurde, der kirchliche Verband der Einwohner in Pfarreien" (Simmel 1908: 688). Alle drei okkupieren „den gleichen Bezirk in so störungslosem Zustand (..) wie Lichtwellen und Schallwellen denselben Raum" (ebd.: 88). Der Raum besitzt für Simmel keine ontische Eigenschaft, er ist „nur die menschliche Art, an sich unverbundene Sinnesaffektionen zu einheitlichen Anschauungen zu verbinden" (ebd.: 688f.). Er ist eine Voraussetzung menschlicher Gemeinschaft, wenngleich es nicht eine Frage von räumlicher Nähe oder Distanz ist, die das Gefühl der Gemeinschaft oder der Fremdheit erzeugt. „Nicht der Raum, sondern die von der Seele her erfolgende Gliederung und Zusammenfassung seiner Teile hat gesellschaftliche Bedeutung." (Simmel 1908: 688).

Sozialer Raum ist ein von sozialen Wechselbeziehungen „erfüllter" Raum. Das isolierte Nebeneinander verschiedener Individuen in einem gegebenen Raum dagegen interpretiert Simmel als einen „unerfüllten Raum". Sobald die Personen jedoch in Beziehung treten, „erscheint der Raum zwischen ihnen erfüllt und belebt". Insofern kann Simmel formulieren: „Die Wechselbeziehung unter Menschen wird – außer allem, was sie sonst ist, – auch als Raumerfüllung empfunden." (ebd.: 689) Die Raumerfüllung liegt im „Zwischen". Durch die Wechselbeziehung wird etwas zuvor Leeres zu etwas für uns. Dennoch hält auch Simmel am euklidischen Raumbegriff fest. Soziale Interaktionen sind die Elemente, die sich in einem gegebenen Raum befinden.

Auch Giddens, der eine Unterscheidung zwischen *Raum* und *Ort* vollzieht, bleibt noch der Containermetaphorik verhaftet. Unter Ort wird eine Art lokaler Schauplatz verstanden, „womit auf die im geografischen Sinne verstandenen physischen Umgebungsbedingungen gesellschaftlicher Tätigkeiten Bezug genommen wird". Die Moderne, insbesondere die Entwicklung von „Raumüberwindungstechniken" (Verkehrs- und Kommunikations-techniken), führte zu einer *Dislozierung* des Raumes vom Ort, „indem Beziehungen zwischen abwesenden anderen begünstigt werden, die von jeder gegebenen Interaktionssituation mit persönlichem Kontakt örtlich weit entfernt sind. Unter Modernitätsbedingungen wird der Ort in immer höherem Maße *phantasmagorisch,* das heißt: Schauplätze werden von entfernten sozialen Einflüssen gründlich geprägt und gestaltet. Der lokale Schauplatz wird nicht bloß durch Anwesendes strukturiert, denn die ‚sichtbare Form' des Schauplatzes verbirgt die weit abgerückten Beziehungen, die sein Wesen bestimmen." (Giddens 1995: 30)

Giddens Verräumlichungsthese impliziert allerdings zwei sich widersprechende Aussagen: Zum einen wird behauptet, dass der Ort für die Entstehung und die Stabilisierung des Sozialen seine Relevanz verliert und der Raum an seine Stelle tritt. Gleichzeitig wird dem Raum aber gar nicht ernsthaft zugetraut, diese Rolle zu übernehmen. Denn – so wird argumentiert – die Verräumlichung führe wegen des Verlustes an Unmittelbarkeit in der Interaktion zu einer Auflösung der traditionellen Bindungen und erschwere damit generell die Herausbildung sozialer Ordnung. D.h., im Grunde bewegt sich Giddens im Rahmen derjenigen Theorie, die davon ausgeht, dass das Lokale, die körperliche Unmittelbarkeit, die *face-to-face*-Kommunikation die „wirkliche" und das soziale Wesen angemessen zum Ausdruck bringende Kommunikation ist. Demzufolge stellt die gegenwärtige Entwicklung eine Deformierung menschlicher Kommunikation dar, die nur scheinbar Sozialität bewirkt, in Wahrheit aber die soziale Entropie erhöht, zumindest Entfremdung.

Dass Giddens These dennoch zu keiner nennenswerten Beunruhigung führt, ist irritierend und wohl nur erklärbar mit einem ausgeprägten Vertrauen in die moderne Technik. Wenn die These der Verräumlichung stimmt, dann muss die Moderne sehen, wie sie sich am eigenen Schopfe aus dem Sumpf ziehen kann. D.h., alle Hoffnungen konzentrieren sich genau auf diejenigen Kräfte, die den Trend zur De-lokalisierung bewirkt haben, auf die neuen Medien.[4] Die Strategien sind hierbei allerdings widersprüchlich: einerseits hofft

---

4 Für Raulet ist es nur schwer vorstellbar, wie das funktionieren kann. Er macht auf die Konfusion zwischen den Begriffspaaren Dezentralisierung/Relokalisierung und De-

man, dem Ort wieder in seine alte Rolle zu verhelfen und damit die Einheit des Sozialen in traditioneller Weise zu retten (Marktplatzmetapher, der globale Dorfplatz etc.), andererseits ist man geneigt, den Ort als zentralen Bezugspunkt für das Soziale überhaupt fallen zu lassen. Das wiederum provoziert die Frage, was an seine Stelle treten soll.

Von der Containermetapher zu einem relationalen Raumkonzept

Für die sozialen und kulturellen Orientierungen der Menschen haben lange Zeit bestimmte tradierte sozio-kulturelle Topografien eine große Rolle gespielt. Großklaus spricht von „kognitiven Karten", die über Jahrtausende hinweg den Gesellschaften ein partiell immer wieder verändertes räumlich-symbolisches Orientierungs-*Modell* geliefert hätten. Dieses verbindliche Verzeichnis von *Raumgrenzen* „regelte alle Formen des rituellen Tausches und Austausches symbolischer Handlungen und Zeichen zwischen Göttern und Menschen, Toten und Lebendigen, Eingeweihten und Nicht-Eingeweihten, Herrschern und Untergebenen, Erwachsenen und Nicht-Erwachsenen, Wilden und Zivilisierten, Angehörigen der Eigengruppe und Angehörigen der Fremdgruppe: es bestimmte die Rituale des Grenz-Übertritts und legte die Wege und Routen fest, auf denen man den eigenen Innenraum verließ und den fremden Außenraum anderer Völker und Kulturen erreichte; es liegt schließlich Mythen und Epen, Texten aller Sorten bis in unsere Gegenwart als narrative Struktur zugrunde." (Großklaus 1995)

Diese traditionellen und vertrauten „kognitiven Karten" verlieren gegenwärtig ihre Bedeutung. Das an sie gebundene Raummodell ist nicht mehr in der Lage, einen angemessenen Bezugsrahmen unserer mediengestützten Erfahrung zu liefern. Der Zersetzungsprozess geschieht schrittweise und sein Verlauf ist wohl stärker von dem historischen Prozess der Umstellung von Print- auf Bildmedien abhängig als von der Entwicklung der Raumüberwindungstechniken (Kutschen, Eisenbahnen, Autos, Flugzeuge). Denn mehr als über reale Ortsveränderungen durch Reisen bildete sich die kognitive Karte über symbolische Aneignungen des fernen Fremden heraus. Solange das Monopol der Weltinterpretation an das Buch gebunden war, musste sich diese Art einer „virtuellen" Grenzüberschreitung lesend vollziehen. Die Literatur schickte ihre Helden auf eine „transzendentale Reise" (Großklaus 1995: 110), nötigte ihn, den heimatlichen Raum zu verlassen und die Grenze zum Fremdraum zu überschreiten. „Diese langsamen Reisen setzten jenes feste System von Grenzen und Distanzen voraus, wie es in der alten Raum-Karte verzeichnet war." (ebd.)

---

zentralisierung/Delokalisierung aufmerksam; „auf die Erstgenannten zielen die frommen Wünsche ab." (Raulet 1988: 297)

Mit der Entwicklung hin zu audio-visuellen Medien ändert sich dies. Großklaus periodisiert diesen Übergang anhand unterschiedlicher technischer Erfindungen und mit ihnen verbundener Änderungen im Wahrnehmungsverhalten: 1. die *panoramatische* Wahrnehmung,[5] 2. die *daguerreotypische* Wahrnehmung, 3. die *kinematografische* Wahrnehmung, 4. die *televisionale* Wahrnehmung und 5. die *computerielle* Wahrnehmung.

Bereits der Übergang vom Kino zum Fernsehen ist ein scharfer Einschnitt. Da die televisionale Wahrnehmung es immer mit optisch-elektronischen (Bild)-Prozessen zu tun hat (nicht mit Bild-Zuständen), ordnet es das Geschehen zu flüchtigen Bildgestalten auf und wieder ab. „Die televisionale Wahrnehmungsorientierung spielt sich bis an die physiologischen Grenzwerte beschleunigt ab; ihr Ordnungsmuster ist das dynamische Mosaik; ihr Verfahren das einer hyperaktiven und hypermobilen Reizpunkt-Collage." (Großklaus 1995: 129) Während der traditionelle Film ähnlich wie in der Literatur (mehr oder weniger) langsam die Handlung aufbaut und auch während der Gesamtdauer des Films unsere Aufmerksamkeit in Anspruch nimmt, ist das Fernsehen nach seiner Struktur „diejenige Maschine, die die Geschichten zerschlägt und zertrümmert" (Großklaus 1995: 129). Dort, wo die Bilder in Echtzeit erscheinen und verschwinden, ist eine Verdichtung zu Geschichten und damit die kollektive Versicherung von Sinn nicht möglich. Das TV-Bild dient eher der kurzfristigen Versicherung gegenwärtiger Realität. Das Weltgeschehen durchströmt die Gehirne der Zuschauer „tele-ikonisch", ohne Verzögerungen, Zwischenzeiten und Distanzen.

Nach Großklaus ist es vor allem die Echtzeit, die Gleichzeitigkeit von fernem Ereignis und nahem Ereignisbild, die das Authentische des Bildes verbürgt. „Die simulatorische Nähe löst Distanzen auf, verwischt die Grenzen zwischen Nahem-Eigenem und Fernen-Fremden und bewirkt die letzten Entmystifikationen des Fremden: des fremden Körpers, des fremden Raumes, der fremden Kultur zugunsten von globaler An-*eignung* über Zeichen." (S. 132). Alles, was aus dieser Echtzeit-Simulation herausfällt, verliert an authentischer und simulatorischer Kraft.[6]

Mit dem Computer wird diese Entwicklung insofern radikalisiert, als es nun möglich wird, die Simulation von ihrem realweltlichen Vorbild abzutrennen. Erstmals kann nun auch etwas simuliert werden, was in der Realität nicht wahrnehmbar und beobachtbar ist, nicht real oder noch nicht real (aber prinzipiell möglich) ist. Das, was in der präcomputerisierten Zeit nur über Imagination möglich war, wird nun objektiviert, als eine Art Widerspiegelung der

---

5 An der Wende vom 18. zum 19. Jahrhundert beginnt mit der Erfindung von Panoramen eine erste Irritation traditioneller Wahrnehmungsgewohnheiten. Auf der Weltausstellung 1900 wird ein Stück Alpenlandschaft mitten in Paris erzeugt. Simulatorisch – wenngleich auf einer primitiven technischen Ebene – wird die Nähe des Fernen hergestellt und nimmt dadurch etwas voraus, was einige Jahre später realtechnisch möglich sein sollte: das Raumfeld zwischen zwei Orten schmal werden zu lassen.

6 Großklaus verwendet hier einen anderen Simulationsbegriff als Baudrillard (vgl. Kap. 5).

Realwelt dargestellt, vor allem aber als widerspruchsfrei, berechenbar und programmierbar. Und damit wird suggeriert, es seien nun auch diese letzten transzendentalen Residuen dem menschlichen Verfügungswillen unterworfen.[7]

In der Soziologie hat die Veränderung unserer räumlichen Wahrnehmung sehr langsam zu theoretischen Konsequenzen geführt. Im Grunde beginnt der theoretische Umbau, der vor allem eine Lösung vom euklidischen Raumverständnis voraussetzt, erst jetzt. Sich von der Container-Metapher zu verabschieden, heißt, von den sozialen Operationen selbst auszugehen. Der soziale Raum wäre dann nicht mehr durch geografische Aspekte (Anordnungsmuster der Standorte von Menschen und Artefakten) bestimmt, sondern primär als ein Koordinatensystem von sozialen Handlungen bzw. sozialen Positionen (Bourdieu) oder als ein Netzwerk von Kommunikation zu betrachten (Luhmann), das sich von seinen geografischen Voraussetzungen weitgehend befreit hat.[8]

In den Naturwissenschaften hat diese Entwicklung bereits gegen Ende des 19. Jahrhunderts eingesetzt. Mit Riemanns These von n-fach ausgedehnten stetigen und diskreten Mannigfaltigkeiten des Raumes vollzieht sich 1854 eine Trennung des physikalischen und des mathematischen Raumbegriffs (siehe hierzu auch Schlieder in diesem Band). Während die Eigenschaften des physikalischen Raumes – so Riemann – aus den Erfahrungen bestimmt werden müssen, könne die Mathematik mit Hilfe moderner experimenteller Möglichkeiten sich davon lösen. Riemann betont zwar, dass das mathematisch Mögliche keineswegs eine physikalische Entsprechung besitzen müsse, aber mit Hilfe der mathematischen Raumbestimmung könne die Physik in bislang unerforschte Bereiche vorstoßen.[9] Riemann rechnete damit, dass insbesondere die Maßverhältnisse des Raumes im Unendlichen sich als sperrig gegenüber den Voraussetzungen der Geometrie herausstellen und die Forscher dazu motivieren könnten, „nicht-euklidische Geometrien in Betracht zu ziehen bzw. zu mathematischen Darstellungsräumen überzugehen" (Rösenberg 1987).

---

7   Vgl. Baudrillard (1994), Großklaus (1995).
8   Vollkommen neu ist diese Betrachtung aber keineswegs. Bereits bei Marx findet sich eine relationale Vorstellung des sozialen Raumes. So bezeichnet er beispielsweise die Bevölkerungsdichte eines Landes als abhängig von der Entwicklung der Kommunikationsmittel. „Ein relativ spärlich bevölkertes Land mit entwickelten Kommunikationsmitteln besitzt eine dichtere Bevölkerung als ein mehr bevölkertes Land mit unentwickelten Kommunikationsmitteln, und in dieser Art sind z.B. die nördlichen Staaten der amerikanischen Union dichter bevölkert als Indien." (Marx 1968: 373)
9   Und in der Tat wurde später auf der Basis der Riemannschen Begriffe des „Unmessbargroßen" und des „Unmessbarkleinen" die Unterscheidung von Unbegrenztheit und Unendlichkeit des Raumes in die Physik eingeführt. Diese Unterscheidung wurde jedoch erst viel später, nämlich in den, auf der Grundlage der Einstein'schen allgemeinen Relativitätstheorie entwickelten, kosmologischen Modelle relevant. Mathematisch kann der Raum als endlich dargestellt werden, physikalisch bleibt er jedoch unbegrenzt (vgl. Rösenberg 1987: 129).

Raum und soziale Ordnung

Die Überwindung der euklidischen Raumvorstellung in der Physik gelingt aber erst Einstein durch das Einbeziehen der Zeit in die Raumbestimmung. Er kritisierte die sogenannte „Behälter-Vorstellung" des Raumes, also die Auffassung, dass der Raum und die in ihm befindlichen Körper getrennte Größen sind und setzte die Relativität des Raumes sowie die Einheit des Raum-Zeit-Verhältnisses an seine Stelle. Gleichzeitig spricht er dem Raum die Eigenschaft ab, als absolut ruhendes Inertialsystem dienen zu können, als ein Referenzsystem, auf das man alle anderen Systeme beziehen und an ihm deren Bewegung berechnen könnte. Für Einstein ist im Gegensatz zu Newton der Raum nicht, ohne Beziehung zu einem anderen Gegenstand, stets gleich und unbeweglich.[10] In seiner allgemeinen Relativitätstheorie beschreibt Einstein den Raum auf der Grundlage einer nicht-euklidischen Geometrie als eine Raum-Zeit-Struktur. (vgl. Charpa/Grunwald 1993: 27)

Einer der ersten, die den Schritt in Richtung eines relationalen soziologischen Raumverständnisses getan haben, war Bourdieu. Für Bourdieu ist der soziale Raum ein mehrdimensionales Koordinatensystem, in dem sich die soziale Position von Akteuren bestimmen lässt.[11] Als Konstruktionsprinzipien des sozialen Raums fungieren bestimmte Eigenschaften, die als Kapital oder Macht wirksam werden.[12] Auf der ersten Raumdimension verteilen sich die Akteure „je nach Gesamtumfang an Kapital, über das sie verfügen; auf der zweiten Dimension je nach Zusammensetzung dieses Kapitals, das heißt je nach dem spezifischen Gewicht der einzelnen Kapitalsorten bezogen auf das Gesamtvolumen." (S. 11) Der soziale Raum ist in bestimmte „Felder" unterteilt, die durch die spezifischen Kapitalformen, die in ihnen dominieren, konstituiert werden. Diese Felder sind einerseits Gravitationsfelder der Sozialstruktur, andererseits aber auch Kampffelder, auf denen um Wahrung oder Veränderung der Kräfteverhältnisse gerungen wird (vgl. Bourdieu 1985: 74).

Die Begriffe Raum und Feld sind bei Bourdieu nicht immer klar voneinander abgegrenzt. In unterschiedlichen Kontexten werden sie abwechselnd als Ober- bzw. Unterbegriffe zueinander gesetzt (Fröhlich 1994). „Insoweit die zur Konstruktion des Raumes herangezogenen Eigenschaften wirksam sind, läßt sich dieser auch als Kräftefeld beschreiben, das heißt als ein Ensemble objektiver Kräfteverhältnisse, die allen in das Feld Eintretenden gegenüber sich als Zwang auferlegen und weder auf die individuellen Intentionen der Einzelakteure noch auf deren direkte Interaktionen zurückführbar

---

10 Die Abhängigkeit von beliebigen Inertialsystemen bei der Feststellung mechanischer Prozesse ist bereits von Galilei formuliert worden.
11 In erster Linie geht es ihm darum, Reduktionismen in der Soziologie zu vermeiden (wie z.B. Ökonomismus oder Psychologismus).
12 Wobei der Begriff „Kapital" sich bei Bourdieu bekanntlich nicht mit dem ökonomischen Begriff deckt. Er unterscheidet „ökonomisches Kapital (in seinen diversen Arten), dann kulturelles und soziales Kapital, schließlich noch symbolisches Kapital als wahrgenommene und als legitim anerkannte Form der drei vorgenannten Kapitalien (gemeinhin als Prestige, Renomee, usw. bezeichnet)." (Bourdieu 1985: 11)

sind." (Bourdieu 1985: 10) Bourdieus soziologische Analyse richtet ihren Blick auf das gesamte „Feld des Sozialen", nicht etwa auf einzelne gesellschaftliche Substanzen (wie Klasse, Gruppe oder Individuum). In diesem sozialen Raum können bestimmte Akteure aufgrund ihrer relativen Stellung innerhalb dieses Feldes unterschiedliche Positionen (und das heißt bei Bourdieu vor allem: unterschiedliche Machtpositionen) einnehmen. In diesem Sinne wäre Soziologie eine Art „Sozialtopologie" (ebd.: 9), in der „die Gesamtheit der Eigenschaften (bzw. Merkmale), die innerhalb eines fraglichen sozialen Universums wirksam sind" beschrieben werden (ebd.).

Auf diese Weise kommt Bourdieu zu einer neuen Definition der „sozialen Klasse", die er nun nicht mehr – wie etwa die marxistische Klassentheorie – festmacht an den Eigentumsverhältnissen von Produktionsmitteln, sondern in deren Definition er ein ganzes Spektrum von Eigenschaften einfließen lässt. „Tatsächlich ist der soziale Raum mehrdimensional, ein offener Komplex relativ autonomer, das heißt aber auch: in mehr oder minder großem Umfang in ihrer Funktionsweise wie in ihrem Entwicklungsverlauf dem ökonomischen Produktionsfeld untergeordnete Felder." (ebd.: 32) Die soziale Position eines Akteurs wird definiert „anhand seiner Stellung innerhalb der einzelnen Felder, d.h. innerhalb der Verteilungsstruktur der in ihnen wirksamen Machtmittel" (ebd.: 10). Der Raum selbst bleibt aber auch bei Bourdieu an ein äußerliches Referenzsystem gebunden, in dem der Beobachter die Koordinaten festlegt. Insofern bleibt auch Bourdieus Begriff des sozialen Raumes dem traditionellen Verständnis verhaftet.

Eine vollkommene Relationalisierung des sozialen Raumes, d.h. den völligen Verzicht auf ein festes *Inertialsystem*, das als Referenzsystem für das kommunikative Netzwerk zur Verfügung steht, finden wir bei Luhmann. Den entscheidenden Punkt sehe ich darin, dass bei der Frage der Sozialität nicht von vornherein von einer Einheit, sondern von einer azentrischen und infolgedessen polykontexturalen Welt (vgl. Fuchs 1992) ausgegangen wird. Durch das Einbeziehen der Beobachtersituation in der Definition dessen, was als sozialer Raum in Erscheinung tritt, könnte man von einem *konstruktivistischen* Raumbegriff sprechen. Allerdings legt Luhmann keine explizite Theorie des sozialen Raumes vor,[13] und seine Definition des *Sozialen* kommt ohne Orte aus. Konstitutiv für das Soziale ist Kommunikation; und die macht vor keinen geografischen Grenzen halt. Kommunikation findet nicht in sozialen Räumen statt, sondern konstruiert diese Räume. Kommunikation konstruiert, indem sie unterscheidet, Formen des Sozialen.[14]

---

13 Luhmann bleibt sogar immer dann, wenn er sich explizit mit dem Raum befasst, in der euklidischen Welt befangen. z.B. (Luhmann 1995: 179ff.)
14 Im Formenkalkül von Spencer-Brown sind Räume an Unterscheidungen gebunden. Den Raum, der durch eine Unterscheidung gespalten wird, nennt er „Form" (Spencer-Brown 1997: 4).

Sozialität unter Abwesenden

Die Vorstellung von einem sozialen Raum, der allein durch die Relationen der Kommunikation gebildet wird, bricht zum einen mit der soziologischen Klassik, kann zum anderen aber auch an sie anschließen. Wenn man sich beispielsweise an die Analysen von Simmel oder auch von Marx über die Bedeutung des Geldes als eines abstrakten Mediums für die Entwicklung delokaler, überregionaler Tauschmärkte, und damit für die Stabilisierung einer kapitalistischen Ökonomie, erinnert, wird deutlich, dass gerade die Kommunikation unter *Abwesenden*, also die *Abstraktifizierung* von Kommunikation keineswegs im Gegensatz stehen muss zur Herausbildung und Stabilisierung sozialer Ordnung.

Dies wird besonders am Beispiel von Organisationen deutlich. Mit Organisationen haben sich soziale Gebilde konstituiert, die nicht die gemeinsame Anwesenheit voraussetzen müssen, um als soziales System zu fungieren. Sie ersetzen die *face-to-face*-Kommunikation durch das Kriterium der Mitgliedschaft. In einer Organisation ist man Mitglied durch Eintritt (und verliert seine Mitgliedschaft durch Austritt), unabhängig davon, ob man sich persönlich trifft, miteinander redet oder nicht. In großen Organisationen sehen sich die meisten Personen nicht von Angesicht zu Angesicht, sprechen nicht miteinander und sind dennoch Mitglieder in einem sozialen System, das durch Kommunikation zustande kommt.

Damit überwinden Organisationen einen gravierenden Nachteil von Interaktionssystemen, die an unmittelbare Anwesenheit gebunden sind. *Interaktionssysteme* sind – zumindest bislang noch – an Synchronität der Kommunikation gebunden und nicht in der Lage, mehrere, gleichzeitig ablaufende Ereignisse zu verarbeiten. Sie müssen den sozialen Zusammenhang immer wieder neu – *eben durch wiederholte Interaktion* – aufbauen. *Organisationen* dagegen ermöglichen es einem sozialen System zu handeln, ohne dass in jeder Situation erneut komplizierte Abstimmungsprozesse stattfinden müssen und – über die Stabilisierung von Strukturen – ohne dass die Akteure an der Kommunikation unmittelbar beteiligt sein müssen.

Organisationen sind in ihrem Handeln nicht an die Synchronität der Kommunikation gebunden, sie können gleichzeitig ablaufende Ereignisse zur Kenntnis nehmen und zum Gegenstand ihres Handelns machen. Durch Verschriftlichung, die Einführung von Regeln über den Umgang mit Kommunikation und die Festlegung von Erwartungs- und Entscheidungsstrukturen sind Organisationen in der Lage, parallel Komplexität zu bearbeiten, die für reine Interaktionssysteme nicht mehr handhabbar wäre. Außerdem können sie als Einheit gegenüber der Umwelt handeln, eine ansonsten höchst unwahrscheinliche Annahme. Interaktionssysteme dagegen existieren nur temporär. Zwar können sie sich immer wieder neu aufbauen, erreichen damit aber nur sehr fragile Systemzustände.

Im Gegensatz zu Interaktionssystemen sind Organisationen in der Lage, als Einheit auf dem Markt in Erscheinung zu treten. Schon rein äußerlich vermitteln Organisationen dem Betrachter den Eindruck eines Systems, das klare Grenzen und auch eine eigene Identität besitzt. Es wird eine „Corporate Identity" zur Schau gestellt, es werden Leitbilder entworfen, die ein Wir-Gefühl entstehen lassen sollen, es wird aber auch deutlich gemacht, dass jede einzelne Handlung und jede einzelne Person, sich dem Ganzen unterzuordnen hat. Dies alles wird gebildet durch feste Konfigurationen von Menschen, Maschinen, Gebäuden (was sich am Begriff des *Betriebes* festmacht) und durch kausale Schließungen von Ereignisketten in Form von Regeln, programmierten Abläufen, Entscheidungshierarchien und Technik (was üblicherweise als *feste Kopplungen* von Handlungsketten bezeichnet wird).

Allerdings ist nicht zu übersehen, dass die Mittel, mit denen Organisationen die Beschränkungen von Interaktionssystemen zu überwinden versuchen, selbst mit bemerkenswerten gesellschaftlichen Restriktionen verbunden sind. Vor allem nehmen sie bestimmte Entwicklungen der Moderne wieder zurück, die ja gerade durch die Umstellung der gesellschaftlichen Differenzierungsform von Stratifikation auf Funktionssysteme dazu geführt hatte, die Gesellschaft nicht mehr als einen „sozialen Körper" zu verstehen, dem einige Menschen angehören, andere aber nicht. „Die moderne Gesellschaft verzichtet darauf, selbst Organisation (Korporation) zu sein. Sie ist das geschlossene und dadurch offene System aller Kommunikation." (Luhmann 1997: 836) Organisationen dagegen beschränken in „erheblichem Umfang das (..), was in Funktionssystemen" möglich ist (Luhmann 1997: 845). Dadurch entsteht ein eigentümliches Spannungsverhältnis zwischen Funktionssystemen und Organisationen, was sich z.B. in neuen Managementkonzepten zeigt, die sich am Begriff der „Selbstorganisation" orientieren.

Es könnte sein, dass mit dem Aufkommen virtueller Organisationen sich diese Situation verändert. Virtuelle Organisationen könnten ein weiterer evolutionärer Schritt sein, in dem dieses Spannungsverhältnis sich bewegt. Zum einen werden Operationsmuster, die eher für Funktionssysteme als für Organisationen typisch sind, in die neuen Unternehmensformen übernommen, zum anderen wird aber daran festgehalten, dass es sich hierbei um Organisationen handelt.

Virtuelle Räume

Organisationen sind ein gutes Beispiel, um zu zeigen, dass die Frage der Sozialität unter Abwesenden kein Problem ist, das erst mit der Herausbildung computergestützter Netzwerke aufgetreten ist. Aber zweifellos haben sich mit dem Auftreten sogenannter virtueller Welten oder virtueller Realitäten viele

Fragen in neuer Weise gestellt. Es ist wohl kaum übertrieben zu sagen, dass die Soziologie sich mit einer begrifflichen Präzisierung der Rede von den *virtuellen Welten* schwer tut. Die Schwierigkeit liegt wohl darin, dass ein eindeutiger Gegenbegriff fehlt, der eine klare Unterscheidung möglich macht. Häufig wird das *Virtuelle* als das Künstliche bezeichnet und vom Natürlichen abgegrenzt. Das Phänomen, dass die Individuen an einem anderen Ort agieren, als sie sich tatsächlich befinden, wird auch als *Fiktion* bezeichnet. Das Fiktive, wird dem *Realen* gegenübergestellt. Die Diskussion hat den Eindruck erzeugt, als würde sich die Gesellschaft verdoppeln. Vom Entstehen einer *virtuellen Wirtschaft* wird berichtet, in der *virtuelle Unternehmen* und Organisationen neben ihre realweltlichen Schwestern getreten sind (Davidow/Malone 1992). Mit ihnen wird sich in *virtuellen Konferenzen* (Brill/de Vries 1998) auseinandergesetzt. *Virtuelle Gemeinschaften* erscheinen gar als Hoffnungsträger gegen die Individualisierungstendenzen der Moderne (Rheingold 1993), *virtuelle Räume* ergänzen den tatsächlichen Raum (Lischka 1997), ja die ganze Gesellschaft findet ihr Pendant in der *Cyber-Society* (Bühl 1996).

Diese Art der Grenzziehung – virtuelle Welt hier, reale Welt dort – hat in den letzten Jahren nicht nur den öffentlichen, sondern auch den soziologischen, den medienwissenschaftlichen und den philosophischen Diskurs über das Verhältnis von Computernetzwerken und Sozialität geprägt: Einerseits wurde bezweifelt, dass in den Netzen überhaupt so etwas wie gesellschaftliche Kommunikation stattfinden und Sozialität entstehen kann (Bredekamp 1996), andererseits wurde durch den Nachweis kommunikativer Anschlussfähigkeit versucht, die Welt der Computernetzwerke – insbesondere das allumfassende Internet – als eigenständiges soziales System zu beschreiben (Fuchs 1998; Rost 1998).

Akzeptiert man das oben beschriebene Konzept des relationalen Raumes, lässt sich die Trennung von realer und virtueller Welt nicht mehr aufrechterhalten. Denn diese Unterscheidung leidet darunter, dass sie medienvermittelte Kommunikation an ihrer Leistungsfähigkeit für die Konstitution von Sozialität unter *Abwesenden* an der Referenz einer als primordial verstandenen Kommunikation unter *Anwesenden* misst. Die Diskussion um dieses Problem wird seit Anfang der 80er Jahre im Zusammenhang mit der Einführung computergestützter Bürokommunikation geführt (Paetau 1983). Die Debatte um das Internet hat in dieser Hinsicht nicht viel Neues gebracht. Denn nach wie vor gilt: Wer Sozialität an die Kommunikation unter Anwesenden bindet, und damit auf den Begriff der Interaktion zurückführt, wird gar nicht anders können, als in der Mediatisierung (wie immer sie aussieht) den Verlust von Unmittelbarkeit, von Intimität, von Sozialität zu beklagen. Doch auch wer in den neuen Medien gerade deshalb eine Möglichkeit sieht, entropische Tendenzen der Gesellschaft aufzufangen, weil es sich um *interaktive* Medien handelt (im Gegensatz zu den traditionellen, einseitig gerichteten Massenmedien), reduziert in gleicher Weise. Auch hier wird unterstellt, dass es *Interaktionen* sind, auf die Sozialität aufzusetzen hat.

Bereits bei der Betrachtung von Organisationen konnte diese Engführung des Problems der Unterscheidung zwischen gesellschaftlicher *Virtualität* und *Realität* nicht überzeugen. Gerade für die Soziologie war es immer schon eine Selbstverständlichkeit, *nicht-interaktive* Kommunikationsformen zu untersuchen. Durch die Bindung von Interaktion an Anwesenheit, an Synchronität und an Sequentialität wird ausgeschlossen, dass mehrere gleichzeitig ablaufende Ereignisse parallel verarbeitet werden können. Für die Behandlung von komplexen Fragen ist Interaktion somit nur bedingt gut geeignet. Für jene Fälle haben sich Organisationen und gesellschaftliche Funktionssysteme herausgebildet, deren Emergenz kommunikativer Phänomene in der Trennung von Gesellschaft und Interaktion ihren Ausdruck findet. Diese Entwicklung hat bekanntlich nicht unwesentlich zur Entstehung der Soziologie als einer eigenständigen wissenschaftlichen Disziplin beigetragen.

Die Entstehung computergestützter sozialer Netzwerke als Bildung *relationaler Räume* zu interpretieren, impliziert zunächst einmal von der Unterscheidung zwischen Gesellschaft und Interaktion zu abstrahieren und auf die grundlegende Operationsform sozialer Systeme zurückzukommen. Soziale Räume sind dementsprechend Kommunikationsnetze, die von sozialen Systemen aller Arten (einschließlich der Interaktionssysteme) durchkreuzt werden. Die Gesellschaft bedient sich der Computernetzwerke, um Sozialität zu erzeugen. Sie benutzt die neuen Formen der Kommunikation für ihre Autopoiesis, ebenso wie dies beispielsweise auch mit Hilfe von Interaktionen oder Organisationen geschieht. Computermediatisierte Kommunikation wird somit als eingebettet in die vielfältigen kommunikativen Operationen sozialer Systeme betrachtet. Auf diese Weise lassen sich – in Anlehnung an Luhmann – die Netze als eine Form im Medium der Kommunikation interpretieren, als eine Form, die selbst wiederum als Medium für weitere Formbildungen zur Verfügung steht.

Diese Sichtweise muss nicht dagegen sprechen, soziale Systeme innerhalb der spezifischen, allein über die Computernetze ablaufenden Telekommunikation zu identifizieren. Jede Kommunikation muss bekanntlich nicht nur aus der Fülle der Weltereignisse diejenigen auswählen, die als informativ behandelt werden sollen, sondern sie muss auch aus der Vielfalt der verfügbaren Verbreitungsformen selektieren. Dabei kann es zwingende Zusammenhänge geben zwischen der gewählten Information und einem geeigneten Verbreitungsmedium, mit dem diese mitgeteilt wird. Fokussiert man jedoch ein bestimmtes soziales System und beobachtet nicht nur eine einzelne kommunikative Operation, sondern den Gesamtzusammenhang seiner autopoietischen Reproduktion, stößt man in den meisten Fällen auf hybride Mitteilungsformen. Die Kommunikation verläuft innerhalb *und* außerhalb der Netze. Sie sucht sich ihren Weg, mit welchen Verbreitungsmedien auch immer.

Gesellschaft als virtuelle Realität

Geht man von der sinnhaften Konstruktion gesellschaftlicher Wirklichkeit aus, und akzeptiert Kommunikation dabei als grundlegende Operation, zeigt sich Gesellschaft zunächst als eine *virtuelle* Realität, und zwar unabhängig von Computernetzwerken, physikalischen Simulationen oder computergestützten Visualisierungstechniken. Die Gesellschaft präsentiert sich zunächst als ein unermessliches *Potential* für Irritationen, Überraschungen und Verweisungen, aus dem aktuelle Operationen selektiert werden. Diese Selektionen sind allerdings nicht beliebig, sondern unterliegen bestimmten Einschränkungen. Nicht alles, was in der Welt passiert, lässt sich wahrnehmen (auch nicht mit Hilfe der Medien), nicht alles, was in der Welt als Information mitgeteilt wird, lässt sich verstehen, und nicht alles, was verstanden wird, ist kommunikativ anschlussfähig. Unsere Verbindung zu der unfassbaren Komplexität der *Welt* ist bereits durch einen schmalen Wirklichkeitsausschnitt eingeschränkt. Dieser Ausschnitt, der selbst sozial konstruiert ist, lässt sich als *virtuelle Realität* bezeichnen.

Virtuelle Realität in diesem Sinne bezieht sich auf die Differenz von Potentialität und Aktualität, wobei der Ausdruck Differenz bedeutet, *beide* Seiten zu berücksichtigen, sowohl die des Aktuellen als auch die des Möglichen. Auch das Mögliche muss in irgendeiner Weise denkenden oder kommunikativen Operationen zugänglich sein. Nur so lässt sich entscheiden, diese oder jene Seite zu aktualisieren und die andere nicht. Und nur so – durch die Reflexion des Nicht-Ausgewählten – läßt sich eine Selektion als *Selektion* ausweisen. Insofern unterscheidet sich virtuelle Realität von der unermesslichen und unzugänglichen Weltkomplexität. Die Welt, das ist die unfassbare Mannigfaltigkeit des Gegebenen. Virtuelle Realität ist das, was bereits im Horizont der Möglichkeiten liegt und was in einer gegebenen Situation einen mehr oder weniger punktgenauen Zugriff erlaubt. Das, was in dieser Situation nicht ausgewählt wurde, ist nicht verschwunden, sondern bleibt erhalten, der Möglichkeit nach verfügbar und damit auch wieder aktualisierbar.

Alfred Schütz spricht in diesem Zusammenhang von „virtuellen Wirklichkeitsbereichen". Er meint damit den Sinnhorizont eines Individuums, der aus der Vielfalt von Erfahrungen und Ereignissen besteht und in verschiedenen geschlossenen Sinnregionen sedimentiert ist. Nicht alle dieser geschlossenen Sinnregionen befinden sich in einem gegebenen Augenblick im Kernbereich des Bewusstseinsfeldes. Die „Attention a la vie" (Schütz 1982: 32) gilt einem bestimmten Wirklichkeitsbereich. Er wird in diesem Augenblick „zur ausgezeichneten Wirklichkeit", die aber jederzeit verlassen werden kann.

Computernetze können die Differenz von Möglichem und Aktuellem beeinflussen, aber sie erzeugen sie nicht. Die Grenze ist bereits aufgrund des Komplexitätsgefälles zwischen der Welt und der in ihr operierenden sozialen Systeme gegeben. Kommunikation im weltweiten Internet ist in dieser Hinsicht nicht mehr und nicht weniger virtuell als beispielsweise ein wissenschaftlicher Diskurs, der überwiegend in Fachzeitschriften, aber natürlich auch in Konferenzen, Briefen und Mailinglisten vonstatten geht. Virtualität an die raum-zeitliche Asynchronität computergestützter Kommunikation oder an die Simulationsfähigkeit moderner Computertechnik zu binden, halte ich aus soziologischer Sicht nicht für angemessen. Wenn beispielsweise Howard Rheingold, der – ähnlich wie Baudrillard – Virtualität mit „Simulation" gleichsetzt (Baudrillard 1994; Rheingold 1993) hinsichtlich der Nutzung computergestützter Medien von „künstlicher Wirklichkeitserfahrung" spricht, so wird unterstellt, man könne unterscheiden zwischen einer künstlich erzeugten Erfahrung von etwas Wirklichem und einer wirklichen Erfahrung von etwas Künstlichem. Doch genau dies ist zu bezweifeln. Für Luhmann wird durch die Bezeichnung „*virtual reality*" der Irrtum begünstigt, „daß es trotzdem noch eine *wirkliche* Realität gebe, die mit der natürlichen Ausrüstung des Menschen zu erfassen sei, während es schon längst darum geht, diese natürliche Ausrüstung als nur *einen* Fall unter vielen möglichen zu erweisen" (Luhmann 1995: 243).

Wenn man bei *Virtual Reality* an Datenhelme, Datenhandschuhe und Datenanzüge, oder auch nur an Datenautobahnen, an Glasfaser oder Koaxialkabel denkt, dann mag zunächst die Frage des künstlich Erzeugten in den Blickpunkt geraten. Aber es gibt gute empirische und theoretische Gründe, die gegen diesen Gedanken sprechen. Wir stoßen hier auf eine Debatte, die schon im Zusammenhang mit dem soziologischen Technikbegriff geführt wurde. Und in deren Verlauf konnte gerade deutlich gemacht werden, dass die Unterscheidung „künstlich" vs. „natürlich" nur wenig taugt, um ein angemessenes soziologisches Verständnis von Technik zu gewinnen (Rammert 1998; Weingart 1989). Und das Gleiche gilt für die Frage der Virtualität. So wenig, wie man bei kanalisierten Flüssen oder bei biotechnisch hergestellten Lebewesen zwischen dem Künstlichen und dem Natürlichen unterscheiden kann, so wenig gelingt dies beim Eintritt in den „Cyberspace".

„Virtuelle Unternehmen" beispielsweise definieren sich *nicht* etwa dadurch, dass ihre Kommunikation über Computernetze vollzogen wird. Nicht die Nutzung multimedialer Systeme (und sei es moderne *Virtual-Reality*-Technik etwa im Bereich von Simulation, Konstruktion, Unterricht oder medizinischer Anwendungen), nicht der Einsatz computergestützter Kommunikationsnetzwerke, auch nicht die Verwendung von Telekonferenzen oder die Schaffung von sogenannten Tele-Arbeitsplätzen macht ein Unternehmen zu einem virtuellen Unternehmen, sondern die besondere Form der *Kopplung* seiner Systemelemente. Zweifellos kann unterstellt werden, dass die Nutzung multimedialer Systeme eine wichtige Bedingung dafür ist, dass virtuelle Unternehmen überhaupt lebensfähig sind. Und insofern haben diese Techniken eine wichtige Katalysatorfunktion für die Entstehung derartiger Formen des Sozialen.

Entscheidend ist eine besondere Form, in der wirtschaftliche Aktivitäten organisiert werden. Und doch ist es fraglich, ob es sich bei dieser Form um eine Organisation handelt. Fest steht – in dieser Frage scheint auch Konsens in den Organisationswissenschaften zu bestehen – dass virtuelle Organisationen sich im Gegensatz zu traditionellen Organisationen durch lose Kopplung und Nicht-Mitgliedschaften auszeichnen. Sie sind nicht an feste Strukturen oder Konfigurationen von Komponenten. Mit Luhmann lässt sich dieses Verhältnis auch als Medium/Form-Differenz beschreiben. Die kommunikative Struktur einer virtuellen Unternehmung stellt das Medium zur Verfügung, in dem zwischen Wirklichem, Möglichem (als konditional Wirklichem) und Unwirklichem (Luhmann 1984: 93) selektiert wird. Erst durch die (lose gekoppelte) kommunikative Struktur des Unternehmens wird etwas, das vorher zwar in der Welt (z.B. im Markt), aber nicht als im Möglichkeitshorizont des betreffenden sozialen Systems liegend erkannt wurde, für Formbildungen nutzbar. Das Medium ermöglicht einer Vielzahl von Elementen eine Vielfalt von Formbildungen, verpflichtet sie zumindest nicht auf einen angeblich *one-best-way* ihrer Verbindung.

Die gegebenen Möglichkeiten sind nicht beliebig. Insofern stellen sie gegenüber der Mannigfaltigkeit der Welt bereits eine *Selektion* dar. Es handelt sich immer um in einer gegebenen Situation *sinnhafte* Möglichkeiten, in der die Differenz zwischen Aktualität und Möglichkeit die Grundlage für die reale Strukturbildung darstellt. In virtuellen Organisationen kann es nur zu bestimmten Kommunikationen kommen, nicht zu beliebigen. Aber das System bietet genügend Spielraum, um es nicht zu festen Bindungen beziehungsweise zu strikten Kopplungen kommen zu lassen.

Diese Deutung wird m.E. auch in der organisationswissenschaftlichen Literatur geteilt. Dort wird vor allem das Temporäre, das Projektmäßige der Leistungserstellungsprozesse in den Vordergrund gehoben. Voskamp/Wittke sprechen auch von „virtueller Integration" wenn es um die vertikale Kooperation verschiedener Unternehmen geht (Voskamp/Wittke 1994). Bei Davidow/Malone ist es vor allem die Einbeziehung externer Lieferanten oder Kunden in die Planung und Durchführung des Produktionsprozesses, die „virtuelle Unternehmen" entstehen lässt (Davidow/Malone 1992). Die dadurch entstehenden Strukturen stellen eine problembezogene und dynamische Verknüpfung realer Ressourcen dar (Picot et al. 1996). Nach Scholz (Scholz 1996) handelt es sich um ein Unternehmensgebilde, das nur den „Anlagen nach als Möglichkeit vorhanden" ist, eine latente Form von Kooperation, ein Unternehmen in Lauerstellung (de Vries 1998).

Relationale Kommunikationsnetzwerke und die Formung sozialer Räume

Wenn das Virtuelle nicht in den Computernetzen zu suchen ist, sondern in dem Verhältnis von Wirklichem, Unwirklichem und Unmöglichen der gesellschaftlichen Kommunikation gesehen wird, stellt sich die Frage, welche

Rolle hierbei die Computernetzwerke übernehmen. Zumindest als materielltechnische Infrastruktur sind sie eine entscheidende Voraussetzung, für die sich Differenz von virtueller und aktueller Kommunikation.

Es ist allerdings kein triviales Problem, inwieweit ausgerechnet Technik, die sich durch ihre „funktionierende Simplifikation" (Luhmann 1991: 97) auszeichnet, virtuelle Sozialität ermöglichen soll, die ja gerade dadurch definiert ist, dass ihr eine Vielzahl von aktuellen Formbildungen offen steht. Denn zunächst einmal scheint alles Technische auf das Gegenteil hinauszulaufen: „Man kann auch sagen, daß innerhalb des simplifizierenden Bereichs feste (im Normalfall funktionierende, wiederholbare usw.) Kopplungen eingerichtet werden, was aber nur möglich ist, wenn die Interferenz externer Faktoren weitgehend ausgeschaltet wird. Deshalb kann man Technik auch als weitgehende kausale Schließung eines Operationsbereichs begreifen. Das Resultat von Technisierungen ist also eine mehr oder weniger erfolgreiche Isolierung von Kausalbeziehungen mit der Folge, daß (1) Abläufe kontrollierbar, (2) Ressourcen planbar und (3) Fehler (einschließlich Verschleiß) erkennbar und zurechenbar werden." (Luhmann 1991: 97f.)

Gerade das oben angeführte Beispiel der virtuellen Unternehmen lenkt den Blick auf das Verhältnis von strikten und losen Kopplungen und damit auf das Verhältnis von Technik und Sozialem. Lose Kopplung der einzelnen Systemelemente wird als entscheidende Differenz und als ausschlaggebender Vorteil gegenüber traditionellen Unternehmensformen betrachtet. Durch die Autonomie der Teilsysteme lassen sich behindernde starre Formalstrukturen minimieren, Komplexität reduzieren und Flexibilität erhöhen. Einzelne Unternehmen können sich in ihren Leistungserstellungsprozessen auf spezifische Kernkompetenzen konzentrieren und diese über den Weg einer Zusammenarbeit rechtlich unabhängiger Unternehmen(seinheiten) vertikal oder auch horizontal zu einem Gesamtprodukt integrieren. Durch diese Konzentration lassen sich z.B. die Voraussetzungen zur Erstellung neuer Produkte schneller schaffen, weil auf den Aufbau eines umfassenden Gemeinkostenüberbaus weitgehend verzichtet werden kann. Als weitere Vorteile werden die Variabilisierung fixer Kosten und die Flexibilisierung und Temporärisierung von Mitgliedschaften genannt. Auf diese Weise können virtuelle Organisationen über die soziale Grenze der Organisation verfügen, was in der Literatur als *aktives Grenzmanagement* bezeichnet wird.

Das Problem lässt sich dadurch lösen, dass die Computernetzwerke zunächst nur als Netzwerkinfrastruktur interpretiert werden. Das bedeutet, sie als Verbreitungsmedien und *Umwelt* von Gesellschaft zu beschreiben (Japp 1998). D.h., Computernetzwerke werden von sozialen Netzwerken dadurch unterschieden, dass die einen auf kausal-simplifizierende Operationen festgelegt sind, während die anderen über sinnhafte Kommunikation Sozialität vollziehen, sich dabei allerdings dem ganzen Spektrum verfügbarer Verbreitungsmedien bedienen.

Ohne Zweifel sind wir gegenwärtig Zeugen der Entstehung einer Vielzahl von kommunikativen Netzwerken, für die keine zeitlichen, räumlichen, kulturellen, sprachlichen oder nationalen Grenzen mehr existieren. Umstritten ist der soziale Charakter dieser Netzwerke: Sicherlich handelt es sich um eine Form von Sozialität, vielleicht auch um soziale Systeme, die auf diese Weise entstehen oder – wenn sie schon vorher existierten – ihre Stabilität mit Hilfe informationstechnischer Kommunikationsmedien sichern wollen. Die zentrale Widersprüchlichkeit liegt darin, dass einerseits eine enorme Steigerung von Kommunikation eintritt, andererseits aber die Selektionsmöglichkeiten wachsen, und mit ihnen „auch die evolutionäre Unwahrscheinlichkeit erfolgreicher Kommunikation i.s. der Realisierung ihrer Verknüpfung" (Gilgenmann 1994). Bredekamp geht sogar soweit, dass er bestreitet, dass es sich überhaupt um Kommunikation handelt, was im Internet abläuft. Denn das Internet ist „in seiner scheinbar unhierarchischen Anlage unfähig, einen Konsens zu erreichen" und „führt strukturell nicht zum Ziel der Übereinstimmung oder des Bruchs, sondern zur beständigen Erweiterung von Varianten" (Bredekamp 1996).

Die Vielfalt von Möglichkeiten hat ja bekanntlich Luhmann veranlasst, das Zustandekommen von Kommunikation als prinzipiell unwahrscheinlich zu bezeichnen (Luhmann 1981). Erst mit Hilfe von Medien kann es gelingen, diese Unwahrscheinlichkeiten in Wahrscheinlichkeiten zu verwandeln. *Sprache* erhöht die Wahrscheinlichkeit des Verstehens, *Verbreitungsmedien* erhöhen die Möglichkeiten kommunikativer Verbindungen und die Wahrscheinlichkeit der Mitteilung. *Generalisierte Kommunikationsmedien* müssen schließlich dafür sorgen, dass trotz dieser gestiegenen Möglichkeiten, die Kommunikation Anschlüsse findet.[15] Letzteres gelingt entweder im Rahmen von vorhandenen Sozialsystemen oder aber es bilden sich neue Sozialsysteme heraus.[16] Welche Rolle Computer bzw. Computernetzwerke in dieser Frage spielen könnten, ist in der gegenwärtigen soziologischen Literatur umstritten. Als technisches System sind sie zunächst einmal *Umwelt* von Sozialsyste-

---

15 „Sprache, Verbreitungsmedien und symbolisch generalisierte Kommunikationsmedien sind mithin evolutionäre Errungenschaften, die, in Abhängigkeit voneinander, die Informationsverarbeitungsleistungen begründen und steigern, die durch soziale Kommunikation erbracht werden können. Auf diese Weise produziert und reproduziert sich Gesellschaft als soziales System." (Luhmann 1984: 222f.)

16 Nach Künzler unterscheidet sich Luhmann in dieser Beziehung von Parsons. Bei Luhmann sind die *symbolisch generalisierten Medien* nicht wie bei Parsons die historische Konsequenz der gesellschaftlichen Differenzierung, sondern umgekehrt, sie sind selbst die Katalysatoren für die Herausbildung von Differenzierung und Systembildung (Künzler 1989: 81f.) Medien sind nicht – wie bei Parsons – funktionalistisch mit der Systemdifferenzierung verknüpft. Zwar weist auch Luhmann einzelnen Medien einen eindeutigen Platz im Rahmen der ausdifferenzierten Gesellschaft zu, allerdings mit dem ausdrücklichen Vorbehalt, dass es sich hierbei nicht um eine exklusive Zuordnung handelt (Luhmann 1981: 233) Auslösend für die Herausbildung der Medien ist das Problem der doppelten Kontingenz, das aller Kommunikation immanent ist.

men. Als „kausale Simplifikationen" (Luhmann) verknüpfen sie bestimmte Elemente sinnhafter Ereignisse im Medium der Kausalität (Halfmann 1996). Im Gegensatz zu anderen Autoren[17] scheint es mir fragwürdig zu sein, ob Computer neben ihrer zweifelsfreien Rolle als Verbreitungsmedium auch die eines generalisierten Kommunikationsmediums übernehmen können. Soziale Systeme sind an Sinn gebunden und können nicht sinnfrei erleben. Computer oder Computernetze könnten aber nur dann als symbolisch generalisiertes Kommunikationsmedium wirken, wenn sie in der Lage wären, Sinn zu vermitteln. Sinn impliziert immer einen „Zwang zur Selektion" (Luhmann 1984: 151). Wie aber soll ein Computer existierende Sozialsysteme auf die Selektion sinnhafter Kommunikation festlegen?[18]

Wenn man die strukturelle Kopplung von Kommunikation mit psychischen Systemen für entbehrlich hält, könnte man – wie Fuchs am Beispiel des World Wide Web – auf die Idee kommen, es sei die Operation des Linkens, die Verstehen im Netz und die Anschlussfähigkeit der Kommunikation erzeuge. Link folgt auf Link und erzeugt so die Autopoiesis des Systems. Dem ist jedoch entgegenzuhalten, dass das Markieren von Links ein *Selektionsprozess* ist und als solcher nicht frei von Kontingenzen. Aus allen möglichen URLs wird eine bestimmte Adresse ausgewählt. Diese Entscheidung ist vollkommen unabhängig von den verschiedenen technischen Normierungen (z.B. Protokollregeln) die alles weitere ermöglichen und – weil es sich um isolierte und feste Kopplungen von Kausalbeziehungen handelt – die Kommunikation auf bestimmte Adressen *festlegt*.[19] Die Selektion der URL selbst ist damit jedoch nicht im Geringsten tangiert, ebensowenig wie die Frage, ob das, was dort zu finden ist, als Information oder als bloßes Rauschen selek-

---

17 Beispielsweise Ellrich (1995), der vorschlägt, den Computer als ein *symbolisch generalisiertes Kommunikationsmedium* aufzufassen, oder Fuchs, der von einem „sozialen System" spricht, dabei aber nur ein Element des Internets heraushebt, das World Wide Web, und das *Linken* zu seiner charakteristischen Operation erhebt (Fuchs, P.: Realität der Virtualität, http: //www.netuse.de/~maro/others/pf_rdv.html). Rost knüpft an den Begriff des „Großtechnischen Systems" (Mayntz & Hughs 1988) an. (Rost, M.: Anmerkungen zu einer Soziologie des Internet, http: //www.netzservice.de/Home/maro/mr_sdi.html).

18 Selbst wenn der Computer eine verstärkte Annahmebereitschaft im Vergleich zu anderen Medien bewirken sollte, ist damit keine Selektion aus der gestiegenen Vielfalt von Mitteilungen verbunden, lediglich die Orientierung auf ein spezifisches Verbreitungsmedium gegenüber anderen erhöht.

19 Da Protokolle – jedenfalls nach dem ISO-Referenzmodell – immer nur auf einer der sieben Referenzebenen gültig sein sollen, gibt es zwischen den verschiedenen Ebenen gewisse „Kontingenzen". Möglicherweise hat das Rost dazu bewogen, an den Protokollschichten anzusetzen. Es darf aber nicht übersehen werden, dass die Beziehung zwischen den Schichten technisch normiert ist, also „kausal simplifiziert". Das betrifft auch die drei oberen, nahe an der Anwendung liegenden Schichten. Eine Analogie zur Kontingenz sozialer Kommunikation scheint mir sehr gewagt (vgl. Paetau 1990: 57ff.).

Raum und soziale Ordnung

tiert wird, sowie die Frage nach Annahme oder Ablehnung der dort mitgeteilten Inhalte.

Wenn man daran festhält, dass Computernetze technische und damit nicht-sinnhaft operierende Systeme sind, muss man sich die Frage stellen: Warum gerade diese Adresse und keine andere? Aber nicht nur darum geht es, sondern auch um die Frage, ob und wann auf eine Mitteilung (E-Mail, News) reagiert wird. Diese Frage lässt sich aber nicht beantworten, ohne auf die an der Kommunikation beteiligten psychischen Systeme zurückzukommen. Wir betrachten dann aber *Kommunikation* unter Einschluss *aller* verfügbaren Formen als die Grundoperation eines sozialen Systems und beschränken uns nicht nur auf eine, an ein bestimmtes technisches Verbreitungsmedium gebundene, Mitteilungsform.[20] Beobachtet wird dann Kommunikation als ein Netzwerk auf der Basis heterogener Verbreitungsmedien. Als Einheit der Selektionen Information, Mitteilung, Verstehen stellt sich Kommunikation dann als Anschluss von Argument auf Argument (auf welchen Verbreitungsmedien es auch immer vorgetragen wird), nicht als Abfolgen von E-Mail auf E-Mail oder Link auf Link. Dann aber stellen wir fest, dass es nicht die spezifischen Codes des technischen System sind (z.B.: formal/nichtformal, vgl. Ellrich 1995), die den Selektionsprozess bestimmen, sondern die Codes derjenigen gesellschaftlichen Funktionssysteme, die auf das Computernetz zugreifen.

Unter dieser theoretischen Perspektive spielt die Frage des Raum- bzw. Ortsbezugs insofern eine große Rolle, als wir nicht annehmen müssen, dass sich die Kommunikation der Zukunft allein auf Computernetze stützen wird sondern eine hybride Struktur von Verbreitungsmedien der Kommunikation

---

20 Das Markieren von Links während des „Web-Surfens" ist nur eine Form, der sich die Kommunikation im Computernetz bedient, und zwar eine sehr statische, aus der sich eine besondere Form der Selektionsoperationen ergibt. Während beispielsweise beim Fernsehen nach der Anwahl einer Adresse (Programm) fließend eine Abfolge von vorselektierten Mitteilungen angeboten werden, und es nur noch darum geht, nach Informativem und Nicht-Informativem zu unterscheiden, muss im WWW jedes einzelne Informationsangebot über die Markierung einer bestimmten Kommunikationsadressen aktiv aufgerufen werden. Daraus resultiert einerseits ein erhöhter Selektionsdruck, andererseits aber auch seine Verminderung. Denn dadurch, daß man jederzeit wieder einen Schritt zurückgehen kann, um einige der zuvor nicht-markierten Adressen anzuwählen, ist die Gefahr „etwas Wichtiges zu verpassen" geringer. Aus der Reihenfolge der Markierungen ergibt sich jedenfalls keinerlei Struktur. Jede Information muss einzeln „erarbeitet" werden. Electronic Mail (sei es über Internet oder über CSCW-Systeme) sowie die Nutzung von News im Usenet sind andere Formen, in denen die Selektionsformen eher denen der traditionellen Briefkommunikation ähneln. Alle diese unterschiedlichen Dienste (auf denen sich dann wiederum eine Vielzahl von spezifischen Applikationen aufbaut) sind in kommunikativer Hinsicht ausgesprochen heterogen und eignen sich m.E. nicht dazu, als spezifische Operationsform eines neuen sozialen System bestimmt zu werden.

zugrunde liegen wird. Gegenwärtig lassen sich zumindest vier unterschiedliche Formen des „realen" Ortsbezugs unterscheiden:

Erstens, eine starke lokale Rückkopplung, wie sie z.B. in kommunalen Informationssystemen bzw. -netzwerken existiert. Ein bekanntes Beispiel ist die „digitale Stadt Amsterdam".[21] Der enge Ortsbezug ist hier ein sehr wichtiger Faktor. Allerdings sind auch die behandelten Themen sehr stark auf die lokalen Gegebenheiten bezogen. Man kann von einer Integration der Internetkommunikation in einen existierenden örtlichen Kommunikationszusammenhang sprechen.

Zweitens, örtliche Nähe, wie die gemeinsame Präsenz von Personen in einem Gebäude (Betrieb), ist gekoppelt mit kooperativen Arbeitszusammenhängen und organisatorischen Mitgliedschaften. Als Beispiel können hier vor allem diverse CSCW-Netzwerke[22] dienen.

Drittens, völlige lokale Abkopplung auf der Basis organisatorischer Mitgliedschaften, wie es beispielsweise in sogenannten „virtuellen Organisationen" der Fall ist. Diese Organisationen sind oft reine Netzwerkorganisation ohne Zentrum. Dennoch handelt es sich bei ihnen nicht nur um soziale Netzwerke, sondern um organisatorische soziale Systeme. Nicht ein gemeinsames lokales Gravitationszentrum (Betrieb) sichert die kommunikativen Anschlüsse und verhindert das Aufweichen der Grenzen des sozialen Systems, sondern eher die organisatorischen Beziehungen (Mitgliedschaften und Entscheidungsstrukturen).

Viertens, völlige Lösung von lokalen und organisatorischen Bindungen, wie es z.B. im *Usenet* oder auch in diversen Mailinglisten der Fall ist. Die kommunikativen Anschlüsse entstehen über gemeinsame thematische Interessen der beteiligten Personen unterliegen aber sehr starken Schwankungen und besitzen in der Regel nur sehr geringe soziale Bindewirkungen.

In den bisherigen Ausführungen wurde die Rolle der Computernetze als Verbreitungsmedien in den Vordergrund gerückt, die die Infrastruktur für einen sozialen Raum zur Verfügung stellen, der durch Kommunikation konstruiert wird, und der von den verschiedenen Sozialsystemen (Wirtschaft, Politik, Wissenschaft, aber auch Familien[23], Protestbewegungen, virtuellen Organisationen u.a.m.) zum Zwecke ihrer eigenen Autopoiesis durchkreuzt wird. Doch die Betonung der Einbettung der Computernetze in eine hybride Form der Kommunikation kann nicht darüber hinwegtäuschen, dass der sich neu herausbildende Raum auch neuartige, dem Verbreitungsmedium adäquate Anschlussformen der Kommunikation erzeugt. In diesem Sinne lässt sich das bisher Gesagte dahingehend modifizieren, dass durchaus spezifische

---

21 http://www.akademie3000.de/overview/conf/politics/speakers/speakerx18.html
22 CSCW = Computer Supported Cooperative Work
23 Beispielsweise Migrantenfamilien, die trotz ihrer weltweiten Zersplitterung ihre innerfamiliäre Kommunikation über das Netz intensivieren können und damit zur Aufrechterhaltung der Integration der Familie beitragen können.

Formen von Sozialität entstehen können, wie sich am Beispiel von News-Gruppen, Mailinglisten, Chat-Rooms, *MUDs* und *MOOs* zeigen lässt.[24] Hier entwickeln sich durchaus Kommunikationsformen, die aus den vorhandenen sozialen Systemen ausbrechen und eine eigene – höchst reale – Welt konstruieren. Ihr Charakter ist gegenwärtig noch unklar. Inwieweit sich in ihnen eine Stabilität der Kommunikation herausstellt, die es gerechtfertigt erscheinen lässt von neuartigen sozialen Systemen zu sprechen, oder ob wir es mit fluiden Gebilden zu tun haben, die entstehen und sofort wieder zerfallen, bleibt abzuwarten.

Gegenwärtig lassen sie sich zumindest als neue Form von Interaktionssystemen mit fluider und sehr fragiler Kommunikation ohne starke soziale Bindewirkung beschreiben. Die Verwendung des Interaktionsbegriffs, der ja in der Soziologie üblicherweise an die physische Anwesenheit gebunden ist, deutet auf eine semantische Revision hin. Nach Luhmann sind Interaktionssysteme „frei gebildete Sozialsysteme", die dann entstehen,"wenn die Anwesenheit von Menschen benutzt wird, um das Problem der doppelten Kontingenz zu lösen" (Luhmann 1997: 813f.). Da es keine Kommunikation ohne die strukturelle Kopplung von Kommunikation und Bewusstsein geben kann, muss eine Art „Adresse" an der System-Umwelt-Grenze fixiert werden, auf die sich die Kommunikation richten kann. Bei Luhmann handelt es sich dabei immer um Personen. Peter Fuchs spricht von „kommunikativen Artefakten", die über die Fähigkeit zur Selbstreferenz verfügen müssen.

Auch wenn nicht ganz klar ist, was alles unter einem „kommunikativen Artefakt" verstanden werden kann, ist Fuchs zuzustimmen, dass das zentrale Argument in der *reflexiven* (d.h. vor allem der wechselseitigen) Wahrnehmung der, an der Kommunikation beteiligten, Personen liegt, und weniger in der *physischen* Anwesenheit. Nur solange man sich reflexive Wahrnehmung gar nicht anders vorstellen konnte als an physische Anwesenheit gebunden, ist diese für Interaktion eine zwingende Voraussetzung. Gelänge es jedoch – und das ist eine empirische Frage –, das Problem der doppelten Kontingenz über computermediatisierte Kommunikation zu lösen, ohne dabei auf Funktionssysteme oder Organisationen zurückgreifen zu müssen, d.h., die Inklusion von Personen in die Interaktion über Zeit-Raum-Grenzen hinweg zu gewährleisten, spricht m.E. nichts dagegen, diese Form der Sozialität als Interaktionssysteme zu beschreiben. Deren spezifische Labilität gilt natürlich auch hier: Sie können sich nicht die Gewissheit verschaffen, dass mit dem Ende der Interaktion nicht alle Kommunikation aufhört (Luhmann 1987: 816). Aber es ist keine Frage der Synchronität von Ort und Zeit mehr, ob Interaktion entsteht oder nicht. Neben die Differenz von Anwesenheit und Abwesenheit tritt eine neue Differenz, die zwischen Anwesenheit und Fern-Anwesenheit (Faßler 1996).

---

24 *MUD* ist die Abkürzung für „Multi User Dungeon", *MOOs* sind objektorientierte *MUDs*.

Literatur

Baudrillard, J. (1994): Die Illusion und die Virtualität. Bern
Bourdieu, P. (1985): Sozialer Raum und „Klassen". Leçon sur la leçon. Zwei Vorlesungen. Frankfurt a.M.
Bredekamp, H. (1996): Cyberspace, ein Geisterreich. Freiheit fürs Internet: Eine Achterbahn durch die Reste der zerfallenden Utopie. FAZ (Bilder und Zeiten), 3.02.96
Charpa, U.; Grunwald, A. (1993): Albert Einstein. Frankfurt a.M.
Coy, W. (1994): Computer als Medium. Drei Aufsätze. Forschungsbericht des Studiengangs Informatik der Universität Bremen Bericht 3/94. Juli 1994. Bremen
Davidow, W. H.; Malone, M. S., (1993): Das virtuelle Unternehmen. Der Kunde als Ko-Produzent. Frankfurt a.M./New York
Ellrich, L. (1995): Beobachtung des Computers. Die Informationstechnik im Fadenkreuz der Systemtheorie. Freiburg: Institut für Informatik und Gesellschaft der Albert-Ludwigs-Universität Freiburg i.Brsg.
Esposito, E. (1993): Der Computer als Medium und Maschine. Zeitschrift für Soziologie. Jg. 22/93, S. 338-354
Fröhlich, G. (1994): Kapital, Habitus, Feld, Symbol. Grundbegriffe der Kulturtheorie bei Pierre Bourdieu. In: Mörth, I.; Fröhlich, G. (Hg.): Das symbolische Kapital der Lebensstile. Zur Kultursoziologie der Moderne nach Pierre Bourdieu. Frankfurt a.M., S. 31-54
Fuchs, P. (1991): Kommunikation mit Computern? Zur Korrektur einer Fragestellung. Sociologia Internationalis. 29/91, S. 1-30
Fuchs, P. (1992): Die Erreichbarkeit der Gesellschaft. Zur Konstruktion und Imagination gesellschaftlicher Einheit. Frankfurt a.M.
Giddens, A. (1995): Konsequenzen der Moderne. Frankfurt a.M.
Gilgenmann, K. (1994): Kommunikation mit neuen Medien. Sociologia Internationalis. Jg. 32/94, Heft 1. S. 1-35
Grathoff, R. (1989): Milieu und Lebenswelt. Einführung in die phänomenologische Soziologie und die sozialphänomenologische Forschung. Frankfurt a.M.
Großklaus, G. (1995): Medien-Zeit, Medien-Raum. Zum Wandel der raumzeitlichen Wahrnehmung in der Moderne. Frankfurt a.M.
Halfmann, J. (1996): Die gesellschaftliche „Natur" der Technik. Eine Einführung in die soziologische Theorie der Technik. Opladen
Kant, I. (1781): Kritik der reinen Vernunft. Band 1. Frankfurt a.M.
Künzler, J. (1989): Medien und Gesellschaft. Die Medienkonzepte von Talcott Parsons, Jürgen Habermas und Niklas Luhmann. Stuttgart
Kuhm, K. (2000): Raum als Medium gesellschaftlicher Kommunikation. Soziale Systeme, 6. Jg., S. 321-348
Läpple, D. (1991): Essay über den Raum. Für ein gesellschaftswissenschaftliches Raumkonzept. In: Häußermann, H.; Ipsen, D.; Krämer-Badoni, T.; Läpple, D.; Rodenstein, M.; Siebel, W. (Hg.): Stadt und Raum. Soziologische Analysen. Pfaffenweiler, S. 157-207
Luhmann, N. (1981): Soziologische Aufklärung. Band 3: Soziale Systeme, Gesellschaft, Organisation. Opladen
Luhmann, N. (1984): Soziale Systeme. Grundriß einer allgemeinen Theorie. Frankfurt a.M.
Luhmann, N. (1990): Die Wissenschaft der Gesellschaft. Frankfurt a.M.
Luhmann, N. (1991): Soziologie des Risikos. Berlin/New York
Luhmann, N. (1995): Die Kunst der Gesellschaft. Frankfurt a.M.
Luhmann, N. (1996): Die Realität der Massenmedien. Opladen

Marx, K. (1968): Das Kapital. Kritik der politischen Ökonomie. Erster Band (1890): Der Produktionsprozeß des Kapitals. Berlin
Mayntz, R.; Hughs, T. P. (Hg.) (1988): The Development of Large Technical Systems. Frankfurt a.M.
Paetau, M. (1990): Mensch-Maschine-Kommunikation. Software, Gestaltungspotentiale, Sozialverträglichkeit. Frankfurt a.M./New York
Raulet, G. (1988): Die neue Utopie. Die soziologische und philosophische Bedeutung der neuen Kommunikationstechnologien. In: Frank, M.; Raulet, G.; van Reijen, W. (Hg.): Die Frage nach dem Subjekt. Frankfurt a.M., S. 283-316
Rheingold, H. (1992): Virtuelle Welten. Reinbek bei Hamburg
Rösenberg, U. (1987): Raumvorstellungen in der Physik. In: Pasternack, G. (Hg.): Philosophie und Wissenschaften: Das Problem des Apriorismus. Frankfurt a.M., S. 123-134
Schimank, U. (1985): Funktionale Differenzierung und reflexiver Subjektivismus. Zum Entsprechungsverhältnis von Gesellschafts- und Identitätsform. Soziale Welt. Jg. 36/85, S. 447-465
Schütz, A. (1982): Das Problem der Relevanz. Frankfurt a.M.
Schütz, A.; Luckmann, T. (1979): Strukturen der Lebenswelt. Band I. Frankfurt a.M.
Simmel, G., (1908): Der Raum und die räumliche Ordnung der Gesellschaft. In: Simmel, G. (Hg.): Soziologie. Untersuchungen über die Formen der Gesellschaft. Leipzig, S. 614-708
Stichweh, R. (1998): Raum, Region und Stadt in der Systemtheorie. Soziale Systeme, Jg. 4, S. 341-358
Tönnies, F. [1887] (1963): Gemeinschaft und Gesellschaft. Grundbegriffe der Reinen Soziologie. Darmstadt
Voskamp, U.; Wittke, V. (1994): Von „Silicon Valley" zur „virtuellen Integration" – Neue Formen der Organisation von Innovationsprozessen am Beispiel der Halbleiterindustrie. In: Sydow, J.; Windeler, A. (Hg.): Management interorganisationaler Beziehungen. Opladen, S. 213-243
Weingart, P. (1989) (Hg.): Technik als sozialer Prozeß. Frankfurt a.M.
Werber, N. (1998): Raum und Technik. Zur medientheoretischen Problematik in Luhmanns Theorie der Gesellschaft. Soziale Systeme, 4. Jg., S. 219-232

Markus Schroer

Raumgrenzen in Bewegung
Zur Interpenetration realer und virtueller Räume

Die seit den achtziger Jahren im wissenschaftlichen Kontext diskutierte *Globalisierung* steht für die Intensivierung und Verdichtung weltweiter sozialer Beziehungen. Neue Technologien tragen wesentlich dazu bei, dass Informationen unabhängig von geografischen, politischen und kulturellen Grenzen an jedem beliebigen Ort und zu jedem Zeitpunkt empfangen werden können. Dem Internet kommt in diesem Zusammenhang eine Schlüsselrolle zu. Stehen Medien seit jeher unter dem Verdacht, Grenzen zum Verschwinden zu bringen, weil sie räumliche Entfernungen mühelos überwinden, so gilt dies für das Internet im besonderen Maße. Die Kommunikation im Internet scheint tatsächlich völlig unabhängig von geografischen Grenzen zu erfolgen und Entfernungen mühelos zu überwinden. Alle, die angeschlossen sind, können Menschen auf der ganzen Welt begegnen und mit ihnen kommunizieren, völlig unabhängig davon, wie weit entfernt sie auch voneinander wohnen mögen. Geografische Nähe ist damit kein verlässliches Kriterium mehr für die Möglichkeit der Kontaktaufnahme und den Aufbau sozialer Beziehungen, denn im Netz wohnen gewissermaßen alle gleich nah nebeneinander, nur jeweils einen Klick weit vom Anderen entfernt. Damit werden Möglichkeiten zur weltweiten Kontaktaufnahme geschaffen, die alle bisherigen Massenkommunikationsmittel in den Schatten stellen, wie etwa Howard Rheingold, ein Netzpionier der ersten Stunde, betont: „Sie können nicht einfach das Telefon nehmen, um sich mit jemandem verbinden zu lassen, der sich ebenfalls über den Islam oder kalifornischen Wein unterhalten möchte, oder mit jemandem, der eine dreijährige Tochter hat oder einen vierzig Jahre alten Hudson. Zu jedem dieser Themen können Sie jedoch an einer Computerkonferenz teilnehmen." (Rheingold 1996: 42) Durch diese grenzenlosen Kommunikationsströme werden geografische Grenzen und räumliche Widerstände überwunden, nationalstaatliche Grenzziehungen unterlaufen und ad absurdum geführt. Doch die geografischen Grenzen sind nicht die einzigen Grenzen, die durch den Cyberspace zunehmend irrelevant werden. Auch die Grenzen des Geschlechts, des Alters und der eigenen Identität sollen hier mühelos zu überwinden sein. Offenbar haben wir es nicht nur mit einer

*Ent*räumlichung und *Ent*territorialisierung, sondern auch mit einer *Ent*grenzung der Gesellschaft zu tun. Der Cyberspace scheint uns einer *grenzenlosen Gesellschaft* (vgl. Honegger u.a. 1999) ein gewaltiges Stück näher zu bringen.

Übersehen wird in einer solchen Perspektive jedoch nicht nur, dass es im Cyberspace zur Errichtung zahlreicher neuer Grenzen kommt, sondern auch, dass sich dieser scheinbar grenzenlose Raum durch die Installierung einer Grenze konstituiert: der Grenze zwischen virtuell und real – einer Grenze, die längst schon in Zweifel gezogen worden war (vgl. Schütz/Luckmann 1975: 47ff.), bevor sie innerhalb der Diskussion um das Internet wiederbelebt wurde (vgl. Ellrich 1999). Mit dem Ziehen dieser Grenze entstand gewissermaßen eine zweite Gesellschaft neben der ersten. Alles, was es bisher schon gab, wurde durch den Zusatz „virtuell" verdoppelt. Von *virtuellen Erlebnissen* und Erfahrungen in *virtuellen Welten* ist ebenso die Rede wie von der Entstehung einer *virtuellen Wirtschaft*, von *virtuellen Unternehmen*, *virtuellen Gemeinschaften*, *virtuellen Städten* und *virtuellen Räumen*. Verstärkt wurde diese Tendenz zur „*Verdopplung* der Gesellschaft" (Paetau 1999) durch die Erwartung der Netzpioniere, im Internet eine ganz andere, bessere Welt aufbauen zu können, in der zahlreiche der im realen Raum gültigen Grenzen überflüssig werden sollten. Die Aktivitäten im Netz sollen nach dieser Vorstellung weniger dem Aufbau einer *Parallelwelt* gelten, in der sich, was es in der Realwelt bereits gibt, im Virtuellen nur verdoppelt, als vielmehr dem Versuch der Erschaffung einer *Gegenwelt*, eines Gegenraums zum realen Raum, der Utopie einer neuen Gesellschaft, die mit der uns bekannten möglichst wenig gemein haben soll.

Folgt man den Beschreibungen dieser zu errichtenden, virtuellen Welt, so wird deutlich, dass sich hinsichtlich der Unterscheidung real/virtuell eine Konstellation wiederholt, die dem Gegensatz von Land und Meer ähnelt, wie er über Jahrhunderte gegolten hat (vgl. Schmitt 1981, Blumenberg 1997). Während das Land – als das dem Menschen gemäße Element – als Sphäre des Realen gelten konnte, war das Meer gleichbedeutend mit dem Unbekannten, dem nur der Möglichkeit nach Vorhandenen. Die Neugier auf dieses Fremde und Unbekannte war der Antrieb, um sich aus der vertrauten Welt in die neue zu wagen. Mit jeder Expedition und mit jeder Entdeckungsreise nahm jedoch der Vorrat des ehemals Undurchdringlichen und Unerklärlichen, des Fremden und Geheimnisvollen ab, das einstmals die Fantasie beflügelt hatte. Nach und nach verwandelte sich auch das zunächst offene Meer in einen vollständig vermessenen, unter verschiedene Staaten aufgeteilten Raum.

Die Frage, der ich mich im Folgenden widmen möchte, ist, ob sich in der derzeitigen Entwicklung des Internets dieser Vorgang wiederholt. Auch die virtuelle Wirklichkeit nähert sich der realen Wirklichkeit immer mehr an. Der strikte Gegensatz zwischen real und virtuell scheint damit ebenso zu verschwinden wie schon zuvor der zwischen Land und Meer. Doch selbst wenn dem so ist, so kann dieser Befund in unterschiedlicher Weise interpretiert werden. Einerseits könnte sich die Unterscheidung von real und virtuell in der Weise auflösen, dass wir es mit einer vollständigen *Virtualisierung des Realen* zu tun haben. Andererseits aber könnte es sich auch um eine vollständige *Kolonialisierung des Virtuellen* durch das Reale handeln. Eine dritte Möglichkeit, die ich im Folgenden favorisiere, ist die einer gegenseitigen Beeinflussung des virtuellen und des realen Raums, die ich als *Interpenetration*[1] bezeichnen möchte. Die Frage ist jedoch, ob dieses Bild einer permanenten Durchdringung nicht auch noch zu wenig komplex ist, um das vielschichtige Verhältnis von Realem und Virtuellem zu erfassen.

Von der „Datenautobahn" zum „Datenmeer" – Metaphern für den Cyberspace

Der Aufbau und die allgemeine Verbreitung des globalen Kommunikationsmediums Internet geht mit einer auffälligen Metaphorisierung einher: Von der „Datenautobahn", dem „Datenhighway" und dem „Cyberspace", vom „*global village*" und der „digitalen Stadt" ist die Rede. Allerdings ist dies bei der Einführung anderer Medien und Technologien nicht anders gewesen. Man denke etwa an die Bezeichnung „Kutsche" oder „Schiff" für das Automobil oder an den „Drahtesel" für das Fahrrad. Die Übertragung von Begriffen aus einem bereits bekannten und vertrauten Wissensfeld in ein neues erfüllt offensichtlich den Zweck, sich im neuen Feld zurecht zu finden. Etwas Unbekanntes und Unvertrautes wird auf diese Weise in etwas Bekanntes und Vertrautes verwandelt. Zwar mag man die Verwendung von Metaphern generell für unnütz und unzutreffend oder aber auch für kontraproduktiv halten, weil sie verhindern, dass das neue Medium auch hinsichtlich seiner neuen Möglichkeiten erkannt und entsprechend genutzt wird (vgl. Münker 1997: 121),[2] entscheidender aber dürfte die Frage sein, *welche* Metaphern von *wem wie* verwendet werden, denn ihr Gebrauch verrät viel über die jeweiligen Vorstellungen, die von verschiedener Seite aus mit dem Internet verknüpft werden. Metaphern sind niemals zufällig gewählt und ihre Verwendung hat wirklichkeitskonstituierenden Charakter.

Datenautobahn: Die Metapher der Datenautobahn geht auf den amerikanischen Vizepräsidenten der Clinton-Regierung, Al Gore, zurück, der sie in

---

1 Interpenetration bezeichnet bekanntlich in der Systemtheorie Parsonscher Provenienz die gegenseitige Beeinflussung und Durchdringung, ein wechselseitiges Sichüberschneiden von Systemen.
2 An diesem Einwand ist durchaus „etwas dran". Er lebt aber vielleicht doch zu sehr von der Vorstellung eines völlig neuen Mediums, das mit der Verwendung alter Begrifflichkeiten nicht belastet werden soll. Die immer wiederkehrende Übertragung von Begriffen von alten Zusammenhängen auf neue zeigt, dass wir im Grunde gar keine andere Möglichkeit haben. Völlig neue, an keine vertrauten Erfahrungswelten anknüpfende Begriffe würden das Verständnis des Neuen eher noch zusätzlich erschweren.

einer Regierungserklärung 1993 erstmalig benutzte. Anschließend ist sie wiederholt von Politikern, aber auch von einzelnen Unternehmen aufgegriffen worden. Beschrieben werden sollte damit eine neue Ära des Wirtschaftens, die sich nicht mehr in den vertrauten Räumen der Industriegesellschaft abspielt, sondern in einer neuen, schnellen Welt aus Daten und Informationen besteht – eine Welt, die nicht nur die herkömmliche Arbeitswelt, sondern die Gesamtheit sozialer Beziehungen vollständig umkrempeln wird. Um jedoch keine Angst vor dieser neuen Hochgeschwindigkeitsgesellschaft zu schüren, wird mit Hilfe der Analogie zur Welt des Autofahrens und des Autoverkehrs, die (fast) jeder kennt und beherrscht, um das Vertrauen der Bürger geworben, die sich auf diese neue Technologie einzustellen haben. *Datenautobahn*, dieser Begriff suggeriert festliegende Routen, auf denen man rasch vorankommt und schnell an ein Ziel gelangt, stellt Geschwindigkeiten in Aussicht, die im realen Leben durch die hohe Verkehrsdichte kaum mehr erreicht werden können, verspricht einen geregelten Verkehr, in dem Orientierungslosigkeit und Abweichung von den vorgegebenen Strecken kaum möglich erscheinen. Doch gerade aufgrund dieser Konnotationen ist die Metapher der Datenautobahn auf Kritik gestoßen, etwa bei den Autoren der „Magna Charta für das Zeitalter des Wissens" (vgl. Dyson u.a. 1996: 102) oder bei Bill Gates (1995: 21): „Man denkt dabei an Landschaft und Geografie, an eine Entfernung zwischen zwei Punkten, und dahinter steckt die Vorstellung, dass man reisen muss, um von einem Ort zum anderen zu gelangen. Eine der bemerkenswerten Aspekte dieser neuen Kommunikationstechnik ist aber, dass sie die Entfernung aufhebt. [...] Beim Begriff Highway stellt man sich außerdem vor, dass alle auf derselben Strecke unterwegs sind. Dieses Netzwerk erinnert jedoch mehr an eine Vielzahl von Landstraßen, wo jeder sich umschauen oder seinen persönlichen Interessen folgen kann. Dahinter steckt ferner die Vorstellung, dass der Staat für den Bau zuständig sei; das wäre, glaube ich, in den meisten Ländern ein Fehler."

Global village: Die „*global-village*"-Metapher stammt von dem kanadischen Medienforscher Marshall McLuhan. Bereits in den sechziger Jahren, also lange vor der Entstehung des World Wide Web, hat McLuhan auf das Verschwinden der Distanzen und Entfernungen durch die modernen elektronischen Medien hingewiesen. Die Medien sorgen dafür, so McLuhan, dass wir an einem Ort beinahe in Echtzeit von Ereignissen erfahren, die sich zwar kilometerweit entfernt von uns zutragen, aber so wirken, als ob sie sich in unserer unmittelbaren Nachbarschaft abspielten: „Elektrisch zusammengezogen ist die Welt nur mehr ein Dorf. Die elektrische Geschwindigkeit, mit der alle sozialen und politischen Funktionen in einer plötzlichen Implosion koordiniert werden, hat die Verantwortung des Menschen in erhöhtem Maße bewußt werden lassen. Dieser Faktor der Implosion ist es, der die Lage der Schwarzen, der Teenager und einiger anderer Gruppen verändert. Sie lassen sich nicht mehr zurückhalten im Sinne begrenzter Einbeziehung in die Gemeinschaft. Sie sind jetzt dank der elektrischen Medien in unser Leben mit einbezogen wie wir in das ihre." (McLuhan 1995: 17) Wenn man so will, ist dies eine frühe Definition für Globalisierung, die sich bei Anthony Giddens (1995: 85) durchaus ähnlich liest, wenn er die wechselseitige Beeinflussung von weit auseinanderliegenden Orten als Bedeutungskern des globalen Zeitalters hervorhebt. Selbst die Hoffnung auf die Inklusion der Marginalisierten durch die Unmöglichkeit der Ignoranz, die Unmöglichkeit der Nichtwahrnehmung auch des Entferntesten wiederholt sich im Globalisierungsdiskurs (vgl. Albrow 1998a: 421 mit direktem Bezug zu McLuhan und Albrow 1998b: 134ff.). Dass McLuhan ganz andere Medien im Blick hatte, als er die Metapher des *global village* benutzte, verweist darauf, dass das Internet in diesem Sinne kein gänzlich anderes Medium ist als seine Vorgänger. Vielmehr reiht es sich in eine lange Geschichte von Medien ein, die ausnahmslos dazu beigetragen haben, geografische Räume zu überwinden und Entfernungen irrelevant werden zu lassen. Dass es dadurch auch zu einer sozialen Annäherung zwischen den verschiedensten sozialen Gruppen gekommen wäre, entspringt einer idealistisch inspirierteren Hoffnung McLuhans, die sich so sicher nicht nachweisen lässt.

Digitale Stadt: Eine der am meisten gebräuchlichen Metaphern für das Netz ist die Stadt-Metapher. Von der „Telepolis", der „*Infocity*", der „*Virtual City*", der „*City of Bits*" oder der „*Cybercity*" ist die Rede (vgl. Mitchell 1996, Rötzer 1995, Maar/Rötzer 1997, Schroer 2001). Was zum Gebrauch der Stadtmetapher motiviert, ist, dass sich viele Strukturen, Funktionen und Tätigkeiten, die für das städtische Leben charakteristisch sind, im Netz zu wiederholen scheinen. Während man in den realen Städten aus Angst vor vagabundierenden gefährlichen Gruppen wie Obdachlosen, Armen und Drogenabhängigen den Rückzug in gut bewachte Gemeinschaftsreservate antritt, wird im Internet noch einmal die Idee der Stadt als Begegnungsraum zwischen Fremden wiederbelebt. Insofern scheint die Stadt und das Urbane im Netz einen neuen Ort gefunden zu haben. Wie in der realen Stadt finden wir auch in der digitalen glitzernde Paläste neben schäbigen Häusern, Prachtboulevards neben verwahrlosten Gassen, Rotlichtviertel neben Spielplätzen. Außerdem ist es im Internet tatsächlich möglich, sich durch dreidimensionale Räume zu bewegen und dabei auch Sinneseindrücke zu simulieren, die an reale Erlebnisse weit mehr als nur erinnern. Man betritt Orte, überschreitet Schwellen, verweilt hier und dort, verliert sich bei der Betrachtung von Anziehendem, flüchtet vor Abschreckendem, gerät in Sackgassen, tritt den Rückzug an, kehrt zurück an den Ausgangspunkt, um festzustellen, wie viele Besucher während der eigenen Abwesenheit das eigene Heim, die Homepage, besucht haben. Und so bietet der Netzraum tatsächlich vieles von dem an, was sich in den realen Städten immer weiter zu verflüchtigen scheint: Eine Mischung der verschiedensten Lebensstile, eine Begegnung mit dem Unbekannten, die Kontaktaufnahme zu Fremden, die Konfrontation mit Dingen, die man bisher noch nicht gesehen hatte und die Möglichkeiten der permanenten Neuerfindung des eigenen Selbst.

Auffällig an allen drei verwendeten Metaphern[3] ist, dass es sich bei ihnen um raumorientierte Metaphern handelt. Doch gerade der Raumcharakter des Internets wird von verschiedenen Beobachtern bestritten. So heißt es etwa bei Stefan Münker: „In ständiger Veränderung, Entwicklung und Erweiterung, ohne feste Basis oder konstante Grenzen erfüllt der Cyberspace dabei im Grunde keines der Kriterien, die ihn als einen Raum – im Sinne einer klar bestimmten lokalen Struktur, eines stabilen Ortes – zu benennen rechtfertigte." (Münker 1997: 123) Auch Hans Geser hält es für „prinzipiell verfehlt, die digitale Welt der Computernetze in Metaphern des Raumes zu konzeptualisieren" (1999: 204).

Beiden Absagen an den Raumbegriff als Metapher für das Internet liegt offensichtlich ein traditioneller, euklidischer Raumbegriff zugrunde. Sobald etwas keine konstanten Grenzen hat, keine dauerhafte Einteilung in oben und unten, links und rechts erkennbar ist, kann es schon kein Raum mehr sein, so das hier vorherrschende Verständnis. Die beiden Aussagen unterstreichen wie langwierig sich der Abschied von einem *substantialistischen Raumbegriff* gestaltet, obwohl der Grundstein für ein *relationales Raumverständnis* längst gelegt worden ist. Schon Albert Einstein überwindet mit seiner Relativitätstheorie das euklidische Raumverständnis, indem er den Raum nicht länger von der Zeit trennt, so als handele es sich um zwei voneinander getrennte Größen, sondern den Raum als Raum-Zeit-Struktur denkt: „Jede Veränderung im ‚Raum' ist eine Veränderung in der ‚Zeit', jede Veränderung in der ‚Zeit' ist eine Veränderung im ‚Raum'", kommentiert Elias (1987: 674f.) treffend dieses neue Raumverständnis. Der Raum wird nicht mehr als „Behälter aller körperlichen Objekte", sondern als „Lagerungs-Qualität der Körperwelt" (Einstein 1960: XIII), als „relationale *Ordnung körperlicher Objekte*" (Läpple 1991: 189) verstanden.

Der Unterschied zwischen beiden Raumbegriffen spielt auch für die Sozialwissenschaften eine große Rolle: Im ersten Modell ist der Raum nur die Hülle für die darin befindlichen Körper. Der Raum gleicht einer Schachtel oder einem Behälter („*container*"), in den Dinge aufgenommen werden können und ihren Platz haben (vgl. Einstein 1960: XIII). Im zweiten Modell dagegen ist ein Raum keine schlichte geografische Gegebenheit mehr, vielmehr wird nach diesem Verständnis ein Raum durch soziale Operationen erst konstituiert: „Sich von der Container-Metapher zu verabschieden, heißt, von den sozialen Operationen selbst auszugehen. Der soziale Raum wäre dann nicht mehr durch geografische Aspekte (Anordnungsmuster der Standorte von Menschen und Artefakten) bestimmt, sondern primär als ein Koordinatensystem von sozialen Handlungen bzw. sozialen Positionen (Bourdieu) oder als

---

3   Weitere Informationen zu diesen und weiteren Metaphern liefert Bühl 1997: 15ff.

ein Netzwerk von Kommunikation (Luhmann), das sich von seinen geografischen Voraussetzungen weitgehend befreit hat." (Paetau 1997: 113f.)[4]

Entscheidender aber als die Frage, ob es sich beim Cyberspace tatsächlich um einen Raum handelt, ist m.E. die Tatsache, dass das Internet als Raum verstanden und zu gestalten versucht wird. Dieser starke Raumbezug springt auch bei der Verwendung von Metaphern rund um das Gebiet der Seefahrt ins Auge, auf die man allenthalben stößt.[5] Eine der wirkungsmächtigsten Metaphern ist die des „Datenmeeres", auf dessen Wellen man „surft", wobei das Surfen als individualisierte Form des Segelns gelten kann, also eine bereits fortgeschrittene Weise der Wasserüberquerung darstellt. Niemand ist meines Wissens auf die Idee gekommen davon zu sprechen, dass das Datenmeer rudernd durchquert werden könnte.[6] Das Surfen entspricht der beinahe mühe- und schwerelosen Art der Fortbewegung im Datenmeer offenbar besser als das körperlich anstrengende und schweißtreibende Rudern. Allerdings erfordert es viel Geschicklichkeit und einen oft waghalsigen Balanceakt, will man nicht abstürzen und in der Flut der Daten ertrinken. Die Bewegungsmetapher des Surfens verweist zudem darauf, dass es bestimmter Bedingungen bedarf, um überhaupt tätig werden zu können. Ohne Wasser, Wind und Wellen steht der Surfer mit seinem *Board* ebenso auf dem Trockenen wie der Netzuser mit seinem PC ohne Browser, Provider und Server. Doch selbst wenn die technischen Voraussetzungen gegeben sind, erfolgt das Surfen nur dann nicht zufällig, sondern zielgerichtet, wenn man die „Steuermannskunst", das Navigieren und Steuern (= „*cyber*", von griechisch „*kybernetike*"), beherrscht. Das Anhängsel *space* deutet darauf hin, dass man es beim „Cyberspace"[7] mit einem Raum von unbegrenzter Weite (lateinisch „*spatium*") zu tun hat (vgl. Bühl 1997: 23), einem Raum, der noch zu entdecken und zu erkunden ist wie einst das reale Meer, das schon immer als das bevorzugte Gebiet von Abenteurern und Entdeckern galt. Denn wer sich auf das Meer hinaus begibt, läuft Gefahr, sich zu weit hinauszuwagen und

---

4 In der Soziologie wird seit einigen Jahren beklagt, dass auch das soziologische Verständnis des Raums noch immer allzu sehr an dieser Container-Vorstellung partizipiert. (vgl. Läpple 1991, Beck 1997: 49f., Löw 2001, Ahrens 2001)

5 Vielleicht liegt ja in der auffälligen Absenz der Metaphern aus dem Luftraum eine unbewusste frühe Einsicht in die keineswegs widerstandslose Durchquerung der Räume im Netz. Die hinzunehmende Wartezeit beim Wechsel der verschiedenen Räume im Netz erinnert an widerständigere Elemente als Luft.

6 Je nach Netzanschluss und technischer Ausstattung dürfte jedoch der ein oder andere durchaus eher das Gefühl haben, durch das Datenmeer zu rudern statt es zu durchsurfen. Nimmt man hinzu, dass besonders schnelle Rechner auch besonders teuer sind, zeigt sich schon hier, dass von einem gleichen Zugang aller zum Netz nicht die Rede sein kann. Insbesondere der Faktor Geschwindigkeit ist bei der Suche nach Informationen zentral.

7 Der Terminus Cyberspace wird dem Science-Fiction Autor William Gibson (1966) zugeschrieben, der ihn in seinem Roman „Neuromancer" aus dem Jahre 1984 erstmals verwendet.

Schiffbruch zu erleiden (vgl. Blumenberg 1979). Das Risiko, das mit der Entfernung von der Küste, der Überwindung der angestammten und vertrauten Grenzen und der Überquerung des offenen Meeres verbunden war, wurde nur auf sich genommen, weil die Entdeckung fremder und ferner Länder ganz ungeahnte Möglichkeiten für die Gestaltung des eigenen Lebens bereit hielt.

Passend zu dieser Bestimmung des Meeres entwirft Vilém Flusser für das Internet das Bild eines *Ozeans der Möglichkeiten* (vgl. Bühl 1997: 77), womit er die Wortbedeutung von virtuell („als Möglichkeit vorhanden") mit der Metapher des Meeres verknüpft, so dass wir es bei Datenmeer und Cyberspace mit einem *Möglichkeitsraum* zu tun haben, der vom *Wirklichkeitsraum* strikt verschieden sein soll. Im Virtuellen, im Cyberspace, sollen Dinge möglich werden, die weit über das hinausgehen, was das „reale" Leben anzubieten hat. Die Netzenthusiasten stellen uns eine neue Welt in Aussicht, zu der jeder Zugang haben sollte. In ihr soll es Freiheiten geben, die es in der realen Welt nicht mehr gibt oder nie gegeben hat; in ihr sollen Zwang und soziale Kontrolle Fremdwörter sein; in ihr soll man sich mit Menschen auf der ganzen Welt verständigen können; in ihr soll man sich jenseits der üblichen Pfade politisch betätigen können, Geschlechterdifferenzen sollen keine Rolle spielen, Identitäten soll man beliebig annehmen und auch wieder ablegen können; Herkunft soll nicht wichtig sein und an den Rand gedrängte Gruppen sollen hier die Möglichkeit zur Präsentation ihrer Interessen bekommen. Vor allem aber soll der virtuelle Raum ein Raum sein, der von staatlichen Interventionen und staatlicher Kontrolle verschont bleibt. In der *Unabhängigkeitserklärung des Cyberspace* von John Perry Barlow (1996: 110) heißt es: „Regierungen der industriellen Welt, Ihr müden Giganten aus Fleisch und Stahl, ich komme aus der neuen Heimat des Geistes. Im Namen der Zukunft bitte ich Euch, Vertreter einer vergangenen Zeit: Laßt uns in Ruhe! Ihr seid bei uns nicht willkommen. Wo wir uns versammeln, besitzt Ihr keine Macht mehr. Wir besitzen keine gewählte Regierung, und wir werden wohl auch nie eine bekommen – und so wende ich mich mit keiner größeren Autorität an Euch als der, mit der die Freiheit selber spricht. Ich erkläre den globalen sozialen Raum, den wir errichten, als gänzlich unabhängig von der Tyrannei, die Ihr über uns auszuüben anstrebt. Ihr habt hier kein moralisches Recht zu regieren noch besitzt Ihr Methoden, die wir zu befürchten hätten, es zu erzwingen. [...] Wir haben Euch nicht eingeladen. Ihr kennt weder uns noch unsere Welt. Der Cyberspace liegt nicht innerhalb Eurer Hoheitsgebiete. Glaubt nicht, Ihr könntet Ihn gestalten, als wäre er ein öffentliches Projekt. Der Cyberspace ist ein natürliches Gebilde und wächst durch unsere kollektiven Handlungen."

Schon an diesen wenigen Sätzen aus diesem aufschlussreichen Dokument wird deutlich: Der Aufbau des Cyberspace, der doch eine Welt ohne Zugangsbeschränkungen darstellen soll, startet mit einem deutlichen Ausschluss aller staatlichen Aktivitäten und einer strengen Grenzziehung zwischen „Ihr" und „Wir". Dabei wird der Staat mit den Attributen materiell, körperlich und fest versehen, während der Cyberspace als immateriell, geistig und flüssig vorgestellt wird. Während die reale Welt in Staaten aufgeteilt ist, soll der Cyberspace ein staatenloser Raum bleiben. Ähnlich charakterisiert auch Florian Rötzer (1999: 22) das Internet: „Als globale Struktur, die nicht in dieser Welt ist und die (noch) nicht von einer zentralen, territorial verankerten politischen oder ökonomischen Macht beherrscht wird, bietet der Cyberspace hinreichend Freiräume." Sowohl Barlow als auch Rötzer gilt die reale Wirklichkeit als staatlich besetzter *Raum der Macht,* dem die virtuelle Wirklichkeit des Datenmeeres als *Raum der Freiheit* gegenüber gestellt wird.[8] In dieser Konstellation wiederholt sich ein Gegensatz, der über Jahrhunderte durch die Unterscheidung zwischen *Land und Meer* ausgedrückt wurde. Als Zwischenergebnis einer Geschichte, die sich als Geschichte von Landnahmen erzählen lässt, hält Carl Schmitt fest: „Die Ordnung des festen Landes besteht darin, dass es in Staatsgebiete eingeteilt ist; die hohe See dagegen ist frei, d.h. staatsfrei und keiner staatlichen Gebietshoheit unterworfen." (Schmitt 1981: 86) Folgt man Carl Schmitt endet die Geschichte des realen Meeres als Reich der Freiheit endgültig mit der britischen Seenahme, durch die auch das Meer in ein besetztes Gebiet verwandelt worden ist. Schmitt hat diesen Prozess der sukzessiven Eroberung des dem Menschen eigentlich fremden Elements – denn der Mensch ist für ihn ein „Landwesen" und ein „Landtreter" (Schmitt 1981: 7) – über Jahrhunderte verfolgt. Zahlreiche Erkundungs- und Entdeckungsreisen waren nötig, ehe Orientierung im schier grenzenlosen Raum des Meeres möglich wurde. Ohne die Kunst der Navigation und die Erfindung des Kompasses wäre der Raum jenseits der Küsten wohl nie vollständig vermessen worden. „Jetzt erst können die entferntesten Gelände aller Ozeane miteinander in Berührung treten, so dass der Erdkreis sich auftut." (ebd.: 25) Für Carl Schmitt ist mit dem Kompass „etwas Geisthaftes dem Schiff eingehaucht" (ebd.: 25) worden, und für John Perry Barlow stellt sich das Datenmeer des Internets, in dem man ohne Navigationssysteme sprichwörtlich untergehen würde, als „Heimat des Geistes" (ebd.: 110) dar. Seine Erklärung zum Charakter des Cyberspace klingt nicht zufällig wie eine Stimme aus einer anderen Welt. Er blickt nicht als Uneingeweihter auf die geheimnisvolle und noch fremde Welt des (Daten-)Meeres. Er blickt vielmehr bereits vom (Daten-)Meer aus auf die Welt derer, die zwar noch keinen Zugang haben, sich aber gerade anschicken, in seine Welt einzudringen. Barlow imaginiert sich in eine von ihm mitbestimmte neue Welt, in der die Kräfte der alten Welt keinen Zugang haben sollen. Das erinnert wiederum an Carl Schmitts kleine Studie, in der berichtet wird, „dass es neben ‚autochthonen', d.h. landgeborenen, auch ‚autothalassische', d.h. rein vom Meere bestimmten Völker gegeben hat, die niemals Landtreter gewesen sind und die nichts vom festen Lande wissen wollten, als dass es die Grenze

---

8   Auch wenn bei Rötzer bereits anklingt, dass sich dies wahrscheinlich bald ändern wird.

ihrer reinen Meeresexistenz war." (vgl. Schmitt 1981: 10) In Barlows Schriften ist es beinahe so, als werde ein solches Volk, das ein Produkt des Datenmeeres ist, ein Volk von Netzusern und *Netizens* kreiert, das nichts, aber auch gar nichts mehr mit der üblichen Welt außerhalb von Bits und Bytes zu tun hat, weil es das Netz, in das es eingezogen ist, als seinen „natürlichen" Lebensraum betrachtet.

Fragt man nach den Entdeckern dieser neuen Datenwelt, so drängen sich auch hier Parallelen zu den Entdeckern des unbekannten „realen" Meeres auf. Für den Fall des realen Meeres erklärt Schmitt: „Nicht vornehme Dogen auf pomphaften Staatsschiffen, sondern wilde Abenteurer und Seeschäumer, kühne, die Ozeane durchstreifende Waljäger und wagende Segler sind die ersten Helden einen neuen maritimen Existenz." (Schmitt 1981: 29) Auch bei der Erkundung des elektronischen Meeres gehören nicht Beamte mit Rentenanspruch oder Führungskräfte im Nadelstreifenanzug zu den Pionieren. Vielmehr haben wir es auch in diesem Fall mit kühnen Entdeckern und furchtlosen Piraten zu tun, die vorgeben, neue Kontinente zu entdecken wie einst Kolumbus: „Kolumbus war vermutlich der letzte Mensch", heißt es bei Barlow, „der soviel brauchbares und nicht beanspruchtes Land ... erblickte, wie es die Kybernauten entdeckt haben." (John Perry Barlow, zitiert nach Wertheim 2000: 329)

Diese Parallelen, die sich beliebig erweitern ließen, machen eines deutlich: Die Verwendung der See- und Meermetaphorik für das Internet erfolgt keineswegs zufällig. Die Entdeckersemantik im Netz verweist darauf, dass hier Entdeckungen gemacht werden können, die einst in der Realwelt stattfanden, dort aber offenbar nicht mehr möglich sind. Der Aufbruch in den elektronischen Raum scheint sich als Surrogat für die real nicht mehr möglichen Abenteuer und Entdeckungen anzubieten. Da das Aufbrechen in völlig neue Welten, die Entdeckung neuer Räume in der Realwelt nicht weiter möglich schien, da die physikalische Eroberung des realen Raums an ein Ende gelangt war, hatte der Expansionsdrang, der die Menschen auf andere Kontinente gelockt hatte, einen Rückschlag erlitten. Die nach Schmitt als Geschichte von Landnahmen vorstellbare Weltgeschichte (Schmitt 1981: 73) war gewissermaßen an ein „natürliches" Ende gelangt. So setzt sich die Geschichte der Eroberungen, der Landnahmen und der Raumerschließung heute im Netz fort: „*Virtual Reality* – das bedeutet ja nicht zuletzt: ‚wundersame Raumvermehrung'." (Guggenberger 2000: 56)

Die Eroberungen des Landes, des Meeres und schließlich der Luft waren dabei immer, darauf hat Schmitt zu Recht aufmerksam gemacht, ein kriegerisches bzw. militärisches Ereignis. Auch die Entwicklung des Internets ist – das sollte man nicht vergessen – aus militärischen Interessen heraus in Angriff genommen worden.[9] Insofern hat Virilio (2000: 110) wahrscheinlich

---

9 Als Vorläufer des Internets gilt das ARPANET, das während des Kalten Krieges errichtet wurde. Das amerikanische Verteidigungsministerium dachte damals über eine

Recht mit seiner Annahme, das der Aufbau des elektronischen Raums aus einer Krise des realen Raums resultiert. Denn während sich aus dem realen Raum das Fremde und Unbekannte verflüchtigt zu haben scheint, entsteht mit dem Cyberspace ein Raum, in dem die Begegnung mit dem Fremden und Unbekannten wieder möglich sein soll. Jeder Aufbruch in das Internet verspricht nun zu jenem Abenteuer werden zu können, das man einst mit der Reise in unbekannte Gegenden verbunden hat. Auch hier bricht der Nutzer auf, um Grenzen zu überschreiten und neue Horizonte zu erobern. Und diese Erkundungsreisen sind mehr als nur imaginär. Keineswegs nur träumt sich eine Person an einen anderen Ort. Vielmehr ist sie in gewisser Weise wirklich woanders, während sie doch zugleich auch hier ist, fast schon im Sinne einer Bilokalität: „In ganz grundlegender Weise ist der Cyberspace ein *anderer* Ort. Wenn ich im Internet unterwegs bin, kann mein ‚Standort' nicht mehr nur im rein physikalischen Raum ausgemacht werden. [...] Wenn ich in den Cyberspace ‚gehe', bleibt mein Körper auf dem Stuhl sitzen, aber ‚ich' – oder doch ein Aspekt von mir – bin in einem anderen Zusammenhang versetzt, der während dieser Zeit, das spürte ich genau, seine eigene Logik und Geografie hat. Natürlich ist das eine andere Art von Geografie als die, die ich in der physikalischen Welt erfahre, aber sie ist nicht weniger wirklich, nur weil sie nicht materiell ist." (Wertheim 2000: 252) Nicht einmal mehr langwierige und beschwerliche Reisen sind erforderlich, um sich im Cyberspace auf Entdeckertour zu begeben. Im Netz beginnt das Abenteuer tatsächlich „gleich um die Ecke" (Bruckner/Finkielkraut 1981).

Die Verfestigung des Flüssigen – Landnahme im Cyberspace?

Inzwischen jedoch mehren sich die Anzeichen dafür, dass sich der einst unbefestigt und unkontrolliert vorgestellte Raum mehr und mehr in einen befestigten verwandelt. Aus dem anfänglich grenzenlosen Raum des Cyberspace scheint ein parzellierter Raum mit zahllosen Grenzen und Mauern zu werden, die in Form von speziellen Passwörtern, Eintrittsgebühren oder Filtersoftware errichtet werden. Wie im realen Raum können wir auch im Netz eine zunehmende Separierung des Raums, die Entstehung von *gated communities* und *no-go-areas* besichtigen (vgl. Rötzer 1999). Auch hier wird sich zunehmend abgekapselt und abgeschottet, auch hier sprießen wehrhafte Gemeinschaften aus dem Boden, die sich vor ungebetenen Gästen zu schützen wissen. Firmen rüsten auf und wappnen sich in verstärktem Maße gegenüber unerwünschten Besuchern. Die Errichtung von Firewalls und Intranets dienen eben diesem Zweck (vgl. Sassen 1997). Zunehmend versichert man sich, mit wem man es

---

Möglichkeit nach, wie Forschungszentren enger miteinander verbunden werden könnten, um eine schnellere Koordination zu gewährleisten. (vgl. Rötzer 1999: 17ff.)

zu tun hat, ehe man sich auf einen Kontakt einlässt. Zunehmend stellt man gewisse Bedingungen, die erbracht sein müssen, ehe Zutritt gewährt wird. Und zunehmend muss man bezahlen, bevor man einen Ort betreten darf. Rudolf Maresch (1997: 209) folgert daraus: „Die meisten Fenster und Tore des Cyberspace werden für den Netzuser verschlossen bleiben. Ohne Besitz der entsprechenden digitalen Schlüssel werden sie nicht zu öffnen, ohne das nötige Kleingeld nicht zu durchqueren sein. Wie seinerzeit Kafkas Gesetzeshüter versperren heute Cocom-Listen und technisches Know-how, Vernetzungsgrad und Mautgebühren den Zugang zum Virtuellen. ‚Elektronische Grenzen' umranden und markieren die Virtualität, erzeugen Segmentierungen, Hierarchien und Hegemonien im Netz."

Nun ist zwar nicht jede Schließung nach außen gleich mit dem Aufbau einer uneinnehmbaren Festung gleichzusetzen – schließlich steht es einem auch nicht im „realen" Raum frei, jeden Ort betreten zu können und ungebeten in jedes Haus einzudringen zu dürfen. In vielen Fällen hat man es vielmehr – viel schlichter – mit dem Einzug der Unterscheidung von öffentlich und privat in den Cyberspace zu tun. Manche Orte sind für jedermann frei zugänglich, andere sind privat und damit unzugänglich, es sei denn, man verfügt über den nötigen Schlüssel, der einem den Eintritt ermöglicht. Über diese Entwicklung hinaus aber haben wir es mit einer wachsenden Anzahl von *no-go-areas*, einem Auseinanderfallen des virtuellen Raums in eine Vielzahl unbetretbarer Zonen zu tun, die nach und nach verschwinden lassen, wofür der Cyberspace zunächst stand und was ihn mit der klassischen Idee des Urbanen verbunden hatte: die Begegnung mit dem Unbekannten, dem Unbestimmten und Fremden, die Möglichkeit der ungeplanten und überraschenden Begegnung (vgl. Schroer 2001).

Die immer häufiger vorzufindenden Grenzen, auf die man beim Gang durch den Cyberspace stößt, rufen die verschiedensten Rituale des Grenz-Übertritts auf den Plan, die an die klassischen räumlichen Grenzübertritte erinnern, denen Arnold van Gennep in seiner klassischen Studie „Übergangsriten" (1999) so viel Aufmerksamkeit gewidmet hat. Dort unterscheidet er zwischen „Riten, die die Trennung von der alten Welt gewährleisten sollen" (*Trennungsriten*), „Riten, die während der Schwellenphase vollzogen werden" (*Schwellen- bzw. Umwandlungsriten*) und „Riten, die an die neue Welt angliedern" (*Angliederungsriten*) (ebd.: 29). Kommt es nicht auch beim Gang in die „virtuelle Welt" des Cyberspace zu *Trennungsriten* von der alten Welt? Stellt nicht etwa die Anmeldung zu den verschiedensten Programmen mit Hilfe von Passwörtern einen *Angliederungsritus* dar? Typisch für das Medium Internet könnte das Wegfallen der *Schwellen- und Umwandlungsriten* sein. Die Schnelligkeit des Wechsels vom einen in den nächsten Raum lässt für die *Schwellenriten* kaum mehr Zeit. Ähnlich wie die Reise mit den modernen Fortbewegungsmitteln auf die Phasen der Abfahrt und der Ankunft zusammenschrumpft, die Zeit dazwischen, also die eigentliche Reise, aber immer weniger erfahrbar wird, so scheint auch die Reise im Netz ausschließlich aus *Angliederung* und *Trennung* zu bestehen. Darüber hinaus gibt es eine Multiplikation und Diversifizierung der Angliederungs- und Trennungsriten, da man nicht nur von der alten in die neue Welt wechselt, sondern auch zwischen den einzelnen Räumen der neuen Welt hin und her wechselt. Jedes Verlassen eines Raums erfordert Trennungsriten, die z.T. auch wiederholt werden müssen, da einen der Gastgeber des aufgesuchten „Hauses" gewissermaßen nicht gehen lassen will und wiederholt nachfragt, ob man auch wirklich sicher sei, seine „Seite" verlassen zu wollen.

Obwohl van Gennep die Formalitäten und Zeremonien, die erforderlich sind, um sorgfältig voneinander isolierte Räume durchqueren zu können, für eine typische Erscheinung „halbzivilisierter" Gesellschaften hält, scheint mir die Bedeutung sowohl von Grenzen als auch von Grenz-Übertritt-Ritualen in unserer derzeitigen Gesellschaft erheblich unterschätzt zu werden. Während van Gennep davon ausgeht, dass sich zivilisierte Gesellschaften von unzivilisierten dadurch unterscheiden, dass Grenzen leichter passierbar werden und es in ihnen nur mehr schwache Hindernisse gibt, die die Kommunikation erschweren können, so erleben wir zurzeit doch eher so etwas wie eine Renaissance der streng voneinander geschiedenen Räume und der schwer passierbaren, weil stark kontrollierten Grenzen. Dabei scheint mir diese neue Segmentierung des Raums und der neue Grenzaufbau eine Reaktion auf eine bereits erfolgte, von vielen für übertrieben gehaltene Öffnung zu sein, die nun wieder schrittweise zurückgenommen wird. Gerade das Internet liefert ein Anschauungsbeispiel für diese Entwicklung. Nach und nach ziehen zahlreiche Zugangsbeschränkungen und Kontrollformen in das Netz ein, deren Fehlen es zunächst ausgemacht hatte.

Dabei sind es jedoch nicht allein die staatlichen Versuche der Einflussnahme, und es sind auch nicht allein die Firewalls und Intranets der Unternehmen, die das offene Medium mit geschlossenen Räumen durchsetzen. Es sind ebenso die Aktivitäten der User selbst, die den unbekannten, weiten Raum immer mehr in einen bekannten, überschaubaren Raum verwandeln, indem sie eigene Räume im Netz installieren und sich gegenüber dem vermeintlichen oder tatsächlichen Zugriff von außen, etwa von staatlicher Seite, zu entziehen versuchen.

Und damit folgt die Entwicklung des Datenmeeres ein weiteres Mal exakt der Entwicklung des „natürlichen" Meeres, wenn man noch einmal Carl Schmitt in seiner Darstellung folgen will: Die moderne Technik der Verkehrs- und Nachrichtenmittel hat aus dem ehemalig wilden Element einen Raum gemacht, der nun ebenso vollständig vermessen und berechenbar ist wie das Land. Aus dem ehemals freibeuterischen Territorium, das mit Freiheits- und Bewegungsmetaphern belegt worden war, wird ein parzelliertes, aufgeteiltes, von Grenzen durchzogenes Territorium, das sich damit dem „natürlichen" Raum, dem geografischen Raum immer mehr anpasst (vgl. Schmitt 1981: 106). Und auch in diesem Fall sind es nicht die eigens zur Erkundung des Meeres entsandten Heere unter staatlicher Aufsicht, die zur zunehmenden Kartografierung und schließlich Aufteilung in unterschiedliche Seehoheitsgebiete führen. Es sind vielmehr die Waljäger und Fischer, die „den Menschen den Ozean offenbart" haben. Sie sind es, die „die Zonen und Straßen des Ozeans entdeckt" haben (ebd.: 34). Hier wie dort also sind es die, sich zum Teil gar subversiv wähnenden, nicht-staatlichen Akteure, die durch ihre Aktionen zu einer zunehmenden Inbesitznahme von Räumen und einer Zunahme staatlichen Einflusses beitragen. Sie haben gewissermaßen erst den Weg gewiesen.

Schmitt zieht aus der Beobachtung, dass das Meer ebenso wie das Land von Staaten besetzt wird, die Konsequenz, dass der Unterschied zwischen Land und Meer, wie er über Jahrhunderte Bestand hatte, nicht mehr aufrecht zu erhalten ist. Die Annäherung ist derart groß, dass nur durch die Eroberung eines anderen Elements ein Ausgleich gefunden werden kann: der Eroberung der Luft. Ein Element, dessen metaphorische Verwendung für das Internet vielleicht noch aussteht, dessen auffällige Nichtverwendung jedenfalls erklärungs-bedürftig ist.

Im Moment entscheidender ist freilich die Frage, was die Annäherung von Land und Meer, also von Realem und Virtuellem, besagt? Bedeutet der Aufbau der elektronischen Mauern, der Firewalls und Intranets, dass das Feste über das Flüssige, die Kontrolle über die Bewegungsfreiheit gesiegt hat? Haben wir es mit einem Raum zu tun, der vollständig vermessen und besetzt ist? Ist der Möglichkeitsraum zugunsten des Wirklichkeitsraums verschwunden? Wird es Zeit, sich zu den Ufern eines neuen Raumes aufzumachen? Dafür spricht zunächst vieles. Anfänglich als strikter Gegensatz konzipiert, wird das neue Medium mehr und mehr zu einem Raum, in dem sich die Trends des Realen wiederholen, was zur immer wieder konstatierten Ernüchterung über die Möglichkeiten des Netzes Anlass gibt. Die Ernüchterung erfolgt aus der Einsicht, dass im elektronischen Raum eben nicht, wie die Netzenthusiasten gehofft hatten, das *ganz Andere* der Gesellschaft zu finden ist. Es wird von den gleichen Menschen gemacht, bevölkert und bewohnt, die auch die realen Räume bewohnen und von denselben gesellschaftlichen Strukturen gestaltet und geprägt, die auch das Antlitz der realen Räume prägen. Insbesondere die, die auch im realen Leben den Ton angeben, tauchen hier wieder auf und erobern sich immer mehr Räume im nur scheinbar endlosen Netz (Sassen 1997: 231f.). Nur die, die ohnehin schon außen vor stehen, müssen auch hier zumeist draußen bleiben: „Überhaupt keine Netzverbindung – null Bandbreite – macht Sie zum digitalen Einsiedler, zu einem Ausgestoßenen des Cyberspace. Das Netz eröffnet neue Möglichkeiten, doch vom Netz abgeschnitten zu sein, ist eine neue Form der Marginalisierung." (Mitchell 1996: 23) Entgegen den Verlautbarungen der Netzmeister baut der Cyberspace folglich nicht soziale Ungleichheit ab. Vielmehr etabliert sich mit dem Cyberspace eine neue soziale Ungleichheit, die schon beim unterschiedlich gestreuten Zugang zu Breitbandkabeln beginnt: „Die Bandbreiten-Benachteiligten sind die Habenichtse von heute. Es ist ganz einfach: Wenn man es nicht schafft, ausreichende Mengen von Bits hinein- und herauszukriegen, kann man nicht unmittelbar vom Netz profitieren. Die Konsequenzen sind in brutaler Weise eindeutig. [...] Wenn Sie eine Breitband-Datenautobahn direkt anzapfen können, befinden Sie sich gewissermaßen auf der Hauptstraße; eine bauschwache Verbindung verbannt sie in die finsterste Provinz, wo der Informationsfluß nur noch tröpfelt, wo Sie weniger Verbindungen herstellen können und eine weniger dichte Interaktion stattfindet. Die Tyrannei der Bandbreite ersetzt diejenige der Distanz. Eine neue Landnutzungs- und Transportökonomie taucht auf – eine Ökonomie, in der die Breitbandvernetzung eine immer entscheidendere Rolle spielt." (Mitchell 1996: 21)

Es ist allerdings nicht allein die ungleiche Ausstattung mit Breitbandkabeln in den verschiedenen Regionen, die zu einer neuen Form von sozialer Ungleichheit führt. Darüber hinaus gibt es auch im Netz eine Differenzierung nach guten und schlechten Adressen, die wir von der Welt aus „Fleisch und Stein" (Sennett 1997) bereits kennen. Im „realen" Leben lassen bestimmte Adressen Rückschlüsse auf die Personen zu, die dort wohnen. Manhattan oder Bronx, Berlin-Marzahn oder München-Nymphenburg, Frankfurt an der Oder oder Frankfurt am Main – jede dieser Adressen weckt bestimmte Erwartungen, eröffnet Chancen oder schließt sie aus: Gänzlich ohne festen Wohnsitz erhält man keinen Arbeitsplatz, die Adresse in einem Obdachlosenheim oder in einem „sozialen Brennpunkt", einem Ghetto oder einer *Banlieu* dürfte die Suche nach einem Arbeitsplatz erheblich erschweren. Die Adresse in einem Nobelviertel dagegen ist womöglich nicht nur willkommenes Beiwerk für einen rundum exklusiven Lebensstil, sondern vielleicht auch der Schlüssel zu der ein oder anderen Vergünstigung oder einfach nur der Garant für eine gute Behandlung (es sei denn der Besitzer dieser feinen Adresse verirrt sich in die Gebiete mit den schlechten Adressen, die neuen Exklusionszonen der postmodernen Großstädte).

Im Netz aber, so Mitchells These, sind wir von der Tyrannei des Ortes, dem „*Geocode*", wie er es nennt, befreit: „Mit der Enträumlichung der Interaktion durch das Netz wird der Geocode ungültig. So etwas wie eine noble Adresse gibt es hier nicht, und es ist aussichtslos, sein Image verbessern zu wollen, indem man an den richtigen Orten in der richtigen Gesellschaft gesehen wird." (vgl. Mitchell 1996: 14) Diese Annahme übersieht den von Simmel über Elias bis Bourdieu betonten Drang der Individuen nach Unterscheidung und Distinktion, der selbstverständlich auch im Netz zum Tragen kommt. Nicht ob es gute und schlechte Adressen *gibt* ist dabei entscheidend. Entscheidend ist, dass sich gute Adressen etablieren lassen, die einen Distinktionsgewinn gegenüber den „Normal"- oder schlechten Adressen versprechen. Genau dies hat Margaret Wertheim beobachtet: „Eine renommierte *.edu*-Adresse (wie *harvard.edu* oder *mit.edu*) bringt online erheblich mehr als eine Compu-Serve- oder American-Online-Adresse." (Wertheim 2000: 318) Und selbst Mitchell räumt – allerdings versteckt in einer Fußnote – ein: „Manchmal bringt eine Domaine, die eng mit einer bestimmten Gruppe verbunden ist – beispielsweise *media@unit* –, doch ein gewisses Prestige."

(Mitchell 1996: 186) Im Gegensatz zu den Visionen der Netzenthusiasten können wir im Netz insgesamt eine starke Segmentierung und Separierung in einzelne Szenen und Milieus und die Einführung des *Geocodes* in eine nur scheinbar enträumlichte Welt beobachten.

So wiederholt sich also im Virtuellen die Welt mehr, als dass sie eine Alternative böte. Allem Anschein nach wandert die materielle Realität zunehmend in die virtuelle Realität des Netzes ein. Damit scheint der starre Unterschied zwischen real und virtuell ebenso zu kippen wie der zwischen Land und Meer. Er kippt jedoch nicht in der Weise, dass das eine vom anderen restlos absorbiert würde. Anders als bei Schmitt haben wir es, so meine These, nicht mit einer zunehmenden Vereinnahmung des Meeres zu tun, die Land und Meer so einander angleichen würde, dass sie letztlich ununterscheidbar wären. Denn ebenso wie das Reale in das Virtuelle einwandert, wirkt auch zunehmend das Virtuelle in das Reale hinein. Man denke nur an das im Netz erprobte „Surfen" zwischen verschiedenen Programminhalten, das weniger verweilt als permanent in Bewegung bleibt, mal schneller und mal langsamer durch die Programminhalte gleitet, um schließlich mit einem Sprung in das nächste zu gelangen. Überträgt sich dies nicht auch auf unseren Umgang mit anderen Medien, etwa bei der Lektüre eines Buches oder der Zeitung? Wer liest einen Artikel wirklich noch chronologisch? Nimmt man nicht Kostproben aus der Mitte oder dem Ende, um zu entscheiden, ob es sich überhaupt lohnt, das Ganze zu lesen? Wie sieht es mit den aktuellen Städten und Stadtbildern aus? Sind viele der im Netz entworfenen digitalen Städte nicht längst zum Vorbild für die aseptischen *Shopping-mall*-Landschaften in den realen Städten geworden? Ist das Flüssige des Datenmeeres nicht längst zum Leitbild geworden für eine zeitgenössische Architektur? Folgt diesem Leitbild nicht auch die Soziologie, wenn sie – mit John Urry (2000) – einen flüssigen Gesellschaftsbegriff entwickelt und vom *Space of flows* (Castells 1999) spricht? Wohin wir auch schauen, wir scheinen es mit einer weitreichenden Flexibilisierung und Verflüssigung des ehemals Unbeweglichen und Starren zu tun zu haben.

Diesseits und jenseits des „Container"-Modells – zwei Raumbegriffe im Konflikt

Ist das also das Ergebnis? Statt einer klaren Grenzziehung die permanente Durchmischung, der rege Grenzverkehr zwischen Virtuellem und Realem? Zumindest gibt es für dieses Bild zahlreiche Belege, von denen ich einige gerade angeführt habe. Insgesamt gesehen aber ist auch in dieser Vorstellung das Verhältnis von real und virtuell noch zu einfach angelegt. Plausibler erscheint es mir, dass sich der Gegensatz von Land und Meer, von Realem und Virtuellem, Festem und Flüssigem im Medium selbst noch einmal wiederholt, sein *re-*

entry erlebt, wenn man so will. Der virtuelle Raum ist ebenso wenig ein einheitlicher Raum wie der reale Raum. In ihm kreuzen sich verschiedene Raumgrenzen, überlagern sich Räume wie im realen Raum auch. Nicht nur verschiebt sich also die Grenze zwischen virtuell und real immer wieder, vielmehr wandert sie in das Virtuelle selbst ein. Die Folgen sind, dass das Netz einerseits sehr bekannte Modi des realen Lebens wiederholt, andererseits aber auch immer wieder die Verlockung noch unbekannter Welten bereithält. Parallelisiert mit der Unterscheidung Schmitts zwischen Land und Meer haben wir es mit einer fest/flüssig-Unterscheidung *innerhalb* des Netzes zu tun. Es gibt ein Sicheinrichten im Netz, eine Inbesitznahme von Räumen, einen Bau von Häusern (den „Homepages") und damit den Aufbau einer vertrauten Nahwelt zu beobachten, die nach und nach eine eigene Geografie von begrenzten und umzäunten Räumen entstehen lässt: „So umgibt sich der typische Net-User mit einer vertrauten virtuellen Nahwelt, indem er seinen Gang durchs WWW bei einer ihm zusagenden ‚Portalseite' startet, im Browser Lesezeichen setzt, sich auf Maillisten setzen lässt oder indem er personalisierte Nachrichtendienste (customized news) abonniert." (Geser 1999: 208) Aus diesem sicheren Terrain des Eigenen und Privaten heraus, werden die Erkundungen in den Möglichkeitsraum, in den flüssigen Datenraum unternommen. Da aber immer wieder neue Räume hinzukommen, der Raum des Internets sich immer weiter ausdehnt durch die Aktivitäten seiner „Bewohner", bleibt auch die Vorstellung der unbekannten Gegenden und des Erkundens derselben lebendig. Andererseits ist es gerade die permanente Ausdehnung des elektronischen Raums, die zur zunehmenden Kartografierung und Grenzziehung im Raum führt, um in die Unübersichtlichkeit und Unüberschaubarkeit wieder Übersichtlichkeit und Überschaubarkeit hineinzubringen.

So haben wir es letztlich mit einer permanenten Bewegung von Entgrenzung und Begrenzung, von Grenzaufbau und Grenzabbau, von Enträumlichung und Verräumlichung zu tun. Entscheidend und typisch für unsere „Epoche des Raums" (Foucault 1990: 34) ist dabei gerade, dass sich fest und flüssig, Land und Meer, real und virtuell, Internet und Intranet nicht mehr länger als einander ablösende Zustände denken lassen, sondern gleichzeitig und nebeneinanderher existieren. Und es existieren eben nicht nur reale und virtuelle Räume nebeneinander, sondern auch innerhalb dieser Räume existieren jeweils zahlreiche Räume nebeneinander, die die Grenze von virtuell und real in vielfältiger Weise überlagern. Wir haben es mit *hybriden Räumen* zu tun, mit Räumen, die sich immer weniger eindeutig auseinanderhalten lassen, weil sie zunehmend ineinander übergehen, die zwar über Grenzen verfügen, die sich aber permanent auflösen, um an anderer Stelle neu errichtet zu werden.

Die entscheidende Leistung des Internets für ein zeitgenössisches Verständnis vom Raum liegt m.E. gerade darin, dass es die Einsicht befördert, dass wir es nicht mit einem einmal gegebenen Raum zu tun haben, der irgendwann vollständig vermessen und kartografiert sein wird, sondern mit einem Raum, der durch die Aktivitäten der Netzuser permanent wächst und sich ausdehnt.

Eine Einsicht, die uns vor jeder Art Raumdeterminismus bewahren kann, die in der soziologischen Debatte um den Raum immer wieder vorzufinden ist. Die entscheidende Erfahrung, die jeder Nutzer im Netz machen kann, ist die, dass Räume durch eigene Aktivitäten entstehen und durch mangelnde Aktivität auch wieder verschwinden können. Damit etabliert das Internet zwar kein völlig neues Raumverständnis, aber es verhilft einem schon vorbereiteten Raumbegriff zur Plausibilität. Die Entwicklung des Internets trägt mit dazu bei, Raum nicht mehr länger als gegebene Konstante zu verstehen, als Behälter oder Rahmen, in dem sich Soziales abspielt, sondern als durch soziale Praktiken erst Erzeugtes aufzufassen und damit von Räumen auszugehen, die es nicht immer schon gibt, sondern die erst durch Handlungen und Kommunikation hervorgebracht werden. Ein solches Raumverständnis dürfte erhebliche Konsequenzen für alle gesellschaftlichen Ebenen, nicht zuletzt für den politischen Raum haben, denn es erlaubt zumindest die Vorstellung, dass sich an ein und demselben Ort die verschiedensten Räume befinden können. Die Veränderungen, die mit einem solchen Raumverständnis einher gehen, erlauben es m. E. von einer *Raumrevolution* im Schmitt'schen Sinne zu sprechen. Denn eine Raumrevolution ergibt sich nicht allein aus der Entdeckung von Neuland, sondern daraus, dass es aufgrund dieser Entdeckung zu einem umfassenden Wandel des Raumverständnisses einer Epoche kommt (vgl. Schmitt 1981: 68). Und mit einem solch umfassenden Wandel des Raumverständnisses haben wir es derzeit offensichtlich zu tun.

Gerade aber Staaten leben bisher von der Idee der Exklusivität ihres Herrschaftsraumes. Wo ein Staat ist, kann nicht auch noch ein anderer sein. Nach dieser Logik gestaltet sich die politische Weltkarte bis heute. Doch in einem politischen Vorschlag zur Lösung des Territorialkonflikts zwischen Israel und Palästina hat sich das neue Raumverständnis womöglich bereits niedergeschlagen. Statt das Land zwischen Israelis und Palästinensern zu teilen, soll es nach der Vorstellung von Rabbi Fruman „zwei Staaten auf demselben Territorium geben. Israel in Palästina, Palästina in Israel. Zwei Flaggen, zwei Hymnen, zwei Parlamente, zwei Präsidenten, zwei Regierungen." (nach Broder 2000) Damit würde ein politischer Konflikt erstmalig nicht mehr durch die Aufteilung von Land, durch Zonierung und Trennung gelöst, sondern durch die Mehrfachnutzung und Mehrfachcodierung von Raum.

Die tatsächlichen Ereignisse zeigen freilich nicht nur, wie weit wir von der Umsetzung eines solchen Raumkonzepts noch entfernt sind. Sie zeigen darüber hinaus, dass viele der aktuellen politischen, kulturellen und sozialen Konflikte aus der Konfrontation zweier sich widersprechender Raumordnungen quellen. Der Durchsetzung eines relationalen Raumbegriffs, eines Raumbegriffs, der nicht einem radikalen Entweder-Oder-Regime den Weg bereitet, sondern ein Sowohl-als-auch ermöglicht, steht die Tatsache der Beharrlichkeit des alten Raumdenkens gegenüber. In zahlreichen aktuellen Konflikten handelt es sich um Raumnutzungskonflikte. Bereits eingenommene Räume werden gegen ihre drohende Doppelnutzung im Namen eines Exklusivnutzungsrechts verteidigt. Auch wenn wir das Container-Modell noch so oft und beredt verabschieden: Die aktuellen politische Ereignisse zeigen, dass immer noch nach ihm gehandelt wird. Der Frage des Raums, also der Frage danach, wo man sich aufhält, wo man herkommt und wo man hingeht, wo man Einlass erhält und wo er wem verweigert wird, kommt im Zeitalter der Globalisierung keine abnehmende, sondern eine zunehmende Bedeutung zu. Ein „Ende des Raums" ist nicht in Sicht.

Literatur

Ahrens, D. (2001): Grenzen der Enträumlichung. Weltstädte, Cyberspace und transnationale Räume in der globalisierten Moderne. Opladen

Albrow, M. (1998a): Auf dem Weg zu einer globalen Gesellschaft? In: Beck, U. (Hg.): Perspektiven der Weltgesellschaft. Frankfurt a. M., S. 411-434

Albrow, M. (1998b): Abschied vom Nationalstaat. Staat und Gesellschaft im Globalen Zeitalter. Frankfurt a. M.

Barlow, J. B. (1996): Unabhängigkeitserklärung des Cyberspace. In: Bollmann, S. und Heibach, C. (Hg.): Kursbuch Internet. Anschlüsse an Wirtschaft und Politik, Wissenschaft und Kultur. Mannheim, S. 110-115

Beck, U. (1997): Was ist Globalisierung? Irrtümer des Globalismus – Antworten auf Globalisierung. Frankfurt a. M.

Bickenbach, M.; Maye, H. (1997): Zwischen fest und flüssig. Das Medium Internet und die Entdeckung seiner Metaphern. In: Gräf, L.; Krajewski, M. (Hg.): Soziologie des Internet. Frankfurt a. M., New York, S. 80-98

Blumenberg, H. (1997): Schiffbruch mit Zuschauer. Paradigma einer Daseinsmetapher. Frankfurt a. M.

Broder, H. M.(2000): Alles oder nichts. In: DER SPIEGEL, Nr. 52, 25.12.2000, S. 133

Bruckner, P.; Finkielkraut, A. (1981): Das Abenteuer beginnt gleich um die Ecke.

Bühl, A. (1997): Die virtuelle Gesellschaft. Ökonomie, Politik und Kultur im Zeichen des Cyberspace. Opladen

Castells, M. (1999): Space flow – Raum der Ströme. In: Stefan Bollmann (red.): Kursbuch Stadt. Stadtleben und Stadtkultur an der Jahrtausendwende. Stuttgart, S. 39-81

Dyson, E.; Gilder, G.; Keyworth, G.; Toffler, A. (1996): Eine Magna Charta für das Zeitalter des Wissens. In: Bollmann, S.; Heibach, C. (Hg.): Kursbuch Internet. Anschlüsse an Wirtschaft und Politik, Wissenschaft und Kultur. Mannheim, S. 98-108

Einstein, A. (1960): Vorwort. In: Max Jammer: Das Problem des Raumes. Die Entwicklung der Raumtheorien, Darmstadt, S. XII-XVII

Elias, N. (1987): Über die Zeit. Arbeiten zur Wissenssoziologie II. Frankfurt a. M.

Ellrich, L. (1999): Zwischen „wirklicher" und „virtueller Realität". Über die erstaunliche Wiederkehr des Realen im Virtuellen. In: Honegger, C.; Hradil, S.; Traxler, F. (Hg.): Grenzenlose Gesellschaft. Verhandlungen des 29. Kongresses der deutschen Gesellschaft für Soziologie, des 16. Kongresses der Österreichischen Gesellschaft für Soziologie, des 11. Kongresses der Schweizerischen Gesellschaft für Soziologie in Freiburg i.Br. 1998, Opladen, S. 397-411

Foucault, M. (1990): Andere Räume. In: Karlheinz Barck u.a. (Hg.): Aisthesis. Wahrnehmung heute oder Perspektiven einer anderen Ästhetik. Leipzig, S. 34-46

Gates, B. (1995): Der Weg nach vorn. Die Zukunft der Industriegesellschaft. Hamburg

Gennep, A. van (1999): Übergangsriten. Frankfurt a. M., New York

Geser, H. (1999): Metasoziologische Implikationen des „Cyberspace". In: Claudia Honegger, Stefan Hradil und Franz Traxler (Hg.) (1998): Grenzenlose Gesellschaft. Verhandlungen des 29. Kongresses der deutschen Gesellschaft für Soziologie, des 16. Kongresses der Österreichischen Gesellschaft für Soziologie, des 11. Kongresses der Schweizerischen Gesellschaft für Soziologie in Freiburg i.Br., Opladen, S. 202-219

Gibson, W. (1996): Die Neuromancer-Trilogie. Hamburg

Giddens, A. (1995): Konsequenzen der Moderne. Frankfurt a. M.

Guggenberger, B (2000): Virtual City. Jetztzeitwesen in einer ‚ortlosen' Stadt. In: Keller, U. (Hg.): Perspektiven metropolitaner Kultur. Frankfurt a. M., S. 37-59

Honegger, C.; Hradil, S.; Traxler, F. (Hg.) (1998): Grenzenlose Gesellschaft. Verhandlungen des 29. Kongresses der deutschen Gesellschaft für Soziologie, des 16. Kongresses der Österreichischen Gesellschaft für Soziologie, des 11. Kongresses der Schweizerischen Gesellschaft für Soziologie in Freiburg i.Br., Opladen

Läpple, D. (1991): Essay über den Raum. Für ein gesellschaftswissenschaftliches Raumkonzept, in: H. Häußermann u.a. (Hg.): Stadt + Raum. Soziologische Analyse. Pfaffenweiler, S. 157-207

Löw, M. (2001): Raumsoziologie. Frankfurt a. M.

Maar, C.; Rötzer, F. (Hg.) (1997): Virtual Cities. Die Neuerfindung der Stadt im Zeitalter der globalen Vernetzung. Basel

Maresch, R. (1997): Öffentlichkeit im Netz. Ein Phantasma schreibt sich fort. In: Münker, S.; Roesler, A. (Hg.): Mythos Internet. Frankfurt a. M., S. 193-212.

McLuhan, M. (1995): Die magischen Kanäle. Understanding media. Basel

Mitchell, W. J. (1996): City of Bits. Leben in der Stadt des 21. Jahrhunderts. Basel

Münker, S. (1997): Was heißt eigentlich „virtuelle Realität"? Ein philosophischer Kommentar zum neuesten Versuch der Verdoppelung der Welt. In: Ders.; Roesler, A. (Hg.): Mythos Internet. Frankfurt a. M., S. 108-127

Paetau, Michael (1997): Sozialität in virtuellen Räumen? In: Barabra Becker/ Michael Paetau (Hg.): Virtualisierung des Sozialen? Die Informationsgesellschaft zwischen Fragmentierung und Globalisierung. Frankfurt a. M., New York, S. 103-134

Pateau, M. (1999): Computernetzwerke und die Konstitution des Sozialen. In: Honegger, C.; Hradil, S.; Traxler, F. (Hg.): Grenzenlose Gesellschaft. Verhandlungen des 29. Kongresses der deutschen Gesellschaft für Soziologie, des 16. Kongresses der Österreichischen Gesellschaft für Soziologie, des 11. Kongresses der Schweizerischen Gesellschaft für Soziologie in Freiburg i.Br. 1998, S. 270-284

Rötzer, F. (1995): Telepolis. Urbanität im digitalen Zeitalter. Mannheim

Rötzer, F. (1997): Megamaschine Wissen. Vision: Überleben im Netz. Frankfurt a. M., New York

Rötzer, F. (1999): Gated Communities im Cyberspace. In: Telepolis vom 20. 10.1999, http://www01.ix.de/tp/deutsch/inhalte/co/5400/1.html

Sassen, S. (1997): Cyber-Segmentierungen. Elektronischer Raum und Macht. In: Münker, S.; Roesler, A. (Hg.): Mythos Internet. Frankfurt a. M., S. 215-235

Schmitt, C. (1981): Land und Meer. Eine weltgeschichtliche Betrachtung. Köln-Lövenich

Schroer, M. (2001): Urbanität im Netz. Der Cyberspace als gute Gesellschaft? In: Allmendinger, J. (Hg.) (2001): Gute Gesellschaft? Verhandlungen des 30. Kongresses der Deutschen Gesellschaft für Soziologie in Köln 2000. Opladen, S. 353-363

Schütz, A.; Luckmann, T. (1975): Strukturen der Lebenswelt. Darmstadt

Sennett, R. (1997): Fleisch und Stein. Der Körper und die Stadt in der westlichen Zivilisation. Frankfurt a. M.

Urry, J.(2000): Sociology beyond societies. Mobilities for the Twenty-First Century. London.

Virilio, P. (2000): Paul Virilio im Gespräch: Der Körper – die Arche. In: Fecht, T.; Kamper, D. (Hg.): Umzug ins Offene. Vier Versuche über den Raum. Wien, New York, S. 109-123

Wertheim, M. (2000): Die Himmelstür zum Cyberspace. Von Dante zum Internet. Zürich

Gabriele Sturm

Der virtuelle Raum als Double – oder: Zur Persistenz hierarchischer Gesellschaftsstruktur im Netz

Hintergrundfragen

Kann ein Netz ein Raum sein? Und wie sieht es mit einem elektronischen, dem Internet aus, das derzeit häufig auch etwas großspurig als „das Netz aller Netze" (zur Entwicklung desselben vgl. Cailliau 1998 und Kubicek 1998) tituliert wird? Und was meinen wir, wenn wir heute in einer abendländisch geprägten Gesellschaft als Geistes-, Sozial- oder GesellschaftswissenschaftlerInnen von Raum sprechen – zusätzlich noch von einem virtuellen? Bei dergleichen Fragen hätten noch vor zehn Jahren die meisten abgewunken oder die Fragenden verwiesen an eine, als nicht ganz ernst zu nehmend eingeschätzte, Gruppe von ZukunftsforscherInnen. Inzwischen hat sich dies Grund legend geändert: Vor allem das Internet als das weltweit zugänglichste vernetzte System scheint prägend für Struktur und Interaktionsmöglichkeiten einer sich etablierenden Informationsgesellschaft zu werden. Die zunehmend verfügbaren Anschlussmöglichkeiten an elektronische Netze, die Entwicklung multimedialer interaktiver Software und die Integration bislang getrennter Datensätze kündigen inzwischen deutlich die tiefgreifenden Veränderungen der Arbeits- und Lebensbedingungen in den Industrie- und Dienstleistungsgesellschaften an – was unabdingbar Auswirkungen auf nichtvernetzte Lebenswelten weltweit haben wird. Parallel zu den Veränderungen der technischen wie technologischen Basis unserer Gesellschaft wird in den gesellschaftswissenschaftlich orientierten Disziplinen statt über Zeit wieder mehr über Raum diskutiert (z.B. Läpple 1991; Sturm 2000; Ahrens 2001; Löw 2001; Krämer-Badoni/Kuhm 2003). Wenn ich davon ausgehe, dass Raum keine unbeeinflussbare Naturgegebenheit, sondern ein gesellschaftlich hergestellter abstrakter Gegenstand ist, dann kennzeichnet die Struktur und Strukturierung von Raumbegriffen neben disziplinären Interessen und deren gedanklichen Operationalisierungen auch die jeweils gesellschaftlich relevanten Wirkgefüge. Was die mit der Technologie des Internet einhergehende Virtualisierung für eine sich ändernde Gesellschaftsordnung bedeuten kann, möchte ich in diesem Text anhand eines Gedankenexperiments verfolgen.

Um gesellschaftliche Entwicklungspotenziale infolge einer – u.a. durch die Verbreitung des Internet – zunehmenden bzw. sich ändernden Virtualisiesierung ausloten zu können, sind interessen- und erfahrungsgebundene Fokussierungen unvermeidlich. Der von mir gewählte Zugang ist geprägt durch meine Tätigkeit als Soziologin mit Schwerpunkt im Bereich der Methoden empirischer Sozialforschung. Als solche stelle ich einige Annahmen vorweg, die meiner Argumentation zu Grunde liegen.

- In den laufenden Diskussionen haben einige AutorInnen aufgezeigt, dass virtuelle Räume als Teil virtueller Realität – im Sinne von durch selektive Vorauswahl konstituierte – nicht erst als Folge des derzeitigen Grund legenden Wechsels in der Mensch-Maschine-Kommunikation erzeugt werden (u.a. List 1996 oder Wertheim 2000). Als beschränkte Ausschnitte der Wirklichkeit existier(t)en sie in unserem Kulturkreis seit der griechischen Antike. Allerdings dürfte die durch Computertechnologie regulierte Konstruktion von Welt die Widersprüche zwischen verschiedenen lebensweltlichen Realitäten zunehmend verschärfen und eine neue Qualität gesellschaftlicher Regulation begründen. Insofern lautet eine Hypothese meines Beitrages, dass *die neuen virtuellen Realitäten veränderte Materialitäten etablieren.*
- Wenn wir die Konstruktionen im Internet als Raumsimulation begreifen, ist der bisherige Gebrauch dieses Begriffes zu bedenken. Als Methodikerin verstehe ich unter Simulation ein methodisches Verfahren: Modelle und Simulationen werden entwickelt, um mittels Herausstellung von als dominant angenommenen Merkmalen die Wirkung von Interventionen erkennen zu können. Dann wäre u.a. zu fragen, wer in vernetzten Systemen auf Grundlage welcher Interessen und Ressourcen welche Materialität herstellt bzw. welche Teile vorhandener Materialität nutzt, um welche Wirklichkeit zu erzeugen, zu negieren, zu stärken oder zu schwächen. Struktur und Strukturierung des Internet wären dem gemäß daraufhin zu untersuchen, *welche Möglichkeiten für einen worauf auch immer hinzielenden Realitätstausch gegeben sind oder entstehen.*
- In der zweiten Hälfte des 20. Jahrhunderts galt verbreitet die Devise, dass Geschwindigkeit Raum vernichtet. Die potenziell mögliche weltumspannende Vernetzung elektronischer Systeme legt nun zudem das Bild des Zeitraffers nahe. Dieser Begriff wurde zunächst verwendet für eine technische Möglichkeit der Filmpräsentation – wozu als Gegensatz der Begriff der Zeitlupe gewählt wurde. Im Zeitraffer fallen differenzierte Zusammenhänge für unser Auge weg – ein Verfahren, das eingesetzt wird, um einen Überblick über einen Gesamtablauf zu erhalten. Die überblendeten kleinteiligen Geschehnisse sind jedoch für die Entwicklung des Gesamtgeschehens nicht unwichtig. Wenn sie dauerhaft unsichtbar werden, geht vielfältige Erkenntnis über Zusammenhänge verloren. Als Frage stellt sich hinsichtlich des Internets für mich, *was als wichtig oder unwichtig verbleibt,* wenn elektronische Netze – auf welche Materialität

Der virtuelle Raum als Double 239

und welche Prozesse auch immer – derart verkürzend wirken. Oder: Wer lernt was bei welchem Zugang zu Informationsnetzen?
- Wenn das Internet als derzeit dominante Erscheinungsform des virtuellen Raums Gesellschaftsstruktur abbildet, dann ist darauf zu achten, ob und wie durch die derzeitige Umstellung der Arbeits- und Lebensbedingungen bisherige *Hierarchiemuster* nicht aufgehoben, sondern lediglich modernisiert werden oder welcher Art die sich neu erschließenden *Emanzipationspotenziale* sind. Bislang differenzieren sich die Gesellschaften dieser Welt zumindest nach den Strukturkategorien Rasse, Klasse und Geschlecht aus. Wird der weltweit sehr unterschiedlich verteilte Zugang zu Bildung und damit auch den neuen Techniken betrachtet, dann verstärken sich in der Regel die Hierarchisierungen entlang dieser Sozialstrukturdimensionen gegenseitig. Für deutsche Verhältnisse belegen mehrere Studien, dass von allen üblicherweise benutzten Sozialstrukturvariablen lediglich das Geschlecht mit differierenden Einstellungen zum und Nutzungen des PC verschränkt scheint (Schachtner 1997 oder Bühl 1999). Die „mangelnde Präsenz von Frauen in vernetzten Systemen" ist nicht zu übersehen (Winker 2001). Als *Beispiel* für die Verdeutlichung meiner nun folgenden Überlegungen zur Persistenz hierarchischer Gesellschaftsstrukturen im virtuellen Raum wähle ich deshalb das empirische Feld des *Geschlechterverhältnisses*.

Meine Darstellung entwickelt sich im Weiteren an einigen zentralen Kernbegriffen: Ich werde kurz auf den Begriff der *Virtuellen Realität* eingehen und dann ein methodologisches Konzept für *gesellschaftlichen Raum* präsentieren, um aus der Verknüpfung dieser beiden Begriffe eine Verortung des *virtuellen Raumes* vorzunehmen. Für das empirische Beispiel werde ich kurz aufzeigen, wie die gesellschaftlichen Veränderungen der Moderne einhergingen einerseits mit Veränderungen im Geschlechterverhältnis und andererseits mit veränderten Raumkonzeptionen, um exemplarische Überlegungen hinsichtlich der *Wechselwirkung von Geschlechterverhältnis und Entwicklung virtueller Räume* anzustellen. Abschließend folgen Fragen hinsichtlich der Verallgemeinerung der dabei angestellten Überlegungen auf gesellschaftliche Transformationen mittels Internet.

Was hat es mit Virtueller Realität auf sich?

Zunächst zum Begriff der Virtuellen Realität, der sich aus zwei Wörtern mit semantisch entgegenstehender Bedeutung zusammensetzt: Virtuelles ist nur der Kraft oder Möglichkeit nach vorhanden, ist existent – aber nicht materiell. Das in der Metaphysik der Scholastiker geprägte Kunstwort „virtualiter" verweist als Gegensatz zu formaliter darauf, dass Virtuelles – ohne an körperliche Anwesenheit gebunden zu sein – überall präsent sein kann und durchaus tiefe Auswirkungen auf menschliches Realitätsverständnis und -bewusstsein hat. Dagegen wird mit dem Begriff der Realität immer auch eine materielle Gegenständlichkeit impliziert. Die Verknüpfung der beiden Aspekte ist indes nicht neu. So führt Elisabeth List aus, dass „durch den Gebrauch von Symbolen [...] in der menschlichen Orientierung zwischen den Handlungsimpuls und seine Realisierung die Imagination, die Vorstellung [tritt – G.S.], der im platonischen Denken der ontologische Status des ‚geistigen Seins' zugewiesen wurde. Dem entspricht im nachmetaphysischen Denken das Phänomen der Virtualität" (1996: 101).

Virtuelle Realität wurde als Oberbegriff für die Art neuer Technologie geprägt, bei der mit Hilfe eines computerisierten Anzugs eine den NutzerInnen gemeinsame Wirklichkeit synthetisiert wird. Dabei wird menschliche Beziehung zur physischen Umwelt auf einer neuen und eigenen Ebene nachgeformt. Seither wird die Bezeichnung „Virtuelle Realität" für all die Techniken verwendet, „die es erlauben, einen Menschen unmittelbar in computergenerierte Entwicklungsumgebungen zu integrieren, im Unterschied etwa zu reinen Computersimulationen, bei denen ein Eintauchen, eine Immersion nicht stattfindet" (Bühl 1996: 53). Zu betonen ist „zweierlei: Zum einen die Tatsache, daß etwas wirklich da ist, das wir erkunden können, weil es auf unsere Sinne wirkt und durch unsere Handlungen verändert werden kann, und zum anderen die Feststellung, daß ein Teil dieser Wirkungen auf einer Täuschung oder einer idealisierten Annahme beruht" (ebd.: 21). Im idealen Sinne verstanden handelt es sich beim Internet noch nicht um eine Manifestation neuer Virtueller Realität. Jedoch entstehen in diversen Nutzungszusammenhängen (z.B. bei Online-Spielen) Situationen, deren Beschreibung die von Achim Bühl dargelegten Eigenschaften Immersion, Multidimensionalität, Multisensorik, Echtzeit, Adäquanz, Interaktion, Begehbarkeit, Realitätseffekt und Multiuser-Effekt (ebd.: 54) nahezu vollständig enthält. Insofern ist die derzeitige Version des Internets durchaus als Vorstufe zu Virtueller Realität einzustufen, weshalb ich im Weiteren die im Prinzip zu beachtende Unterscheidung vernachlässige.

Zu merken ist, dass sich Realität quasi verdoppelt. Neben den bisherigen, durch individuell unterschiedliche Lebensvollzüge geprägten, realen Realitäten, die einen Austausch über die jeweils geteilte soziale Wirklichkeit erforderlich machen, entsteht eine durch technische Verknüpfungsmöglichkeiten determinierte Virtuelle Realität, die innerhalb eines Maschinensystems für alle NutzerInnen nach einheitlichen Regeln gestaltet ist.

In der Soziologie wird der Diskurs um Virtuelle Realität vor allem im Zusammenhang mit der Debatte um den Wandel der ökonomisch und politisch dominanten Gesellschaften in Europa, Nordamerika und Teilen Asiens vom Typus der Industriegesellschaft zum Typus der Informationsgesellschaft geführt. Mit diesen Typen werden historisch differenzierbare Phasen gesellschaftlicher Entwicklung gekennzeichnet. Trotz unterschiedlicher Modelle für solchen sozialen Wandel gehen alle Ansätze davon aus, dass Information als Produktionsfaktor und Konsumgut wie auch als Kontroll-, Herrschafts- und Steuerungsmittel bedeutsamer wird. In der Regel wird den verwendeten Phasenmodellen ein Entwicklungskonzept zu Grunde gelegt, das quantitatives Wachstum und qualitativen Fortschritt impliziert. Wie auch in der Konzeption von Virtueller Realität wird die Möglichkeit offeriert, die Beschränkungen des realen leibgebundenen Lebens aufzuheben bzw. unbeschränktes Wissen realisieren zu können. Zusammenfassend ist festzustellen, dass der Begriff der Informationsgesellschaft zwar gesamtgesellschaftliche Aspekte berücksichtigt und durch die Abgrenzung zur klassischen Industriegesellschaft die strukturellen Unterschiede transparent werden lässt, jedoch durch die Fokussierung auf Information die Virtualisierung als Kern des gesellschaftlichen Prozesses nahezu außer Acht lässt. Deshalb bevorzugt z.B. Achim Bühl (2000) die Metapher der „Virtuellen Gesellschaft".

Wie können Raum und Zeit als gesellschaftlich Konstruierte betrachtet werden?

Verschiedene Autoren stellen in Aussicht, dass sich mit der breiten Verwendung neuer Informationstechniken auch die Wahrnehmung von und der Umgang mit Raum und Zeit Grund legend ändern werden. Allerdings wird kaum einsichtig, was es faktisch bedeuten kann, wenn in der zukünftigen Gesellschaft Produktion, Distribution und Kommunikation weitgehend in wie auch immer gesteuerten virtuellen Räumen stattfinden werden. Um dies zumindest theoretisch anschaulicher werden zu lassen, möchte ich jetzt ein methodologisches Konzept vorstellen, das Raum entsprechend den derzeitigen Anforderungen empirischer Forschung differenziert (Sturm 2000).

Infolge der Wissensgenerierung in den mathematisch-naturwissenschaftlichen Disziplinen seit Mitte des 19. Jahrhunderts setzte sich die Erkenntnis durch, dass Raum und Zeit nicht, wie Kant es nannte, vor aller menschlichen Erfahrung liegende Kategorien des Seins sind, sondern in ihrer Konzeptionierung abhängen von den lebensweltlichen und systemischen Bedingungen der Menschen. Zudem wurde ihr Bezug aufeinander bedeutsam – also die gegenseitige Abhängigkeit von Raum und Zeit. Raum als soziologisch relevante Analysedimension wird in den 90er Jahren wieder verstärkt in Betracht gezogen. Das Modell, das ich für meine weiteren Überlegungen verwenden will, geht vom sogenannten Matrix-Raum Dieter Läpples (1991) aus. Dessen vier Felder werden in meiner Weiterentwicklung des Modells mittels einer Zeitspirale in sich aufbauender Dynamik angeordnet, wobei sich vielfältige Beziehungsaspekte zwischen den entstehenden Quadranten ergeben.

Abbildung: Dynamisches Raum-Modell mit Zeit als Entwicklungsspirale – in der Symbolleiste sind die konstituierenden Wechselwirkungen gekennzeichnet (Quelle: Sturm 2000).

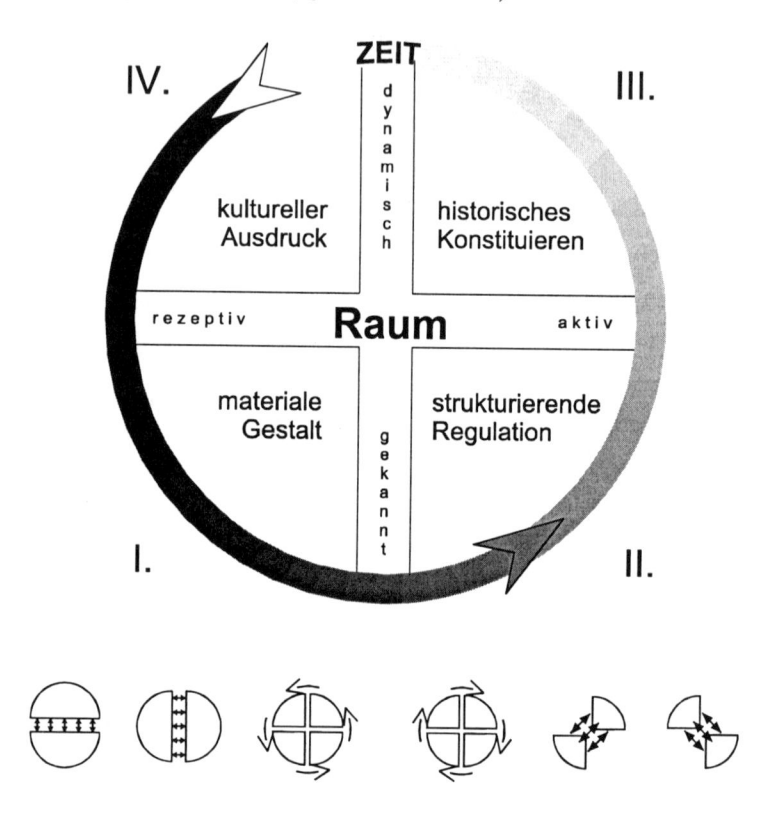

- Die vier Quadranten spiegeln eine jeweils sehr *eigenständige* Fassette einer komplexen – natur- wie gesellschaftswissenschaftlich relevanten – Raumvorstellung und sind zugleich in ihrer Gesamtheit notwendig, um Raum entstehen lassen zu können. Ihre relative Unabhängigkeit ist methodologisch notwendig, um eine Forschungsfragestellung in ihrem Hauptinteresse, und damit Ziel, verankern zu können. Aus diversen Vorläufermodellen modifiziere ich für mein Quadrantenmodell folgende *Kurzbezeichnungen*:

   I. Die materiale Gestalt des Raumes
   II. Die strukturierende Regulation im Raum und des Raumes
   III. Das historische Konstituieren des Raumes
   IV. Der kulturelle Ausdruck im Raum und des Raumes.

- Die Kreisanordnung ermöglicht es, unterschiedliche *Wechselwirkungen* zwischen den in Quadranten und Hälften repräsentierten Raumeigenschaften zu visualisieren. Raum kann in jedem der sich so ergebenden Felder abhängig von der Forschungsfrage sowohl die *positionale* als auch die *relationale* Funktion übernehmen – wobei das „Gegenfeld" dann jeweils die entsprechende „Gegenfunktion" wahrnimmt.
- Die gegenseitige Abhängigkeit von Raum und Zeit soll durch die Drehung in eine Spirale hinein verdeutlicht werden. Dadurch entstehen beliebig viele *Schichten* aufeinander, die das historische Gewordensein von Raum und im Raum dokumentieren.

Eine gesellschaftsorientierte Analyse von Raum und Zeit sollte sich nicht auf Problemstellungen, die nur einen der vier Quadranten berücksichtigen, reduzieren. (Beispiele für eine Anwendung dieses Modells, mit dem die komplexen Wechselwirkungen zwischen den analytischen Raumquadranten veranschaulicht werden können, sind auch in Breckner/Sturm 1997 oder Sturm 1999 angeführt.)

In diesem Modell, das die historisch-prozessuale Herstellung gesellschaftlicher RaumZeit betont, möchte ich nun nachzeichnen, was der Begriff des „virtuellen Raumes" an konstituierenden Bedeutungsgehalten in sich trägt.

Wo ist das Virtuelle in der Konzeption der gesellschaftlichen RaumZeit zu finden?

Im Unterschied zu Denk- und Arbeitsprozessen in Wissenschaft oder Alltagsleben, die im unterschiedlichen Ausmaß immer auch mit Intuition und Zufall agieren, folgt Technik festgelegten Regeln, deren Abfolge nach Etablierung des Systems kaum mehr durchbrochen werden kann. Bei Unverträglichkeit von technischen Abläufen mit alltäglichem Gebrauch werden z.B. zwecks Vermarktung an ein breites Spektrum der Gesellschaftsmitglieder für zahlreiche technische Alltagsprodukte fehlerfreundliche Benutzungsoberflächen entwickelt. Dies ändert jedoch nichts daran, dass jede Technik – wie es ihr Name als Prinzip beinhaltet – einem strikten Ablaufschema zu gehorchen hat. Auch wenn inzwischen selbstlernende Computer im Vormarsch sind und manche Visionen bezüglich künstlicher Intelligenz nach wie vor von sich selbst generierenden Maschinen schwärmen, folgt Technik zunächst den stetigen und i.d.R. linearen Modellen, die sich menschliche Gehirne haben ausdenken können. In meinem RaumZeit-Modell gehören solche Technikgrundlagen zum II. Quadranten der „Strukturierenden Regulation". Die jeweilige Technik funktioniert auf Grund der zu treffenden Absprachen im III. Quadranten des „Historischen Konstituierens". Dabei ist jedoch zu unterscheiden, ob diese Absprachen zwischen den ExpertInnen für die jeweilige

Technik stattfinden, die sich im günstigeren Fall auch über die Reichweite und die Beschränktheit ihres Regelwerkes austauschen und bewusst werden, oder ob die Absprachen qua Bedienungsanleitung nur auf die NutzerInnen zugeschnitten sind, die i.d.R. die interne Logik eines technischen Gerätes oder Prozesses nur sehr selten noch nachvollziehen können oder wollen. Auf dieser Auswahl beruhend wird so im IV. Quadranten des „Kulturell Bewirkten" eine gemeinsam zu teilende Wirklichkeit erzeugt. Diese ist auf Grund der regelhaften Beschränktheit der computergenerierten Umgebungen wesentlich homogener als durch Alltagsvollzüge hergestellte Wirklichkeit. Sind ExpertInnen wie NutzerInnen an die Selektion durch die vorgegebene Technik erst einmal gewöhnt bzw. wissen ihre Vorteile zu nutzen, können störende Wirklichkeitsaspekte, die nicht zum technikgenerierten Ausschnitt gehören, leicht ausgeblendet werden oder gar in Vergessenheit geraten. Äquivalent zum eingangs thematisierten Zeitraffer ist also nicht zwingend Raumvernichtung, sondern eher Raumraffung zu erwarten. Entsprechend könnten bei der individuellen Wahl der gestaltbaren Realität des I. Quadranten intersubjektiv homogenere materiale Räume hervorgebracht werden. Die oben dargestellte „Virtuelle Realität" ist dann Teil der so durch Technik regulierten Materialität des gesellschaftlichen Raumes.

In dem vorgestellten RaumZeit-Modell kommen virtuelle Räume durch die *Doppelung* des ersten Modellquadranten der „materialen Gestalt" zustande, wobei nicht eine Schicht die jeweils andere vollständig und dauerhaft ersetzen kann. Wie beim Film ist zu entscheiden, wer jeweils im Vordergrund steht und die Aufmerksamkeit auf sich zieht – wobei DarstellerIn und Double zum Verwechseln ähnlich auftreten können. Als Double ergänzt der virtuelle Raum den realen, was immer dann erstrebenswert ist, wenn durch die damit hergestellten Wahlmöglichkeiten eine andere oder bessere Alternative für die Lösung gesellschaftlicher Probleme zu erwarten ist. Welche Aktivitäten zukünftig in welchem Raum stattfinden werden, hängt allein von gesellschaftlichen Entscheidungsprozessen ab, die sich sowohl individuell als auch gemeinschaftlich ausprägen können. Auch die Gestaltung des Internets als Teil der neuen Techniken unterliegt den in einer Gesellschaft denkbaren und gedachten Ordnungsmustern, die den entwickelbaren Technologien zu Grunde liegen und historisch bereits eine nicht unerhebliche Vielfalt aufgewiesen haben.

Die bürgerlich-moderne Gesellschaft hatte sich als Industriegesellschaft einerseits Raum in ökonomisch berechenbarer Zweidimensionalität und als Behälter gesellschaftlicher Ereignisse und andererseits Zeit in messbaren, linear aufeinanderfolgenden Takten angeeignet. Dem lag ein Definitionswille zu Grunde, der auf Effektivität und Beherrschbarkeit ausgerichtet war. Die derzeit neu entstehenden virtuellen Räume scheinen diese Ziele in bisher nicht gekannter Perfektion zu verwirklichen. Gesteuert durch jeweils zuvor gesetzte Definitionsregeln könnten Virtuelle Realitäten nicht nur als aufregendes Spielzeug, sondern als ideal beherrschbares Leben erscheinen. Insofern scheint mir eine Verschärfung der technisch-regulativen Konstitution von Welt bevorzustehen – zumindest lehrt die Erfahrung, dass die zu Beginn einer neuen Entwicklung durchaus noch im Blick befindlichen Restriktionen im weiter voranschreitenden Prozess nicht mehr präsent bleiben. Noch ist den Beteiligten klar, dass virtuelle Räume existent, aber nicht materiell sind. Da zugleich durch menschliches Tun bewirkt, könnte auf Dauer – wenn ich die Überlegungen am vorgestellten RaumZeit-Modell entlang entwickele – eine Verwechslung von, im kulturellen Prozess erzeugter, Wirklichkeit (IV. Quadrant) mit, durch selektive Bezugnahme erzeugter, Realität (I. Quadrant) bzw. ein Zusammenfallen derselben erfolgen. In der Sprache Bourdieus formuliert ist eine Naturalisierung virtueller Räume und Virtueller Realitäten zukünftig nicht ausgeschlossen. Aktueller jedoch ermöglicht Virtuelle Realität samt der zugehörigen Räume eine Flucht aus der viel komplexeren Wirklichkeit des IV. Modell-Quadranten, die Mühen des interkulturellen Verstehens erfordert – Virtuelle Realität fördert ein Umgehen bzw. eine Verweigerung der Kommunikation und der Aushandlungsprozesse im III. Modell-Quadranten, die eine Auseinandersetzung mit differenten Lebenswelten voraussetzen – und Virtuelle Realität scheint alternative Regulationssysteme im II. Modell-Quadranten überflüssig werden zu lassen, die bei bisheriger Simulation oder Modellbildung stärker präsent erscheinen. So könnte der virtuelle Raum zu einer Wiedereinschränkung des sich gerade erweiternden Raumverständnisses führen, zu einem „*living in a new box*", obwohl er – in der Form des Internets – zunächst als relationales, von körperlicher Präsenz unabhängiges und örtliche Trennungen überwindendes Interaktionsnetz – also als Befreiung bisheriger Beschränkungen – proklamiert worden ist.

Ein Beispiel für die Persistenz hierarchischer Gesellschaftsstruktur im virtuellen Raum: Das Problemfeld „Geschlecht und Raum" [1]

Wie eingangs angekündigt will ich die bisherigen Überlegungen zu virtuellem Raum als Teil Virtueller Realität nun für Geschlecht als eine der dominanten gesellschaftlichen Strukturkategorien durchspielen, um erst abschließend mögliche Rückschlüsse für das Internet zu ziehen. Zunächst folge ich der Frage, welche *Wechselwirkungen* zwischen der Struktur gesellschaftlicher Verräumlichung – u.a. auch durch technisch gesteuerte Virtualisierungen in einer Informationsgesellschaft – und der Jahrhunderte lang die Gesellschaftsstruktur prägenden Ordnung des Geschlechterverhältnisses zu konstatieren sind: Hat der aktuelle gesellschaftliche Wandel Einfluss auf die ge-

---

1 Dieser Teil entstammt weitgehend dem Artikel „Schöner neuer Raum: Über Virtualisierung und Geschlechterordnung" (Sturm 2001).

schlechtliche oder räumliche Arbeitsteilung, auf Eigentumsverhältnisse oder erkenntnistheoretische Ordnungsvorstellungen? Werden in einer sich ausdifferenzierenden Informationsgesellschaft Geschlechterverhältnisse mittels Virtualisierung des Raumes gefestigt oder verändert? Wo sind Emanzipationspotenziale erkennbar?

Wie verstanden frühere Generationen in Europa Geschlecht?

Vor allem die historische Geschlechterforschung hat in den vergangenen Jahren umfangreiches empirisches Material für die Konstituierungsprozesse der Geschlechter als Teil des gesellschaftlichen Regulationssystems zusammengestellt (u.a. Projekt für historische Geschlechterforschung 1996). Insofern müssen wir keinen interkulturellen Vergleich vornehmen, um die Abhängigkeit der Vorstellungen über die Geschlechter von der je zeitgenössischen Kultur bzw. Gesellschaftsform – einschließlich der zwar weit, aber dennoch nur begrenzt verbreiteten Konzeption von Zweigeschlechtlichkeit – nachvollziehen zu können. Wenn ich mich an traditionelle Entwicklungsphasen-Modelle anlehne und diverse Übergangsstadien ausblende, sind für den europäischen Kulturraum folgende grundsätzlich unterschiedliche Geschlechterkonstruktionen zu belegen:

Nach heutigem Stand der Forschung war während des Mittelalters und bis zum Jahrhundert des Humanismus und der Reformation ein durch christliche Anthropologie geprägtes hierarchisches *Ein-Geschlecht-Modell* (Laqueur 1992) vorherrschend: In diesem sind Mann und Frau von gleichem Fleisch, stehen durch unterschiedliche Gottnähe bzw. -ferne jedoch in einem graduell, nicht essenziell hierarchischem Verhältnis zueinander. Als *komplementäres Verhältnis der Geschlechter* betont es das Aufeinanderangewiesensein, was sich räumlich u.a. in der Ökonomie des Ganzen Hauses darstellt. Erst durch die dynamischen und humanistisch-moralischen Fassetten der Renaissance besteht die Gefahr, dass männliche Dominanz eventuell in Frage gestellt wird. Es folgt ein Jahrhunderte währender vieldimensionaler Umschichtungsprozess: Gegenreformation samt Hexenverfolgungen und der Absolutismus werden von kritischen HistorikerInnen als Gegenbewegungen auch zum Zwecke der Sicherung patriarchalischer Herrschaft eingeschätzt.

Die sich während der Aufklärung und den bürgerlichen Revolutionen durchsetzenden Ideale einer wissenschaftlich zu begründenden, naturbedingten Weltordnung verändern die Art der Hierarchisierung: Die mit der männlichen Herrschaftssicherung ablaufenden Distanzierungen im Zusammenspiel mit der Eroberung fremder Kulturen produzieren den Begriff des *Anderen*, der den weißen europäischen Mann in Opposition setzt zur heimischen Frau wie zum nicht-weißen Mann in der Fremde. Die nicht-weiße/nicht-europäische Frau steht gänzlich außerhalb dieser Ordnung, wird lediglich als Metapher genutzt und ist als Subjekt nicht vorhanden. Der Rückgriff auf göttliche Ordnung wird überflüssig, denn die Andersartigkeit wird als Natur begründet und als solche gegenüber dem männlichen Geist zur Minderwertigkeit. Aus der früheren Geschlechterkomplementarität wird die bis heute gültige *Geschlechterpolarität*. Das damit einhergehende wissenschaftlich konnotierte *Zwei-Geschlechter-Modell* lässt den sezierenden Blick von außen in den geschlechtlichen Körper eindringen und blendet das bisherige Erfahren von innen weitestgehend aus. Die raumgreifende bürgerliche Autonomie entgrenzt die Städte im Namen der Aufklärung und verknüpft die bisherige geschlechtliche Arbeitsteilung mit der *räumlichen Arbeitsteilung* im Namen der fortschreitenden Industrialisierung. Die zur Hierarchisierung hinzukommende eindeutige Dualisierung der Geschlechter eröffnet dem bürgerlichen Mann den neu gewonnenen öffentlichen Stadtraum, während die ins Private eingeschlossene bürgerliche Frau unsichtbarer denn je zuvor wird. Dafür werden die unübersichtlich werdenden Städte samt ihrem Reiz des möglicherweise gefährlichen Urbanen mit sphinxhafter Weiblichkeit konnotiert (vgl. Wilson 1993).

Gesichert wird diese Konstruktion bis heute durch ein *bürgerlich-modernes Identitätskonzept*. Die Wortwurzel von Identität bedeutet Einerlei/ein-und-dasselbe-Sein. In Verbindung mit dem Wort Individuum, als dem Unteilbaren, Abgesonderten, spitzen sich beide Bedeutungen noch einmal zu: Das unteilbare Selbe wird zum End- und Angelpunkt, es ist mit sich selbst eins und von ihm geht alles aus. Das mit sich selbst identische Individuum entspricht seit dem 18. Jahrhundert dem Selbstentwurf des bürgerlichen Mannes. Von ihm aus gesehen wird alles, was nicht zu ihm gehört, zum ausgegrenzten Anderen, zum Nicht-Ich, das der Definitionsmacht des männlich beständigen, abgeschlossenen und selbstgewissen Subjektes unterliegt. In dieser Konstruktion wird das Weibliche als Nicht-Identisches ausgeschlossen – kann somit keine bürgerlich-moderne Identität gewinnen, sich nicht selbst bestimmen. Regina Becker-Schmidt und Gudrun-Axeli Knapp geben entsprechend für die Geltung des Weiblichen in der Gesellschaft drei aufeinander bezogene Dimensionen an (1987: 144f.):

a) Hinsichtlich der kulturellen symbolischen-repräsentativen Wertehierarchie *diskriminierende* Inferiorität, was eine Identifikation mit dem Mangel verlangt (verortbar im IV. Raumquadranten);
b) hinsichtlich der regulativ-strukturierenden Dichotomisierung die *reduzierende* Positionierung am Pol des Privaten, Naturhaften, Körperhaften und damit Nichtmännlichen, was in Bezug auf die soziale Stellung die Identifikation mit der deklassierten Rolle verlangt (verortbar im II. Raumquadranten); und schließlich – zum Ausgleich stilisiert –
c) hinsichtlich der inhaltlich-materialen Bestimmung von Weiblichkeit ihre sie *auszeichnende* Andersartigkeit, die eine Identifikation mit den Besonderheiten des Geschlechtes – z.B. mit Mütterlichkeit als vollendete Form der Weiblichkeit – verlangt (verortbar im I. Raumquadranten).

An dieser identifizierenden und ausgrenzenden Logik, die dem europäischen Ordnungssystem innewohnt, haben sich die Frauenbewegungen seit 150 Jahren in Auseinandersetzung um die Geschlechtsstereotypen abgearbeitet. Wurde in der Alten Frauenbewegung gegen die Diskriminierung hauptsächlich mittels *Gleichheitsvorstellungen* angegangen, analysierte die Neue Frauenbewegung dann vor allem die Reduzierung der Frauen durch die gesellschaftlichen Rollenzwänge und proklamierte *Differenzvorstellungen* mit eigener weiblicher Identität. Inzwischen ist deutlich geworden, dass die hierarchisierende Struktur der Zweigeschlechtlichkeit einschließlich der damit verknüpften Zwangsheterosexualität nur in Frage zu stellen ist, wenn auch die Auszeichnung als weiblich oder männlich und der dem zu Grunde liegende bürgerlich-moderne Identitätszwang aufgegeben werden. Als praktizierbarer Zwischenschritt kann dies heißen: „Nur wo Identisches und Nicht-Identisches zugleich gedacht werden, geraten die Verhältnisse in Bewegung, kommen Kräfte und Gegenkräfte zum Vorschein, werden Lernprozesse und Veränderungen vorstellbar" (ebd.: 142). Eine Abkehr von jeglichen Identitätsvorstellungen fällt hingegen noch schwer zu denken (vgl. Sturm 1999).

Die aktuelle theoretische Diskussion um Geschlechterkonstitution streitet deshalb ausgehend von der politischen Demonstration von *Queer*-Sein um *Vielfalt* und Aufhebung aller Dualisierungen. Auf der Ebene der zunächst gedanklichen Konstruktion von Geschlecht bedeutet dies eine Abkehr von den – auch alltagspraktisch zumindest seit dem 19. Jahrhundert – gewohnten Naturalisierungen. Wird statt dessen Geschlecht als Handeln – etwa entsprechend der ethnomethodologischen Konzeption des „*doing gender*" bzw. „*doing difference*" – verstanden, entfällt nicht die Materialisierung, wohl aber die eindeutige Vorhersagbarkeit des Ergebnisses. Solch anderes Verständnis beinhaltet als Folge der Auseinandersetzung mit dem Faktum und den Elementen der Verschiedenheit die Einbindung wissenschaftlicher wie alltagspraktischer Entscheidungen in deren räumlichen und zeitlichen Kontext. Statt Gegenstände und Ereignisse als voneinander Getrennte nebeneinander zu stellen und allenfalls zu vergleichen, sollten sich zukünftige Konstruktionen nicht mehr auf die Definition von Einheiten und Eindeutigkeiten kaprizieren, sondern vor allem den Gestaltungsprozess sowie die Relationen zwischen den Gegebenheiten betonen. Solches verlangt u.a. Reflexion und Veränderung der bislang dominierenden Rationalitäts- bzw. Vernunftkriterien (u.a. Kulke 1988).

Szenarien über Geschlechterzuordnungen in gedoppelten Realitäten

Leite ich aus meinen Überlegungen zur historisch konnotierten Geschlechterkonstitution nun deren Verräumlichung in meinem RaumZeit-Modell ab, so stelle ich als Folge der Selbstkonzeptionierung des bürgerlich-modernen Mannes als eines mit-sich-selbst-identischen Individuums zunächst Folgendes fest: Sowohl die wertschöpfende Ökonomie als auch die normative Verregelung als auch die politische Öffentlichkeit als auch die symbolisch-repräsentative Darstellung weisen sich derzeit durch eine männlichkeitszentrierte Reduzierung der insgesamt möglichen gesellschaftlichen Erscheinungsformen und Potenziale aus. Nach wie vor ist eine *nach Geschlecht differenzierte Materialität gesellschaftlicher Räume* zu konstatieren. Allerdings wurde traditionell auf der einen Seite durch Männlichkeit die reale Realität definiert im Sinne einer Vorabdefinition des gesellschaftlich Wirksamen und auf der anderen Seite durch Weiblichkeit eine virtuelle Realität eröffnet, da Räume von Frauen zwar existent, jedoch fremddefiniert und entsprechend gering kulturell wirklich im Sinne von sichtbar gewesen sind. Diese traditionelle Verortung der Geschlechter im gesellschaftlichen Raum scheint sich aktuell umzukehren, stürmen doch vor allem die jungen, akademisch ausgebildeten Männer die neue Virtuelle Realität mit ihren Datenautobahnen, präsentieren sich als Flaneure und Bewohner in den digitalen Städten und dominieren die Kommunikation auf den neu eingerichteten öffentlichen Plätzen der Chat-Rooms. Welche Chancen bietet also die gedoppelte Realität Frauen und Männern bzw. der sich wandelnden Konstituierung des Geschlechterverhältnisses? Mindestens zwei Entwicklungsalternativen bieten sich an:

Zum einen könnte – wie übrigens nicht nur von feministischen Wissenschaftlerinnen proklamiert – der bürgerlich-männliche Identitätszwang zu Gunsten einer kreativen und situationsgebundenen Vielfalt aufgegeben werden. Impliziert wäre darin eine *Aufhebung der Trennungen* von Natur und Kultur wie von Körper und Geist wie von Leib und Maschine (u.a. Haraway 1995 oder List/Fiala 1997). Solches könnte einerseits ungeahnte Potenziale eröffnen und würde in eine noch kaum vorstellbare Welt führen. Unter Annahme angemessener raumzeitlicher Abwägungen, kontextueller Rücksichtnahmen und offen gelegter gesellschaftlicher Entscheidungen bieten entsprechende Wandlungen den Quellgrund für positive gesellschaftliche Utopien. Andererseits sind unter Annahme zunehmender Ungleichverteilung von realen wie ideellen Lebenschancen, zunehmenden individuellen wie kollektiven Risiken oder der Gefahr totalitärer Herrschaft negative Gesellschaftsutopien zu zeichnen, trotz Ablösung der auf dualisierender Identität beruhenden weltlichen Ordnung.

Zum anderen könnte einer Auflösung bisherigen hierarchisierenden Dualisierens ausgewichen werden, um das bürgerliche Projekt mit seinen Vorstellungen von Machbarkeit zu retten. Das hieße u.a. für das ungleiche Geschlechterverhältnis eventuell zwar ein neues Gewand, jedoch keine strukturelle Veränderung. So wie ich die laufende Diskussion um virtuellen Raum als Teil der Virtuellen Realität wahrnehme, zeichnet sich eine solche *Umkodierung* als nicht unwahrscheinlich ab. Für das Konzept aufrechtzuerhaltender Männlichkeit wird eine neue Welt geschaffen, in der die liebgewonnene Definitionsmacht samt allen damit verknüpften Normierungen erhalten bleibt. Dazu denke ich hier drei mögliche Perspektiven an:

- Derzeit wird – wie bereits von Elisabeth List ausgeführt – Virtualität als Neuheit proklamiert, obwohl sich darin altbekannte Strukturen restituieren: In der abendländischen Kultur ist seit der griechischen Antike die Idee hoch geschätzt worden, hat der Geist und das Denken mehr als der Körper und die leibliche Erfahrung gegolten. Das neue Namenskleid verdeckt u.a. die implizierten vielschichtigen Zuweisungen zu den Genusgruppen. Allerdings war im aristotelischen Konzept die Idee der „causa formalis" zugeordnet, der Formursache eines Gegenstandes, die in meinem methodologischen Raummodell dem II. Quadranten angehört. Mit den Konzepten von Virtueller Realität und virtuellem Raum findet nun eine Verschiebung in den I. Quadranten der „causa materialis", der materialen Gestalt statt. Wurden die Auswirkungen der Idee geschlechtshierarchischer Ordnung der Gesellschaft im Rahmen feministischer Wissenschaft zunehmend analysierbar und erkennbar, so verlangt eine Ausweitung dieser Ordnungsvorstellung in die Materialität der Virtuellen Realität nach neuen Erkenntniszugängen und Handlungsformen.
- Die Ausweitung des Virtualitätsbegriffs wird m.E. in ihrer Wirklichkeitsrelevanz unterschätzt. Zwar stellen zahlreiche Autoren „die Frage, ob sich mit der aufkommenden Kultur der Virtualität zwangsweise eine irreversible Entfremdung von der wirklichen Welt ankündigt [... und beruhigen die LeserInnenschaft mit dem Hinweis, dass (G.S.) ...] Computerbilder von höchster Wiedergabetreue nichts anderes als digitale Modelle sind, [...] nicht in der Lage, von sich aus auf die Realität einzuwirken" (Maldonado 1994: 66ff.). Aber selbst in dieser problemreduzierten Sicht sind die Wechselwirkungen zwischen virtueller und realer Realität sowie zwischen den von ihnen induzierten Wirklichkeiten nur schwer abzuschätzen. Wenn die gesellschaftliche Steuerung aus dem II. Quadranten in die Virtuelle Realität des I. Quadranten übertragen wird, dürften jedoch auf Dauer sowohl die historisch-kulturelle Wirklichkeit als auch die darin verankerte reale Realität aus der Virtuellen Realität heraus beeinflusst werden: Globalisierungsprozesse und Herrschaftsformen wie Geschlechterverhältnisse unterliegen dann material veränderten Bedingungen. Die neue Virtualität nimmt somit eventuell doch eine im Vergleich zum antiken Vorbild veränderte Qualität an, da sie nicht nur als normative Regulation, sondern auch als gedoppelte Materialität homolog zur realen Realität wirksam wird.
- In der Frauenbewegung forderten die Protagonistinnen Zugang zur gesamten Welt. Bislang war nicht anzunehmen, dass den in einer patriarchalischen Welt Untergeordneten eventuell die bisherige wirkliche Welt gänzlich überlassen werden könnte, da sich die herrschenden Männer eine neue virtuelle Welt hergestellt haben. Massive Skepsis halte ich gegenüber diesem „Käfig-Prinzip" für angebracht: Zunächst wurden „die Anderen" in die Potenzialität naturhafter Arbeit eingeschlossen und ihrer Minderwertigkeit hinsichtlich gesellschaftlicher Wirksamkeit versichert,

da nur außerhalb – in der wirklichen Welt – das Reich der Freiheit zu finden und menschliche Gesellschaft zu gestalten sei. Die aus dieser hierarchischen Struktur resultierenden Krisen legen nun offensichtlich eine Lösung nahe, bei der sich zukünftig die Herrschenden in selbstgestalteten virtuellen Räumen abschließen und „den Anderen" die unwirtlich gewordene Weite der Welt zwecks Aufräumarbeiten anbieten. Für Frauen und andere in der patriarchalischen Hierarchie Untergeordnete verknüpften sich dann die „Fröste der Freiheit" mit einer aufgehalsten moralischen und politischen Verantwortung für die Gestaltung des realmateriellen Raumes, da dieser als Lebensgrundlage unverzichtbar ist.

Es sind selbstverständlich – in Abhängigkeit von theoretischen Ausgangsannahmen und empirischen Rahmenbedingungen – noch zahlreiche andere Szenarien vorstellbar. Solche zu entwickeln, dürfte eine wichtige Aufgabe zukunftsorientierter Wissenschaft und Politik sein.

Folgerungen für das Internet als virtuellen Raum

Die eingangs formulierten Hintergrundfragen sind auch nach den bisherigen Überlegungen nicht zufriedenstellend zu beantworten. Sie bleiben als Aufforderung zu weiterer Analyse und Forschung über das neue Informations- und Kommunikationssystem Internet bestehen. Lediglich punktuell sind hier teils Folgerungen, teils weitere Fragen anzuführen, die ich entlang der eingangs gewählten Punkte nun in umgekehrter Reihenfolge angehe: Medienkompetenz als notwendiger Schlüssel zum Internet, Netzinhalte, Sozialstruktur der NutzerInnen sowie Veränderung der raumzeitlichen Materialität.

- Gabriele Winker betont in ihren Untersuchungen, dass die Nutzung elektronischer Netze in den tangierten Arbeits- und Lebensbereichen neue Koordinations- und Kooperationsanforderungen stellt und dafür als Voraussetzung eine ausgeprägte Medienkompetenz als Schlüsselqualifikation erfordert: „Nur BürgerInnen und Beschäftigte mit Medienkompetenz können die neu entstehenden Informations-, Kommunikations- und Beteiligungsformen nutzen. Medienkompetenz wird somit zur Grundlage gesellschaftlicher und beruflicher Teilhabe. [...] Wer sich in globalen Netzen nicht kompetent bewegen kann, wird an den Rand gedrückt und hat wenig Chancen [...]" (2001: 276). Sie differenziert Medienkompetenz nach drei Bereichen: der „Fähigkeit, mit Medien selbstbestimmt und kundig umzugehen" – der „Fähigkeit, ein kritisches Urteilsvermögen und einen verantwortlichen Umgang mit den Medien zu entwickeln" – der „Befähigung, sich mit Hilfe der Medien Lebenswelten anzueignen und sie mit zu gestalten" (ebd.: 276f.). Und nicht nur Frauen haben unter diesen Voraussetzungen weit weniger Zugang zu den neuen Medien als Männer oder sind weltweit in der Aus- und Weiterbildung im IT-Bereich unterrepräsentiert – worauf ich im Folgenden noch genauer eingehen werde. Emanzipationspotenziale hinsichtlich der geschlechtlichen Arbeitsteilung zeichnen sich derzeit vor allem bei telearbeitenden Männern ab, für die die Ortssouveränität eine Chance zur Verzahnung von Erwerbs- und Familienarbeit bietet – allerdings vor dem Hintergrund, dass europaweit 80% der TelearbeiterInnen mehr Stunden als vertraglich festgelegt arbeiten (ebd.: 292ff.). In der Denkstruktur des vorgestellten RaumZeit-Modells wirkt die erforderliche *Medienkompetenz* aus dem Feld der institutionalisierten und normativen Regulation heraus auf das Feld der gesellschaftlichen Interaktions- und Handlungsstrukturen: Für eine erfolgreiche Teilhabe an globalgesellschaftlichen Entscheidungen müssen engagierte BürgerInnen sich nicht nur hochentwickelte Kompetenzen angeeignet haben, sondern sich auch auf die neue technologisch bestimmte Verregelung einlassen – nur dann sind die darin implizierten Emanzipationspotenziale nutzbar.

- Für zahlreiche NutzerInnen sind die *Netzinhalte* uninteressant. Die sich anbietenden Themen liegen hauptsächlich im Bereich der Erwerbsarbeit und der Freizeit mit Schwerpunktsetzung auf Computer, Auto, Sport und Sex. Damit zeigt das Netz eine für spätmoderne Industriegesellschaften typische Kommunikationsgestalt auf, die sich an jungen, weißen, i.d.R. gutgebildeten Mittelschichtmännern orientiert. Unterstützt wird diese durch die Organisation der Suchmaschinen und die Verschlagwortung der Kataloge: „Im Cyberspace gibt es Grenzen, die im Vergleich zur realen Welt ganz leicht gezogen werden können: durch Namensgebung und Clusterbildung von Adressen, spezielle Paßwörter, Eintrittsgebühren oder, vor allem, Softwareprotokolle" (Rilling 1998: 371). Die Weite der Welt verbleibt im realen gesellschaftlichen Raum, da auch der virtuelle Raum des Netzes inhaltlich nicht universell sein kann bzw. kulturell marginalisierte oder politisch unliebsame Positionen nicht aufnehmen will. So bleibt auf Grund der erwartbaren Veränderung der „materialen Gestalt" der gesellschaftlichen RaumZeit abzuwarten, ob sich der in den Netzinhalten abzeichnende Kulturimperialismus nicht auch real verstärkt.
- „Auch netzvermittelte Kommunikationsverhältnisse haben mit den Problemen realweltlicher Ungleichheit zu tun: Der Mann oder die Frau brauchen Strom und Telephon und Maschinen mit Zugängen zu Bandbreiten bzw. hohen Übertragungsgeschwindigkeiten, technische, kulturelle, soziale und kommunikative Kompetenz und in der Regel die Fähigkeit, an englischsprachiger Kommunikation teilzuhaben." So fasst Rainer Rilling (1998: 375) die Bedingungen für die Internetnutzung zusammen. Bei einer Analphabetenquote von rund 10% kann selbst in Deutschland nicht von gleichen Chancen gesprochen werden. Weltweit trägt das Internet derzeit eher zur verstärkten Differenzierung der Lebenswelten bei, so dass z.B. hinsichtlich politischer Vernetzung schon eher vom *Intranet* gesprochen wird. Das Internet ist „ein Medium der

‚realexistierenden' Weltgesellschaft" (Leggewie 1998: 48) und als solches nur soweit geeignet, Gesellschaft zu reformieren wie dies die Gesellschaftsmitglieder, die sich des Netzes bedienen, auch in ihrem realraumzeitlichen Alltag tun. Trotz dieser erwartbaren Einsicht eröffnen sich mit der neuen Kommunikationsstruktur des Netzes veränderte Optionen z.B. für Politikpraxis: Es „bietet interaktive und polydirektionale statt überwiegend distributive Formen politischer Kommunikation. Eine Irritation, mit der sogar der amerikanische Militär-Industrie-Komplex, der das Ganze letztlich erfunden hatte, nicht fertig wurde" (Rilling 1998: 376). Angesichts der im Beispiel anvisierten Verlagerung der Begründung gesellschaftlicher Hierarchie aus dem Feld der „strukturierenden Regulation" in das Feld der „materialen Gestalt" könnten sich somit aus der gleichzeitigen Änderung der Kommunikationsstruktur für einige der bisherigen VerliererInnen im günstigen Fall noch unerkannte Handlungsalternativen ergeben.

– Raumzeitliche Materialität stellt sich erst in der gesellschaftlichen Auseinandersetzung her, da kein Gegenstand ohne handelndes – und damit selektierendes – Subjekt bestimmbar ist. So trägt die Kommunikation mittels Internet selbstverständlich zu einer *Veränderung der Materialität von Raum und Zeit* bei, ohne dass diese aufgelöst würden. Als Vorgeschmack auf zukünftig verstärkt zu erwartende Virtualisierung kann die Auseinandersetzung mit der Struktur und der Wirkung des Internets Chancen und Grenzen der neuen Techniken auszuloten helfen. Bereits derzeit erfordert eine Internetanalyse eine Änderung bisheriger Denkgewohnheiten, da eindeutige, linear gerichtete Strukturen weder Funktionsweise noch Wirkung mehr erklären können. Dadurch erscheinen bereits heute die meisten der für das Netz verwendeten Metaphern als antiquiert: Selbstverständlich ist das Netz ein gesellschaftlicher Raum, es ist weder flüssig noch fest, weder zeitlos noch unendlich und erst recht keine „Datenautobahn". Welche Materialisierungen das Internet bereits in der realen Realität beeinflusst und hinterlassen hat, ist genau zu analysieren, damit ein politischer Diskurs über die intendierten wie nichtintendierten Folgen weiterer Virtualisierung möglich ist. Auf wissenschaftlicher Seite sind dafür neue Analysemethoden und -modelle u.a. für Raum und Zeit in einer „virtuellen Gesellschaft" gefragt – mit dem hier vorgestellte Beispiel möchte ich zu dieser notwendigen Arbeit beitragen.

Literatur

Ahrens, D. (2001): Grenzen der Enträumlichung. Weltstädte, Cyberspace und transnationale Räume in der globalisierten Moderne. Opladen

Becker-Schmidt, R.; Knapp, G. (1987): Geschlechtertrennung – Geschlechterdifferenz. Suchbewegungen sozialen Lernens. Bonn

Breckner, I.; Sturm, G. (1997): Raum-Bildung – Übungen zu einem gesellschaftlich begründeten Raum-Verstehen. In: Ecarius, J.; Löw, M. (Hg.): Raumbildung – Bildungsräume. Über die Verräumlichung sozialer Prozesse. Opladen, S. 213-236
Bühl, A. (1996): CyberSociety. Mythos und Realität der Informationsgesellschaft. Köln
Bühl, A. (1999): Computerstile. Vom individuellen Umgang mit dem PC im Alltag. Opladen
Bühl, A. (2000): Die virtuelle Gesellschaft des 21. Jahrhunderts. Wiesbaden
Cailliau, R. (1998): Zur Technikgeschichte des Internet. Stichworte eines Surf-Pioniers. In: Leggewie, C.; Maar, C. (Hg.): a.a.O., Köln, S. 70-81
Haraway, D. [1991] (1995): Die Neuerfindung der Natur. Primaten, Cyborgs und Frauen. Frankfurt a.M./New York
Krämer-Badoni, T.; Kuhm, K. (Hg.) (2003): Die Gesellschaft und ihr Raum. Raum als Gegenstand der Soziologie. Opladen
Kubicek, H (1998): Das Internet 1995-2005: Zwingende Konsequenzen aus unsicheren Analysen. In: Leggewie, C; Maar, C. (Hg.): a.a.O., Köln, S. 55-69
Kulke, C. (1988): Rationalität und sinnliche Vernunft. Pfaffenweiler
Läpple, D. (1991): Essay über den Raum. In: Häußermann, H. u.a.: Stadt und Raum. Soziologische Analysen. Pfaffenweiler, S. 157-207
Laqueur, T. [1990] (1992): Auf den Leib geschrieben. Die Inszenierung der Geschlechter von der Antike bis Freud. Frankfurt a.M.
Leggewie, C. (1998): Demokratie auf der Datenautobahn. In: ders.; Maar, C. (Hg.): a.a.O., Köln, S. 15-51
Leggewie, C.; Maar, C. (Hg.) (1998): Internet & Politik. Von der Zuschauer- zur Beteiligungsdemokratie? Köln
List, E. (1996): Platon im Cyberspace. Technologien der Entkörperlichung und Visionen vom körperlosen selbst. In: Modelmog, I.; Kirsch-Auwärter, E. (Hg.): Kultur in Bewegung. Beharrliche Ermächtigungen. Freiburg, S. 83-109
List, E.; Fiala, E. (Hg.) (1997): Leib – Maschine – Bild. Körperdiskurse der Moderne und Postmoderne. Wien
Löw, M. (2001): Raumsoziologie. Frankfurt a.M.
Maldonado, T. (1994): Realität und Virtualität. In: Meurer, B. (Hg.): Die Zukunft des Raums. Frankfurt a.M. / New York, S. 59-70
Projekt für historische Geschlechterforschung (Hg.) (1996): Was sind Frauen? Was sind Männer? Frankfurt a.M.
Rilling, R. (1998): Marktvermittelt oder selbstorganisiert? Zu den Strukturen von Ungleichheit im Netz. In: Leggewie, C.; Maar, C. (Hg.): a.a.O., Köln, S. 366-377
Schachtner, C. (1997): Technik und Subjektivität. Das Wechselverhältnis zwischen Mensch und Computer aus interdisziplinärer Sicht. Frankfurt a.M.
Sturm, G. (1999): Raum und Identität als Konfliktkategorien. In: Thabe, S. (Hg.): Räume der Identität – Identität der Räume. Dortmund, S. 26-37
Sturm, G. (2000): Wege zum Raum. Methodologische Annäherungen an ein Basiskonzept raumbezogener Wissenschaft. Opladen
Sturm, G. (2001): Schöner neuer Raum: Über Virtualisierung und Geschlechterordnung. In: Sturm, G.; Schachtner, C.; Rausch, R.; Maltry, K. (Hg.): Zukunfts(t)räume. Geschlechterverhältnisse im Globalisierungsprozess. Königstein, S. 57-79
Wertheim, M. [1999] (2000): Die Himmelstür zum Cyberspace. Eine Geschichte des Raumes von Dante zum Internet. Zürich
Wilson, E. [1991] (1993): Begegnungen mit der Sphinx. Stadtleben, Chaos und Frauen. Basel
Winker, G. (2001): Ausgrenzung durch Ignoranz: Zur mangelnden Präsenz von Frauen in vernetzten Systemen. In: Sturm, G.; Schachtner, C.; Rausch, R.; Maltry, K. (Hg.): Zukunfts-(t)räume. Geschlechterverhältnisse im Globalisierungsprozess. Königstein, S. 274-299

Der Raum der Technik

Christoph Schlieder

Euclide moralisé
Kognitive Räume in informatischen Verarbeitungszusammenhängen

Krisen der Anschauung gehören zu den fast unvermeidlichen Begleiterscheinungen der Entwicklung von Informationstechnologien. Deshalb sind Informatiker nicht allzu sehr überrascht, wenn in Bezug auf die Kommunikationsdienste des Internets „Irritationen im Alltag und in der Wissenschaft" ausgemacht werden wie von Funken und Löw im Vorwort zu diesem Band. Dass diese Irritationen „sich derzeit stärker auf den Raum und weniger auf die Zeit beziehen", ist dagegen technologisch keineswegs selbstverständlich. In Informationstechnologie kann diese Asymmetrie nämlich nicht ohne weiteres abgebildet werden. Das gibt Anlass, den Bereich der größeren Irritation, die informatisch vermittelte Interaktion zwischen Raum und Kognition, näher zu untersuchen.

Aus Sicht der Informatik lässt sich allerdings nicht beurteilen, ob der Alltagsverstand mit den Überraschungen der Informationstechnologie Internet fertig werden wird, ob er sich, kognitiv überfordert, in räumliche Metaphern flüchten muss, ob die derzeit verwendete Metaphorik schief liegt oder vielleicht den Kern der Sache trifft, ob sie schließlich mit der Zeit zu einer der soziologischen Beobachtung zugänglichen sozialen Semantik sedimentieren wird. Die Bewältigungsstrategien der Akteure, seien sie Nutzer oder Entwickler, Beobachter oder Beobachtete, treten aus informatischer Perspektive in den Hintergrund. Vor diesem entfaltet sich der Prozess der Technologieentwicklung, der zumindest seinen Protagonisten, den Architekten und Entwicklern von Software, alles andere als transparent erscheint. Mit Intransparenz ist nicht die Kontingenz gemeint, mit der sich *IT-Consultants* und Börsenanalysten befassen. Intransparenz bezeichnet hier nur den Sachverhalt, dass Selbstbeschreibungen der Informatik nicht anders als mit den Verfahrensweisen der Informatik produziert werden können. Soziale Strukturen, gar soziale Handlungen, und deren Rolle bei der Entstehung von Informationstechnologien kommen in der mit Bordwerkzeug erzeugten Sicht auf die Bordwerkzeuge nicht vor.

Dafür lässt sich aber formulieren, auf welche Weise Informationstechnologie den, von den Akteuren alltäglich erfahrenen, Raum erfasst und in verschiedenartigste informatische Räume transformiert. Die Strukturen der informatischen Räume können ebenfalls beschrieben werden. Strukturen, die sich in charakteristischer Weise von denen mathematischer Räume unterscheiden, Strukturen auch, die für soziologische Untersuchungen zu der, durch Informationstechnologien induzierten, Veränderung der Raumsemantik offenbar wenig sichtbar waren. Häufig bilden nämlich Elemente mathematischer Raumtheorien – etwa die Krümmung des Riemann'schen Raums – das metaphorische Vehikel, mit dem die neuen Räume sozialer Kommunikation beschrieben werden. Diese Beobachtung liefert einen weiteren Grund für die nähere Beschäftigung mit informatischen Räumen.

Das Augenmerk gilt dabei nicht dem Internet, sondern Technologien, an denen sich die informatische Erfassung von Raum besser illustrieren lässt, weil sie nicht die Räumlichkeit sozialer Kommunikation, sondern die Räumlichkeit der maschinellen Informationsverarbeitung, d.h. die Organisation der Daten und der auf diesen operierenden Prozesse, zum Gegenstand haben. Die untersuchten Beispiele für informatische Räume betreffen vor allem die Analyse digitaler Bilder und die geografische Informationsverarbeitung.

Informatische Räume

Jede Art von Informationssystem realisiert einen komplexen Verarbeitungszusammenhang, an dem Algorithmen, Datenstrukturen, Protokolle, Formate, Architekturen und andere, mehr oder minder abstrakte Bestandteile von Software beteiligt sind. Dies gilt insbesondere auch für die Verarbeitung räumlicher Daten. Kamerabilder, geografische Karten, technische Zeichnungen sind Beispiele räumlicher Daten. Sie zeichnen sich unabhängig von Anwendungsgebiet und Repräsentationsformat durch besondere Strukturen aus, die den Zugriff auf die Daten organisieren und eine effiziente Verarbeitung ermöglichen. Illustrieren lässt sich diese Besonderheit anhand von geografischen Datenbeständen. Hier gilt der von Geoinformatikern gerne zitierte Hauptsatz der Geografie, der auf Waldo Tobler, den Geostatistiker und Pionier der geografischen Informationssysteme (GIS) zurückgeht: "*Everything is related to everything else, but near things are more related than those far apart*" (zitiert nach Longley et al. 2001: 61).

Die Geoinformatik befasst sich mit der informatischen Lesart des Satzes: In räumlichen Daten nimmt unter den vorkommenden Relationen die Beziehung Nähe/Entfernung eine Sonderstellung ein. Nähe bzw. Entfernung werden in einer digitalen Karte z.B. durch den geodätischen Abstand, d.h. den kürzesten Weg auf der Erdoberfläche, ausdrückt. Es handelt sich um eine im Objektraum gemessene Distanz. In einem Satellitenbild kann aber auch der euklidische Abstand zwischen den Bildpunkten berücksichtigt werden (Distanz im Bildraum). Zuweilen ist es sogar zweckmäßig, unterschiedliche Distanzmetriken nebeneinander einzusetzen. Bei einem Verkehrsverbund wird man Entfernung einerseits durch die Zeit messen, die benötigt wird, um einen Ort zu erreichen, andererseits durch die geodätische Entfernung des Ortes. Diese Metriken können äußerst verschiedene Distanzen liefern: Geodätisch weit entfernte Orte liegen bezüglich der Transportzeitmetrik nahe beieinander, wenn sie durch ein schnelles Verkehrsmittel mit einander verbunden sind. Auch abstraktere Distanzmetriken spielen eine Rolle. Beispiele für Forschungsarbeiten, die verschiedene Metriken zur Beschreibung des Nachrichtenflusses und der Vernetzung der Inhalte im Internet untersuchen, finden sich im Atlas of Cyberspaces (2003).

Die Sonderstellung der Relation Nähe/Entfernung verdankt sich nicht etwa inhaltlichen Erwägungen, so wie man personenbezogene Daten auf besonders sichere Weise verarbeitet, weil man sie vor unbefugtem Zugriff schützen will. Räumliche Daten werden aus formalen, genauer, aus algorithmischen Gründen, anders verarbeitet als nicht-räumliche Daten. Hierzu ist ein kurzer Blick auf die Verarbeitung nicht-räumlicher Daten vonnöten. Informationssysteme bilden die im Tobler'schen Hauptsatz angesprochenen nicht-räumlichen Relationen zwischen den Dingen mit Hilfe von relationalen (inzwischen auch: objektrelationalen) Datenbanksystemen ab. Viel informatisches Nachdenken ist darauf verwandt worden, den Zugriff auf diese Relationen effizient zu gestalten, kurz, geeignete Datenstrukturen zu entwerfen.

Wenn Menschen in einer alphabetisch sortierten Liste, etwa einem Telefonverzeichnis, einen Eintrag suchen, so tun sie dies, indem sie die Einträge der Reihe nach durchgehen und mit dem gesuchten vergleichen. Mit dieser Art der sequentiellen Suche können größere Datenbestände nicht bewältigt werden – auch nicht von Maschinen, die die Such- und Vergleichsoperationen um mehrere Größenordnungen schneller ausführen als die kognitive Informationsverarbeitung. Ein schnelleres Verfahren besteht darin, den Eintrag in der Mitte der Liste mit dem Suchbegriff zu vergleichen und abhängig vom Ausgang des Vergleichs die Suche auf gleiche Weise entweder im vorderen oder aber im hinteren Teil der Liste fortzusetzen. Durch sukzessives Halbieren der Liste findet man schließlich den Eintrag oder entdeckt sein Fehlen. Diese binäre Suche ist wesentlich effizienter als die sequentielle. Während die Rechenzeit bei der sequentielle Suche im schlechtesten Fall proportional zur Zahl der Einträge ist, wächst die für die binäre Suche benötigte Rechenzeit nur mit dem Logarithmus der Zahl der Einträge.

So unscheinbar technisch diese Überlegung für Nicht-Informatiker wirken mag: In der logarithmischen Verringerung der Rechenzeit liegt der Schlüssel für die Bewältigung ständig wachsender – und das heißt formal gesprochen, exponentiell wachsender – Datenbestände. Logarithmus und Exponentialfunktion neutralisieren sich gewissermaßen. Es bleibt ein Wachstum mit konstantem Zuwachs übrig, ein Wachstum das selber nicht mehr wächst, ein Wachstum, mit dem die Technologieentwicklung Schritt halten kann. Eine Datenstruktur, die für ein Datenbanksystem den Zugriff in logarithmischer

Zeit organisiert, heißt Index. Die verschiedenen, in herkömmlichen Datenbanksystemen verwendeten Indextechnologien (z.b. B-Bäume) machen alle eine Voraussetzung. Sie operieren auf linear geordneten, z.b. alphabetisch sortierten, Daten. Für Daten mit einer räumlichen Ordnung entsteht an dieser Stelle ein Problem. Aus mathematischen Gründen ist es nämlich nicht möglich, die Punkte der Ebene – oder gar eines höherdimensionalen Raums – so linear anzuordnen, dass Punkte, die in der Ebene nahe beieinander liegen, dies auch in der linearen Ordnung tun. Man kann sich das am Beispiel eines Schachbretts veranschaulichen. Ganz gleich in welcher Reihenfolge man die Schachfelder durchläuft (lineare Ordnung), immer wird man Felder finden, die auf dem Brett benachbart liegen (ebene Ordnung), in der Durchlaufordnung aber nicht. Das hat unmittelbare technologische Konsequenzen.

Mit den Indextechnologien herkömmlicher relationaler Datenbanksysteme kann auf räumlich strukturierte Daten nicht effizient zugegriffen werden. Die algorithmische Sonderstellung räumlicher Relationen drückt sich also darin aus, dass sie mit speziellen Indextechnologien verarbeitet werden müssen. Lange Zeit war diese Domäne den GIS-Herstellern vorbehalten. Inzwischen bieten auch alle großen Datenbankhersteller räumliche Datenbanksysteme an. Während ein herkömmliches relationales Datenbanksystem nur logische Verknüpfungen von Daten erlaubt, kann ein räumliches Datenbanksystem Relationen auch räumlich verknüpfen. Verfügt ein Umweltinformationssystem über eine solche spezialisierte räumliche Datenhaltung, dann lassen sich Anfragen beantworten wie: Welche Grundwasserproben sind im Umkreis von 5 km der Ausgleichsfläche A-73 durch beauftragte Privatunternehmen entnommen worden? Hier müssen räumliche Relationen (Entfernung) und nicht-räumliche Relationen bzw. Eigenschaften (Beauftragung, Grundwasserprobe) gemeinsam verarbeitet werden. Die Verknüpfung wird durch eine Operation geleistet, die man als räumlichen Verbund (*spatial join*) bezeichnet und deren Vorhandensein ein räumliches Datenbanksystem definiert (Shekhar & Chawla 2003).

Damit haben wir für den Bereich der Geoinformationsverarbeitung einen informatischen Grund für die Behauptung „*spatial is special*" (Longley & al. 2001: 5) identifiziert. Auf gleiche Weise, aber mit anderer technischer Begründung, ließe sich dies für andere Bereiche durchführen, etwa die 3D-Bildverarbeitung oder die algorithmische Geometrie. Im Ergebnis müsste der Begriff des räumlichen Index etwas allgemeiner gefasst werden und auch die implizite Erstellung eines Index im Verlauf der Berechnung berücksichtigt werden. Ohne diese informatischen Details hier klären zu können, halten wir fest: Die Bezeichnung „räumliche Daten" wird im Folgenden gleichbedeutend mit „räumlich indexierte Daten" verwendet. Abgrenzungskriterium ist das Vorhandensein oder die implizite Erstellung eines räumlichen Index.

Ein informatischer Raum beschränkt sich aber nicht auf räumliche Daten und deren Strukturierung. Er beschreibt einen Verarbeitungszusammenhang, der alle Bestandteile von Software umfasst, angefangen vom Programmcode, vom verwendeten Compiler oder *Interpreter*, über die Algorithmen, die Softwarearchitektur, die nicht zu unterschätzende *Legacy* (d.h. die den Entscheidungsspielraum einschränkende Last vergangener Softwaregenerationen), bis hin zur Spezifikation der Anforderungen und den berücksichtigten Industrienormen bzw. Defacto-Standards. Eine Klasse von Algorithmen zur inhaltsbezogenen Kompression von Videodaten kann ebenso zu den Bestandteilen eines informatischen Raums gehören wie die Normen des *Open GIS Consortium*, die den Datenaustausch zwischen GIS regeln. Dabei ist zu beachten, dass die obige Aufzählung möglicher Bestandteile von Verarbeitungszusammenhängen nicht nur unvollständig, sondern auch nach zwei Seiten hin grundsätzlich offen ist: zur Maschine sowie zu den kognitiven Prozessen des Nutzers/Entwicklers. Einen spezifischen Verarbeitungszusammenhang von räumlicher Information werden wir als informatischen Raum bezeichnen. Insofern kann man vom informatischen Raum des Computer-Sehens oder der Geoinformationsverarbeitung sprechen.

Informatische Räume gibt es demnach in großer Zahl. So selbstverständlich, wie diese Vielfalt auf den ersten Blick scheint, ist sie allerdings nicht. Zu den Entstehungsbedingungen informatischer Räume gehören solche, die sich zu anderer Zeit in anderen Disziplinen formiert haben. Der Zerfall der euklidischen Einheit in der Mathematik und die kognitive Wende in der Psychologie haben Rahmenbedingungen hergestellt, die in der Informatik fortwirken.

Zerfall der Euklidischen Einheit

Als der Computer in den letzten Jahren des zweiten Weltkriegs technisch Gestalt annahm, war die mathematische Einheit des Raums, die sich in der unbestrittenen Herrschaft einer einzigen Raumlehre, der euklidischen Geometrie, ausdrückte, über hundert Jahre zerfallen. Die Entdeckung, dass das Parallelenaxiom unabhängig von den übrigen Axiomen Euklids ist, hat nach 1830 das mathematische Selbstverständnis erschüttert wie kaum eine andere; der Mathematikhistoriker Morris Kline (1972, vol. 3: 879) spricht vom „folgenreichsten und revolutionärsten Schritt der Mathematik seit den Zeiten der Griechen [Übers. C.S.]". An den Schock der Entdeckung schloss sich eine Phase äußerst fruchtbarer mathematischer Theoriebildung an, in der bis zum Ende des 19. Jahrhunderts eine Reihe von Geometrien untersucht wurde, die – wie die nicht-euklidischen Geometrien ohne Parallelenaxiom oder wie die nicht-archimedischen Geometrien ohne Stetigkeitsaxiom – verschiedene Abweichungen vom Axiomensystem Euklids durchspielten. Formal haben alle diese Geometrien Geltung im Sinne von (relativer) Widerspruchsfreiheit. Daher rückte die Frage, welche Geometrie den physikalischen Raum adäquat beschreibt, mithin Realgeltung besitzt, ins Zentrum des Interesses.

Der Verlauf der heftig geführten Diskussion um die Realgeltung der euklidischen Geometrie ist in unserem Zusammenhang weniger von Bedeutung als ihr doppeltes Ergebnis. Einerseits ging die Sonderstellung der euklidischen Geometrie verloren, ein Verlust, der innermathematisch nicht mehr rückgängig zu machen war.[1] Andererseits zerbrach die Beziehung zwischen Raumlehre und Anschauung. So entstanden bis zum heutigen Tag eine Vielzahl von teils wenig anschaulichen Raumtheorien und die kognitive Aufbereitung geometrischer Inhalte wurde zur nicht-trivialen Aufgabe, der sich auch bedeutende Mathematiker stellten (Hilbert & Cohn-Vossen 1996). In informatische Verarbeitungszusammenhänge können die mathematischen Raumtheorien vergleichsweise leicht eingehen, weil sie von den beiden hierfür erforderlichen Voraussetzungen, Formalisierung und Algorithmisierung, zumindest die erste bereits erfüllen. Und so setzt sich der Hang zur Produktion neuer Räume in der Informatik fort. Die Bibliografie der wichtigsten Arbeiten im Bereich der Bildverarbeitung, die Azriel Rosenfeld bis 1998 jährlich erstellte, umfasst mehr als 20.000 Titel, welche größtenteils neue Algorithmen vorstellen, die auf räumlich indexierten Daten operieren (Rosenfeld 1998). Dabei ist die Algorithmik nur eines der Elemente in dem Verarbeitungszusammenhang, der einen informatischen Raum ausmacht. Einen Eindruck der gleichen Tendenz vermitteln auch entlegenere Themen: So sind in kurzer Zeit eine Vielzahl von Kalkülen im vergleichsweise überschaubaren Forschungsgebiet des qualitativen räumlichen Schließens entwickelt worden (Habel & al. 2000). Fast könnte man meinen, die mit der Formalisierung befassten Informatiker hätten sich das explorative Vorgehen des *Rapid Prototyping* bei ihren Kollegen aus der Softwaretechnik abgeschaut und verfolgten nun eine Form von *Rapid Axiomatization*, durch die Kalküle in immer neuen Versionen an die Erfordernisse der Anwendung angepasst werden.

Im Vergleich zu den informatischen Räumen, die mit den technologischen Neuerungen wuchern, fällt auf, dass die Vielfalt physikalischer Räume nicht eben schwindelerregend ist. Nach zweieinhalbtausendjähriger Physikgeschichte gibt es immer noch genau einen physikalischen Raum (Jammer 1993). Das führt zu einer ersten, das bisherige zusammenfassenden Feststellung: Informatische Räume sind Räume nach dem Verlust der Einheit des mathematischen Raums. Sie haben aus der Mathematik die divergierende Tendenz zur Theorievervielfältigung übernommen, unterliegen aber nicht der in der Physik durch die Forderung nach Realgeltung wirksamen Gegentendenz. Informatische Räume müssen eben nicht real, sondern nur virtuell Geltung besitzen. Virtuelle Geltung bedeutet Geltung (im Sinne von Funktionieren) in Verarbeitungszusammenhängen. Die Elemente, die an einem sol-

---

1 Daran konnten auch die Bemühungen der Erlanger Schule nichts ändern, die in der Tradition des mathematischen Konstruktivismus durch eine im „empraktischen Lernen" gründende Protogeometrie die Sonderstellung der Euklidischen Geometrie retten wollte (Lorenzen 1984).

chen Zusammenhang beteiligt sind, bestimmen, was virtuell Geltung beanspruchen kann.

Bezüglich der Elemente macht der Stand der Technik eine Vorgabe, die einer kurzen Erläuterung bedarf. Man kann die theoretischen Überlegungen zur Physikalisierung des Berechnungsbegriffs zum Anlass nehmen, sich auszumalen, was wäre, „wenn Computer nicht bislang in einer Umgebung aus Alltagssprachen existieren müssten". (Kittler 1993: 232) Nun ist aber ein nicht zu programmierender Hardwarerechner, ein „physisches Gerät, das in einer Umgebung aus lauter physischen Geräten arbeitet" (a.a.O.: 241) trotz neuester Fortschritte beim Quantencomputer noch nicht als Technologie verfügbar. Die informatischen Räume, die wir beobachten können, gehen deshalb ohne Ausnahme auf Verarbeitungszusammenhänge zurück, denen Nutzer wie Entwickler – und damit die subjektverhafteten Alltagssprachen – zwangsläufig angehören.

Die kognitive Wende

Der Bezug zum nutzenden oder entwickelnden Subjekt wird, etwas anderes wäre in einer cartesianischen Wissenschaft wie der Informatik gar nicht möglich, über Kognition hergestellt. Als empirischer Gegenstand gehört Kognition in die Zuständigkeit der Psychologie. Was man als kognitive Wende in der Psychologie bezeichnet, betrifft weniger eine inhaltliche Interessensverschiebung zugunsten von Kognition und zuungunsten von Motivation und Emotion, als die Loslösung vom Methoden- und Theoriekanon des Behaviorismus. Zeitlich fallen die Absetzbewegungen übrigens mit der Konstruktion der ersten Computer zusammen. Als Wendepunkt gilt der 1948 von Edward Tolman veröffentlichte Aufsatz über „*Cognitive maps in rats and men*" (Tolman 1948). Mentalistische Termini, insbesondere Vorstellungen aller Art, hatte der Behaviorismus in seiner Fixierung auf den Verhaltensaspekt aus dem wissenschaftlichen Vokabular der Psychologie verbannt. Um zu erklären, wie seine Laborratten im Labyrinth Abkürzungen fanden, führte Tolman den Begriff der kognitiven Karte ein, die eine Repräsentation der räumlichen Umwelt im Gedächtnis bezeichnet. Auf diese Weise rehabilitierte er mit einer experimentellen Untersuchung zur räumlichen Kognition den Begriff der Vorstellung für Ratten (wie für Menschen) und schuf durch die Wiederbelebung der repräsentationalen Konzeption des Mentalen, die bekanntlich starke Affinität zur Informationsverarbeitung besitzt, die Voraussetzung für die spätere Annäherung zwischen Psychologie und Informatik.

Kognitive Karten, das weiß man inzwischen aus zahlreichen Untersuchungen, stellen die räumliche Umwelt in unvollständiger, ungenauer, verzerrter und häufig schlicht falscher Weise dar (Tverksy 1993). Mit anderen Worten: Ihnen fehlt die physikalische Realgeltung. Dafür lässt sich, kennt man die kognitive Karte einer Versuchsratte oder einer Versuchsperson, recht genau deren räumliches Verhalten vorhersagen. Ob ich als Tourist in Berlin in die richtige U-Bahn umsteige, hängt dieser Sichtweise zufolge nicht davon ab, wohin die Bahn tatsächlich fährt, sondern wohin ich glaube, dass sie fährt, wenn ich meine recht unzulängliche kognitive Karte des BVG-Netzes zu Rate ziehe. Für die Verhaltensvorhersage zählt eben nicht die physikalische, sondern nur die psychologische Realgeltung. Jerry Fodor, ein Vertreter der kognitivistischen Orthodoxie, kommt daher zu dem Schluss, dass Wahrheit kein psychologischer Begriff sei (Fodor 1980). Für unsere Fragestellung ist entscheidend, dass sich die, durch die kognitive Wende initiierte, Priorität der psychischen vor der physischen Geltung gerade auch auf räumliches Verhalten bezieht, obgleich der Alltagsverstand Raum und Physis nicht voneinander zu trennen vermag. Wie wir gesehen haben, verhält es sich sogar so, dass die Untersuchung räumlichen Verhaltens den Anstoß zur Neugewichtung der Prioritäten gab.

Die neuen Prioritäten führten knapp vierzig Jahre nach Tolmans Arbeit, Mitte der 1980er Jahre, zur Etablierung der *„Cognitive* Science", eines interdisziplinären Forschungszusammenhangs, welchem die kognitive Psychologie als Kristallisationskeim diente und um den herum sich die informatische Forschung zur Künstlichen Intelligenz, die Computer-Linguistik, die (sprach)analytische Philosophie und die auf Ebene der Systeme arbeitende Neurobiologie mit eigenen Fragestellungen anlagern konnten. Als methodische Besonderheit der Kognitionswissenschaft gilt, dass sie kognitive Leistungen wie Wahrnehmen, Erinnern, Denken oder Sprechen in Begriffen der Informationsverarbeitung, das heißt, auf der Grundlage eines mathematisch präzisierten Berechnungs- und Bedeutungsbegriffs beschreibt (Strube 1996). Die Fokussierung auf die als Informationsverarbeitung verstandene Kognition hat alle am Unternehmen Kognitionswissenschaft beteiligten Disziplinen erfasst. Bald vollzog jede von ihnen ihre eigene kognitive Wende, häufig mit dem Ergebnis einer disziplinären Ausdifferenzierung. So entstanden beispielsweise eine kognitive Linguistik oder eine kognitive Anthropologie. Die kognitive Wende in der Informatik konnte da nicht ausbleiben, wenngleich sie bis heute nicht unter dieser Bezeichnung geführt wird. Am pointiertesten kommt die informatische Hinwendung zur Kognition im Forschungsprogramm der Künstlichen Intelligenz zum Ausdruck.

Künstlich intelligente Software zu erstellen heißt, umständlich aber präzise: approximative Lösungsverfahren für nachweislich nicht-effizient lösbare Probleme zu finden, für die der menschliche kognitive Apparat geeignete Approximationen nachgewiesenermaßen besitzt. Den ersten Nachweis führt man beispielsweise durch den Beweis eines Komplexitätsresultats, den zweiten durch psychologische Experimente. So lässt sich zeigen, dass räumliche Konfigurationsprobleme, in denen Objekte so anzuordnen sind, dass gewisse räumliche Beziehungen gelten – man denke an das Problem Stanzteile mit möglichst geringem Verschnitt auf einem Stahlblech zu platzieren –,

Euclide moralisé

im Sinne der Komplexitätstheorie zu einer Klasse nicht effizient lösbarer Probleme gehören. Zugleich lässt sich aus Experimenten erfahren, dass menschliche Problemlöser vergleichbare Aufgaben mit sehr effizienten Denkstrategien angehen, die entweder enorm rasch (technisch gesprochen: in linearer Zeit) eine Lösung finden oder aber scheitern (Schlieder 1999). Aus komplexitätstheoretischen Gründen lässt sich das Scheitern nicht vermeiden: Nichteffizient lösbare Probleme können von informationsverarbeitenden Maschinen, seien sie Computer oder Menschen, schnell nur um den Preis der Unvollständigkeit oder Suboptimalität gelöst werden. Die Forschung zur Künstlichen Intelligenz interessiert sich deshalb häufig mehr für das Was als das Wie kognitiver Informationsverarbeitung. In erster Linie will man lernen, wie sich die Probleme vereinfachen lassen, erst in zweiter Linie, wie sie durch den kognitiven Apparat gelöst werden.

Künstliche Intelligenz stellt zwar die avancierteste Form von Softwaretechnik dar, nichtsdestoweniger ist sie nur eine von deren vielfältigen Erscheinungsformen. Softwaretechnik entstand mit der Möglichkeit des Programmierens in Textform, das heißt, nicht zugleich mit dem Computer, sondern Ende der 1950er Jahre mit dem *FORTRAN-Compiler* und der ersten Programmiersprache für künstlich intelligente Anwendungen, *LISP*. Den Utopien vom softwarefreien Rechner zum Trotz entstehen bis heute in ungebremster Folge immer neue Programmiersprachen bzw. -paradigmen. Visuelle oder agentenorientierte Programmierung belegt, dass mit dem Mainstream der objektorientierten Softwareentwicklung noch nicht das Ende der Zeiten erreicht ist. Bezeichnenderweise war auch der Bezugspunkt dieser allgemeinen, nicht nur auf die Verarbeitung räumlicher Information bezogenen, Kette von technologischen Neuerungen immer ein kognitiver. Es gibt genau deshalb mehr als eine Programmiersprache, mehr als ein Programmierparadigma, weil in immer neuen Anläufen verschiedene Möglichkeiten für die Unterstützung der Denkprozesse der Entwickler durchprobiert wurden. Auch in informatischen Räumen ist die in Softwaretechnik und insbesondere künstlicher Intelligenz angelegte Bezugnahme auf Kognition wirksam. Bevor an Beispielen der Frage nachgegangen wird, wie Kognition in die informatischen Räume des Computer-Sehens und der Geoinformationsverarbeitung hineinwirkt, soll kurz ein weiteres Zwischenergebnis in Form einer These festgehalten werden.

Informatische Räume sind Räume nach der kognitiven Wende. Ihre virtuelle Geltung ist dann gesichert, wenn sie einen funktionierenden Verarbeitungszusammenhang herstellen, dem die kognitiven Prozesse ihrer Entwickler und Nutzer als Elemente notwendig angehören. Zumindest scheint dies seit der kognitiven Wende in der Informatik, die mit dem Beginn der Softwaretechnik und der Künstlichen Intelligenz als deren markantester Ausformung eingeleitet wurde, nicht mehr anders möglich. Referenz auf Kognition heißt: Im Softwareentwicklungsprozess mit seinen multikriteriellen Entwurfsentscheidungen ist Kognition das am wenigsten bestimmte und daher am intensivsten explorierte Kriterium. Es handelt sich hierbei wohlgemerkt nicht um die belanglose Beobachtung, dass Software, wie jede andere Technologie auch, entwickelt und genutzt wird. Der Vergleich mit der zeitgleich entstandenen Atomtechnologie macht den Unterschied deutlich. Die Forschung zur künstlichen Materie bindet die an ihr Beteiligten auf andere Weise, etwa über Gesundheit, über das Risiko den Körper irreversibel zu schädigen, wie über die Chance ihn von Krankheit zu heilen, nicht aber über Kognition.

Die These von kognitiven Prozessen als notwendigen Elementen informatischer Räume ist im Kontext der These von der Tendenz zur Vervielfältigung und zur virtuellen Geltung informatischer Räume zu sehen. Der Bezug auf Kognition wirkt als ein Korrektiv für die divergierende Tendenz zur Vervielfältigung. Das soll nun an Beispielen informatischer Räume illustriert werden.

Digitale Bilder und digitale Karten

Nicht bei jedem informatischen Raum ist die Referenz auf Kognition gleichermaßen sichtbar. Häufig lässt sie sich aber gerade in solchen Verarbeitungszusammenhängen deutlich erkennen, denen die Subjektverhaftung lange vor dem Aufkommen der ersten Computer technisch ausgetrieben wurde. Ein bemerkenswertes Beispiel ist die digitale Bildverarbeitung, genauer: die Bildanalyse, das Computer-Sehen (Haralick & Shapiro 1992). Mit dem Vorläufermedium, der Fotografie, war es erstmals gelungen, nicht nur die optische Abbildung, sondern auch die Speicherung des Bildes von kognitiven Prozessen zu entkoppeln. Man kann das Objektiv der Kamera als Analogrechner ansehen, welcher komplexe Transformationen (z.B. Konvolution der Bildfunktion mit einem Filter) in kürzester Zeit berechnet, nämlich in der Zeit, die das Licht benötigt, um das optische System zu durchlaufen. Solche Effizienz ist von Digitalrechnern nie zu erreichen. Als fotografischen Raum könnte man den der analogen Berechnung zugrunde liegenden vor-informatischen Verarbeitungszusammenhang bezeichnen. Beim fotografischen Raum bezieht sich die durch Kognition erzeugte Varianz auf die Verwendung des technischen Mediums, also auf die Wahl von Ausschnitt, Blende, Belichtungszeit und damit auf gegenüber der Camera obscura nochmals deutlich reduzierte Eingriffsmöglichkeiten für den Nutzer des Geräts.

Mit der Digitalisierung der Fotografie werden Teile des als Analogrechner arbeitenden optischen Systems zusammen mit fast sämtlichen Schritten der Nachbearbeitung des Bildes bei Entwicklung und Abzug im Labor durch digitale Informationsverarbeitung ersetzt. Man könnte meinen, dass der informatische Raum der digitalen Bildverarbeitung damit weniger Bezug zu Kognition aufweist als der vor-informatische Raum der Fotografie. Nun bedeutet die Automatisierung aber nicht nur Ersetzung von Funktion, sondern auch deren Vervielfältigung. Jeder Hobbyfotograf verfügt mit dem Softwarepaket, das seiner Digitalkamera beiliegt, über ein Vielfaches der Bearbeitungsmöglichkeiten eines herkömmlichen Fotolabors. Gezielt lassen sich rot geblitzte Augen auf Familienfotos entfernen oder nie gesehene Szenen aus Teilen verschiedener Aufnahmen zusammenmontieren. Damit einher geht eine ungeheure Erhöhung der Eingriffsmöglichkeiten in den Gesamtprozess, die nicht wenige Nutzer kognitiv überfordert. In der Fotografie führt die Digitalisierung somit nicht zu einer Verringerung des Bezugs auf Kognition, sondern zu deren Steigerung.

Diese Beobachtung kann auf das Computer-Sehen ausgeweitet werden. Hier betrifft die Automatisierung nicht nur die Bildbearbeitung, sondern auch die Bildanalyse und die an ihr beteiligten kognitiven Prozesse, zu denen insbesondere das visuelle Erkennen von Gegenständen zählt. Wer nun vermutet, dass zumindest mit dem Computer-Sehen der letzte Bezug auf Kognition aus dem Verarbeitungszusammenhang getilgt wird, täuscht sich. Ein industrielles Bilderkennungssystem, das einen Roboterarm steuert, der Werkstücke von einem Förderband greift, muss im allgemeinen von seinen Entwicklern vor Ort auf die Aufnahmebedingungen hin optimiert werden werden. Dies beinhaltet, die Optimierung der Bildvorverarbeitung, der Merkmalsextraktion und der Klassifikationsverfahren. Und damit sind die Freiheitsgrade beim Entwurf des Systems noch nicht berücksichtigt. In der Praxis wird die überwiegende Zahl der Entscheidungen bei Entwurf und Optimierung – trotz der zur Verfügung stehenden mathematischen Hilfsmittel – letztlich durch Rückgriff auf das kognitive Sehvermögen getroffen. Wenn Softwareentwickler ein Verfahren zur automatischen Merkmalsextraktion entwerfen, dann werden sie die Güte des Verfahrens bzw. die mathematische Präzisierung der Gütekriterien daran messen, inwieweit sie Merkmale liefern, die für die kognitive Informationsverarbeitung relevant sind.

Kognition nimmt im informatischen Raum des Computer-Sehens eine noch größere Rolle ein, als bei der digitalen Bildbearbeitung, weil die Zahl möglicher Entscheidungen bei der Optimierung und vor allem beim Entwurf eines solchen Systems noch höher ist. Das visuelle System des Entwicklers mit Teilfunktionen wie der perzeptuellen Gruppierung (Gestaltsehen) wird damit notwendiger Teil des Verarbeitungszusammenhangs. So ist es kein Zufall, dass blinde Softwareentwickler in den unterschiedlichsten informatischen Anwendungsgebieten arbeiten können, kaum aber im Bereich des Computer-Sehens. Der visuelle Wahrnehmungsraum des Entwicklers lässt sich aus dem informatischen Raum des Computer-Sehens nicht herauslösen. Mit diesem Beispiel ist ein erster Beleg für die These erbracht, dass informatischen Räumen die kognitiven Prozesse der Nutzer/Entwickler notwendig angehören. Ebenfalls ist deutlich geworden, dass die Funktion der Bezugnahme auf Kognition darin besteht, Entwurfsentscheidungen zu bewerten und so der Tendenz zur Vervielfältigung informatischer Räume entgegen zu wirken.

Ähnlich, wenn auch mit anderen Auswirkungen, führte die Digitalisierung im Bereich der Verarbeitung geografischer Information zu einer verstärkten Einbeziehung der kognitiven Prozesse des Nutzers. Hier waren geografische Karten das Vorläufermedium, welches die Funktionen der Aggregation der Daten aus der Landvermessung, der Speicherung dieser Daten mit deren visueller Präsentation vereint. Auch hier lag lange vor Erfindung des Computers ein komplexer Zusammenhang der Informationsverarbeitung vor, in dem so heterogene Elemente wie die Rechenverfahren der Geodäsie und behördliche Verwaltungsstrukturen zusammen wirkten. Durch Digitalisierung entstand aus dem kartografischen Raum der geoinformatische Raum. Eine erste Folge dieser Transformation bestand in der Trennung der drei Funktionen geografischer Karten. Die Aggregation und Speicherung der Daten erfolgt im GIS mittels geometrischer Datenstrukturen, also nicht mehr in bildhafter Form. Nur zum Zweck der Nutzung werden sie in visuelle Form, d.h. in Karten, überführt.

In öffentlichen Verwaltungen und in privaten Unternehmen werden GIS immer weniger als Archive für geografische Karten und immer mehr als entscheidungsunterstützende Systeme bei Planungsaufgaben eingesetzt. Das führt zu einer Neuausrichtung der von den GIS zu erbringenden Funktionalität an den Entscheidungsprozessen der Nutzer. Damit gewinnen auch die kognitiven Problemlösestrategien dieser Nutzer sowie deren mentale Repräsentationen der räumlichen Verhältnisse, die kogntiven Karten, an Bedeutung. Die scheinbar paradoxe Konsequenz der Unterstützung von Entscheidungsprozessen besteht im Verschwinden der geografischen Karten. Prominentes Beispiel sind die Fahrzeugnavigationssysteme, in denen eine Stimme den Fahrer über Richtungswechsel informiert. Die optional angezeigte Karte besitzt für die Fahrentscheidungen nur noch eine untergeordnete Rolle. In vergleichbarer Weise ist für Planungsprozesse, die geostatistische Auswertung der räumlichen Daten von größerer Bedeutung als deren Visualisierung in Form von Karten. Somit bilden auch im Fall des geoinformatischen Raums kognitive Prozesse einen wichtigen Bestandteil, ohne den neuere Entwicklungstendenzen der Technologie – das Verschwinden der geografischen Karten – nicht zu erklären wären.

Beide Beispiele, das Computer-Sehen und die Geoinformationsverarbeitung, belegen die prominente Rolle kognitiver Räume in solchen informatischen Verarbeitungszusammenhängen, in denen räumliche Daten verarbeitet werden. Mit weiteren Beispielen ließe sich zeigen, dass bei der Verarbeitung nicht-räumlicher Daten ein Bezug auf kognitive Prozesse keineswegs zwingend gegeben sein muss. Am Ende dieser exemplarischen Beschreibung informatischer Räume stellen sich diese als komplexe Gebilde dar. Mathematische Räume erscheinen dagegen von äußerster formaler Schlichtheit. Zur Definition des topologischen Raums beispielsweise bedarf es nur der drei Hausdorff'schen Axiome. Zwar kann ein mathematischer Raum als Bestandteil des Verarbeitungszusammenhangs auftreten, der einen informatischen Raum ausmacht, er muss dort aber mit zahlreichen wenig formalen Bestandteilen, ja, schließlich mit kognitiven Räumen interagieren.

Euclide moralisé

Davon, dass ein mathematischer Raum in informatischem Kontext keine anderen Eigenschaften aufweist als in mathematischen Schriften, darf man sich nicht täuschen lassen. Die Informatisierung einer mathematischen Struktur beinhaltet neben der Algorithmisierung immer auch die Einbettung in den Verarbeitungszusammenhang. Diese Einbettung legt eine zweite Bedeutungsschicht über die modelltheoretische Bedeutung der Axiomatisierung der Struktur. Im Grundsatz ähnelt das Verfahren den christlichen Allegorisierungen antiker Stoffe, allen voran dem *Ovide moralisé* und seinen Nachfolgern. Auch das Problem der formalen bzw. visuellen Ununterscheidbarkeit der Allegorisierung ist dort bekannt.[2] Digitale Fotos und digitale Karten unterscheiden sich für den Betrachter ebenfalls nicht von herkömmlichen Fotos und Karten. In Hinblick auf die unwiederbringliche euklidische Einheit der Raumtheorien drängt sich so für das Programm der Informatisierung des Raums eine Bezeichnung auf: *Euclide moralisé*.

Literatur

Atlas of Cyberspaces (2003). Webdokument http://www.cybergeography.org. Letzter Zugriff am 1.2.2003
Habel, C.; Herweg, M.; Pribbenow, S.; Schlieder, C. (2000): Wissen über Raum und Zeit. In: Görz, G. et al. (Hg.): Handbuch der Künstlichen Intelligenz. München, S. 349-405
Fodor, J. (1980): Methodological solipsism considered as a research strategy in cognitive psychology. The Behavioral and Brain Sciences 3, S. 63-109
Haralick, R.; Shapiro, L. (1992): Computer and robot vision. 2 volumes
Hilbert, D.; Cohn-Vossen, S. (1996): Anschauliche Geometrie. Reproduktion der Ausgabe von 1932 mit einer Einleitung von M. Berger, Berlin
Jammer, M. (1993): Concepts of space: The history of theories of space in physics. 3rd enlarged edition, New York
Kittler, F. (1993): Es gibt keine Software. In: Kittler, F.: Draculas Vermächtnis: Technische Schriften. Leipzig
Kline, M. (1972): Mathematical thought from ancient to modern times. Vol. 3, Oxford
Longley, P.; Goodchild, M.; Maguire, D.; Rhind D. (2001): Geographic Information: Systems and Science. Chichester, UK
Lorenzen, P. (1984): Elementargeometrie: Das Fundament der Analytischen Geometrie. Mannheim.
Panowsky, E. (1972): Studies in iconology: Humanistic themes in the art of the Renaissance. Reprint of the 1932 edition, New York
Rosenfeld, A. (1998): Computer vision bibliography 1984-1998. Webdokument http://iris.usc.edu/Vision-Notes/rosenfeld/contents.html. Letzter Zugriff am 1.2.2003
Schlieder, C. (1999): The construction of preferred mental models in reasoning with Allen's relations. In: Habel, C.; Rickheit, G. (eds.): Mental models in discourse processing and reasoning. Oxford, UK
Shekhar, S.; Chawla, S. (2003): Spatial databases. Upper Saddle River, NJ

---

2 Erwin Panowsky (1972: 6) macht auf ein ikonologisches Problem von Illustrationen des *Ovide moralisé* aufmerksam: Sie sind „*visually indistinguishable from non-allegorical miniatures illustrating the same Ovidian subjects*".

Strube, G. (Hg.) (1996): Wörterbuch der Kognitionswissenschaft. Stuttgart
Tolman, E. (1948): Cognitive maps in rats and men. Psychological review 55, S. 189-208
Tversky, B. (1993): Cognitive maps, cognitive collages, and spatial mental models. In: Frank, A.; Campari, I. (eds.): Spatial Information Theory, Berlin, pp. 14-24

Brigitte Schulte-Fortkamp

Wie der Schall soziale Räume schafft

Über die Wahrnehmung von akustischen Ereignissen in definierten Umgebungen

Wenn Menschen sich in virtuellen Umgebungen bewegen, geben die akustischen Informationen eine Orientierungshilfe ab bezüglich der Gestalt des Raums und des sozialen Ereignisses im Raum: zum Beispiel ist der akustische Kontakt zwischen Schuh und Boden beim Basketball Information genug, um das Szenario Basketball zu memorieren und das Geräusch der Autotür, die geöffnet wird, reicht aus, um das Auto nach Typ und Hersteller zu klassifizieren. Der Schall dimensioniert Räume und typische Schallmuster kennzeichnen Lebensräume; Immission und Perzeption verbinden Technik und Soziales. Es lohnt sich daher, in die Diskussion um Raumsimulationen Elemente der Sozioakustik und Psychoakustik einzubringen, und zwar unter dem Aspekt, inwieweit Geräusche Umgebungen und Umgrenzungen typisieren, von einander abgrenzen oder auch einander zuschreiben.

Akustik gestaltet Räume –
Situative Sinnkontexte in akustischen Umgebungen

Menschen leben in akustischen Räumen, Begrenzungen von Räumen werden durch akustische Veränderungen markiert. Akustik gestaltet Räume. Akustische Charakteristika lassen Räume erkennen und wiedererkennen, informieren über Raum und Bewegungen. Labore sind Raumsimulationen. Sie werden in der Psychoakustik vielfach genutzt, um die Wahrnehmung von Schallen zu untersuchen. Virtuelle Räume lassen sich vergleichen mit Laboren, in denen reale Situationen eingeschätzt werden. Ein reflexionsfreier Raum z.B., in der Akustik, hat virtuell reale Dimensionen. Durch akustische Präsentationen werden Räume assoziativ konstruiert und bilden die Basis für Entscheidungen über Geräusche. Bewertungen von Schallen und Geräuschen passieren in Räumen, im Alltag und im Labor.
    Hören ist für die Orientierung genau so wichtig wie Sehen. Menschen erfassen die Größe und die Beschaffenheit von Räumen nicht nur mit den Au-

gen, sondern auch mit den Ohren. Das Gefühl für Position und Bewegung ergibt sich aus einer Kombination von hörbaren und sichtbaren Aspekten.

Wenn Kafka den alltäglichen Schall in seiner Wohnung beschreibt, so eröffnet sich ein akustisches Szenario: „Großer Lärm: Ich sitze in meinem Zimmer im Hauptquartier des Lärms der ganzen Wohnung. Alle Türen höre ich schlagen, durch ihren Lärm bleiben mir nur die Schritte der zwischen ihnen Laufenden erspart, noch das Zuklappen der Herdtüre höre ich. Der Vater durchbricht die Türen meines Zimmers und zieht im nachschleppenden Schlafrock durch, aus dem Ofen im Nebenzimmer wird die Asche gekratzt, Valli fragt durch das Vorzimmer Wort für Wort rufend, ob des Vaters Hut schon geputzt ist, ein Zischen, das mir befreundet sein will, erhebt noch das Geschrei einer antwortenden Stimme. Die Wohnungstüre wird aufgeklinkt und lärmt, wie aus katarrhalischen Hals, öffnet sich dann weiterhin mit dem Singen einer Frauenstimme und schließt sich endlich mit einem dumpfen, männlichen Ruck, der sich am rücksichtslosesten anhört. Der Vater ist weg, jetzt beginnt der zartere, zerstreutere, hoffnungslosere Lärm, von den Stimmen der zwei Kanarienvögel angeführt. Schon früher dachte ich daran, bei den Kanarienvögeln fällt es mir von neuem ein, ob ich nicht die Türe bis zu einer kleinen Spalte öffnen, schlangengleich ins Nebenzimmer kriechen und so auf dem Boden meine Schwestern und ihr Fräulein um Ruhe bitten sollte." (Kafka 1912)

Wenn Dirk Lehmann mehr als 80 Jahre später das folgende *Soundscape* beschreibt, so bindet er sein Szenario von Natur, Technik und Sozialem in einen anderen Kontext ein. Für beide gilt jedoch, dass es spezifische Sounds in der erfassten Umgebung, dem sozialen Raum gibt, die als Soundmarks, d. h. als typisierende Charakteristika, entdeckt werden können. „Ein Passagierjet am Himmel zieht eine grummelnde Klangschleppe hinter sich her. Danach Ruhe, fast Stille, bis wieder das Grundrauschen der Berge dominiert, jene Melange aus durch die Bäume streichendem Wind und einer Vielzahl von Wasserfällen. Schnell gewöhnen sich die Ohren an das reduzierte Geräuschniveau. In der Ferne hämmert ein Specht. Eine Hummel summt. Es klickt sachte, wenn die Blätter der Bäume auf das trockene Laub fallen. Leise schmatzend taut der nachts gefrorene Boden in der Wintersonne auf. Zart knackend reißt das Eis im nahen See, wie Reisig unter einem sanften Tritt. Das nächste Flugzeug säbelt durch die Luft, erstickt das Klangpanorama." (Lehmann 1996: 81)

Physikalisch gesehen werden, wenn eine Schallquelle die umgebende Luft in kleine Schwingungen versetzt, diese infolge von Kompressibilität und Masse der Luft übertragen und gelangen so zum Ohr des Hörers. Der Schall ist hörbar und wird wahrgenommen. Kleine Druckschwankungen finden in der übertragenden Luft statt: es entsteht der Schalldruck, die wichtigste akustische Feldgröße, die orts- und zeitabhängig ist. Vom Sender/der Quelle abgestrahlt, entsteht ein räumlich verteiltes Schallfeld. (Möser 2003) Schalle werden, wenn sie wahrgenommen werden, zu Ereignisfolgen, zu Geräuschen, die in der veräußerten Wahrnehmung ihrer Quelle und Bedeutung zugeordnet werden. Die physikalischen Eigenschaften des Schalls und die Art und Weise, wie der Schall vom menschlichen Gehirn verarbeitet wird, sind Gegenstand der Akustik und Psychoakustik, bezogen auf die Verarbeitung im Kontextuellen, in der Verhaltensrelevanz, der Sozioakustik. „Von der Akustik und Psychoakustik werden wir etwas über die physikalischen Eigenschaften des Schalls und über die Art und Weise, wie der Schall vom menschlichen Gehirn verarbeitet wird, lernen. In der Gesellschaft können wir studieren, wie der Mensch sich zu den Lauten verhält und wie die Laute sein Verhalten beeinflussen oder verändern." (Schafer 1978: 260) Es macht Sinn, noch einen Schritt weiterzugehen; das Kontextuelle hier deutlicher zu hinterfragen. Lercher z.B. sieht in dem hier relevanten Kontextset die folgenden Bezüge: Es ist ein Set von physikalischen, geografischen, topografischen, meteorologischen, strukturellen, sozialen, psychologischen, kulturellen, situationalen Bedingungen, der relevant ist, um partikulares, individuelles und/oder kollektives Verhalten, Einstellungen und Emotionen bezogen auf Geräusche zu bestimmen. (Lercher 2001)

Bei Schafer geht es um die Art und Weise, in der Menschen ihre Umgebung bewusst wahrnehmen und die Chance der „Orchestrierung" eines globalen *Soundscapes*. „Lautsphären", Geräuschlandschaften sollen im Sinne von Anpassung an Lebenswelten verändert werden, Auseinandersetzung mit Schalleinwirkungen aktiv bewusst unter dem Aspekt der Gestaltung, der Passung von Akustik, Visuellem und Sozialem erfolgen. Außenräume wie Plätze, eigentlich mehr noch ihre akustische Komposition sind in diesem Ansatz von besonderer Bedeutung. Schafer geht es um die bedeutungsvollen Laute; deshalb nimmt er *Klanglandschaften/Soundscapes* auf, um sicher zu stellen, existierende Klanglandschaften festzuhalten, die Elemente ihrer Struktur zu verstehen, etwas zu lernen über den Umgang der Menschen mit den natürlichen und den von ihnen produzierten Geräuschen.

Über diesen Ansatz akustisch ökologischer Forschung wird die Diskussion über die klangliche Umwelt systematisiert: der methodische Zugang war kreativ und avantgardistisch, das Ergebnis facettenreich und immer wieder neue Ideen und Unternehmungen katalysierend. (Lorenz 1999)

Eines der berühmtesten Werke aus dieser Zeit ist 1977 Schafers „*Tuning of the World*", das 1988 auch in deutscher Version mit dem Titel „Klang und Krach" erschien. In Japan wird 1993 *The Soundscape Association of Japan* (SAJ) gegründet, die interdisziplinäre Arbeitszusammenhänge erschließt Gleichzeitig erscheint Schafers Buch in japanischer Sprache. Ebenfalls 1993 entsteht das Forum für Klanglandschaften in Deutschland aus einem Impuls des seit 1993 bestehenden internationalen Netzwerks des *World Forum for Acoustical Ecology*, Vancouver B.C., das auf den Forschungsaktivitäten der 70er Jahre gründet.

Die Akustik erscheint hier in einem multidisziplinären Zusammenhang: in ihren Wurzeln als physikalische Akustik ist sie ein Teilgebiet der Mechanik, als physiologische Akustik ein Teilgebiet der sensorischen Physiologie und als psychologische Akustik ein Teil der Wahrnehmungspsychologie. Und eigentlich ist sie, so Kamper, „keine Angelegenheit der Naturwissenschaften sondern der Soziologie". (Kamper 1984: 113) Vielleicht kann eine multidisziplinäre Akustik, mithilfe einer sozialökologischen und kulturkomparatistischen Sozioakustik, zunehmend in interdisziplinäre Diskurse integriert werden. Das würde bedeuten, wie Nitsch meint, Sozioakustik als Moderatorin und Dolmetscherin am Runden Tisch der akustischen Teildisziplinen zu etablieren. (Nitsch 1997)

Ich möchte im Folgenden bezogen auf virtuelle akustische Umgebungen zunächst zwei Bereiche der Akustik aus dem Blickwinkel der Sozioakustik betrachten: zum einen die Annoyanceforschung, also die psychologische Belästigung durch Schalle, zum andern die Soundscapeforschung. Beide beziehen sich auf akustische Räume: Umgebungen, die durch die Anordnung des Schalls strukturiert sind und im *human response* die subjektive Fokussierung auf Geräusche und Orientierungen erfahrbar machen. Es geht also um die physikalischen und sozialen Phänomene, die natur- oder technikbestimmt sind und auf der Ebene der Wahrnehmungen diskutiert werden sollen. Hier wird im Wesentlichen auf die Interaktion von Soundmark und subjektiver Wahrnehmung bis hin zu Beurteilungen von akustischen Ereignissen fokussiert.

Beurteilung akustischer Ereignisse – Individuelle Sinnkontexte technischer Umwelten

In der Regel werden im Alltag keine bewussten Beurteilungen über Schallereignisse abgegeben, es sei denn, die Schallereignisse sind von besonderer Intensität oder werden nachgefragt und/oder sind Teil eines Konfliktfalles. Wenn Menschen Geräusche beurteilen, so ist dies, wenn die Urteile erforscht werden, immer auch ein Fall für die Soziologie. In der Regel wurden aber bisher in solchen Versuchs- und Untersuchungssituationen die Mikrosoziologie, die Sozialbiografie und Milieuforschung, sowie sogar häufig die Sozialpsychologie, ausgeklammert.

Die systematische Erforschung von unerwünschtem Schall, der zu Störungen, Belästigungen, Beeinträchtigungen oder Schädigungen führen kann, ist schon über 80 Jahre alt, „aber theoretische Modelle über die Wirkungsweise des Lärms sind selten... und man sieht immer deutlicher, dass sich die (nur mittelmäßigen) systematischen Zusammenhänge zwischen physikalischen Schallparametern und physiologischen, psychischen oder sozialen Wirkungsvariablen mit dem herkömmlichen Ansatz nicht verbessern lassen. Wir wissen, dass die Wirkung einer Schallquelle oder eines Schalls auf einzelne Personen sehr unterschiedlich ist: Wenn man akustische Belastungen durch den Mittelungspegel beschreibt, zusätzlich die Bewertung der Schallquelle durch die Betroffenen sowie deren Lärmbewältigungskompetenz individuell bestimmt, verbleiben durchschnittlich 40% unaufgeklärter Varianz in den Wirkungen... Wir wissen, die wahrnehmende Person entscheidet nicht willkürlich, sondern nach Maßgabe physikalischer, situativer und personaler Kriterien ...individuelle Faktoren, wie die Einstellung zur Schallquelle, persönliche Empfindlichkeit und Erfahrung im Umgang mit Lärm tragen zu dieser Entscheidung bei, die Frage warum z.B. eine bestimmte Situation Geräusche erträglicher macht als andere Situationen, warum personale Faktoren das Lärm-Urteil beeinflussen, wurde selten gestellt." (Guski 1987: 44) Indes zeigen Untersuchungen über die Wirkung, Bewertung und Beurteilung von Umweltgeräuschen immer wieder, dass neben der Einzelgeräuschbeurteilung andere Bewertungsmuster eine Rolle spielen müssen. Darüber hinaus ist weiterhin ungeklärt, welche Geräusche bei synergetischem Geräuschaufkommen vorrangig bewertet werden; auch bleiben die Kriterien, die für die Beurteilung entscheidend sind, weitgehend verdeckt.

Die soziologischen Methoden, die hier eingesetzt werden, müssen also eher qualitativ explorierend sein. Der komplexe und prozessuale Kontextcharakter des hier gegebenen Forschungszusammenhangs lässt sich nicht durch normierte Datenerhebung erfassen, vielmehr werden situationsadäquate, flexible und die Konkretisierung fördernde Methoden gebraucht. Das von Blumer (1979) geforderte Prinzip der Offenheit und Flexibilität, das die Versuchsperson als sozialen Akteur in den Mittelpunkt stellt, sowie Lamneks Definition qualitativer Methodologie und Forschungsstrategien, die dem Forscher erlauben, Wissen aus erster Hand über die fragliche empirische Welt zu gewinnen „... und dabei die analytischen, begrifflichen und kategorialen Bestandteile der Interpretation aus den Daten selbst zu entwickeln", erscheinen hilfreich. (Lamnek 1988: 204) Die Berücksichtigung des individuellen Sinnkontextes bedeutet somit in keiner Weise eine Aufgabe gesellschaftlicher Sichtweise zugunsten einer psychologischen, sondern bedeutet „methodisch die konsequente Gleichsetzung der prinzipiellen Erkenntnismöglichkeiten von Forscher und Erforschten". (Küchler 1980: 321)

Die Annoyanceforschung, deren Untersuchungsfeld die Reaktionen auf die Geräuschumwelten ist, setzt die Akzente auf der Wirkungsseite auf die Störungen, auf die Unterbrechung von Handlungen, die Beeinträchtigung von Kommunikation, sozialen Interaktionen, Wohn- und Schlafqualität, die akustische Definition der Quellen, Geräuschcharakteristika und Schallpegel. Dosis-Wirkung-Analysen, die Detektion der „*highly annoyed people*". Unter *Annoyance*, bezogen auf Schalleinwirkungen, versteht man in der Regel solche Reaktionen, die eng mit den physikalischen Parametern des Schallaufkommens gekoppelt sind, wie Schallpegel, Anzahl und Dauer der Schallereignisse. (Konheim 1999)

Die Definition und die Messverfahren der Belästigung durch Schalleinwirkung variieren zwischen den verschiedenen Studien: In einigen Studien wird die Belästigung als explizites Urteil der befragten Personen definiert, in anderen ist es die Summe der berichteten Störung auf verschiedene Aktivitäten. In gleicher Weise variieren die Messverfahren von detaillierten Befragungen, die die Gesamtumgebung erfassen bis zur Anwendung unterschiedlicher Skalen, wie verbalen Antwortskalen, Magnitude Estimation, Kategorialskalen. Die Diskussion über Lästigkeit, Belästigung oder Störung evoziert durch Geräusche ist auch im Zusammenhang von Entscheidungen, Untersuchungen im Feld oder im Labor zu dieser Problemstellung durchzuführen, sehr intensiv geworden. Es scheint Einigkeit darüber zu bestehen, dass solche Untersuchungen zur Lästigkeit von Geräuschen als vorrangig betrachtet werden, die den Kontext von Aktivität, Tätigkeit oder Unterbrechung einer Handlung mit erfassen können. „Nicht die objektive Beschaffenheit, sondern deren subjektive Interpretation bestimmt, wie Menschen auf Umwelten reagieren. Ziel ist eine Rückführung von Verhaltensreaktionen auf Umweltbedingungen, bei der die physikalischen Merkmale von ihren psychologischen Korrelaten getrennt werden." (Rohrmann 1992) Bezogen auf die Bewertung von akustischen Ereignissen wirft diese Sichtweise die Frage nach dem Bedeutungsgehalt von Geräuschen auf. In Feld- und Laborstudien zur Geräuscheinwirkung in Stadtvierteln konnte belegt werden, dass die Bedeutung eines Geräusches, seine Informationshaltigkeit die Bewertung beeinflusst. Dichte Fallbeschreibungen zeigen, wie auf der Ebene einer konkreten Wohnsituation, einer individuellen und familialen Alltagswelt Faktoren und Phänomene in Wechselwirkung miteinander auftreten, die u.a. akustisch-ökologisch, psychoakustisch, sozioakustisch untersucht werden können. (Nitsch u.a. 1997)

Marshall McLuhan hat behauptet, wir können uns seit Entstehen der elektronischen Kultur in einen Zustand zurückbewegen, in dem das Ohr das „Hauptempfangsorgan" ist, und Murray Schafer gibt ihm Recht: „Gerade das Auftauchen von Lärmüberflutung als Gegenstand öffentlichen Interesses zeugt für die Tatsache, dass der moderne Mensch sich endlich darum sorgt, seine Ohren zu spitzen und Hellhörigkeit, Gehörschärfe zurückzugewinnen." (Schafer 1978: 19)

Bestimmungen von Soundscapes –
Interaktive Schnittstellen von Schall und Lebensraum

Jede Umgebung hat ihren eigenen Klang, ihre Lautsphäre, ihre Klanglandschaft, ihr *Soundscape*. Die maritime Atmosphäre eines Fischerdorfes hört sich anders an als die Kakophonie einer Großstadt. *Soundscapes* sind akustische Umwelten, die sich in ihren typischen akustischen Merkmalen voneinander abgrenzen. Es bezeichnet – so der Erfinder des Wortes *Soundscape*

Murray Schafer – die Gesamtheit von Schallereignissen, aus denen sich eine Landschaft, ein Ort, ein Raum zusammensetzt: die akustische Hülle, die den Menschen in seinem Alltag umgibt.

Soundscapes sind akustische Räume, Umgebungen, die durch die Anordnung des Schalls, die subjektive Fokussierung auf Geräusche und die Orientierungen definiert sind. In der Alltagswelt treten Faktoren und Phänomene in Wechselwirkung miteinander, die u.a. akustisch-ökologisch, psychoakustisch, soziakustisch untersucht werden können. In neueren Forschungen zur Relevanz von *Soundscapes* ist konvergierend evaluiert worden, dass *Soundscapes*, also spezifische Konstellationen von Geräuschaufkommen in definierten Umgebungen, typisierend für die Umgebung wirken können. Wenn Umgebungsgeräusche wie Straßen-, Schienen- und Flugverkehr nach dem Grad der Belästigung bewertet werden, so wird in der Beurteilung, bezogen sowohl auf eine Quelle als auch bezogen auf kombiniert wirkende Quellen, deutlich, dass neben den akustischen die subjektiven Parameter entscheidend auf das Urteil einwirken. Vermutet wird, dass eine längere Lebenszeit in solchen Umgebungen zur Akzeptanz der Geräuschkonstellationen führen kann und von daher die Belästigungsurteile beeinflusst. Neben akustischen Konstellationen wirken Landschafts- und Einstellungsparameter. (Maffiolo, Fyhry, Klaboe 1999) „Geräusche sind in der Herausbildung von Räumen, zum Beispiel durch das Erklingen von Musik, von Ausrufen von Waren, das Tönen von Automotoren beteiligt." (Löw 2000)

Soundscapes werden in der neueren Forschung aus unterschiedlichen Perspektiven diskutiert:

> Berglund (2001) fokussiert in ihrer Untersuchung *"Perceptual characterization of perceived soundscapes in a residential area"* darauf, dass *"environmental sound"* immer im Kontext des *Soundscapes*, das die befragten Personen in ihrer Wohnumgebung erfahren, bewertet wird. Anders als in der Annoyanceforschung werden also direkt spezifische Konstellationen untersucht, und zwar mit unterschiedlicher Komplexität, unterschiedlicher Funktionalität.

Bei Murray Schafer steht die Interaktion von Menschen und Sound im Mittelpunkt, die Art und Weise, in der Menschen ihre Umgebung bewusst wahrnehmen. *Soundscapes* werden nach Schafer so bestimmt: „Der akustische Raum eines Schallobjektes ist jenes Raumvolumen, innerhalb dessen der Laut zu hören ist: Der maximale akustische Raum, den ein Mensch bewohnt, ist das Gebiet,... in dem seine Stimme gehört werden kann. ...Die moderne Technik hat dem Menschen Werkzeuge in die Hand gegeben, mit denen er größeren akustischen Raum aktivieren kann. Diese Entwicklung scheint auf einem Kollisionskurs mit dem Bevölkerungswachstum und der Verringerung des verfügbare physikalischen Raumes jedes einzelnen zu führen. Beispiel: Ein Flughafen kann beispielsweise ohne Erweiterung seiner Fläche ein dramatisch verstärktes Lärmprofil im Laufe seiner Jahre aufweisen, das sich ausweitet und mehr und mehr den akustischen Raum der Gemeinschaft beherrscht. Eine derzeitige Gesetzgebung kann diese Probleme nicht lösen. Ge-

genwärtig kann ein Mensch nur Boden besitzen, er hat keinen Anspruch auf die Umwelt einen Meter darüber." (Schafer 1988: 260)
Geräusch-Landschaften sind im Wechselspiel von Anpassung an Lebenswelten zu verändern. Die Auseinandersetzung mit Schalleinwirkungen soll aktiv und bewusst unter dem Aspekt der Gestaltung, der Anpassung von Akustik, Visuellem und Sozialem erfolgen. Wie bei Schafer sind Plätze auch in Berglunds neuer Studie von Bedeutung. Bewohner eines Stadtviertels bewerten *Soundscapes* an öffentlichen Plätzen sowohl nach psychoakustischen Parametern als auch nach anderen qualitativen Charakterisierungen. Berglund findet in diesen Charakterisierungen übereinstimmend die vier Dimensionen *adverse, reposing, expressionless,* und *affective*. Kontext, Fokus der Aufmerksamkeit und das Erfahrungswissen beeinflussen die Wahrnehmung von *Soundscapes*. (Ipsen 2001) Die auf *Soundscapes* bezogenen Interaktionen von Lebensraum und Schallquellen werden im Hinblick auf die Belästigung als potentielle Moderatoreffekte untersucht. *Surroundscapes* werden erstellt, um *Soundmarks* mit Mehrkanal-(*Surround-*)Tontechnik zu demonstrieren, um die Bedeutung der Klangwelten erfahrbar zu machen. (Hohmann 2001) Sound in städtischen Umgebungen lässt sich charakterisieren durch die hohe Dichte von Aktivitäten und ist von daher im Kontext von Belästigung interpretierbar. (Chtouris 2001) Entscheidend ist, wie das Visuelle und das Akustische zusammenpassen; *Soundmarks*, d.h. spezifische Sounds, markieren eine Umgebung erkennbar typisch und grenzen dadurch akustische Lebensräume voneinander ab. „So wie Musik individuelle und soziale Funktionen erfüllt, tun dies auch die Klanglandschaften: Natürliche Umgebungen stellen Klanglandschaften der Erholung und Entspannung dar, das laute Faschingstreiben solche der Freude und Ausgelassenheit, die Klangatmosphäre solche der Vertrautheit usw. Die Funktion der Klanglandschaft definiert sich über ihre Wirkung auf Menschen und umgekehrt. Eine rezeptions-orientierte Klangökologie kann in diesem Sinne zum besseren Verständnis der Funktion einer Klanglandschaft dienen und so Grundlage für ein nicht rein ästhetisch sondern auch funktionell ausgerichtetes Akustik Design bilden." (Lorenz 1999: 31)

Perzeption von Soundscapes –
Individuelle Bewertungskontexte akustischer Umgebungen

Wenn es sich bei den *Soundscapes* um die gestaltete Klangumwelt handelt, die sich harmonisch mit der Umgebung verbindet, so werden zunächst die Schalle, die nicht in diese Umgebung gehören, zu Disharmonien führen. Dies scheint auch wesentliches Kriterium in der Untersuchung von Berglund zu sein, auch die Kategorien nach Ipsen (Kontext, Aufmerksamkeit, Erfahrung) greifen hier.

In anderen Situationen, in denen z.B. das ständig zunehmende Fahrzeugaufkommen in Wohngebieten zur Maßnahme baulicher Veränderungen und Verkehrsberuhigungen geführt hat, zeigt die Veränderung der Klang- und Stadtlandschaft eine Steigerung der Akzeptanz des Wohnumfeldes. (Klaboe 2000) Untersuchungen zur moderierenden Wirkung der Qualität des Wohnumfeldes auf die Belästigung verweisen auf Anhaltspunkte entsprechend einem Lärmexpositions-Äquivalent von 5dBA. (Lercher 1999)

Die Reaktion auf das Geräuschumfeld kann nicht nur auf einen Parameter beschränkt untersucht werden. Es geht um mehrere Variablen, die sich zu einem Gesamteindruck über diese Umgebung bündeln. *Soundscape* wird so zum Synonym für das Zusammenspiel von Umgebungsparametern, die zunächst visuell und akustisch definiert sind. Wenn Geräusche aus mehreren Quellen einfließen, erweitert sich das *Soundscape*: Bei Klaboe (2001) sind es die baulichen Veränderungen, die im Wechselspiel mit dem Schallaufkommen, den Abgasen und dem Staub bezogen auf das *Soundscape* betrachtet werden. Bei Lercher wird der moderierende Einfluss der natürlichen Umgebung auf die Belästigung durch Schall untersucht; der besondere Blickwinkel ist hier, dass neben dem lokalen Verkehr eine akustische Mehrbelastung durch Autobahn und Schiene erfolgt, die das gesamte Gebiet bis hinein in die ungeschützten Hanglagen mit einem Geräuschteppich belegt.

Bezogen auf meine eingangs formulierte These, dass Raumsimulationen wie Laborsituationen behandelt werden sollten, benennen die Untersuchungsergebnisse Indikatoren der akustischen Raumperzeption, die zur Orientierung in Räumen unter dem Aspekt der Wohlbefindlichkeit beitragen. Sie geben zusätzlich Hinweise, dass die Bewertung der Geräusche abhängig ist von dem Grad der Realität der bewerteten Situation. Der begrenzte Raum bewegt in der Luft (*real flight*) erfährt eine anders gewichtete Bewertung als der begrenzte Raum am Boden (*mock-up*), der identische Sound- und Vibrationscharakteristika hat. Die Bewertung der akustischen Umgebung zeigt, dass die Befindlichkeiten abhängig sind von den Schallereignissen und ihren Charakteristika sowie davon, ob die Situation real oder artifiziell ist. (Schulte-Fortkamp 2001) Eine der zentralen Ideen in Gernot Böhmes „*Ecological esthetics of nature*" ist, dass der Mensch im Verhältnis zu seiner Umgebung vorrangig nicht rational sondern corporeal ist: „*We live in and with nature because air, water and soil literally pass our bodies.*" (Boehme 2001: 18) Eine Schallquelle versetzt die umgebende Luft in kleine Schwingungen, wird corporeal.

Soundscapes, die durch Geräusche/Sounds markiert werden, haben einen Wiedererkennungswert. Die Anordnung der akustischen Signale gestaltet den realen und virtuellen Raum, lässt subjektive Zuordnungen und Bewertungen zu. Im *Soundscape* bündeln sich die Variablen, führen zu einem Gesamteindruck. *Soundscape* wird zum Synonym für das Zusammenspiel von Parametern, die reale und virtuelle Räume definieren.

Soundscape and Sounddesign –
Akustische Raumgestaltung und ihre virtuellen Facetten

Soundscape und *Sounddesign*, akustische Verortung in räumlichen Umgebungen, Geräuschlandschaften und Geräuschteppiche, was bedeuten psychoakustische Beschreibungen für den hier thematisierten Zusammenhang von Raum und Zeit im Internet?

> "Sound events and auditory events are distinct in terms of time, space, and other attributes (Lungwitz 1933); that is, they occur only at particular times, at particular places, and with particular attributes. The concept of 'spatial hearing' acquires its meaning in this context.
> Defined more narrowly, the concept of spatial hearing embraces the relationships between the locations of auditory events and other parameters particularly those of sounds events, but also others such as those related to the physiology of the brain. ...The 'locatedness' of an auditory event is described in terms of its position and extent, as evaluated in comparison with the positions and extents of other objects of perception, which might be other auditory events or the objects of other senses – in particular visual objects." (Blauert 1996: 3)

Die Orientierung im virtuellen Raum wird durch die Akustik ermöglicht, die visuelle Information unterstützt die akustische. Virtuelle Umgebungen (*virtual environments* – VE) finden sich in einem breiten Anwendungsbereich und in unterschiedlicher Komplexität. Entscheidend ist häufig, dass nicht nur das Gehör der Transmitter ist, sondern auch die Kombination von Sound und Vibration. (vgl. „*Evaluation of Sound Environment from the viewpoint of binaural technology*" Blauert, Genuit 1993) Dabei ist es die Aufgabe der akustischen Messtechnik *Sound Quality* und *Sound Design* adäquat zu verbinden.

Das neue Konzept z.B. von *Product Sound Quality* basiert darauf, dass *Product Sound* ein wichtiger Teil der Erfahrung mit einem Produkt ist. Der Sound des Produktes kann wesentliche Informationen über seine Qualität und seinen Status vermitteln und kann selber die Quelle für Komfort oder Diskomfort sein. (Bernsen 1999) In der Ära der virtuellen Welten geht es um beinahe revolutionäre Entwicklungen, wo dem „*true-to-nature*"-dreidimensionalen Sound essentiell ist, die Erfahrung „real" machen zu können. Computer sollen die perfekte Soundillusion ermöglichen, verbunden mit *Surroundings* und Räumen, die es zu simulieren gilt. Ein Qualitätskriterium ist dabei die perfekte Synchronisation von *Image* und *Sound*. (ebd.: 89) In der Wahrnehmung findet sich die Realisierung des Raumes, das Wiedererkennen der räumlichen Umgebung, in die ein Szenario gelegt wird. Die Akustik bildet den Raum im Internet, akustische Signale identifizieren die Interaktion im Netz. Akustik Design ist nach Werner (1994) angewandte Akustikökologie, also Gestaltung von Sound. „Sound steht für die ganze Vielfalt von Musik, Sprache, Geräusch, für synthetische Klänge und Stille. Sound ist aber nicht nur gehörter Schall, sondern Umwelterfahrung, Erleben, Interpretation.

Klänge sind Nachrichten, sie bedeuten etwas, sind Sprache mit anderen Mitteln, Umweltsysteme wie Licht, Bild, Raum, Form, Gestalt, Schrift, Bewegung." (ebd.: 130)

Hier scheint durch die akustische Interpretation ein Zugang zu dem Zusammenhang von virtuellen Räumen und Zeit möglich. Auch wenn nach Schafer (1988), Akustik Design wie eine Komposition ist, an der alle mitarbeiten, bleibt es Ziel, die akustische Umwelt der Zukunft zu komponieren. Soundmarks und akustische Profile stehen für den Raum im Netz, z.b. wenn das Basketballspiel die Szene dominiert. Die optische Information gekoppelt mit der akustischen Situation bildet die Szene für den Handelnden im Spiel und auch für den Zuschauer. Die Kopplung von Akustik und Visuellem wird im Netz real, die Simulation erhält ihren Realismus durch die Kompatibilität mit den im realem Raum erlebten Szenarien. Das heißt, Handlung im Netz wird möglich durch den akustisch und visuell simulierten Raum.

Noch einmal zurück zur Ausgangssituation, dem Vergleich von Labor und virtueller Umgebung im Netz: Das Labor trägt die Facetten des wirklichen Raumes, z.B. der sog. *Mock up* ist Teil eines Flugzeugs, kann nicht fliegen, aber Flugparameter wie *sound*, *vibration*, *motion* etc. simulieren die Umgebung so real, dass flugbezogene Bewertungen möglich werden. Die Situation im Netz ist vergleichbar. Der Raum wird akustisch begrenzt, erhält seine Charakteristik durch *Soundmarks*. Die Identifikation mit der Umgebung geschieht über die Wiedererkennung. Ipsens Nachtigall in Form von Erfahrung und Kontext und auch Schafers Raumerfassung ergeben auch im Internetraum einen Sinn. Akustische Information im Netz im Kontext von Raum und Zeit gibt den Handlungen und Bewegungen orientierende Grundlagen.

Literatur

Barck, K.; Gente, P.; Paris, H.; Richter, S. (Hg.) (1990): Aisthesis, Wahrnehmung heute. Leipzig
Berglund, B. (2001): Perceptual characterization of perceived soundscapes in a residential area. Proceedings of ICA 2001 (CD), Rom
Bernsen, J. (1999): Sound in Design. Dansk Design Center, Kopenhagen
Blauert, J.; Genuit, K. (1993): Evaluation of Sound Environment from the viewpoint of binaural technology, some basic consideration. In: J. Acoust. Soc. Jpn., Vol. 14, No.3, pp. 139-145
Blauert, J. (1996): Spatial hearing, the psychophysics of human sound localization. MIT press, Cambridge, Massachusetts, London
Blumer, H. (1979): Comments on George Herbert Mead and the Chicago tradition of Sociology. In: Symbolic Interaction 2, pp. 21-22
Boehme, G. (2000): Acoustic Atmospheres, a contribution to the study of ecological aesthetics. In: Soundscape – The Journal of Acoustic Ecology, Vol. 1, No. 1, pp. 14-18
Chtouris, S. (2001): A comparative interpretation of soundscape and noise. In: Proceedings of ICA 2001 (CD), Rom
Cremer, L.; Möser, M. (2003): Technische Akustik. Berlin, Heidelberg, New York

Fyhri, A.; Klaboe, R. (1999): Exploring the impact of visual aesthetics on the soundscape. In: Proceedings of Internoise 99, Fort Lauderdale, p.1261
Guski, R. (1987): Lärm, Wirkungen unerwünschter Geräusche. Bern, Stuttgart, Toronto
Hiramatsu, K. (1999): A method for comparing sonic environments. In: Proceedings of Internoise 99, Fort Lauderdale, pp. 1305-1308
Hohmann, B. (2001): Surroundscapes - Demos 1-5. In: Proceedings of DAGA 2000 (CD), Oldenburg
Ipsen, D. (2001): The urban nightingale or some theoretical considerations about sound and noise (draft).
Job, RSF.; Hatfield, J.; Carter, NL.; Peploe, P.; Taylor, R.; Morell, S. (1999): Reaction to noise, the roles of soundscape, enviroscape, and psychscape. In: Proceedings of Internoise 99, Fort Lauderdale,p. 1309
Kafka, F. [1912] (1995): Eine Darstellung der akustischen Verhältnisse unserer Wohnung, die zur wenig schmerzlichen öffentlichen Züchtigung meiner Familie gerade in einer kleinen Prager Zeitschrift erschienen ist. In: Wagenbach, K.: Franz Kafka - Bilder aus seinem Leben. Berlin
Kamper, D. (1984): Vom Hörensagen, Kleines Plädoyer für eine Sozioakustik. In: Kamper, D.; Wulff, C.: Vom Schwinden der Sinne. Frankfurt a.M., S. 112-114
Klaboe, R. et al. (2001): Änderungen in der Klang- und Stadtlandschaft nach Änderung von Straßenverkehrsstraßen im Stadtteil Oslo-Ost. In: Proceedings of DAGA 2000 (CD), Oldenburg
Konheim, A. (1999): A-Weighting for Environmental Noise Assessment. In: Proceedings of Internoise99, Fort Lauderdale, pp. 1899-1902
Krebber, W.; Gierlich, H.W.; Genuit, K. (1999): Auditory Virtual Environments: Basics and Applications for Interactive Simulations. In: Signal Processing. Sonderausgabe DSP
Küchler, M.(1980): Kontext – Eine vernachlässigte Dimension empirischer Sozialforschung in Lebenswelt und soziale Probleme. In: Verhandlungen des 20. Dt. Soziologentages zu Bremen, Frankfurt a.M., New York
Lamnek, S. (1988): Qualitative Sozialforschung, Band 1: Methodologie. Weinheim
Lehmann, Dirk (1996): Geo-Saison.
Lercher, P.; Brauchle, G.; Widmann, U. (1999): The interaction of Landscape and Soundscape in the alpine area of the Tyrol, an annoyance perspective. In: Proceedings of Internoise 99, Fort Lauderdale, p. 1347
Lercher, P. (2001): unveröffentlichtes Manuskript
Lorenz, A. (1999): Klangökologie aus sozialwissenschaftlicher Sicht und Chancen für eine klangökologische Rezeptionsforschung. In: Gerwin, T.; Mayr, A.; Lorenz, A.; Winkler, J.: Klanglandschaft wörtlich, akustische Umwelt in transdisziplinärer Perspektive. Basel, S. 25-33
Löw, M. (2001): Raumsoziologie. Suhrkamp, Frankfurt a. M.
Maffiolo, V. (1999): Qualitative judgments of urban soundscapes. In: Proceedings of Internoise 99, Fort Lauderdale, pp. 1251-1254
Nitsch, W.; Schulte-Fortkamp, B. et al. (1997): Geräuscheinwirkungen in Stadtvierteln, eine sozio- und psychoakustische Feld – und Laborstudie. In: Loeber-Pautsch, U.; Nitsch, W.; Rieß, F.; Schulte-Fortkamp, B.; Sterzel, D. (Hg.): Quer zu den Disziplinen. Hannover, S. 223-269
Nitsch, W. (1997): Interdisziplinäre Brückenschläge zwischen den Sozial- und Naturwissenschaften am Beispiel der Sozioakustik. In: Loeber-Pautsch, U.; Nitsch, W.; Rieß, F.; Schulte-Fortkamp, B.; Sterzel, D. (Hg.): Quer zu den Disziplinen. Hannover, S. 270-309
Rohrmann, B.(1992): Gestaltung von Umwelt. In: Frey et al (editors): Angewandte Psychologie. Weinheim, S. 265-282

Schafer, M. (1978): The tuning of the world. Ontario, dt. Ausg. (1988): Klang und Krach. Frankfurt a.M.
Schulte-Fortkamp, B. (1998): Combined qualitative and quantitative measurements to evaluate noises from combined sources. In: J. Acoust. Soc. Am., Vol. 103, No.5, Pt. 2, p. 2876
Schulte-Fortkamp, B. (2002): The meaning of annoyance in relation to the quality of acoustic environments. Noise and Health, An Interdisciplinary International Journal. Vol. 4, Issue 15, Cambridge, pp. 13-19
Werner, H. U. (1994): Soundscape zwischen Klanglandschaften und Akustik Design. Welt auf tönernen Füßen, Kunst-und Ausstellungshalle der Bundesrepublik Deutschland GmbH (Hg.), Göttingen, S. 130-137

Autorinnen und Autoren

Daniela Ahrens, Dr. phil., Wiss. Mitarbeiterin am Institut Technik & Bildung Universität Bremen, Soziologin, Hauptarbeitsgebiete: Raumsoziologie, Mediensoziologie, Wissenssoziologie.

Klaus Beck, Dr. phil., Hochschuldozent am Institut für Kommunikations- und Medienwissenschaft an der Universität Leipzig. Sprecher der Fachgruppe Computervermittelte Kommunikation der Deutchen Gesellschaft für Publizistik- und Kommunkationswissenschaft (DGPuK), Hauptarbeitsgebiete: Kommunikations- und Medientheorie, computervermittelte Kommunikation, Medienökonomie und -ethik.

Lutz Ellrich, Dr. phil., Professor für Medienwissenschaft in Köln. Studium der Philosophie, Soziologie und Medienwissenschaft, Hauptarbeitsgebiete: Kulturtheorie, Medienanalyse, Konfliktforschung.

Christiane Funken, Dr. phil., Professorin für Soziologie an der TU Berlin, Institut für Soziologie, Vorstand der Sektion Wissenschafts- und Technikforschung. Hauptarbeitsgebiete: Kommunikations- und Mediensoziologie, Organisationssoziologie, Wissenschafts- und Technikforschung, Geschlechterforschung.

Götz Großklaus, Dr. phil., em. Professor für Neuere Deutsche Philologie sowie Mitbegründer des Interfakultativen Instituts für Angewandte Kulturwissenschaft an der Universität Karlsruhe (TH), assoziierter Professor für Gestaltung Karlsruhe. Hauptarbeitsgebiete: Natur, Medien, Zeit und Raum.

Klaus Kuhm, Dr. phil., seit 1998 Wiss. Assistent am Institut für Soziologie, Universität Bremen. Hauptarbeitsgebiete: Soziologie des Raumes, Regionalsoziologie, Soziologische Theorie, Techniksoziologie.

Martina Löw, Dr. phil., Professorin für Soziologie an der TU Darmstadt. Hauptarbeitsgebiete: Stadt- und Raumsoziologie, Geschlechterforschung. Sprecherin der Sektion Frauen- und Geschlechterforschung in der Deutschen Gesellschaft für Soziologie.

Michael Paetau, Dr. rer.pol., Lehrstuhlvertretung für Kommuniationswissenschaft an der Universität Duisburg-Essen, Studium der Soziologie, Philosophie und Wirtschaftswissenschaften in Hamburg und Marburg; Hauptarbeitsgebiete: Mensch-Maschine-Kommunikation; Soziale Systeme.

Markus Schroer, Dr. phil., Wissenschaftlicher Assistent am Institut für Soziologie, Universität München und Redakteur der „Sozialen Welt". Hauptarbeitsgebiete: Raumsoziologie; Soziologische Theorie und Gesellschaftsbegriffe; Begriff des Politischen

Christoph Schlieder, Dr. phil., Professor für Informatik an der Otto-Friedrich-Universität Bamberg, vertritt dort das Fachgebiet Kulturinformatik. Hauptarbeitsgebiet: Semantische Informationstechnologien.

Manfred E. A. Schmutzer, Dr. phil., (Ph.D., Univeristy of Essex, G.B.), Univ-Prof. für Soziologie an der TU Wien. Vorstand des Instituts für Technik und Gesellschaft an der TU Wien. Studium des Maschinenbaus und der Politikwissenschaft, Hauptarbeitsgebiete: Technik und Gesellschaft, Wissenschaftsforschung, Raum und Zeit.

Brigitte Schulte-Fortkamp, Dr. phil., Professorin am Institut für Technische Akustik an der TU Berlin mit dem Schwerpunkt Lärmwirkunsgforschung und Schallbewertung, Hauptarbeitsgebiete: Sozioakustik, Sount Quality.

Gabriele Sturm, Dr. habil., seit 1996 Hochschuldozentin für ‚Methoden der empirischen Sozialforschung" am Institut für Soziologie der Philipps-Universität Marburg. Geschäftsführende Direktorin des ‚Zentrums für Gender Studies und feministische Zukunftsforschung' der Philipps-Universität. Hauptarbeitsgebiete: Methodologie, quantitative und qualitative Forschungsmethoden, feministische Soziologie sowie räumliche Soziologie.

Johannes Wirths, Dr. phil., Studium der Geographie und Raumplanung, Hauptarbeitsgebiete: Raum, Diskursfragen der modernen Geographie und der Humanwissenschaft insgesamt.